Sartres *Baudelaire*

Romanica et Comparatistica

Sprach- und literaturwissenschaftliche Studien

Band 16

Herausgegeben von

Richard Baum und Willi Hirdt

Dieter Mettler

Sartres *Baudelaire*

Zum Verhältnis von Kunst und existentialistischer Ethik

Stauffenburg verlag

CIP-Titelaufnahme der Deutschen Bibliothek

Mettler, Dieter:
Sartres Baudelaire : zum Verhältnis von Kunst und existentialistischer Ethik /
Dieter Mettler. – Tübingen : Stauffenburg-Verl., 1990
Romanica et comparatistica ; Bd. 16)
Zugl.: Wuppertal, Univ., Habil.-Schr.
ISBN 3-923721-66-8

NE: GT

Habilitationsschrift des Fachbereichs Sprach- und Literaturwissenschaft
der Bergischen Universität-Gesamthochschule Wuppertal.
Technische Hilfe bei der Erstellung des Computersatzes gaben Mitarbeiter der
Universitätsbibliothek (bes. Frau R. Schönenberg) und des Rechenzentrums der Hochschule.
Gedruckt auf säurefreiem und alterungsbeständigem Werkdruckpapier.

Druck: Gulde-Druck GmbH, Tübingen
Verarbeitung: Braun + Lamparter, Reutlingen
Printed in Germany

ISBN 3-923721-66-8

für Birgit Mettler

Inhalt

Vorbemerkung

Im Mittelpunkt der folgenden Arbeit steht nicht eine Interpretation Baudelaires unmittelbar, sondern Sartres philosophische Auseinandersetzung mit ihm, die, neben Benjamins Baudelaire-Projekt, seither die bedeutendste Beschäftigung eines Philosophen mit diesem Autor geblieben ist. Sie möchte zwar auch Baudelaire näherkommen, oder wenigstens bestimmten Zügen an ihm; dies aber nicht in einem »direkten« Zugriff, sondern auf dem Umweg über den Versuch, die Art und Weise zu verdeutlichen, in der Baudelaire sich im kategorialen Rahmen Sartres bricht. Das Thema ist, am Beispiel von Sartres Baudelaireinterpretation, die Beziehung eines Darstellungsrahmens zum Gegenstand seiner Darstellung. Bei einem solchen Versuch liegt die Schwierigkeit nicht nur darin, daß man es hier mit den Konzeptionen zweier verschiedener Autoren zu tun hat, von denen problematisch ist, wie weit sie als verschiedene aufeinander bezogen werden können; sie beginnt mit der Frage, wie das Darstellungsmedium der Philosophie schon als Medium den Lyriker Baudelaire erreichen kann. Dabei hilft im Falle Sartres jedoch, daß bei ihm die Philosophie selber schon eng mit der Literatur zusammenhängt, und zwar nicht nur mit seiner eigenen, sondern mit der ganzen Bewegung des Symbolismus in Frankreich, dem sie, worauf in letzter Zeit Traugott König[1] wieder hingewiesen hat, einige ihrer zentralen Kategorien verdankt. Baudelaire wiederum hat den Symbolismus - auch wenn er darin gerade nicht aufgeht - doch zumindest vorbereitet.

Die Frage, was der eigene begriffliche Rahmen eines Philosophen, besonders wenn dieser so in sich systematisch durchgeführt ist wie bei Sartre, für die Darstellung eines literarischen Autors leisten kann, ist allein schon ein grundsätzliches Problem der Literaturinterpretation. Der Vorwurf, die Anwendung eines solchen Rahmens könne immer nur willkürlich sein, da er nicht der des interpretierten Autors selbst sei, liegt hier nahe, und er muß ernst genommen werden, wird er doch durch die offenkundigen Gewaltsamkeiten gerade der Interpretation Baudelaires durch Sartre, die schon seine ersten Kritiker so aufbrachten[2], auch bestätigt. Der tiefere, methodologische Vorwurf ist, daß die philosophische Interpretation, um die Motive des von ihr behandelten Autors ihrer eigenen Darstellung zugänglich zu machen, sie erst einmal von der Sprache dieses Autors ablösen und sie in ihren eigenen Begriffsrahmen übersetzen muß; wobei das Problem darin besteht, wieweit das gerechtfertigt ist, das heißt, wie weit mit

---

1 Traugott König, *Zu Sartres Phänomenologie des neuzeitlichen lyrischen Diskurses*, in: *Literarische Diskurse des Existentialismus*, hrsg. von Helene Harth und Volker Roloff, Tübingen 1986, S.9.

2 Diese Kritiken hat am besten und übersichtlichsten Joseph Halpern, *Critical Fictions. The Literary Criticism of Jean-Paul Sartre*, New Haven and London 1976, S.53ff., zusammengetragen.

dieser Ablösung von der Sprache, in der sie ursprünglich formuliert waren, nicht auch das verschwindet, was diese Motive in deren Kontext sagten; wie weit sie in dieser Übersetzung nicht auch schon zu ganz anderen Motiven werden, nämlich zu solchen des interpretierenden Philosophen. Was ist beispielsweise von Baudelaires Motiv des Abgrunds - »le gouffre« und »le vertige« - noch übrig, wenn bei Sartre der Abgrund von vornherein als der der Freiheit erscheint, in dem Sinn, in dem in L'être et le néant dieses Motiv gefaßt wird? Michael Scriven, der das Problem zuletzt behandelte, sprach hier von »the textual fusion of the two competing languages«[3]. »The language of Baudelaire (gouffre) [gulf], ennui [tedium], orgueil [pride], vertige [giddiness]) becomes a linguistic equivalent of the language of Sartre (incomparable [uncomparable], incommunicable [incommunicable], incrée [uncreated], absurde [absurd], inutile [useless], délaissé [abandoned]).«[4] Dieses Problem hatte schon Georges Blin prägnant umschrieben: »Die Termini des existentialistischen Lexikons verzerren das Zeugnis Baudelaires zutiefst, kompromittieren es durch bestimmte metaphysische Voraussetzungen, die dieser ›unverbesserliche Katholik‹ nicht unterschrieben hätte. Der Autor der *Raketen* hat nicht *Sein und Zeit* gelesen. Sein Fall scheint sich uns zugunsten des Heideggerismus zu verflüchtigen. Die Erfahrung eines Menschen bleibt untrennbar von den Ausdrücken, in denen er sich über sie Rechenschaft gegeben hat.«[5]

Insofern ist Sartres *Baudelaire* aber ein besonders geeignetes - weil mit so großer Konsequenz durchgeführtes - Beispiel, an dem man bis ins einzelne zeigen kann, wie eine Interpretation ihren Gegenstand so zu bestimmen sucht, daß er ihrem eigenen Rahmen entspricht und in ihm überhaupt darstellbar wird. So recht Michael Scriven und Georges Blin haben und so sehr man viele dieser Umformulierungen im einzelnen als Verzerrungen erweisen kann, so wenig ist aber aus der grundsätzlichen Schwierigkeit dadurch herauszukommen, daß man einfach jede Verwendung philosophischer Kategorien als dem interpretierten Autor fremd verwirft und versucht, ihn, wie es heißt, »unmittelbar« zu erreichen. Daß auch Georges Blins Kritik sich ihrerseits wieder in einem bestimmten Rahmen bewegt, der als solcher befragt werden müßte, sieht man schon daran, wie in diesem nun der demonstrative Katholizismus Baudelaires wörtlich genommen erscheint. Kritisiert man generell jeden Versuch, eine, wie Roland Barthes das nannte, gegenüber der Sprache, die der Autor spricht, »zweite Sprache«[6] zu erarbeiten, in der erst die erste »intelligibel« gemacht werden könnte, so kommt man in die Schwierigkeit, daß die Sprache des Autors selbst eine ist, die

---

3 Michael Scriven, *Sartre's existential biographies*, London and Basingstoke 1984, S.60.

4 ebd.

5 Georges Blin, *J.-P. Sartre et Baudelaire*, in: G. Blin, *Le sadisme de Baudelaire*, Paris 1948, S.123 - 140. Übers. in: *Baudelaires »Blumen des Bösen«*, hrsg. von Hartmut Engelhardt und Dieter Mettler, Frankfurt 1988, S.171.

6 Roland Barthes, *Kritik und Wahrheit*, aus dem Französischen von Helmut Scheffel, Frankfurt 1967, S.64.

vom Interpreten, *in seiner Interpretation*, gerade nicht »unmittelbar« gesprochen werden kann. Wollte man das, weil man in allem andern nur die Verzerrung fürchtet, versuchen, so führte das nicht nur zu einer Pseudounmittelbarkeit, die dem Autor nicht unbedingt näher wäre; man würde so auch an ihm gar nichts erkennen, denn erst jene »zweite Sprache« ist die, in der, gerade wegen ihrer Differenz von der des Autors, so etwas wie Erkenntnisse über ihn gemacht werden können. Damit ist nicht die Willkür befürwortet; aber bestimmte inhaltliche Bedeutungen oder sogar auch bestimmte formale Züge zeigen sich unter Umständen erst, wenn man einen Autor im Licht von anderen Kategorien sieht, die ursprünglich im Zusammenhang einer Philosophie entwickelt wurden und dort eigentlich ihren systematischen Ort haben. Diese Beziehung kann sich aber durch das Maß dessen rechtfertigen, was sich durch sie wirklich aufhellen läßt. Man könnte hier an eines der großartigsten Beispiele erinnern, die Interpretation der späten Lyrik Hölderlins durch Adorno[7], der erst durch seine eigene Philosophie, durch eine systematisch im Kontext der *Negativen Dialektik* und der *Ästhetischen Theorie* entwickelte Konzeption, nämlich die Kritik am idealistischen Begriff der Synthesis, in die Lage versetzt wurde, die Tendenzen der späten Lyrik Hölderlins, sich kraft der angespannten Synthesis selbst aus sich heraus gegen diese zu wenden, sich zu desintegrieren - was formal dann zu reihenden, »parataktischen« Strukturen führte -, überhaupt erst darzustellen und theoretisch zu begründen. Daraus konnte er dann auch die inhaltlichen Motive dieser Lyrik interpretieren. Gewiß hing Adornos Philosophie durch den Begriffsrahmen des Idealismus, in dem sie sich auch in der Kritik noch selbst bewegt, schon mit Hölderlin zusammen; dennoch wäre diese Interpretation mit Hölderlins eigener Theorie allein so nicht durchzuführen gewesen.

Jede Interpretation muß sich also erst einmal ihren eigenen Rahmen schaffen; und auch daß dieser dann zu Gewaltsamkeiten führen kann, entbindet sie davon nicht; sie kann die Gewaltsamkeiten nur dadurch verringern, daß sie versucht, sich immer wieder in sich selbst zu korrigieren und wenn sie von bestimmten philosophischen Kategorien Gebrauch macht, diese an ihrem spezifischen Gegenstand so zu verändern, daß sie ihm adäquater werden. Dafür ist die Baudelaire-Interpretation Benjamins exemplarisch. Denn Benjamin hatte sich genötigt gesehen, besonders jene Konzeptionen, die er der marxschen Theorie verdankte, an Baudelaire weitgehend zu modifizieren und sie außerdem durch ganz andere zu ergänzen, die aus mit Marx eigentlich gar nicht mehr zu vereinbarenden Philosophien stammten; aus der Nietzsches z.B., vor allem aber aus seiner eigenen Theorie der barocken Allegorie. Benjamin hat gesehen, daß bestimmte für Baudelaire zentrale Momente - vorab die Auffassung der Natur als einer gefallenen, mit den Spuren der Erbsünde behafteten - sich

---

7 Theodor W. Adorno, *Parataxis. Zur späten Lyrik Hölderlins*, in: Th.W. Adorno, *Gesammelte Schriften* 11, *Noten zur Literatur*, hrsg. von Rolf Tiedemann, Frankfurt 1974, bes. S. 471ff.

mit einem auch modifizierten Marxismus nicht mehr darstellen ließen; er hat diese Züge aber nicht überspringen oder so abschwächen wollen, daß sie sich den marxistischen Kategorien fügten, sondern hat versucht, beispielsweise durch den Rückgriff auf seine Konzeption von Geschichte als Naturgeschichte, die er am barocken Trauerspiel entwickelt hatte[8], seinen Rahmen in sich selbst zu erweitern. So hatte er zwar das Problem, daß sein Interpretationsrahmen ganz heterogene, aus ihren ursprünglichen Zusammenhängen herausgenommene Elemente integrieren sollte, die letztlich vielleicht gar nicht ganz integrierbar waren; aber so suchte er in ihm der außerordentlichen Komplexität, ja Widersprüchlichkeit zu entsprechen, die im Fall Baudelaires seinen Gegenstand kennzeichneten. Mit Benjamin verglichen liegt vor allem hierin - und gar nicht so sehr in der mangelnden Einbeziehung des sozialgeschichtlichen Kontexts - die Grenze des Rahmens von Sartre, so weit er im *Baudelaire*-Buch schon ausgeführt war: Sartre hat zwar eine in sich viel systematischere, auch von der Terminologie der klassischen Philosophie getragene Begriffssprache, unterliegt aber darum auch viel mehr dem immanenten Zwang dieser Kategorien, die den Gegenstand ihrem eigenen Zusammenhang nach viel einheitlicher bestimmen, damit aber auch viel mehr von ihm abschneiden.

So wie der Darstellungsrahmen jeder der Autorenmonographien Sartres einen bestimmten Entwicklungsstand seiner ganzen Philosophie voraussetzt, von dem er sich nicht ablösen läßt, so ist die *Baudelaire*-Studie vor allem auf dem Hintergrund seiner Auseinandersetzung mit der freudschen Psychoanalyse, mit dem Bewußtseinsbegriff der Phänomenologie und mit der Existentialontologie Heideggers zu sehen. Ja, er verweist mit seinem absoluten Freiheitsbegriff über die philosophiegeschichtliche Situation hinaus auf einen bestimmten historisch-politischen Zusammenhang, die Situation von Krieg, Okkupation und Résistance, so daß für dieses Buch besonders zu gelten scheint, was Roland Barthes vom Kritiker generell schrieb: seine Sprache werde immer auch »in seiner Abhängigkeit von einer bestimmten existentiellen Ordnung gewählt, als die Ausübung einer ihm eigenen intellektuellen Funktion, eine Ausübung, in die er seine ganze ›Tiefe‹ legt, das heißt seine Wahlentscheidungen, seine Freuden, seine Widerstände, seine Obsessionen. Auf diese Weise kann im Inneren des kritischen Werkes der Dialog zweier Geschichten und zweier Subjektivitäten, der des Autors und der des Kritikers, beginnen.«[9] Die Kritik soll nicht nur nicht verleugnen, daß ihre Sprache aus ihrer eigenen Zeit stammt,

---

8 Walter Benjamin, *Ursprung des deutschen Trauerspiels*, in: W.Benjamin, *Gesammelte Schriften* I,1, Abhandlungen, hrsg. von Rolf Tiedemann und Hermann Schweppenhäuser, Frankfurt 1974, bes. S.353ff. Dazu unter vielen anderen Passagen: Walter Benjamin, *Das Paris des Second Empire bei Baudelaire. Die Moderne*, in: W.Benjamin, *Gesammelte Schriften*, I,2, hrsg. von Rolf Tiedemann und Hermann Schweppenhäuser, Frankfurt 1974, bes.S.584ff.

9 Roland Barthes, *Was ist Kritik?*, in: R. Barthes, *Literatur oder Geschichte*, aus dem Französischen von Helmut Scheffel, Frankfurt 1969, S.69. Vgl. dazu u.a. wiederum Michael Scriven, *Sartre's existential biographies*, a.a.O., bes. S.19ff.

sondern sich geradezu dadurch auch rechtfertigen, daß sie auf der Höhe der avanciertesten Methoden ihrer Zeit ist. Bestimmte Barthes, der dabei ausdrücklich auch an Sartre dachte, die Kritik derart als einen »Diskurs über einen Diskurs«[10], so bleibt jedoch auch bei ihm die Beziehung beider Diskurse ungeklärt. Barthes hat dafür das bekannte Bild gebraucht, es gehe für den Kritiker »nur darum, wie ein guter Tischler, der probierend, mit Geschick zwei Teile eines komplizierten Möbelstücks einander anpaßt, die von ihrer Epoche gelieferte Sprache (Existentialismus, Marxismus, Psychoanalyse) auf die Sprache des Autors zu adjustieren[...]«[11]. Man kann das vielleicht so übersetzen, daß der kritische Diskurs versuchen muß, *in seinen eigenen begrifflichen Mitteln selbst* eine Komplexität zu erreichen, die derjenigen des Diskurses, der von ihm abgedeckt werden soll, nahekommt. Aber selbst wenn das gelingt, heißt das dann, daß der kritische Diskurs in demselben Sinne an den interpretierten »paßt« wie ein Teil eines Möbelstücks an ein anderes passen kann? Beide sind doch eigentlich nicht einmal Teile voneinander; oder was wäre hier das Ganze, zu dem sie zusammengesetzt werden? - es sei denn, man setzte voraus, daß beide Diskurse schon qua Diskurse prinzipiell einander adjustierbar sind, weil sie die Form des Diskurses überhaupt gemeinsam haben. Aber läßt sich das annehmen?

Die prinzipielle Differenz, die die Sprache des Kritikers von der des dargestellten Autors auch dort trennt, wo sie ihm nahekommt, zeigt sich in Sartres *Baudelaire* nur besonders deutlich, für dessen Diskurs ja charakteristisch ist, daß ihm das nicht nur nicht zum Problem wird, sondern daß er sich sogar explizit gegenüber dem interpretierten durchsetzen will, ja, wie Michael Scriven schrieb[12], geradezu ihn strategisch zu verdrängen sucht. Versucht man, mit ihm an einem konkreten Fall die vielfältigen Beziehungen, die ein interpretativer Diskurs zum interpretierten eingehen kann, im Detail nachzuzeichnen, so sind darum die unmerklichen Verschiebungen und die gewollten Uminterpretationen nicht weniger wichtig als die nachweisbaren Verwandtschaften. Denn diese Verschiebungen sind ja keine Interpretations*fehler*; sie ergeben sich bei einer so ausgeführten eigenen Philosophie wie der Sartres konsequent aus der Beschaffenheit des ganzen kategorialen Rahmens, für den sie signifikant sind. Sind sie aber in den Kategorien selbst begründet, stellt sich auch die Frage nach ihrer Richtigkeit anders, was wiederum nicht heißt, daß das sie der Kritik entzöge. Versucht wird also, die einzelnen interpretativen Argumente Sartres sowohl als Darstellung Baudelaires ernst zu nehmen, wie auch sie auf den Zusammenhang des ganzen Diskurses zurückzuführen, in dem sie bei Sartre stehen, um diesen als ganzen von Baudelaire wieder abzuheben.

---

10 ebd.

11 ebd., S.67.

12 Michael Scriven, *Sartre's existential biographies*, a.a.O., S.61.

Gerechtfertigt wird eine solche Untersuchung auch dadurch, daß die Literaturwissenschaft selber von solchen bestimmten, ursprünglich meist von einem einzelnen Philosophen geschaffenen Rahmen lebt. Diese werden aufgenommen und dabei vereinfacht, finden so allmählich eine allgemeinere Geltung und gewinnen dadurch schließlich eine gewisse Selbstverständlichkeit. So ist beispielsweise die moderne Lyrik in Deutschland lange fast ausschließlich durch das Interpretationsmuster gesehen worden, das Hugo Friedrich - der sich dabei auf die Theorien der Autoren selbst stützte - entworfen hatte.[13] Er gab gleichsam ein begrenztes Bild, das für einen Teil dieser Lyrik, nämlich den Symbolismus im engeren Sinn, d.h. vor allem für Mallarmé und dessen Schüler, weniger für Baudelaire, sehr adäquat war. Aber dieses Bild wurde dann für eine Darstellung der modernen Lyrik überhaupt genommen und dadurch so wirksam, daß andere Tendenzen, z.B. jene, die zur neueren amerikanischen Lyrik hinführten, kaum mehr gesehen wurden. Andere Beispiele wären bestimmte sozialgeschichtliche und sozialkritische, im weitesten Sinn marxistische Rahmen, wiederum ein anderes Beispiel wäre der Existentialismus von Sartre selbst. Ein so bedeutender Interpret Baudelaires wie Georges Blin, der auf der einen Seite Sartres *Baudelaire*-Buch so eindringlich kritisierte, bediente sich auf der anderen, als er das Verhältnis von Sadismus und Masochismus bei Baudelaire erklären wollte, eben der Kategorien, die Sartre in *L'être et le néant* dafür entwickelt hatte, bewegte sich also auch selber wieder, zumindest partiell, im Rahmen Sartres.[14] Der Sartresche Existentialismus hat nicht nur in Frankreich, sondern auch im angloamerikanischen Bereich und in Deutschland lange als ein Paradigma gewirkt, durch das man gerade bestimmte moderne Autoren gesehen hat, man denke an die existentialistischen Deutungen Kafkas und Becketts. Dieses Paradigma hat bis heute seine Bedeutung nicht verloren, und es wäre deshalb nicht einfach nur historisch darzustellen, sondern, gerade im Verhältnis zu einem Autor wie Kafka, systematisch, unter dem Aspekt dessen, was es zu Kafkas Erhellung leisten kann und wo seine Grenzen sind. Solche, schon aufgrund ihrer Artikuliertheit so wirksamen Rahmen sind nicht dadurch erledigt, daß sie einfach als vergangen betrachtet werden; die Auseinandersetzung mit ihnen erübrigt sich schon deshalb nicht, weil sie so tief in unsere Interpretationssprache eingegangen sind, daß wir dann, ohne das zu wissen, erst recht in ihnen befangen bleiben. Bestimmte Fragen - und die ihnen entsprechenden Antworten - sind uns durch sie selber so selbstverständlich geworden, daß wir an diese Fragen auch dann fixiert bleiben, wenn wir uns gar nicht jener Terminologien prägnant bedienen, und so merken wir unsere Abhängigkeit von ihnen nicht mehr. Deutlich wird das z.B. schon an dem, gerade auch durch Sartre allgemein gewordenen Inter-

---

13 Hugo Friedrich, *Die Struktur der modernen Lyrik*, Hamburg 1956.

14 Georges Blin, *Le sadisme de Baudelaire*, in: G.Blin, *Le sadisme de Baudelaire*, a.a.O., S.13 - 47. Übers in: *Baudelaires »Blumen des Bösen«*, a.a.O., S.156, S.158ff., S.161f.

pretationsmuster, das uns einen Autor von vornherein schon unter der Frage sehen läßt, wie weit er sich der bürgerlichen Gesellschaft gegenüber kritisch oder konform verhalten habe. Sartre, der unter diesem Aspekt Baudelaire beurteilt, tut das von einer ausgearbeiteten Theorie aus, einem sich als Ethik verstehenden Existentialismus. Aber diese Frage ist, gestützt durch einen vielfach in Sozialgeschichte aufgelösten Marxismus, so selbstverständlich geworden, daß durch sie das Bild des Autors selbst bestimmt zu werden beginnt. Sie ist, gleichsam als deren immanente Moralität, in unsere Interpretationssprache selbst eingegangen, und schon wenn wir Kennzeichnungen wie »l'art pour l'art« oder gar »Ästhetizismus« für solche Autoren verwenden, sind wir, ohne uns das klar zu machen, in einem vorgegebenen Bild gefangen, das noch in unseren scheinbar doch rein empirischen Darstellungen die Interpretation vorzeichnet. Was als Unmittelbarkeit erscheint, ist das selbstverständlich Gewordene eines Rahmens. Setzt die Interpretation sich nicht mit den gegebenen auseinander, so ist sie nicht weiter, sondern reproduziert nur einen vergangenen - oder diffuse Momente aus mehreren -, ohne das zu merken.

Das heißt nicht, eine Rezeptionsgeschichte zu propagieren, die alle Darstellungen eines Autors, die es gab, in eine Reihe stellen und sie, vielleicht sogar als Selbstentfaltung der Werke in der Geschichte, als historisch gleich wichtig behandeln will. Die Frage, wie weit ein Interpretationsrahmen adäquat ist, bleibt entscheidend, ebenso wie daran festgehalten werden muß, daß eine Darstellung, die wirklich falsch ist, nicht - als historisch vorgekommen - mit anderen, adäquateren auf einer Ebene behandelt werden kann. Es geht natürlich letztlich immer darum, den dargestellten Autor möglichst weit zu erreichen. Was man aber versuchen kann, ist, indem man eine bedeutende philosophische Interpretation zusammenhängend darstellt, sie dort, wo ihre immanenten Probleme und Grenzen sichtbar werden, zu korrigieren und so, indem man dabei auch das in ihr gegebene Bild verändert, dem interpretierten Autor näherzukommen. Versucht wird, einen Rahmen zu entwickeln und dabei selbst zugleich auch aus ihm herauszugehen: in diesem Fall also nicht nur Baudelaire von Sartre her zu sehen - wie es meist geschehen ist[15] - sondern umgekehrt auch Sartre von Baudelaire. Man läßt gleichsam eine Auseinandersetzung zwischen beiden stattfinden, im

---

[15] Vgl. in neuerer Zeit dazu vor allem die ausgezeichneten englischen und amerikanischen Darstellungen der Literaturkritik Sartres: Benjamin Suhl, *Jean-Paul Sartre. The philosopher as a literary critic*, New York, London 1979; Joseph Halpern, *Critical Fictions*, a.a.O.; Christina Howells, *Sartre's Theory of Literature*, London 1979; Douglas Collins, *Sartre as Biographer*, Cambridge(Mass.) 1980; Michael Scriven, *Sartre's existential biographies*, a.a.O.
Besonders wichtig für die vorliegende Arbeit ist: Andrew McKenna, *Baudelaire and Sartre. A Study in Comparative Analysis*, Diss. Johns Hopkins University, Baltimore 1970. McKenna ist einer der wenigen, die versuchen, Baudelaire und Sartre wirklich aufeinander zu beziehen, und zwar vor allem in dem ihnen gemeinsamen Motiv des Schauspielers. Dabei läßt allerdings die Betonung der Gemeinsamkeiten die Gründe für die eigentliche Auseinandersetzung Sartres mit Baudelaire, die ja nicht zu unrecht von vielen auch wie eine Abrechnung empfunden worden ist, wieder in den Hintergrund treten.

Wissen, daß diese Auseinandersetzung selber wiederum konstruiert ist und daß sie von dem dargestellten Rahmen immer begrenzt bleibt.

Beispielsweise werden Äußerungen, Gedichtstellen oder Motive Baudelaires hinzugezogen, die in Sartres Darstellung vielleicht nur verkürzt oder sogar überhaupt nicht erscheinen; und zwar sowohl solche, die sie bestätigen und ergänzen können, wie auch solche, die vielleicht noch integriert werden können, wenn man diese Darstellung über Sartre hinaus, aber ihm noch immanent, korrigiert; vor allem aber solche, die sich mit seinem Rahmen nur noch schwer oder nicht mehr vereinbaren lassen. Man kann als Beispiel Sartres Verwendung des phänomenologischen Konzepts des Bewußtseins - einer Modifikation des cartesianischen cogito - heranziehen. Dieser Begriff erlaubt ihm einerseits, die Luzidität des Bewußtseins als zentrales Moment bei Baudelaire zu erkennen, begrenzt andererseits aber seine Darstellung auch, weil er, vor allem durch die Implikation, Bewußtsein könne immer nur als sich selbst durchsichtig gedacht werden, dazu nötigt, gerade jene Züge an Baudelaire wegzuinterpretieren, die das Bewußtsein so zeigen, daß es sich gerade nicht vollkommen durchsichtig wird. Will die Interpretation nun, als Kontrast zu Sartre, diese Züge hervortreten lassen, so wird sie auch in dieser kontrastierenden Darstellung noch von Sartres Rahmen geleitet. Ja sie verdankt ihm selbst, der philosophischen Bestimmtheit seiner Kategorien, noch die Bestimmtheit ihrer Kritik: Allein schon damit, daß man von einer »Undurchsichtigkeit« der Natur für das Bewußtsein spricht, bezieht man sich indirekt auf die cartesianische Konzeption der Durchsichtigkeit des cogito zurück.

Möglich werden solche Korrekturen durch die Vorannahme, daß es zwischen dem sartreschen Bewußtseinsbegriff und dem Baudelaires, bei allen zu zeigenden Unterschieden, dann doch noch so viel Verwandtschaft gibt, daß ein Vergleich beider überhaupt sinnvoll bleibt. Ginge man dagegen davon aus, daß der Ausdruck »Bewußtsein« in beider Konzeptionen eine jeweils ganz verschiedene Rolle spielt, die Gemeinsamkeiten also eigentlich nur als solche erscheinen, weil beide eben dasselbe Wort benutzen, so wäre Sartres Rahmen in dieser Hinsicht überhaupt nicht mehr auf Baudelaire zu beziehen. Das ist für die vorliegende Arbeit, die in dieser Differenzierung nicht so weit geht, durchaus ein offenes Problem, obwohl auch sie oft genug darauf verweisen muß, daß sich das, worauf es bei Baudelaire ankommt, in Sartres Rahmen eben nicht mehr darstellen läßt. Es bleibt durchaus die Frage, wie weit man z.B., wenn das Ich eines Baudelaire-Gedichts von »mon coeur«, »mon âme« spricht, dafür einfach »sein Bewußtsein« einsetzen darf, selbst wenn man nicht, wie Sartre, das sofort auf das Bewußtsein Baudelaires als Person bezieht. In gewisser Weise versucht die Interpretation dann doch immer wieder, Gedichte und theoretische Äußerungen Baudelaires, gleichsam als implizierten sie selber eine virtuelle

Philosophie, vorsichtig auf Sartres Begriffe hin zu interpretieren und umgekehrt diese auf die Sprache Baudelaires.

Die Arbeit versucht also zu zeigen, welche Motive Baudelaires sich wie weit von Sartres Rahmen aus noch darstellen lassen; damit aber implizit auch die Grenzen dessen zu zeigen, was von ihm aus nicht mehr darstellbar ist. Beispielsweise kann sie das Motiv des ennui bei Baudelaire nur soweit interpretieren, wie es sich auf das isolierte Bewußtsein beziehen läßt, aber nicht mehr, soweit es auch auf den geschichtlichen Stand einer Gesellschaft bezogen werden könnte, deren Produktionsweise über die Ökonomie hinauswirkt und alles Leben in Immergleichheit erstarren läßt, so wie es sich im Rahmen Benjamins darstellte[16], der aber nun seinerseits theoretische Probleme der Vermittlung impliziert, die dazu nötigen würden, ihn als ganzen zum Thema zu machen. Innerhalb verschiedener Rahmen sind dieselben Motive jeweils ganz anders bestimmt, und das verhindert zugleich, daß man ohne weiteres von dem einen in den anderen übergehen kann. Das heißt nicht, daß nicht Interpretationen, die in einen anderen gehören, kontrastierend zum Vergleich herangezogen werden können. Illegitim aber ist eine Literaturwissenschaft, die sich aus verschiedenen bestehenden Rahmen nur die Elemente holt, die sie glaubt brauchen zu können, und diese dann ineinander verwischt; sie führen dann nicht zu einer umfassenderen Ansicht des Gegenstandes, sondern besagen nichts mehr. Sie sagen nur etwas durch die Stelle, die sie im Zusammenhang eines durchgeführten Rahmens erhalten haben, den man so als ganzen betrachten muß. Die Nötigung, verschiedene Rahmen von ihren spezifischen philosophischen Voraussetzungen aus in ihrer immanenten Konsequenz zu entwickeln und sie gegeneinander trennscharf zu halten, führte zu einer Literaturwissenschaft, die die Diskussion der Rahmen selbst zu einem ihrer zentralen Themen machte. Da das nur spezifisch, in Beziehung auf bestimmte Autoren bzw. Probleme gemacht werden kann, muß sich die allgemeintheoretische Fragestellung mit inhaltlichen Fragen der Interpretation eines Autors verbinden.

Die zentrale Kategorie des Sartreschen Darstellungsrahmens ist die des »choix originel«, die Sartre, nachdem er sie im Kapitel über die existentielle Psychoanalyse von *L'être et le néant* philosophisch entworfen hatte, bei Baudelaire zum ersten Mal an einem konkreten Fall erprobt hat, um sie dann in seinen folgenden Monographien immer differenzierter auszuformen und im Zusammenhang mit seiner späteren Philosophie zu modifizieren und zu ergänzen. Das Buch über Baudelaire läßt sich so als ein Minimodell der komplexeren Monographien auffassen, an dem sich darum aber einige entscheidende Grundprobleme deutlicher zeigen lassen als an den späteren, die diese Probleme auch haben. Insofern versteht sich die vorliegende Analyse auch als eine strukturelle. Die Kategorie der Urwahl sollte zu der Zeit, als

16 vgl. z.B. Walter Benjamin, *Über einige Motive bei Baudelaire*, in: W.Benjamin, *Gesammelte Schriften* I,2, a.a.O., bes. S.632ff.

Sartre die *Baudelaire*-Studie schrieb, zweierlei leisten: sie sollte eine totale Darstellung eines Menschen, der in diesem Fall ein Autor war, ermöglichen, und sie sollte ermöglichen, alles, was dieser Mensch getan - und das heißt auch geschrieben - hat, zu beurteilen. Die *Baudelaire*-Studie steht im Zusammenhang mit Sartres die ganzen 40er Jahre durchziehenden Bemühungen um eine existentialistische Ethik, in deren Zusammenhang auch sein Versuch gehört, in *Qu'est-ce que la littérature?* die Moralität der Literatur und des Schriftstellers philosophisch zu begründen. Insofern zeichnet sein Rahmen auch Baudelaire gegenüber eine Fragestellung vor, die die Person wie die herangezogenen Schriften von vornherein unter dem Aspekt der Moral sieht. Da nun Baudelaire der Autor ist, der wie kaum ein anderer der Weltliteratur die Moralität der Kunst als Problem sah, das seine Theorie nie in eine eindeutige Antwort auflösen konnte, muß gerade er wie wenige sonst Sartre herausfordern. Das rechtfertigt wiederum die Beschäftigung mit Sartres *Baudelaire*-Buch: in der Auseinandersetzung mit ihm werden diese Probleme am deutlichsten sichtbar, gerade weil Sartre Baudelaire moralisch beurteilen will. Mit Baudelaire wählte Sartre einen Autor, der, was die Frage der Moral betraf, seinem Rahmen gerade ganz besonders wenig entsprach. Darin liegt allerdings auch die exemplarische Bedeutung seiner Analyse, ähnlich wie die Bedeutung der Interpretation Benjamins damit zusammenhängt, daß er mit Baudelaire einen Autor wählte, der zu einem marxistischen Darstellungsrahmen besonders schlecht paßte. Sartre hätte den Schwierigkeiten aus dem Weg gehen können, indem er einfach Hugo gewählt hätte, den er ja als moralischen, sozialkritischen Autor Baudelaire auch einmal als Maßstab vorhält. Die Implikationen des Darstellungsrahmens und die eigenen Tendenzen des dargestellten Autors hätten sich gegenseitig bestätigt. Daß Sartre das - wie auch später im Fall Genets und Flauberts - nicht machte, sondern ausgerechnet Baudelaire wählte, führt ihn einerseits zu dem, was an seiner Darstellung dann als Gewaltsamkeit erscheint, ist andererseits aber gerade das Produktive, weil es ihn zwingt, auch seine eigenen Kategorien zu verändern, die auf diese Weise an ihrem Gegenstand Widerstand finden und so zugleich auch in ihrer Problematik deutlicher werden.

Für Sartre wird zum Hauptproblem, wie er gerade Baudelaire mit einer moralischen Interpretation überhaupt erreichen könne. Damit wird seine Interpretation zu einem Fall, an dem grundsätzliche Probleme im Verhältnis von Ästhetik und Moral exemplarisch sichtbar werden. Die vorliegende Arbeit möchte, indem sie Sartre auch von Baudelaire her zu sehen versucht und zeigt, wie Sartres Kategorien immer wieder auch an Baudelaire abgleiten, etwas von diesen allgemeinen Problemen explizit machen. Die Frage des Verhältnisses von Ästhetik und Moral, die ja die ganze Philosophiegeschichte durchzieht, dort aber nie, auch bei Nietzsche nicht, endgültig gelöst wurde, läßt sich im Grunde überhaupt nur an spezifischen, begrenzten Beispielen erhellen. Will Sartre eine ganz bestimmte Moral, eine Ethik der Authentizität, so ist es für Baudelaire ganz besonders bezeichnend, daß er von dieser Kategorie des Authentischen immer gerade nicht erreicht wird; der Versuch, dafür Gründe anzugeben, ist indirekt zugleich eine Interpretation Baudelaires. Sartres Kategorien sind existentielle, und Baudelaire zielt auf eine Ästhetik, die die Kunst sich von der Existenz abheben läßt. Wie sollen dann aber beide noch aufeinander beziehbar sein, oder muß man dann nicht zu Sartres Rahmen sagen, er sei eben für die Darstellung Baudelaires ganz besonders ungeeignet? Um beide doch aufeinander beziehen zu können, braucht man selbst wieder einen Gesichtspunkt, unter dem die Beziehung möglich wird. Diesen gibt unter anderem auch Sartres Konzept der Urwahl selbst, wenn man es nicht so sehr, wie Sartre, im Zusammenhang einer Ethik auf die Person bezieht als vielmehr auf die Kunst. Denn was Baudelaire in der Kunst machte, entspricht in der Tat einer Wahl; nur bringt das Sartres Konzeption, die die Wahl als eine im Leben moralisch zu beurteilende sehen möchte, in große Schwierigkeiten.[17] Die Frage wird, gegen Sartre, wie weit sich nicht gerade in der Auseinandersetzung mit Baudelaire erweist, daß die Konzeption der Wahl sich auch immanent nicht als Ethik durchhalten läßt. Nicht bloß in seiner Kunstphilosophie, sondern gerade in seinen existenzphilosophischen Kategorien, aus denen er sie heraushalten wollte, sollen Sartres tiefe Beziehungen zur Ästhetik entwickelt werden.

Die Schwierigkeit ist dann, daß sich die Interpretation, die nicht nur eine philologisch getreue Wiedergabe von Sartres Buch geben, sondern fragen will, was seine Kategorien leisten können, d.h. wie weit sie vielleicht mehr und anderes leisten können als das, was Sartre selbst in seinem Buch damit gemacht hat, auf mehreren Ebenen gleichzeitig bewegen muß. Es gibt die Ebene der Darstellung von Baudelaire, der Darstellung von Sartres Interpretation von Baudelaire, der Darstellung von Sartre immanent, der Interpretation von Sartre, die ihn anders sieht, usw. Müssen diese Ebenen eigentlich immer genau getrennt werden, so gehen sie in der Analyse, die sie aufeinander bezieht, doch immer wieder ineinander über. Manchmal kritisiert die Interpretation Sartres Kategorien, manchmal benutzt sie sie. Aber das Problem ist wohl so lange noch zu rechtfertigen, wie die Arbeit die Schwierigkeiten, die Sartre mit Baudelaire hat, als solche deutlich machen kann.

---

17 Vgl. Hartmut Engelhardt, *Reproduktion der Reproduktion. Wenn Warhol sich den Benjamin anzieht*, in: *Walter Benjamin im Kontext*, hrsg. von Burkhardt Lindner, Frankfurt ²1985, S.258: »Sartres Kritik, Baudelaire habe sich nicht gewählt, ist falsch: er floh nicht vor sich selbst, sondern demonstriert avant la lettre Sartres choix originel als einen *Kunst*versuch«. Siehe auch: Hartmut Engelhardt, *Indifferenz der Schönheit*, in: *Spuren in Kunst und Gesellschaft*, Nr.17 (Nov./Dez. 1986), S.61 - 63.

I. Bewußtsein bei Sartre und Baudelaire

1. Kontingenz und Luzidität

Die für den Existentialismus Sartres zentrale Erfahrung ist vielleicht die des Zusammenbruchs jeglicher Theodizee, die Nietzsche in den Satz faßte: »Gott ist tot.«[1] Sie war auch die Baudelaires; schon Benjamin hatte hierin die Verwandtschaft Baudelaires mit Nietzsche gesehen, trotz des demonstrativen Katholizismus des ersteren.[2] Die Konsequenzen, die diese Erfahrung für die gesamte französische Lyrik um die Mitte des 19.Jahrhunderts bedeutete, in der sie sich zuerst ausdrückte, hat Sartre lange nach seiner Baudelaire-Studie in seinem Buch über Mallarmé darzustellen versucht. Was nach dem Verschwinden Gottes zurückblieb, war die Welt als:

> Des hasards; l'homme en était un; privé du statut de faveur que lui garantissait la Volonté Divine, il cherchait vainement en lui ce que Mauriac appelle »cette part de la créature où Dieu a imprimé sa marque«[3].

War in der christlichen Theologie alle Kreatur, als Werk Gottes, letztlich »gut« und so, in Sartres Sprache, in ihrem Sein verbürgt, und hatte noch in den Aufklärungsphilosophien der individuelle einzelne teil an einer Natur, in deren Allgemeinheit sich der göttliche Geist säkularisierte, so wird im Existentialismus, der den Zerfall dieser Metaphysik voraussetzt, der einzelne sich in seiner Existenz selbst zum Problem. Indem er sich seiner bewußt wird, muß er sich als vereinzelt und zufällig erfahren, auf gleicher Ebene mit allem anderen zufällig Existierenden, in der undifferenzierten Masse, zu der so das Universum wurde, verloren. Wenn aber Sartre so die Existenz ganz durch ihre Kontingenz bestimmt sein läßt, im Gegenzug zu aller Metaphysik, in der sie von einem verbürgten Sein gehalten war, bewegt er - was schon Heidegger ihm gegenüber bemerkt hat[4] - auch sich selbst noch in deren Rahmen, der sich in der Umkehrung auch erhält, und zwar noch in dem Begriff, der die metaphysische Desillusionierung ausdrückt, dem der Kontingenz selbst. Jener Rahmen bleibt schon darin indirekt bestimmend, daß der Mangel an einem verbürgten Sein zu einem immanenten Merkmal des Bewußtseins selber wird, das als Bewußtsein davon geschieden ist - denn hätte es seine Bestätigung, käme es in ihr zur Ruhe, so würde es als Bewußtsein erlöschen - so aber immer davon

---

1 Friedrich Nietzsche, *Die fröhliche Wissenschaft, Nietzsche Werke*, Kritische Gesamtausgabe, hrsg. von Giorgio Colli und Mazzino Montinari, 5.Abt., 2.Band, Berlin, New York 1973, S.145.

2 Walter Benjamin, *Gesammelte Schriften*, Band V,1, *Das Passagen-Werk*, hrsg. von Rolf Tiedemann, Frankfurt 1982, S.424 (J 60,7).

3 Jean-Paul Sartre, *Mallarmé. La lucidité et sa face d'ombre*, Paris 1986, S.15.

4 Martin Heidegger, Über den Humanismus, Frankfurt 1947, S.17.

beunruhigt wird, weil das Ungenügen an sich, das Verlangen nach seiner Bestätigung, es in jedem Moment über sich hinaustreibt.

Jene Erfahrung seiner selbst als kontingent, die schon in dem Roman *La Nausée* im Zentrum stand, ist auch der Ausgangspunkt von Sartres großen Monographien. Sie gehen nicht zufällig über Autoren, die in ihrer Ästhetik den Zerfall einer verbürgenden Metaphysik selber schon reflektierten und damit dem Rahmen Sartres auch entgegenkommen. Allerdings will Sartre sie gerade nicht als Autoren behandeln, die durch diese Reflektiertheit irgendwie ausgezeichnet wären, sondern als Personen, die in ihrem Leben ihrer eigenen Kontingenz innewerden, nicht anders als alle andern Menschen auch. Ihm geht es primär immer um die Folgen, die dieses Bewußtsein für das Leben hat. Ja die Tatsache, daß es für den einzelnen kein verbürgtes Sein mehr gibt - die Voraussetzung dafür, daß er als frei, für sich verantwortlich und so als moralisches Wesen angesehen werden kann - erscheint als Bedingung der Möglichkeit biographischer Darstellung überhaupt: Erst daß alles, was ein einzelner tut, als Versuch verstanden werden kann, seiner Kontingenz zu entsprechen, gibt für Sartre allem in diesem Leben Sinn und macht es so zusammenhängend darstellbar. So erscheint das Bewußtsein nicht nur als formale Bedingung, die das Leben begründet, sondern zugleich als Inhalt auf der Ebene der Lebensgeschichte selbst: die Erfahrung seiner Kontingenz wird zu einem biographischen Augenblick, der zeitlich fixiert werden soll und damit auch den dem Bewußtsein korrespondierenden logischen Begriff, das Sein, zu einer diesem Augenblick zeitlich vorhergehenden Phase innerhalb der Lebensgeschichte selbst werden läßt. Das heißt, dieses Bewußtwerden läßt sich im Leben konsequent nur als ein Bruch darstellen, im Bild eines unvermittelten Absturzes aus einem verbürgten Sein in die Kontingenz. In der Biographie Baudelaires fällt er für Sartre mit der Trennung Baudelaires von seiner Mutter nach deren Wiederverheiratung 1828 zusammen:

> Tout à l'heure encore il était tout pénétré par la vie unanime et religieuse du couple qu'il formait avec sa mère. Cette vie s'est retirée comme une marée, le laissant seul et sec, il a perdu ses justifications, il découvre dans la honte qu'il est un, que son existence lui est donné pour rien.[5]

Es ist aber deutlich, daß unter dieser psychologischen Konkretisierung, für die Sartre, worauf Douglas Collins verwies, unter anderm auch die Psychologie des Narzismus von Angelo Hesnard heranzog[6], das ontologische Modell der Beziehung von en-soi und pour-soi bestimmend bleibt, das Sartre in L'être et le néant entwickelte. Dabei wirkt auch das Modell des deutschen Idealismus nach, in dem das Bewußtsein seiner selbst als Trennung, als Entzweiung mit einer ursprünglichen Einheit gesehen und wie dann später bei

---

5 Jean-Paul Sartre, *Baudelaire*, précédé d'une note de Michel Leiris, Paris 1963, S.20.

6 Douglas Collins, *Sartre as Biographer*, Cambridge(Mass.) 1980, S.65. Er verweist auf: Angelo Hesnard, *L'individu et le sexe: Psychologie du narcissisme*, Paris 1927.

Sartre auch schon in ein Bild, den biblischen Mythos der Vertreibung, übersetzt worden war. Die dort schon bestehende Schwierigkeit, daß sich diese Einheit als solche eigentlich nicht bestimmen läßt, steigert sich bei Sartre, wenn dieser jene Einheit zum Moment der Lebensgeschichte selber werden läßt und sie so quasi psychologisch, auf der empirischen Ebene, beschreiben muß. Er kann sie dann nur dadurch zu charakterisieren versuchen, daß er die Merkmale, die das Bewußtsein bestimmen, in der Beschreibung des Zustands der Einheit in Umkehrung wieder benutzt, so wie in der des Bewußtseins die der Einheit; beide setzen einander wechselseitig voraus.

Darin sind alle Monographien Sartres einander strukturell verwandt; zu recht hat Michael Scriven geschrieben, daß sie eigentlich alle einem zugrundeliegenden Modell folgen: »An original and highly significant childhood crises in which the child-artist is thrust abruptly into an awareness of a traumatic personal existence is a recurring initial scenario.«[7] Es ist auffällig und weist tief auf die Grundlagen seiner Philosophie, daß Sartre dieses seiner bewußt Werden des einzelnen nicht als eine Entwicklung sieht; denn das würde bedeuten, daß man die Trennung von der fraglosen Einheit als eine partielle denken müßte, eine also, bei der vieles immer auch noch selbstverständlich beibehalten bliebe. Aber so wie jenes gerechtfertigte Sein absolut war, so ist für Sartre das Bewußtsein seiner selbst als eines isoliert, für sich Existierenden total. Es wird als ein ursprungsloses, gleichsam schockartiges Auftauchen gedacht: »[...] l'apparition fortuite et bouleversante de la conscience de soi.«[8] Das bleibt für Sartre, auch wenn er diese Erfahrung hier noch leer nennt, das beherrschende Bild, das dann schließlich als exemplarisch interpretiert und zum Maß der Kritik wird. So heißt es viel später über diesen Augenblick im Leben des Kindes:

> Les devoirs, les rites, les obligations précises et limitées ont disparues d'un coup. Injustifié, injustifiable, il fait brusquement l'expérience de sa terrible liberté. Tout est à commencer: il émerge soudain dans la solitude et dans le néant.[9]

Mit einemmal, mit dem Auftauchen als Bewußtsein selber, sieht der einzelne, dem der Halt an allem, was ihm bisher völlig selbstverständlich war, plötzlich ebenso vollkommen wegrutscht, sich allein auf sich selbst und seine eigene Freiheit verwiesen, die ihn vollkommen sich selber zu bestimmen nötigt. In *L'être et le néant* hat Sartre geschrieben, das Bewußtsein könne, da durch sich selbst existierend, nicht als sich von anderem herleitend gedacht werden: »[...] il est impossible d'assigner à une conscience une autre motivation qu'elle-même.«[10] Das Prinzip seiner Durchsichtigkeit für es selber, von dem Sartre ausgeht, impliziert, daß es nichts sein kann außer in der Weise des Bewußtseins von diesem Sein; und

---

7 Michael Scriven, *Sartre's existential biographies*, London 1984, S.47.
8 Sartre, *Baudelaire*, a.a.O.,S.22.
9 ebd., S.65.
10 Jean-Paul Sartre, *L'être et le néant. Essai d'ontologie phénoménologique*, Paris 1943, S.22.

so kann ihm auch keine andere Begründung - z.B. daß es ein Geschaffenes sei - zugeschrieben werden als es selbst, denn das würde heißen, daß seine Existenz notwendig etwas voraussetzte, wovon es die Wirkung sein würde, ohne daß es dessen bewußt wäre. Es wird als ein Absolutes gedacht, das zugleich »le sujet de la plus concrète des expériences« sei: »Et il n'est point *relatif* à cette expérience, parce qu'il *est* cette expérience.«[11]. Insofern seine Absolutheit impliziert, daß es - seien es äußere Umstände oder innere Motive - von nichts bestimmt *werden* kann, es als reine »détermination de soi par soi«[12] vielmehr selbst erst die Voraussetzung für alle Bestimmung ist, die es sich so immer erst selber gibt, liegt in ihr auch schon das, was Sartre seine Freiheit nennt, in dem Sinn, daß es nicht manchmal frei sein kann und manchmal nicht, sondern qua Bewußtsein seine eigene Freiheit ist. Es erscheint, als je individuelles cogito, als das letztlich irreduzible Faktum, von dem auszugehen ist, zugleich kontingent und das, was Sartre im phänomenologischen Rahmen eine Tatsachennotwendigkeit nennt.

Der Erfahrung des Kontingenten, als Erfahrung des Verlusts eines verbürgten Seins, entspricht das in der Struktur des Bewußtseins selbst liegende Verlangen, dieses Sein wieder zu erreichen. Das wird zu einem zentralen, und wie sich zeigen wird, auch für die Interpretation Baudelaires als Autor entscheidenden - weil hier besonders problematischen - Motiv der Sartreschen Darstellung. Wie die Existenz eines jeden einzelnen erscheint auch diejenige Baudelaires als ein einziger Versuch, sich in seinem Sein wiederzuerlangen. In der Form des für sich bestehenden Einzelbewußtseins selber suchte er, Sartre zufolge, seines eigenen Selbst habhaft zu werden; sich auf sich selbst zurückzuwenden, um sich so dessen, was er wirklich unverwechselbar wäre, in sich selbst zu versichern, während sich ihm gerade so sein Sein erst recht entzog. Je mehr es vergeblich war, desto mehr führte dieses Bestreben ihn dazu, immer mehr sich selbst zu reflektieren. Ist die Erfahrung der Isolation des Bewußtseins für Sartre noch nicht individuell, weil sie für ihn jedes Leben begründet, so sieht er in der Selbstreflexion, die bei Baudelaire nicht wie sonst momentan blieb, sondern als eine Haltung das ganze Leben erfaßte, das für ihn Spezifische, in dem er sich von allen andern unterschied. Das sich auf sich selbst richtende Bewußtsein wird bei Baudelaire zu einer Luzidität gesteigert, in der es unablässig in jedem Augenblick bei allem gleichsam sich selber gegenwärtig bleibt, ohne sich jemals aus dem Blick verlieren, sich selbst vergessen zu können.

Daß das nicht eine willkürliche Konstruktion ist, die sich bloß aus den philosophischen Kategorien Sartres ergibt, zeigt sich an den *Fleurs du Mal*, die das zu einem zentralen Thema machen; und zwar auch in vielen Ge-

---

[11] ebd., S.23. Auf die Verwandtschaft dieser Konzeption mit der Philosophie Fichtes verweist Kurt Hübner, *Fichte, Sartre und der Nihilismus*, in: *Zeitschrift für philosophische Forschung* 10 (1965), S.29ff.

[12] ebd., S.22.

dichten, die Sartre gar nicht erwähnt, weil sein Buch ja nicht als Interpretation der Gedichte gedacht war. Man denke beispielsweise an ein Gedicht wie »L'Avertisseur«. Gerade weil Sartre es nicht zitiert, kann es als Beleg für seine Interpretation dienen:

> Tout homme digne de ce nom
> A dans le coeur un Serpent jaune,
> Installé comme sur un trône,
> Qui, s'il dit: »Je veux!« répond: »Non!«
>
> Plonge tes yeux dans les yeux fixes
> Des Satyresses ou des Nixes,
> La Dent dit: »Pense à ton devoir!«
>
> Fais des enfants, plante des arbres,
> Polis des vers, sculpte des marbres,
> La Dent dit: »Vivras-tu ce soir?«
>
> Quoi qu'il ébauche ou qu'il espère,
> L'homme ne vit pas un moment
> Sans subir l'avertissement
> De l'insupportable Vipère.[13]

Im mythischen Bild der Schlange erscheint das Selbstbewußtsein wie eine in einem Menschen ihm gegenüber verselbständigte Instanz, die bei allem, was er tut, ihm dazwischenkommt, ohne daß er dieser zweiten Stimme, die immer etwas anderes sagt, entgehen könnte, denn auch sie ist ja das Bewußtsein selber. Das ist von Sartres Philosophie nicht so weit entfernt, wo diese das Bewußtsein gerade dadurch definiert, daß es als solches schon immer in Nichtübereinstimmung mit sich, in einem Abstand zu sich, als Anwesenheit bei sich existiere.[14]In Baudelaires Gedicht stellt die ständig gegenredende Schlange - das Bewußtsein, insofern es in allem immer zugleich schon über sich hinaus ist - in jedem Moment seine Entzweiung mit sich selbst wieder her, der ein Mensch mit allem, was er tut, zugleich entkommen möchte. Es hintertreibt alles sich Vergessen; in der Liebe, in der Arbeit, in der Kunstschöpfung. Indem es aber den Menschen in nichts, was er tut, zur Ruhe kommen läßt, erscheint es zugleich als das, was ihm seine Dignität gibt. Aber damit wird es nicht gerechtfertigt: das Bild, das die Schlange im Herzen eines Menschen thronen sieht, läßt sich auch so lesen,

---

13 Charles Baudelaire, *Oeuvres complètes*, texte établ., prés. et annoté par Claude Pichois, Vol I, Paris 1975(Bibl. de la Pléiade), S.140. (Diese Ausgabe, deren Band II, ebenfalls von Claude Pichois besorgt, 1976 erschien, wird im folgenden nur als OC I, OC II zitiert.)

14 Sartre, *L'être et le néant*, a.a.O., S.111ff. Es ist hier auch an die vermittelnde Rolle zu erinnern, die Georges Blins erstes Buch über Baudelaire für Sartre gespielt hat (Georges Blin, *Baudelaire*, Paris 1939). In diesem Buch finden sich Passagen, die die Nähe dieser Züge Baudelaires zu dem damals von Sartre entwickelten Existentialismus schon vorzuzeichnen scheinen, und die Sartre als ihm entgegenkommend empfunden haben muß, weil sie sich in seine Kategorien übersetzen ließen. Vgl. z.B. S.36: »Car l'intelligence refuse toujours de coïncider, elle nous décolle des objets pour les transformer en spectacle, elle fait problème, elle introduit l'intervalle, elle conteste les évidences du donné et du plaisir, elle troque la vie contre les raisons de vivre.«

daß sie in einer Weise herrscht, der er sich nicht mit Willen entziehen kann; weder läßt sie sich weiter begründen noch selbst wieder in Zweifel ziehen. Das Selbstbewußtsein, das alles durchdringt, erscheint darin selber nicht mehr durchdringbar; im Bild der Schlange erscheint es mythisch.

Sartre zieht, um diese permanente Präsenz des Selbstbewußtseins bei Baudelaire zu interpretieren, die phänomenologische Unterscheidung von unmittelbarem und reflexivem Bewußtsein heran. Im Rahmen der Phänomenologie jedoch werden unmittelbares und reflexives Bewußtsein logisch voneinander abtrennbar; Baudelaire aber greift gerade deshalb auf das Bild der Schlange zurück, weil es ihm darauf ankommt, daß die Entzweiung des Bewußtseins von diesem schon als solchem nicht weggedacht werden kann, ja zu einer Auszeichnung des Menschen wird, wofern jener »dieses Namens würdig« ist, das heißt überhaupt bewußt lebt. Die Phänomenologie denkt das »unmittelbare« Bewußtsein als eines, das sich nicht primär auf sich selbst richtet, sondern auf die Welt, als Bewußtsein von etwas, das bewußtseinstranszendent ist - eben das umschreibt sie mit dem Begriff der Intentionalität. Wenn wir etwas sehen, tun, jemanden lieben, hassen usw., denken wir nicht daran, daß wir das gerade machen, sondern, derart auf das gerichtet, *was* wir machen, vergessen wir uns selbst. So sind wir, nach Sartres Bild, »draußen«, bei der Welt, statt in uns und der Betrachtung unseres Inneren zu verharren. Unmittelbares und reflexives Bewußtsein werden als Gegenbilder voneinander gedacht, von denen das unmittelbare, weil es den Menschen auf die konkrete Praxis verweise, einen Vorrang erhält, in dem implizit bereits eine Moral vorausgesetzt ist, an der Baudelaires Reflektiertheit kritisiert wird.

Es ist jedoch auffällig, wie sehr auch Sartres philosophische Darstellung des Bewußtseins zu Bildern greift. Das reflexive Bewußtsein z.B. wird beschrieben im Bild eines sich selbst durchdringenden, durchsichtigen Mediums, einer öligen Flüssigkeit, durch die alles, was immer bewußt wird, von vornherein schon gebrochen und wie in weite Ferne gerückt werde.[15] Nun hat Sartre damit, daß er die Luzidität des Bewußtseins bei Baudelaire so sehr hervorhebt, völlig recht. Die Distanz aber, die er mit diesem Bild umschreiben will, ist bei Baudelaire, wie später auszuführen sein wird, auch eine des Mediums der Kunst selber, nicht nur eine existentielle seines Bewußtseins als einzelner Person. Auch Baudelaire verwendet in Gedichten, wie in dem zitierten das der Schlange und des Zahns, für das Selbstbewußtsein Bilder. Indem nun Sartre in seinem Rahmen als existentielle Besonderheit beschreiben will, was bei Baudelaire immer schon im Zusammenhang der Kunst steht und dort sowohl die Form der Gedichte wie ihre Motive bestimmt, schließt sich seine philosophische Analyse der Existenz an Baudelaires Gedichte an und wird darum selber erst recht bildhaft. In Baudelaires Lyrik spielen aber die Bilder, mit denen er

---

[15] Siehe etwa Sartre, *Baudelaire*, a.a.O., S.27.

ein Konzept von Bewußtsein umschreibt, das durchaus ein philosophisches, ja dem Existentialismus verwandtes ist, eine andere Rolle als in der Philosophie, die dieses Konzept begrifflich konsistent durchzuführen versuchen muß. Die Philosophie will ja nicht an die Stelle der poetischen Bilder treten, sondern sie in ihrer Sprache interpretieren. Gerade indem Sartre das Selbstbewußtsein bei Baudelaire philosophisch zu bestimmen versucht, tritt das Bildhafte seiner eigenen Begriffe als Problem hervor, und dabei zeigt sich zugleich, daß - worauf schon Georges Blin hinwies[16] - Sartres Bilder manchmal auch *als Bilder* die spezifischen Motive Baudelaires verzeichnen.

Wenn Sartre die Reflektiertheit bei Baudelaire quasi psychologisch als den persönlichen Narzismus des immer nur über sich selbst Gebeugten[17] kritisieren will, so hat er das Problem, daß auch das, was er dem als positiv gegenüberstellen will, ein Bild ist. Ja, das Bild eines Bewußtseins, das statt in sich zu bleiben sich ständig von sich selber losreißt, um so immer »par-delà soi«[18], d.h. unmittelbar bei dem zu sein, was es nicht selber ist, dem »trockenen Staub der Welt«[19], verdankt sich sogar einer Umkehrung des abgewehrten Bildes und bleibt so erst recht in dessen Rahmen gefangen. Die Entgegensetzung löst das Problem nicht, weil wir, wenn wir vom »Draußen« reden, eben damit auch schon vom »Drinnen« reden.[20] Im philosophischen Zusammenhang von *L'être et le néant* wird die Abtrennung des reflexiven vom unmittelbaren Bewußtsein und die Abwertung des ersteren ja auch nur dadurch möglich, daß das Grundprinzip alles Bewußtseins, immer sich selbst durchsichtig zu sein, auch schon für das unmittelbare Bewußtsein in Anspruch genommen wird: Auch es sei zugleich immer schon Bewußtsein von sich selber; und zwar nicht in der Weise, daß es sich dabei so zum Objekt werde wie ihm die Welt dazu wird, sondern so, daß es in einer Einheit mit sich selber immer schon auf sich bezogen, oder mit dem Ausdruck, den Sartre dafür einführt, »präreflexives« Bewußtsein (von) sich selber sei. Das erlaubt Sartre, dieses unmittelbare Bewußtsein als eines zu denken, das für sich selbst bestehen kann, die Reflexion also gar nicht braucht. Freilich könnte man dann auch sagen, Sartre werte die explizite Reflektiertheit ab, weil er das reflexive Verhältnis zu sich als grundsätzliche »présence à soi«, die als solche »implique dualité, donc séparation au moins

---

16 Georges Blin, *J.-P. Sartre et Baudelaire*, in: G.Blin, *Le sadisme de Baudelaire*, Paris 1948, S.123ff. Übers. in: *Baudelaires »Blumen des Bösen«* ,a.a.O.,S.163 - 173.

17 Sartre, *Baudelaire*, a.a.O., S.26.

18 Jean-Paul Sartre, *Une idée fondamentale de la phénoménologie de Husserl: l'intentionnalité*, in: J.-P.Sartre, *Situations I*, Paris 1947, S.31.

19 ebd., S.31.

20 Heidegger hat versucht, diese Entgegensetzung zu überwinden, indem er die Umwelt als immer schon »zuhanden«, als Zusammenhang aufeinander verweisender »Zeugdinge« verstand, »in« dem Dasein immer schon ist. Wenn aber Sartre dieses Konzept als Gegenbild zu Baudelaires Distanz heranzieht (*Baudelaire*, S.26), hat er das Problem, daß *er* es im Rahmen eben der Subjektphilosophie benutzen will, die Heidegger damit gerade verlassen hat.

virtuelle«[21], der Form nach ja in das Für-sich-Sein des unmittelbaren Bewußtseins - wenn auch als »präreflexiv« - immer schon aufgenommen habe.

Läßt sich die Reflektiertheit in Sartres Bild vom unmittelbaren Bewußtsein gleichsam ablösen, so erscheint sie, wo sie herrscht, diesem gegenüber parasitär. Sie setzt sich ihm gleichsam auf, und dabei modifiziert es sich selber. Es wird der Beobachtung durch einen Zeugen ausgesetzt, der dieses Bewußtsein selbst ist. Da es so nicht nur beobachtet wird, sondern sich beobachtet weiß, stellt es sich auf den Zeugen ein; nimmt, da er es selber ist, dessen Blick gleichsam schon vorweg. Es klingt an Baudelaires Bild der Schlange an, wenn Sartre das alte Bild aufgreift, das alles durchdringende Selbstbewußtsein »vergifte« die Spontaneität der nach außen gerichteten Handlungen.

Zu diesem Bild lassen sich aber auch Motive anderer Gedichte Baudelaires stellen; man denke an »L'Irréparable«. Das permanent sich selbst gegenwärtige Bewußtsein, das nicht mehr zum Schweigen gebracht werden kann, weil ja noch die Anstrengungen, es zu ersticken, von ihm selbst ausgehen, erscheint zum remords gesteigert. Der remords ist also nichts anderes als die Bewußtheit selber, die, weil sie so weit davon entfernt ist, alle naive Hoffnung immer als einen so rührenden Trug sehen muß wie die künstliche Morgenröte es ist, die im fond eines banalen Theaters illuminiert wird. Denn für sie sind nicht nur bestimmte Momente im Leben, die anders hätten gelebt werden sollen, sondern das Leben selber, mit dem sie als solchem zerfallen ist, das Unwiederherstellbare: der remords vermehrt sich aus sich selbst und nimmt so ein Eigenleben an, das das Leben in eine einzige Agonie verwandelt. In Sartres Sprache hieße das, die Luzidität des Bewußtseins, die die Regungen und Handlungen des spontanen Bewußtseins nicht nur nachträglich unterhöhlt, sondern sie schon vorwegzunehmen sucht, lasse alle Spontaneität von vornherein erstarren. Dieses Bewußtsein kennt sich gleichsam in allem schon im voraus:

> Quant au détail de ses idées et de ses affections, pressenties, reconnues avant même que d'être apparues, de part en part transparentes, elles ont pour lui un air de »déjà vu«, de »trop connu«, une familiarité inodore, une saveur de réminiscence.[22]

Sieht das Bewußtsein so immer sich selber zu, so ist es, wie schon in Husserls Phänomenologie, sich selbst kein wirkliches Objekt - das für es nicht völlig vorwegnehmbar wäre, darum aber ihm wirkliche Erfahrung ermöglichte -; sondern es ist sich selbst ein »Quasi-Objekt«, das ihm einerseits als ganzes gegeben, vertraut ist, das ihm andererseits aber gerade so auch wieder ungreifbar wird: es vermag sich nicht »objektiv« zu erfahren, gerade weil es sich zu nahe ist. In *L'être et le néant* schrieb Sartre: »La réflexion est *reconnaissance* plutôt que connaissance.«[23] Ein Bewußtsein,

---

[21] Sartre, *L'être et le néant*, a.a.O.,S.115.
[22] Sartre, *Baudelaire*, a.a.O., S.29.
[23] Sartre, *L'être et le néant*, a.a.O.,S.195.

dessen Reflektiertheit derart dominierend geworden wäre wie Sartre es an Baudelaire beschreibt, würde so in allem immer wieder nur auf sich selber stoßen. Im gesteigerten Bewußtsein seiner eigenen Immanenz, die es nicht verlassen kann, würde ihm alles von vornherein schon unter dem Aspekt des Abgelebten erscheinen. Hat es aber alles immer schon in sich hineingezogen, so legt das für das eigentlich doch in der Zeit, also als gerade nicht völlig vorhersehbar gelebte Leben räumliche Bilder nahe, mit denen manche Gedichte Baudelaires in der Tat ein Konzept von Bewußtsein zu umschreiben scheinen, das dem verwandt gesehen werden kann, das Sartre in philosophischer Sprache zu explizieren sucht; Bilder eines Innenraums, aus dem das Ich nicht heraus kann, weil seine Seele selber dieser Raum ist, der ihm darum zu einem wird, den es von Ewigkeit an schon durchlaufen und bewohnen zu müssen schien[24]. Erscheint ihm so das ganze Leben wie in Gleichzeitigkeit, so läßt das von vornherein alles so dinghaft werden wie es dann tatsächlich in dem »Spleen«-Gedicht, das Sartre zitiert, die abgestorbenen Erinnerungen sind, die sich im Innenraum des Ich angesammelt haben, in einer so vollkommenen Vergleichgültigung wie die verstaubten Dinge, die hier wahllos in den Schubladen herumliegen:

> J'ai plus de souvenirs que si j'avais mille ans
>
> Un gros meuble à tiroirs encombré de bilans,
> De vers, de billets doux, de procès, de romances,
> Avec de lourds cheveux roulés dans des quittances,
> Cache moins de secrets que mon triste cerveau.
> C'est une pyramide, un immense caveau,
> Qui contient plus de morts que la fosse commune.
> - Je suis un cimetière abhorré de la lune,
> Où comme des remords se traînent de longs vers
> Qui s'acharnent toujours sur mes morts les plus chers.
> Je suis un vieux boudoir plein de roses fanées,
> Où gît tout un fouillis de modes surannées,
> Où les pastels plaintifs et les pâles Boucher,
> Seuls, respirent l'odeur d'un flacon débouché.(OC I,73)

Sartre schrieb über das Ich, das vom ennui erfaßt wurde, »qu'il n'atteindra jamais à une possession véritable de lui-même[...]«[25]. Man kann das so übersetzen, daß die vollkommene Geistesgegenwart, die sich alles präsent hält, eigentlich nichts hat; die Überfülle an souvenirs, an »Geheimnissen«, die das »traurige Hirn« birgt, läuft auf Leere hinaus, das Gegenteil eines Erlebnisreichtums, den das Ich eines epischen Romans einmal an seinen Erlebnissen zu haben meinen konnte. Das Ich dieses Gedichts kann nicht nur nicht das gelebte Leben darin mehr aktualisieren - statt des Lebens bleibt ihm nur, was Benjamin die »Andenken«[26] an das Leben nannte -, es wird so auch in seiner Gegenwart sich selber so fern wie eine vergangene

---

24 Siehe OC I, S.16 (»Le mauvais moine«).
25 Sartre, *Baudelaire*, a.a.O., S.32/33.
26 Walter Benjamin, *Das Passagen-Werk*, a.a.O., S.407/408 (J 53,1).

Mode, und darum tritt ihm auch die Zukunft schon so entgegen. Gerade seine so gesteigerte Präsenz trennt es von allem, auch von sich selber. In der Betonung der Luzidität des Bewußtseins berührt sich Sartres Interpretation mit der Benjamins, wo dieser schrieb, im spleen sei »die Zeitwahrnehmung übernatürlich geschärft; jede Sekunde findet das Bewußtsein auf dem Plan, um ihren Chock abzufangen«[27]; das Bewußtsein, das in jedem Moment bei allem immer dabei ist, zerfällt das, was Benjamin die Kontinuität der Erfahrung nannte. So wird das Ich auch sich selber äußerlich; es ist hier nichts anderes als der Raum selber, in dem die verstaubten Andenken wahllos angehäuft sind[28]. Darum ist es konsequent, wenn es sich schließlich in Bilder von Grabstätten verwandelt, in denen alles Leben, von vornherein unter dem Aspekt des Todes gesehen, erstarrt ist. Je mehr diese Bewußtheit alles schon vorweggenommen hat, desto weniger geschieht für sie noch irgend etwas. Das läßt hier schon eine kurze Zeitspanne so erscheinen, als seien es tausend Jahre. Gerade so sagt der Sprecher eines anderen »Spleen«-Gedichts, er sei »jeune et pourtant très vieux«(OC I,73). Wie eng sich gerade hier Baudelaires Lyrik mit zentralen Motiven der zu seiner Zeit beginnenden Existenzphilosophie berührt, hatte schon Benjamin zeigen wollen, der zu der Zeile: »Je suis un cimetière abhorré de la lune« eine Stelle aus Kierkegaards *Diapsalmata ad se ipsum* gestellt hatte:

> Meine Seele ist wie das Tote Meer, das kein Vogel überfliegen kann; mitten im Flug zieht es ihn nieder in Untergang und Verderben.[29]

Desto größer wird nun in Sartres Interpretation das Verlangen des Bewußtseins, diese Immanenz zu durchbrechen; sich selbst so zu erleben, als wäre es sich noch gänzlich unvertraut und könnte also von sich so überrascht werden, wie es eigentlich nur von dem überrascht werden kann, was ihm transzendent ist, ohne daß es das immer schon wieder als seine eigene Veranstaltung durchschauen müßte. Es sucht, gerade durch die Steigerung seiner Reflexivität selbst, sich gleichsam in sich aufzuspalten, sich von sich zu trennen, um sich zu einem Objekt zu werden, das ihm, wenn dieses ihm so gegenüberstehen würde wie ein anderer, erlaubte, sich in ihm endlich zu »erfahren«. Als Beleg dafür zitiert Sartre zwei Gedichtstellen; die eine aus

---

[27] Walter Benjamin, *Über einige Motive bei Baudelaire*, a.a.O., S.642. Wenn aber Sartre den ennui schon im Bewußtsein selbst begründet sieht, das darin seiner eigenen Existenz innewird, ihn also als ein »sentiment métaphysique«(S.33) versteht, will Benjamin die Bedingungen, die zu ihm führen, als solche gesellschaftlicher Selbstentfremdung geschichtsphilosophisch bestimmen; und darin schließen sich beider Rahmen, so sehr sie sich in der Beschreibung annähern, doch wieder aus.

[28] Vgl. dazu die Interpretation dieses Gedichts durch Heinz Nöding, *Verlorene Illusionen - Verlorene Erfahrung. Verdinglichung als literarisches Thema im Jahrhundert Baudelaires*, Stuttgart 1980, S.128ff. Er nennt die Wüste am Schluß des Gedichts - die Umgebung des Granitblocks, zu dem das Ich sich wird - »die nach außen gekehrte Innenwelt«(S.131). - Explizit auf Sartre, auf dessen Hervorhebung der Selbstreflexion bei Baudelaire, beruft sich Hiltrud Gnüg in ihrer Interpretation dieses Gedichts, H.Gnüg, *Entstehung und Krise lyrischer Subjektivität. Vom klassischen lyrischen Ich zur modernen Erfahrungswirklichkeit*, Stuttgart 1983, S.156.

[29] Walter Benjamin, *Das Passagen-Werk*, a.a.O., S.430 (J 62 a,3).

dem zweiten Teil des Gedichts »L'Irrémédiable«, die andere die berühmte Strophe aus »L'Héautontimorouménos«.[30] Seine Interpretationen dieser Stellen sind so wichtig, daß sie nacheinander diskutiert werden sollen, und dazu ist erforderlich, sie im größeren Kontext zu zitieren:

II

Tête-à-tête sombre et limpide
Qu'un coeur devenu son miroir!
Puits de Vérité, clair et noir,
Où tremble une étoile livide,

Un phare ironique, infernal,
Flambeau des grâces sataniques,
Soulagement et gloire uniques,
- La conscience dans le Mal!(OC I,80)

Sartre kommentiert:

> S'il est lucide, originellement, ce n'est pas pour se rendre un compte exact de ses fautes, c'est *pour être deux*. Et s'il veut être deux c'est pour réaliser dans ce couple la possession finale du Moi par le Moi.[31]

Dabei ist das Modell, von dem aus Sartre diese Entzweiung des Bewußtseins denkt, die Beziehung zu einem real anderen, zu dem also, was das Bewußtsein bei Sartre sich selbst gegenüber gerade nicht werden kann. Wird die Beziehung zu einem real anderen dem einzelnen zum Muster auch seiner Beziehung zu sich, will das Bewußtsein in sich selbst sich zu einem anderen werden, so kann Sartre das in seinem cartesianischen Rahmen als eine immer vergebliche Anstrengung kritisieren, die es als solche zwangsläufig durchschauen müsse: »Ce ›tête-à-tête‹, à peine est-il ébauché qu'il s'évanouit: il n'y a qu'une tête.«[32] Für das Bemühen, sich dennoch so selbst zu sehen, als käme man sich gleichsam von außen entgegen, stehen in Sartres Interpretation die Spiegel, »ces consciences à l'envers«[33]. Sie hätten für das in sich verbleibende Bewußtsein den anderen zu vertreten, der von ihm jenen Aspekt seines Seins erfaßt, der dem isolierten Einzelbewußtsein als solchem immer entzogen bleibt und den es von dem Anderen zurückerhalten will, um darin *sich* wiederzuerlangen. Indem es sich im Spiegel zu verdoppeln sucht, will es, in einer Anstrengung »pour *être autrui* en *restant soi*«[34], das Ziel jedes Bewußtseins realisieren, für sich in der Weise seines totalen Seins zu sein.

---

30 Vgl. zu beiden jetzt die Interpretation durch Jean Starobinski, *La mélancolie au miroir. Trois lectures de Baudelaire*, Paris 1989, S.27ff.
31 Sartre, *Baudelaire*, a.a.O., S.30.
32 ebd.
33 Jean-Paul Sartre, *Saint Genet, comédien et martyr*, Paris 1952, S.89.
34 Sartre, *L'être et le néant*, a.a.O., S.201.

Möglich war die totale Vermittlung mit sich im Rahmen des absoluten Idealismus Hegels. Das kurz zu skizzieren ist erforderlich, weil Sartre in einer Auseinandersetzung mit ihm seinen eigenen Rahmen gewinnt. Auch bei Hegel setzte die Möglichkeit, daß das Bewußtsein sich im Selbstbewußtsein erfaßte, die Differenzierung in verschiedene einzelne Bewußtseine voraus; das eine Bewußtsein konnte sich nur dadurch seiner selbst versichern, daß es sich auf ein anderes bezog, so aus sich herausging und durch diese Vermittlung durch das andere für sich wurde. Das setzte voraus, daß beide sich wechselseitig aufeinander bezogen. Hegel schreibt: »Jedes ist dem Anderen die Mitte, durch welche jedes sich mit sich selbst vermittelt und zusammenschließt, und jedes sich und dem Anderen unmittelbares für sich seiendes Wesen, welches zugleich nur durch diese Vermittlung so für sich ist. Sie *anerkennen* sich als *gegenseitig sich anerkennend.*«[35] Die Vermittlung war also möglich, weil dieses Tun, das einerseits eines »ebensowohl *gegen sich* als *gegen das Andere*«[36] ist, andererseits »ungetrennt ebensowohl das Tun *des Einen* als *des Anderen* ist.«[37] Das eine Bewußtsein kann sich, indem es sich an das andere entäußert, in ihm wiedererkennen, weil beide Bewußtseine Gestalten der sie umgreifenden Totalität sind, die sich als solche nicht völlig fremd bleiben können; weil vielmehr wechselweise das eine im andern sich selbst in seinem Anderssein fand.

Einerseits bewegt Sartre sich in diesem kategorialen Rahmen, andererseits kritisiert er in *L'être et le néant* Hegel, er überspringe »le scandal de la pluralité des consciences«[38], denn

> [...] il s'est établi dans le tout, en dehors des consciences, et les considère de point de vue de l'Absolu. Car *les* consciences sont des moments du tout, des moments qui sont, par eux-mêmes, »unselbständig«, et le tout est médiateur entre les consciences.[...] En fait, il a oublié sa propre conscience, il *est* le Tout et, en ce sens, s'il résout si facilement le problème *des* consciences, c'est qu'il n'y a jamais eu pour lui de véritable problème à ce sujet.[39]

Will Sartre von dem - auch für Baudelaire bestehenden - Skandal der unüberschreitbaren Vielheit, der prinzipiellen Getrenntheit der Bewußtseinsindividuen voneinander, gerade ausgehen, so kann einerseits auch bei ihm das Einzelbewußtsein das, was es ist, letztlich nur über den anderen erfasssen, indem es sich als von jenem gesehen erfaßt und das als sein Sein anerkennen muß. Andererseits besteht aber jetzt, bei Sartre, zwischen meinem Bewußtsein und dem des anderen ein unüberbrückbarer Graben. Wie kann aber dann ein Bewußtsein sich an das andere entäußern, um dadurch sich seines eigenen Seins zu versichern? Das ist das Problem, mit

---

35 Georg Friedrich Wilhelm Hegel, *Phänomenologie des Geistes*, hrsg.von Johannes Hoffmeister, Hamburg 1952, S.143.

36 ebd.,S.142.

37 ebd.

38 Sartre, *L'être et le néant*, a.a.O., S.289.

39 ebd., S.288f.

dem Sartres Philosophie zu kämpfen hat. Die außerordentliche Konsequenz, mit der sie das Modell der Anerkennung von einer Position aus durchführen will, die sich zugleich der Illusion einer zwischen den Einzelbewußtseinen vermittelnden Totalität begeben hat, drückt sich z.B. in dem Satz aus:

> [...] la multiplicité des consciences nous apparaît comme une synthèse et non comme une *collection*; mais c'est une synthèse dont la totalité est inconcevable.[...] Aucune conscience, fût-ce celle de Dieu, ne peut voir »l'envers«, c'est-à-dire saisir la totalité en tant que telle.[40]

Einerseits wird also doch noch von einer Totalität gesprochen, andererseits so, daß diese unfaßbar bleibt. Der Versuch, die Beziehung der Einzelbewußtseine vom je individuellen cogito selbst aus phänomenologisch zu beschreiben, muß den Anspruch der vollkommenen Vermittelbarkeit zurücknehmen und zugeben, daß dann das, was der andere an einem einzelnen als dessen Sein erfaßt, der Interiorität des eigenen Bewußtseins letztlich doch unassimilierbar bleibt; andererseits muß er aber daran festhalten, daß gerade so der andere es in seinem Sein festlegt, objektiviert. Ist es immer der andere, der mein Sein in seinen Händen hält, so entgeht es mir grundsätzlich, so weit nämlich wie der andere mir grundsätzlich entgeht. Gerade als unerreichbare wird die Totalität seines Seins Ziel der immer scheiternden Versuche des einzelnen, es sich wieder anzueignen. Darum dann auch die Versuche, es nicht über den real anderen, sondern über die Spiegel, also die Reflexion zu erreichen: in ihnen scheint man noch einmal einen anderen erfassen zu können, der zugleich man selbst als anderer wäre. Aber wer sich im Spiegel sehen will, wie er ist, führt doch dabei selbst schon die Regie; er ist es selber und begegnet sich so immer nur als das, als was er sich erwartet hat. Kann man sich im Spiegel nie so sehen, wie ein real anderer einen sehen würde, weil man das nicht vorwegnehmen kann, so bleibt das Bewußtsein gerade dann in sich, wenn es vor dem Spiegel scheinbar aus sich heraustritt.

Geht man nun zu dem Gedicht Baudelaires zurück, so kann man fragen, wie weit Sartres Rahmen es erreicht. Wenn Sartre einwendet, da sei doch immer nur *ein* Kopf, das heißt, das Bewußtsein könne seiner Selbstheit nicht entrinnen, dann ist das so eigentlich noch keine Kritik; man könnte viel eher sagen, das sei es gerade, was das Gedicht zeige. Das Bewußtsein, das hier sein eigener Spiegel wird, geht dabei gerade nicht aus sich heraus. Seine von Sartre im Bild seiner reinen Durchsichtigkeit beschriebene allzugroße Vertrautheit mit sich erscheint hier als eine düstere Intimität, eine Komplizenschaft mit sich, die es unauflösbar an sich selber fesselt. Das heißt aber, daß es weder sich ganz zum anderen werden, noch ganz mit sich eins sein kann. Wenn Sartres Philosophie nur eine dichotomische Trennung der Beziehung zu sich und der zum anderen zuläßt, so will Baudelaire gerade einen Zustand darstellen, der eher dazwischen läge, von jenen

---

[40] ebd., S.349.

Extremen aus aber schwer darstellbar wäre: eine Fremd-Vertrautheit des Bewußtseins in sich. Es ist in sich bleibend von sich getrennt. So ist es aber bei Baudelaire auf keine Übereinstimmung mit sich selber, und sei diese auch nur als unerreichbares Ziel noch bestimmend, mehr beziehbar. Baudelaire ist viel weiter vom Rahmen des deutschen Idealismus entfernt als Sartre, der bei aller Kritik daran damit noch eng zusammenhängt. Schon Benjamin hat diese Differenz hervorgehoben, als er die Reflexion bei Baudelaire von der frühromantischen abgrenzte:

> Aushöhlung des Innenlebens. Von dem unendlichen Regreß der Reflexion, die in der Romantik den Lebensraum, spielhaft, zugleich in immer ausgespanntern Kreisen erweiterte und in immer enger gefaßtem Rahmen verkleinerte, ist Baudelaire nur das tête-à-tête sombre et limpide mit sich selbst geblieben, wie er es im Bilde einer Konversation zwischen coeur-Bube und pique-Dame in einem alten Kartenspiel vergegenwärtigt. Später sagt Jules Renard: »Son coeur...plus seul qu'un as de coeur au milieu d'une carte à jouer.«[41]

Bei Baudelaire ist die Reflexion nicht mehr eines Absoluten versichert, das in der Frühromantik noch garantieren konnte, daß alle Reflexionen in einem Ganzen zusammenhingen, in dem es erst so etwas wie Potenzierung und Verminderung der Reflexion geben konnte. Wird es aber von jenem Absoluten nicht mehr gehalten, so kann die Reflexion auch als Leerlaufen, ihre Selbsterweiterung als Trug erscheinen, und alles fällt auf die Gefangenschaft des isolierten Bewußtseins in sich selbst zurück.

Aber darin ist das Bewußtsein bei Baudelaire nicht nur sich selbst durchsichtig; vielmehr erscheint es gerade in seiner Reflektiertheit zugleich auch sich nicht völlig durchdringbar. Es wird in den Bildern, die das Gedicht gibt, in einer Weise umschrieben, die vom begrifflichen Rahmen der Philosophie Sartres aus nur als widersprüchlich dargestellt werden könnte: »sombre et limpide«, »clair et noir«, usw. Sartre, dessen Theorie eine solche Widersprüchlichkeit nicht zulassen kann, akzentuiert davon gleichsam die eine Seite, weil sie seinem cartesianischen Rahmen zu entsprechen scheint; er drängt die andere Seite zurück, indem er das Bewußtsein bei Baudelaire in seinem eigenen Konzept des cogito wieder einheitlich bestimmt. Baudelaires Bestimmung wäre in Sartres Kategorien so, als würde das Bewußtsein in sich selber eine »Opazität« vorfinden, die es zugleich selbst ist; so als wäre es zugleich auch sich selber entzogen, sich selber fremd.[42] Ist eben dies das Thema des ersten Teils dieses Gedichts, so kann man aber auch in den Bildern dieses zweiten, von Sartre zitierten Teils die Widersprüchlichkeit zeigen. Wenn hier das Bewußtsein »puits de Vérité« genannt wird, heißt das ja nicht nur, daß es die Wahrheit daraus schöpfen,

---

41 Walter Benjamin, *Das Passagen-Werk*, a.a.O., S.440. Vgl. auch die erweiterte Fassung dieser Notiz in *Zentralpark*, *Schriften* I,2, a.a.O., S.659.

42 Das hatte schon Georges Blin in seinem von Sartre verwendeten Buch von 1939 als Problem gesehen, *Baudelaire*, a.a.O., S.37: »Un étranger, dans sa maison, et cet étranger c'est lui-même[...]«.

sondern auch, daß es in seiner Tiefe verschwinden könnte; und wenn es mit der uralten Licht-Metapher als »Stern« umschrieben wird und das - wie dann auch in dem Bild des Leuchtturms - triumphal seine Dignität betont, so wird an diesem Licht, das zugleich zitternd und fahl ist, auch die völlige Hinfälligkeit hervorgehoben. Und so sind alle weiteren Bestimmungen paradox, indem sie es durch gegenseitig sich Ausschließendes, in den theologischen Bildern des - ursprünglich göttlichen, säkularisiert als lumen naturale aber auch noch die Philosophie der Aufklärung bestimmenden - Lichts und des Infernalischen gleichzeitig umschreiben. Das kehrt in der zentralen Formel vom Bewußtsein im Bösen wieder, die alles zusammenfaßt, denn das Böse kann hier ebenso das dem Bewußtsein Fremde sein - das, *worin* es existiert und gegen das es sich zu behaupten sucht, indem es dessen bewußt werden will - wie es auch das Bewußtsein sein kann, das sich selber »satanischen Gnaden« verdankt.

Bei Baudelaire ist das Bewußtsein nicht mehr die Instanz, die, nur durch sich selbst bestimmt, sich auch von nichts ihr Fremden bedroht sehen muß, weil ihr auch das noch zu einer Bestimmung ihrer selbst wird; es wird ihm vielmehr an sich selber zweideutig. Mag Sartres Philosophie auch explizit davon ausgehen, daß das Bewußtsein grundsätzlich rechtfertigungslos sei, weil ihm kein verbürgtes »Wesen« vorhergehen könne, so übernimmt sie dennoch mit dem Begriff des cogito selber eine - implizit auch moralische - Sicherheit, die nicht mehr in Frage gestellt wird, weil sie in der Form dieses cogito als einer reinen »détermination de soi par soi« schon liegt, der aber Baudelaire gerade nicht mehr gewiß ist. Baudelaire hatte bereits nicht mehr das Vertrauen in die Vernunftbegriffe, von denen Sartres Bewußtsein insgeheim noch der Erbe ist; darin liegen auch die tieferen Gründe dafür, daß er, polemisch gegen Voltaire und mit Berufung auf solche Kritiker der Aufklärung wie de Maistre, den Glauben an die Selbstverständlichkeit des Fortschritts so erbittert angriff. Gerade bei Baudelaire, dem Sartre doch immer vorwirft, er wolle überall nur gerechtfertig sein, erscheint das Bewußtsein schon in sich viel weniger gerechtfertigt als bei Sartre. Einerseits wird es, als »soulagement et gloire unique«, gefeiert, andererseits zeigt das gerade die Ambivalenz, denn wenn von allen positiven Leistungen hier nur bleibt, es sei die einzige Erleichterung und der einzige Ruhm, so folgt daraus, daß sich seine Dignität gerade nicht mehr ohne weiteres als eine moralische interpretieren läßt. Um in Baudelaires theologischem Bild zu bleiben: die Steigerung des Bewußtseins, die er will, weil allein durch sie überhaupt Fortschritt, Moral möglich würden, läßt sich nicht per se als moralischer Fortschritt interpretieren, weil sie zugleich auch seine ihm selbst immanenten »satanischen« Züge steigert.

Ist es darum schon *als* Bewußtsein immer mit sich selbst entzweit, so läßt das andere Gedicht, das Sartre - zu recht - im Zusammenhang des Selbstbewußtseins zitiert, diese Entzweiung als Schock hervortreten:

Ne suis-je pas un faux accord
Dans la divine symphonie,
Grâce à la vorace Ironie
Qui me secoue et qui me mord?

Elle est dans ma voix, la criarde!
C'est tout mon sang, ce poison noir!
Je suis le sinistre miroir
Où la mégère se regarde!

Je suis la plaie et le couteau!
Je suis le soufflet et la joue!
Je suis les membres et la roue,
Et la victime et le bourreau!

Je suis de mon coeur le vampire,
- Un de ces grands abandonnés
Au rire éternel condamnés,
Et qui ne peuvent plus sourire! (OC I,78/79)

Durchdringt die Ironie die ganze Person bis in die Stimme, kommt sie also nicht von außen, sondern *ist* deren »ganzes Blut«, so heißt das, daß das Bewußtsein selber die Quelle seiner Entzweiung ist, die es so immer wieder aus sich heraus erneuern muß, auch noch in den Anstrengungen, mit denen es ihr entgehen wollte. Darum kann das Ich, das der Vampir seines Herzens ist, die Folter, die seine Ironie bedeutet, nicht selbst beenden. Diese Ironie ist hier nicht die romantische, auch wenn das Gedicht mit der »göttlichen Symphonie«, wie es höhnisch heißt, das Bild der Schöpfung als eines universalen Zusammenhangs noch zitiert. Die Negativität der romantischen Ironie hatte darin bestanden, daß sie durch die Distanzierung vom einzelnen dieses als bloßes Moment der Totalität erwies und es so wieder in sie auflöste; sie war also, wie Benjamin zeigte, letztlich positiv[43]. Aber hier, in Baudelaires Gedicht, wird auf die Totalität nur verwiesen, um das Ich als eines zu zeigen, dessen Bewußtheit verhindert, daß es zu irgendeinem Zusammenhang passen kann; nicht nur hat es in der »göttlichen Symphonie« keinen vorgesehenen Platz, sondern es kann von ihr aus nur als eine schreckliche Verfehlung erscheinen. Die Negation wird gebraucht, um es überhaupt darzustellen. Die Ichfigur dieses Gedichts bleibt verlassen, denn vor dieser Ironie weicht alles erschreckt zurück, weil sie alles, was von jenem Einklang wie selbstverständlich getragen zu werden schien, mit der Zerstörung bedroht, indem sie es mit sich selbst entzweit. Darum schließt

---

[43] Walter Benjamin, *Der Begriff der Kunstkritik in der deutschen Romantik*, *Gesammelte Schriften* I,1, *Abhandlungen*, hrsg. von Rolf Tiedemann und Hermann Schweppenhäuser, Frankfurt 1974, S.85.

sie hier das Lächeln aus, das seinen Ausdruck, mit dem es so menschlich berührt, eben der Voraussetzung einer nie in Frage gestellten Einheit mit sich selber verdankt. Erscheint aber der zum Lachen Verurteilte dadurch wie aus der Menschheit selber ausgeschlossen, so kann er seinerseits das, was für menschlich gilt, auch selber als negativ, als Mangel an Bewußtsein nämlich, zeigen.

Baudelaire beschrieb in dem Essay *L'essence du rire*, den man zu diesem Motiv stellen kann, »la crainte et la souffrance de l'ange immaculé devant la caricature«(OC II,530). Die Verzerrungen der Karikatur werden der von Baudelaire hier angenommenen Unschuld des reinen Engels im doppelten Sinn des Wortes peinlich, weil sie die Entzweiung des Bewußtseins, als Kunstform, sichtbar machen. Sie appellieren nicht primär an einen Betrachter, der seiner selbst mächtig wäre, sondern provozieren mit der unwillkürlichen Grimasse eine Reaktion, die, als fast physische, gerade nicht vollkommen kontrolliert ist. Baudelaire denkt hier also an das Lachen weniger als an eine intellektuelle, überhaupt intentionale Äußerung denn eine unbeherrschte und unbeherrschbare Regung. Die Grimasse erinnert gerade in der gesteigerten Bewußtheit an die unbewältigte Natur, an die das Bewußtsein, wie es gerade in seiner Luzidität weiß, unlösbar fixiert blieb. In *L'essence du rire* gab Baudelaire die Definition:

> La *joie est une*. Le rire est l'expression d'un sentiment double, ou contradictoire; et c'est pour cela qu'il y a convulsion.(OC II,534)

Auch dort bezog er das Bewußtsein auf ein Absolutes nur, um zu zeigen, daß es davon, auch wenn es als Bewußtsein davon einen Begriff habe, ebenso unendlich weit entfernt sei wie am andern Ende von jedem »natürlichen« Einklang mit sich selbst. Zur Natur sieht es sich in Differenz, weil es sich ihr qua Bewußtsein überlegen sieht; von jenem Absoluten sieht es sich unendlich entfernt, eben weil es selber auch Natur, und das heißt für Baudelaire: mangelhaft ist. Aber nur durch diesen Widerspruch, dadurch also, daß es auf - unerreichbare - positive Extreme, die einander gerade ausschließen, gleichzeitig bezogen wird, kann für Baudelaire versucht werden, das Bewußtsein überhaupt zu bestimmen. Es *ist* dieser Widerspruch, er erscheint als seine »double nature contradictoire«, wie Baudelaire es an der romantischen Gestalt des Melmoth verdeutlicht, der wie der Sprecher dieses Gedichts zu ewigem Lachen verurteilt ist.

Zwar kann auch Sartres Existentialismus das Bewußtsein nur dadurch zu bestimmen suchen, daß er es durch die Negation umschreibt, und darin ist er Baudelaire verwandt. Aber weniges läuft der Sartreschen Konzeption der Freiheit des Bewußtseins so sehr zuwider wie Baudelaires Auffassung, die es theologisch mit dem Bösen, mit der gefallenen Natur, in Verbindung bringt. Wenn es Sartre darauf ankommt, alle Festlegungen, die das Bewußtsein anthropologisch definieren, als selbstgetroffene zu interpretieren, die es so auch selbst wieder zurücknehmen kann, so zitiert

Baudelaire das mythische Bild des Verdammten, um das Unabänderliche dieser Entzweiung zu betonen, über die gerade nicht verfügt werden kann. In diesem Lachen drückt sich das Grauen vor einer Natur aus, die noch, ja gerade, in der gesteigerten Bewußtheit sich als übermächtig wirksam zeigt; nicht nur das Grauen angesichts seiner eigenen Kontingenz. Baudelaire verdeutlicht das an der Gestalt, die bis in ihre physis von der Ironie geschüttelt, von ihrem eigenen Bewußtsein wie von einer ihm fremden Gewalt beherrscht wird. Indem das Bewußtsein sich steigert, um seiner selbst mächtig zu werden, spaltet es sich auf und wird zum Henker seiner selbst, wiederholt in sich den Naturzwang. Die Haltung des immer wachen Zeugen sich selbst gegenüber erscheint als die des Quälers, die in der Selbstkontrolle virtuell schon immer lag und hier als solche sichtbar wird. Weil das Verhältnis von Opfer und Henker schon in der Beziehung des Bewußtseins zu sich selbst gesehen wird, kann hier das Bewußtsein dem nicht entgehen[44]; es kann sich auch gar nicht dazu entschließen, weil dieser Entschluß selber ja immer nur einer dieses Bewußtseins selbst sein könnte, also dieses Verhältnis nur wieder bestätigte. Darin liegen die tieferen Gründe dafür, daß Baudelaire nicht zu einer so konsequenten Freiheitskonzeption kommen kann wie Sartre: er kann die Freiheit nicht derart schon im Bewußtsein, das seine eigene Freiheit *sei*, selber verankert sehen, weil dieses, indem es seiner mächtig sein will, zugleich aus sich heraus auch die Gewalt produziert, die es sich zum Opfer macht.

Sartre, der ganz konsequent diese Züge an Baudelaire weginterpretieren möchte, läßt sich auf die Trennung, die in Baudelaires Gedicht zwischen beiden »Ich« besteht - und die entscheidend ist, wenn hier dasselbe Ich sowohl das eine wie das andere, sowohl der Henker wie das Opfer sein, also gerade *beide* Rollen einnehmen kann, die doch eigentlich unvereinbar sind - gar nicht ein: »il n'y a qu'une tête.« Indem er den Sprecher des Gedichts, der ja eigentlich ein Rollensprecher ist, unmittelbar mit Baudelaire als Person identifiziert, läßt er beides in seinem Begriff von Existenz - dem je individuellen Bewußtsein, das sich als solches immer ganz »hat« - zusammenfallen. Der Schmerz, den das Ich als Henker dem Ich als Opfer zufügt, wird wieder interpretiert als ein Aneignungsversuch seiner selbst, eine List, durch die das Bewußtsein wieder eine Situation fingiert, in der es von sich selbst wie von einem anderen behandelt und so bestätigt würde: »Ainsi les supplices [...] tendent à faire naître une chair sous ses doigts, sa propre

---

44 Jean Starobinski, dessen Interpretation von der Anfangsszene des Gedichts ausgeht, schreibt (*La mélancolie au miroir*, a.a.O.): »C'est de l'énergie qui frappe autrui, sans motivation explicite, que dérive le tourment infligé à soi-même.«(S.30) Und deutlicher noch: »Le rapport à soi a supplanté le rapport à l'autre: il aura fallu, pour cela, que s'opère le dédoublement, grâce auquel *se frapper soi-même* devient un geste représentable, homologue et inverse du geste de frapper l'autre. Le couple boucher-bétail du début a été intériorisé.«(S.34) Läge es Baudelaire nicht näher, eher umgekehrt diese Beziehung des Bewußtseins zu sich als die Voraussetzung anzusehen, durch die sich erst das Verlangen erklärt, das auf den Tränen des anderen reisen will "Comme un vaisseau qui prend le large"? so sehr es natürlich richtig ist, daß sich diese Beziehung zu sich nicht anders darstellen kann als in Bildern, die einer Beziehung zu einem anderen entnommen scheinen.

chair, pour que dans la douleur elle se reconnaisse sienne.«[45] Wenn Sartre nun kritisiert: auch das könne alles immer nur eine Veranstaltung bleiben, das sich durchsichtige Bewußtsein kenne doch auch hier sich immer schon im voraus: »victime et bourreau s'évanouissent dans l'indistinction totale, lorsque, par un seul et même acte volontaire, l'une réclame et l'autre inflige la souffrance«[46], so liegt das Problem eben in der Interpretation des reflexiven Verhältnisses als »acte volontaire«. Die Qual, die es sich bedeutet, läßt sich nicht mehr als vergeblicher Versuch des Bewußtseins interpretieren, seiner Durchsichtigkeit zu entkommen, wenn es, wie bei Baudelaire, gar nicht mehr nur als sich durchsichtiges cogito vorausgesetzt werden kann.

2. Das Motiv des Unendlichen

In dem bei ihm immer wiederkehrenden Bild des Abgrunds akzentuiert Baudelaire eben das Ichfremde dessen, was doch zugleich nicht jenseits des Ich liegt, sondern auch es selber ist; das also, worin - was bei Sartre letztlich undenkbar ist - das Bewußtsein gerade sich selber »entgeht«. Sartre hat das Motiv des Abgrunds auch behandelt, denn es spielt für seine eigene Konzeption eine große Rolle, hat es aber dabei in einer Weise uminterpretiert, die wiederum nicht bloß für seine Auffassung Baudelaires, sondern auch für seine eigene Philosophie bezeichnend ist. Er schreibt:

> Tout d'un coup, pour un rien, une déconvenue, une fatigue, il découvre la solitude infinie de cette conscience »vaste comme la mer« qui est à la fois *la* conscience et *sa* conscience, il comprend son incapacité de trouver des bornes, des repères, des consignes en dehors d'elle.[47]

In dem Gedicht »Le Gouffre«, das schon Maurice Blanchot zitierte[48], weil es wie wenige andere die zentrale Erfahrung des Existentialismus, das Erschrecken des Bewußtseins angesichts seiner Isolation in sich, vorwegzunehmen scheint, hat Baudelaire selbst es so gesehen:

---

45 Sartre, *Baudelaire*, a.a.O., S.31.

46 ebd.

47 Sartre, *Baudelaire*, , a.a.O.,S.31f.

48 Maurice Blanchot, *L'échec de Baudelaire*, in: M.Blanchot, *La part du feu*, Paris 1949, S.137. Blanchot hebt die Verwandtschaft zu den Kategorien des Existentialismus explizit hervor: »Nous citons ce texte bien connu pour montrer à quel point la terminologie philosophique du commentaire innove peu sur l'attitude qu'il commente, et par conséquent ne la saurait trahir.«(S.137)
Ähnlich und mit Berufung auf Blanchot bezieht Andrew McKenna das Gedicht Baudelaires und den Rahmen Sartres aufeinander: »Among the pages of *La Nausée* there appear many passages which recall the ›cauchemar multiforme et sans trêve‹, which Baudelaire calls ›le gouffre‹ and Roquentin, ›de l'existence nue‹: ›L'existence partout, à l'infini, de trop, toujours et partout; l'existence - qui n'est jamais bornée que par l'existence.‹« *Baudelaire and Sartre*, a.a.O., S.23.
Die vorliegende Arbeit möchte, während auf der einen Seite auch sie von der Verwandtschaft beider ausgeht, auf der andern zugleich zeigen, worin Baudelaire Sartre nicht folgen würde und warum das Sartres Kritik provozieren muß.

> Pascal avait son gouffre, avec lui se mouvant.
> - Hélas! tout est abîme, - action, désir, rêve,
> Parole! et sur mon poil qui tout droit se relève
> Mainte fois de la Peur je sens passer le vent.
>
> En haut, en bas, partout, la profondeur, la grève,
> Le silence, l'espace affreux et captivant...
> Sur le fond de mes nuits Dieu de son doigt savant
> Dessine un cauchemar multiforme et sans trêve.
>
> J'ai peur du sommeil comme on a peur d'un grand trou,
> Tout plein de vague horreur, menant on ne sait où;
> Je ne vois qu'infini par toutes les fenêtres,
>
> Et mon esprit, toujours de vertige hanté,
> Jalouse du néant l'insensibilité.
> - Ah! ne jamais sortir des Nombres et des Etres! (OC I,142f.)

Sartre zitiert nicht dieses Gedicht, dafür aber die Notiz aus *Fusées*, die ihm wahrscheinlich zugrundeliegt:

> Au moral comme au physique, j'ai toujours eu la sensation du gouffre, non seulement du gouffre du sommeil, mais du gouffre de l'action, du rêve, du souvenir, du désir, du regret, du remords, du beau, du nombre, etc.
> J'ai cultivé mon hystérie avec jouissance et terreur. Maintenant j'ai subi un singulier avertissement, j'ai senti passer sur moi *le vent de l'aile de l'imbécillité*.(OC I,668)

Schreibt der Anfang des Gedichts noch mit distanziertem Gestus Pascal »seinen« Abgrund zu, so bricht in der zweiten Zeile schockartig der Schrecken durch, wenn das Ich dieses Gedichts die Erfahrung des Abgrunds von sich selber nicht abhalten kann und gewahr wird, daß alles ihm nacheinander weggleitet, wenn es sich darauf stützen will, schließlich noch die Sprache, die sonst doch für den Dichter der letzte Halt war. Das Bild ist ja weniger so zu denken, daß der Abgrund gleichsam die Welt wäre, der das Bewußtsein, als begrenzt, gegenüberstünde, als vielmehr so, daß der Abgrund Pascals, wenn er sich immer mit ihm mitbewegt, sein eigener, das heißt das Bewußtsein selbst ist, das deshalb auch in seiner Beziehung zur Welt überall das Unendliche eindringen sieht, vor es sich auch in sich selber, ja gerade in sich selber nicht mehr schützen kann. Ist der Abgrund der des Bewußtseins selbst, so ist es gerade seiner selbst am wenigsten sicher, »hat« es sich nicht so, wie es bei Sartre sich selbst immer ganz haben muß. Darum erscheint die Angst, deren Grund in ihm selber liegt, so, als würde es von ihr wie von außen erfaßt. Je mehr das Bewußtsein sich steigert, um sie zu bewältigen, desto mehr steigert sich ihm auch das Bewußtsein des Undurchdringlichen. So wie der Raum, der erschreckend und saugend zugleich ist, weil alle Anstrengungen, ihn zu denken, an seiner Leere zwangsläufig abgleiten, so stellt auch das totale Schweigen, gleichsam eine akustische Unendlichkeit, den Abgrund, der es ist, im Außen dar. Die Nötigung, alles, was es wahrnimmt, als Abgrund wahrnehmen zu müssen, läßt sich nicht abweisen, wenn selbst in seine Nächte, die doch in ihrer Dunkelheit am meisten die Möglichkeit zu versprechen scheinen, daß das Bewußtsein hier sich entkommen könnte, Gott einen Alptraum zeichnet, der in seiner Permanenz und Vielgestaltigkeit selber wieder die Form von Bewußtsein, des Unendlichen annimmt. Wird dieser Alptraum auch von Gott gezeichnet, nicht von ihm selbst, so heißt das gerade nicht, daß es so doch wieder von einem Schöpfer gehalten würde, sondern betont im theologischen Bild, daß es darüber keine Macht hat. Sehr genau hat Benjamin das gesehen, der zu diesem Motiv Baudelaires wiederum einen Existenzphilosophen heranzog:

> Zum Abgrund und zu »j'ai peur du sommeil comme on a peur d'un grand trou« Nietzsche: »Kennt ihr den Schrecken des Einschlafenden? - Bis in die Zehen hinein erschrickt er, darob, daß ihm der Boden weicht und der Traum beginnt.«[49]

Nun würde Sartre sagen, das bestätige, daß das Bewußtsein der Freiheit, die es ist, nicht entgehen könne, denn die Angst sei ja nichts als die Erfassung der Freiheit des Bewußtseins durch dieses selbst auf der reflexiven Ebene. Er rechnet also Baudelaire eben die Reflexion, die er an ihm einerseits so kritisiert, hier andererseits positiv an: Baudelaire sei der Autor, der im Motiv des »vertige« als erster die Freiheit des Bewußtseins wirklich erfaßt habe. In der Angst wird bei Sartre der einzelne der Tatsache inne, daß alles, woran er sich in der Welt zu halten meinte, auf einen Entwurf zurückgeht, den er selbst gesetzt hat, selbst im Sein behalten muß und so - und daraus entspringt die Beunruhigung - frei ist, jederzeit zu revozieren. Sartre hat das mit dem Begriff der grundsätzlichen »gratuité« des Bewußtseins umschrieben: seine Erfahrung, daß es an nichts, sei es außerhalb seiner selbst oder in ihm als an etwas Gegebenem aufruhen kann. Denn es wäre ja immer das Bewußtsein selber, das sich zu halten suchte, den Halt also nur haben kann, indem es selbst ihn sich gibt und ihn in dieser Funktion für sich selber immer festhält: sich also gerade so nicht entgeht. Ist der Halt immer selbst gesetzt, dann ist das Bewußtsein immer schon über ihn hinaus und er ist kein Halt für es. Seine Unendlichkeit in sich umschrieb Sartre in *L'être et le néant* mit dem zentralen Satz, Bewußtsein könne nur durch sich selbst begrenzt gedacht werden. Ist dann aber die Tatsache, daß das Bewußtsein so in allen Begrenzungen immer wieder auf sich selber stößt, nicht eher, wie Baudelaire es sieht, als vollkommenes Grauen zu interpretieren?

Sartre, der dieses Motiv Baudelaires positiv uminterpretiert, schreibt:

> L'infini, pour lui, n'est pas une immensité donnée et sans bornes, encore qu'il emploie quelquefois le mot dans ce sens. C'est très exactement ce qui n'est jamais fini, ce qui ne peut finir. La série des nombres sera infinie, par example, non par

[49] Walter Benjamin, *Das Passagen-Werk*, a.a.O., S.430 (J 62 a,3).

l'existence d'un très grand nombre que nous nommerions infini, mais par la possibilité permanente d'ajouter une unité à un nombre, aussi grand qu'il soit. Ainsi chaque nombre de la série a son au-delà, par rapport auquel il se définit et se place. Mais cet au-delà n'existe pas encore tout à fait: il faut que je le construise en ajoutant l'unité au nombre que je considère. Déjà il donne son sens à tous les nombres écrits et pourtant il est au bout d'une opération que je n'ai pas encore faite. Tel, l'infini baudelairien: c'est ce qui est sans être donné, ce qui me définit aujourd'hui et qui n'existera pourtant pas avant demain, c'est le terme entrevu, rêvé, touché presque et pourtant hors d'atteinte d'un mouvement orienté. Nous verrons plus tard que Baudelaire, plus qu'à toute autre, tient à ces existences suggérées, présentes et absentes à la fois. Mais il est certain qu'il a reconnu depuis longtemps que cette infinitude est le lot de la conscience.[50]

Sartre nimmt zunächst das Motiv der Zahl von Baudelaire auf, das er als eine unendliche Reihe von Zahlen sieht. Er interpretiert das Motiv aber schon dadurch um, daß für ihn die Zahlenreihe unendlich ist, weil immer die Möglichkeit bestehe, einer Zahl eine weitere hinzuzufügen. Das Unendliche wird nach dem Bild der Möglichkeit gedacht: jede weitere Zahl wird zu einer Möglichkeit der vorherigen, zu dem also, worin diese sich überschreitet; und das heißt, die Fortführung der Reihe wird, was Georges Bataille schon kritisierte[51], zur Metapher für die Zukunft in Sartres Sinn. Die Zukunft ist für ihn immer die Zukunft dieser Gegenwart, das also, woraufhin diese, als *ihr* Mögliches, sich zu transzendieren und zu ergänzen hat. Eine Gegenwart unter dem Aspekt des Unendlichen sehen heißt dann, sie als etwas erfassen, das sich nicht selbst genügt, sondern durch seinen spezifischen Mangel beunruhigt wird, der sie dazu drängt, sich auf ihre - wenn auch unerreichbare - Erfüllung hin zu verändern. Was bei Baudelaire das Unendliche heißt, ist bei Sartre das, was »in« der jeweiligen Situation selbst schon diese heimsucht, um sie aus sich herauszutreiben. Ist es auch noch nicht definiert, so ist es doch im Grunde als das in dieser Gegenwart Mögliche immer auch schon begrenzt. Droht also bei Sartre das Bewußtsein sich im Abgrund des Unendlichen zu verlieren, dann in dem seiner Möglichkeiten, die immer schon seine sind, durch die es sich selbst bestimmt und die es nur deshalb in Momenten plötzlich schwindeln lassen, weil die Spontaneität des Bewußtseins nie völlig dem Willen des Ich, der auf eng begrenzte Absichten zielt, unterworfen sein kann, denn sie ist ja selbst erst die Grundlage für den Willen. Darum die Angst: »La conscience s'effraie de sa propre spontanéité parce qu'elle la sent *au-delà* de la liberté.«[52] Es gerät in einen »vertige de la possibilité«[53], »s'apercevant de ce qu'on pourrait appeler la fatalité de sa spontanéité.«[54]

---

50 Sartre, *Baudelaire*, a.a.O., S.44.

51 Georges Bataille, *Baudelaire*, in:G.Bataille, *La littérature et le mal*, *Oeuvres complètes* IX, Paris 1979, S.195. Er kritisiert dort den »primat de l'avenir«, die Definition der »transcendance comme la détermination par l'avenir du sens du présente«.

52 Jean-Paul Sartre, *La transcendance de l'ego. Esquisse d'une description phénoménologique*, Paris 1981, S.80.

53 ebd., S.81.

54 ebd., S.82.

So erscheint das Motiv des Abgrunds an einer berühmten Stelle von *L'être et le néant*[55]. Angst erfaßt hier das Bewußtsein, wenn es gewahr wird, daß nichts sein Tun in der Zukunft determinieren kann, es gegen die aus ihm selbst produzierten Möglichkeiten nicht gesichert ist. Dem, der im Gebirge vor einem Abgrund steht, drängen sich, indem er zurücktritt, die für ihn immer bestehenden anderen Möglichkeiten plötzlich unabweisbar auf; also auch die, daß er hinunterspringen könnte. Keine Entscheidung in der Gegenwart kann diese Möglichkeit in der Zukunft ausschließen, da sie jene vielmehr enthüllt; die Festlegungen, die ich jetzt treffe, um mir Halt zu geben für alles, was ich später mache, sind schon im nächsten Augenblick wieder Gegenstand der Entscheidung. Die Freiheit, die das Bewußtsein beunruhigt, ist doch von vornherein immer schon seine. Macht also die Unvorhersehbarkeit aller seiner Möglichkeiten es schwindeln, so bleibt es selbst, als Quelle aller seiner Möglichkeiten, immer souverän. Es wird von ihnen nicht nur beunruhigt, sondern, als seinen, auch getragen. Ist bei Sartre nach der konsequenten Beseitigung jedes Halts doch noch ein letzter Halt übrig, nämlich das cogito selber, das sich dann selbst nicht mehr zum Problem werden kann, so hat bei Baudelaire das Bewußtsein auch an sich selber gerade keinen Halt mehr. Die Forderung, souverän zu werden, drängt Baudelaires Lyrik vielmehr alles das als ihre Themen auf, worin sich das Bewußtsein seiner selbst gerade nicht mächtig erweist. Noch dessen Tendenz, sich selbst für absolut zu nehmen, weil es ja auch das, wodurch es begrenzt wird, als eine Bestimmung seiner selbst interpretiert, stellt sich bei Baudelaire, der diese Tendenz demonstriert, zugleich als eine - in der Sprache seiner Lyrik - »satanische« Eingebung dar. Ein Prosagedicht wie »Le mauvais vitrier«, das für Sartre wieder nur die nie zu durchbrechende gratuité des Bewußtseins bestätigt, das sich doch immer wieder selbst einholt,[56] zeigt das ebenso wie das Gedicht »Châtiment de l'Orgueil« aus den *Fleurs du Mal*, in dem das in die christlich-mittelalterliche Anekdote gekleidet wird. Dieses letztere stellt den menschlichen Geist, der, nachdem er sich in der theologischen Gelehrsamkeit gesteigert hat, plötzlich seiner selbst als eines unabhängigen Vermögens inne wird, gerade nicht, wie es die Aufklärung selbstverständlich voraussetzte, als autonom dar. Vielmehr erscheint es so, daß sein Träger, der ja ein Mensch ist, den ihm unfaßbaren Möglichkeiten seines eigenen Geistes am wenigsten gewachsen ist. Insofern er immer noch Kreatur ist, bleibt er dahinter zurück. Wo das Bewußtsein, von einer Versuchung getrieben, die es sich selber wird, am höchsten triumphiert, zeigt sich am sichtbarsten seine Ohnmacht, steht es dem Wahn, der es in chaotische Natur zurückfallen läßt, am nächsten. Indem aber Baudelaire so durch den theologischen Rahmen das Medium der Aufklärung selbst problematisiert, will er diese nicht zurücknehmen, sondern

55 Sartre, *L'être et le néant*, a.a.O., S.65ff.
56 Sartre, *Baudelaire*, a.a.O., S.39.

das Bewußtsein so weit steigern, daß es noch den in ihm selbst liegenden Anschein seiner Allfähigkeit reflektieren kann.

Sartre hat das Motiv des Unendlichen später wieder aufgenommen in dem Abschnitt über den Schmerz. Denn dieser ist, im Gegensatz zum Glück, mit dem Bewußtsein selber gegeben: »En sorte que le malheur d'une âme, loin d'être le contrecoup des orages extérieurs, vient d'elle-même.«[57] Er ist nichts anderes als »l'aspect affectif de la lucidité.«[58] In dem von Sartre dazu zitierten Brief an Jules Janin schreibt Baudelaire:

> Ah! vous êtes heureux, Monsieur. Quoi! - Si vous disiez: Je suis vertueux, je comprendrais que cela sous-entend: Je souffre moins qu'un autre. Mais non; vous êtes *heureux*. Facile à contenter, alors? Je vous plains, et j'estime ma mauvaise humeur plus distinguée que votre béatitude. - J'irai jusque-là que je vous demanderai si les spectacles de la terre vous suffisent. Quoi! jamais vous n'avez eu envie de *vous en aller*, rien que pour changer de spectacle! J'ai de très sérieuses raisons pour plaindre celui qui n'aime pas la Mort.(OC II,237)

Daß diese »béatitude«, eine Art Einigkeit mit sich selbst, für positiv gelten soll, ist für Baudelaire skandalös, weil er sie nur als Bewußtlosigkeit, als Beschränktheit sehen kann. Dem kommt Sartres Begriff der »transcendance« durchaus nahe. Daß der Bewußtheit Baudelaires alles, jeder Moment, immer nur »nicht genug« sein kann, umschreibt in Sartres Rahmen in der Tat eines seiner zentralen Motive. Ist aber das Bewußtsein in seiner Luzidität bei allem zugleich schon über sich hinaus, so wird es darin von Baudelaire, denkt man z.B. an die Schlußgedichte der *Fleurs du Mal*, nicht als eines gesehen, das sich wie bei Sartre immer wieder von jeder Gegenwart auf deren Zukunft hin losreißt, sondern vielmehr als eines, das in allem »sich Überschreiten« letztlich immer nur wieder auf sich und so auf seine immer gleiche Lage eines nie endenden Wartens trifft, in der es immer wieder Erwartungen schafft, von denen es sich doch nicht verhehlen kann, daß sie ihm qua Bewußtsein nie erfüllt werden. Im vorletzten Gedicht des Zyklus »La Mort«, »Le rêve d'un curieux«, erscheint diese Bewußtheit so unaufhebbar, daß sie sich im Traum noch über den Tod hinaus verlängert, indem selbst dieser noch die - ambivalente - Erwartung, zu der er dem Bewußtsein wird, weil er, mit Sartre zu reden, sein einziges wirkliches au-delà wäre, enttäuscht, und das Bewußtsein sich auch hier noch unter seinen selben Bedingungen wartend wiederfindet:

> J'étais mort sans surprise, et la terrible aurore
> M'enveloppait. - Eh quoi! n'est-ce donc que cela?
> La toile était levée et j'attendais encore. (OC I,129)

[57] Sartre, *Baudelaire*, a.a.O., S.118.
[58] ebd., S.119.

Die Erfahrung, die sich darin ausdrückt, übersetzt Sartre in seinen Rahmen an einer Stelle von *L'être et le néant*, die sich wie ein Kommentar zu dem Gedicht Baudelaires liest:

> On sait du reste que la coïncidence du *soi* est impossible car le pour-soi atteint par la réalisation du Possible se fera être comme pour-soi, c'est-à-dire avec un autre horizon des possibles. De là la déception constante qui accompagne la réplétion, le fameux »N'est-ce que cela?« qui ne vise pas le plaisir concret que donne l'assouvissement, mais l'évanescence de la coïncidence avec soi.[59]

Das Bewußtsein nimmt gleichsam immer sich selber, sein eigenes Ungenügen mit. Es wird für Sartre aber nur deshalb möglich, das positiv als ein dauerndes sich Überschreiten auf seine Zukunft hin zu interpretieren, weil er die »coïncidence avec soi«, wenn auch als unerreichbare, so in allen konkreten Überschreitungen als angestrebte doch präsente Grenze immer noch voraussetzen kann. Das, woraufhin jeder einzelne sich überschreitet, ist er selbst, sein eigenes Sein. In *L'être et le néant* erscheint diese »coïncidence du soi« als »Wert«:

> Or, la valeur a pour sens d'être ce vers quoi un être dépasse son être [...] La valeur étant toujours et partout le par-delà de tous les dépassements, peut être considérée comme l'unité inconditionnée de tous les dépassements d'être.[60]

Durch ihn, »le *pour* de la transcendance«[61], hat also alles Überschreiten gleichsam eine Richtung; man könnte geradezu von »Sinn« sprechen.

Bei Baudelaire heißt es, in »Le Voyage«:

> Singulière fortune où le but se déplace,
> Et, n'étant nulle part, peut être n'importe où! (OC I,130)

Wenn aber nicht nur, wie bei Sartre, die Ziele nicht ein für allemal festgelegt werden können, weil sie immer von der Freiheit des Bewußtseins angefressen werden, wenn sie vielmehr überall und nirgends sein können und das gleichgültig wird, bedeutet das dann nicht, daß man von Zielen nicht mehr reden kann? Sind sie als solche schon »nulle part«, so sind es Chimären, und Baudelaire zeigt eben das; und zwar so, daß diese, auch noch dann, wenn sie von diesem Bewußtsein als chimärisch durchschaut werden, für es doch zugleich ihre Unwiderstehlichkeit immer behalten. Wenn man wie Baudelaire die als abwesende gerade bestimmende Totalität als das Woraufhin des Überschreitens nicht mehr voraussetzen kann, entfällt der ganze Rahmen, innerhalb dessen sich überhaupt von Überschreiten in Sartres Sinn sprechen läßt. Diese Gewißheit kann Baudelaire gerade nicht teilen, und je gesteigerter bei ihm das Bewußtsein ist, desto weniger läßt sich dessen Ungenügen begrenzen; es richtet sich auf die Welt als ganze,

---

59 Sartre, *L'être et le néant*, a.a.O., S.141.
60 ebd., S.132.
61 ebd.

denn die Unendlichkeit, die die Menschen in sich haben, macht ihnen überall, wo und unter welchen Bedingungen sie auch leben, fühlbar, daß diesem Unendlichen gegenüber vielmehr die Welt - die die Kinder noch als so weit sehen können wie ihr eigener Appetit - begrenzt ist, sie also ihrem Verlangen als einem unendlichen prinzipiell niemals entsprechen kann. Das ist ein unaufhebbares, mit dem Leben, der Tatsache des Bewußtseins selber gegebenes Mißverhältnis. Daß das mit Sartres Rahmen nicht mehr vereinbar ist, zeigt sich indirekt in seiner Interpretation, die, indem sie die Kategorie des konkreten Überschreitens auch hier noch festhält, die Tatsache, daß sie bei Baudelaire nicht mehr erfüllt wird, negativ in das Bild eines leerlaufenden Überschreitens übersetzt:

> L'insatisfaction de Baudelaire dépasse pour dépasser. Elle est douleur parce que rien ne la comble, rien ne l'assouvit.
> »N'importe où! N'importe où! pourvu que ce soit hors de ce monde.« Mais sa déception constante ne vient pas de ce que les objets qu'il rencontre ne correspondent pas à un modèle proposé ou de ce qu'ils ne sont pas les instruments qui lui conviennent: puisqu'il les dépasse à vide, ils le déçoivent simplement parce qu'ils sont. Ils sont, c'est-à-dire qu'ils se trouvent là pour qu'on regarde au-delà d'eux. Ainsi la douleur de Baudelaire est l'exercice à vide de sa transcendance, en présence du donné. Par la douleur, il se pose comme n'étant pas de ce monde.[62]

Unschwer ist zu erkennen, daß das, was Sartre »Überschreiten« nennt, nach dem Modell der bestimmten Negation gedacht ist, die aus dem systematischen Zusammenhang der Hegelschen Dialektik herausgenommen und existentialistisch umformuliert wurde. Entsprechen steht hinter der Kritik an der Bewußtheit bei Baudelaire die an der abstrakten Negation. Das ist nur eine andere Formulierung dafür, daß die Überschreitung zu jeder Situation als deren Fehlendes virtuell schon gehören soll: »Le manquant ainsi défini est transcendant par rapport à l'existant et complémentaire.«[63] Jede Situation liegt in einem Feld, in dem sich der ganze Umkreis des von ihr aus Möglichen abzeichnet und durch das sie bestimmt, also erst zur Situation wird. Die Situation und ihre Zukunft bestimmen sich gegenseitig, indem sie wechselweise einander voraussetzen; anders wäre die Überschreitung nicht zu denken. Kann man das schon immanent kritisieren, so würde das Bewußtsein bei Baudelaire aber, gerade weil es so reflektiert ist, in allem, was Sartre konkretes Überschreiten nennt, letztlich doch wieder nur die Fortsetzung desselben sehen, oder zumindest wäre für es das Maß dessen, was anders würde, nicht so groß, daß es nicht letztlich doch als dasselbe gesehen werden müßte. Für Baudelaire beginnen die Probleme schon mit der keinem subjektiven Entwurf mehr erreichbaren Tatsache, überhaupt ein einzelnes Bewußtsein unter ungezählten einzelnen zu sein; sich zu überschreiten könnte für das Bewußtsein nur heißen, aus den Bedingungen selber her-

---

62 Sartre, *Baudelaire*, a.a.O., S.121. Das Prosagedicht, das Sartre hier zitiert, ist »Anywhere out of the world«(OC I,356f.).

63 Sartre, *L'être et le néant*, a.a.O., S.135.

auszukommen, unter denen es als Bewußtsein allein existieren kann: alles andere würde in der Tat nur bedeuten, daß sich seine Isolation in sich mit anderen Inhalten verlängerte. Es müßte selbst die »insensibilité du néant« annehmen; das aber kann es nicht, wenn ihm doch selbst der Schlaf, in dem es wenigstens für eine kurze Zeit erlöschen können sollte, zum Abgrund wird. Wäre die wirkliche Überschreitung, die seiner Existenzbedingungen, allein der Tod, so ist dieser ihm, als Bewußtsein, unerreichbar. Noch er ist ein Bild, gleichsam die letzte, nicht mehr zu wiederlegende Chimäre, die alle anderen insgeheim schon vorwegnehmen. Das zeigen die Gedichte Baudelaires, beispielsweise der Schluß des Prosagedichts »Anywhere out of the world«, den Sartre zitierte. Denn wenn es der angeredeten Seele auch gleichgültig ist, in welche Länder die Reise geht, wenn es nur außerhalb dieser Welt ist, so kann sie diese Reise - die einzige, die man wirklich so nennen könnte - gerade nie machen. Es sind Bilder dessen, worin das Bewußtsein sich entkommen wäre, in denen es sich aber, weil auch diese Bilder ja noch unter seinen Bedingungen stehen, auch wieder nicht entgeht; Bilder, die sich in ihrem Medium, der Kunst, dem Nichts annähern, das sie nicht sein können:

> Là le soleil ne frise qu'obliquement la terre, et les lentes alternatives de la lumière et de la nuit suppriment la variété et augmentent la monotonie, cette moitié du néant. (OC I,357)

II. Existentialistische Ethik

Wenn Sartre Baudelaire vorwirft, er habe der Freiheit des Bewußtseins, die er als Abgrund erfahren habe, zugleich wieder zu entfliehen versucht, setzt das voraus, daß sich das Bewußtsein überhaupt als Freiheit begreifen läßt. Diese Vorausseztung macht Baudelaire aber gerade nicht; und zwar aus Gründen, die wiederum Licht auf die Problematik in Sartres eigenem Freiheitsbegriff werfen. Gerade weil beider Rahmen einander verwandt sind, läßt sich Sartres Kritik von Baudelaire aus selbst wieder relativieren. So beunruhigend die Unentrinnbarkeit der Freiheit, vor der bei Sartre das Bewußtsein immer zurückschreckt, auch erscheint, von Baudelaires Gedichten aus wird deutlicher sichtbar, daß sie sich bei Sartre im Grunde selber wieder in ein Positives verkehrt, das dann, als Grundlage alles Tuns, zugleich dessen Maß werden soll. Sartres Kritik ist eine existentielle, insofern sie sich auf das Verhältnis des Bewußtseins zu sich bezieht; daß sie aber überhaupt als Kritik gelten kann, setzt voraus, daß das Maß, an dem die Existenz beurteilt wird, als ein moralisches gesehen wird; es fordert ja, daß die Menschen vor der Freiheit ihres Bewußtseins nicht fliehen *sollen*. Die Darstellung von Sartres Baudelaire-Kritik muß also zunächst auf die immanenten Probleme seines Maßes, einer existentialistischen Ethik eingehen.

Im Mittelpunkt der Existenzphilosophie, die sich als Ethik interpretiert, steht die Frage, wie die Existenz, die sich selbst als kontingent erfährt, wieder eine Rechtfertigung erhalten kann; diese wird dem einzelnen zu einem Problem, das er nicht überspringen kann, weil es mit der Tatsache seiner Existenz selber schon gegeben ist. Weil - in den Begriffen von *L'être et le néant* - das Fehlen einer Begründung seiner selbst als prinzipielles Ungenügen an sich in der Struktur des Für-sich selber liegt, kann dieses sich niemals, gleichsam als wäre es schon mit sich eins, seinem bloßen Existieren überlassen. Da es keine verbürgte Begründung gibt, muß jeder einzelne sich selbst zu rechtfertigen suchen, in seinem Leben und durch es. Er erfaßt seine eigene Existenz als eine Aufgabe. Diese wird ihm also nicht von außen gestellt; er bedeutet sie vielmehr allein sich selbst. Weil er sich selber aber als kontingent begreifen muß, wird auch die Aufgabe, die er sich ist, von dieser Kontingenz berührt. Einerseits hat er auch an ihr keinen Halt, andererseits soll sie ihm doch zum Maß werden; einem Maß, das damit allein für die je spezifische Existenz gelten würde: das eigene Sein als das, was ein einzelner wäre, wenn er wäre, was ihm in allem seinem Tun als dessen individuelle Vollendung vorschwebt. Dieses Maß bestimmt Sartre - indem er es damit bereits als moralisches interpretiert - als Wert. Dieser ist jedem individuellen Leben, als dessen Ideal, zugleich immanent - denn er ist nichts anderes als dieses Selbst selber - und transzendent, denn er bleibt ein

Ideal, dem dieses Leben nachhängt, ohne damit je ganz übereinstimmen zu können.

Dieses Modell war schon in der Existenzphilosophie Kierkegaards vorgebildet:

> Durch den Umgang des Individuums mit sich selbst wird das Individuum mit sich selbst geschwängert und gebiert sich selbst. Das Selbst, das vom Individuum erkannt wird, ist zugleich das wirkliche und das ideale Selbst, welches das Individuum außerhalb seiner hat als das Bild, zu dessen Ebenbild es sich bilden soll, und andererseits doch in sich hat, weil es es selber ist. Allein in sich selbst trägt ein Mensch das Ziel, nach dem er streben soll, und gleichwohl hat er das Ziel außerhalb seiner, sofern er danach strebt.[1]

In dem Individuum Kierkegaards zieht sich, wie Adorno[2] analysierte, das zusammen, was im deutschen Idealismus, bei Hegel, Prozeß hieß und dort als die Selbstentfaltung des Geistes in der Geschichte erschien. Hatte Kierkegaard diese Metaphysik des objektiven Geistes als abstrakt kritisiert, so soll bei ihm nun jeder einzelne in seiner konkreten Existenz leisten, was das darin nachwirkende Hegelsche Modell implizierte: daß das Selbst sich zu sich herausbilden sollte, um sich so, in seiner Realisierung, *als* es selber zu haben. Aber da das Modell hier aus dem Zusammenhang des objektiven Idealismus, in dem das zu sich selbst Kommen des Geistes denkbar war, weil der Begriff der Idee als konkreter, in ihren Realisierungen in der Geschichte sich auslegender Totalität immer vorausgesetzt werden konnte, herausgenommen ist, wird das Problem, daß die konkrete Existenz, die doch eigentlich selber das Kontingente ist, zugleich das ideale Selbst enthalten soll, das die Einzelexistenz, indem sie es mit ihrem Leben zu realisieren sucht, aus ihrer bloßen Kontingenz herausführte. Da die Herkunft dieses idealen Selbst nicht mehr abgeleitet werden kann, in der je einzelnen Existenz aber vorausgesetzt werden muß, wird das Modell paradox.

Das liegt in der Konzeption der Wahl seiner selbst, die der ethische Mensch treffen soll. Weil der Begriff des Prozesses, in dem der Geist sich in seiner Wahrheit erfaßte, in der konkreten Existenz problematisch wird, tritt hier an seine Stelle der Entschluß, durch den der einzelne sich mit seinen ganzen Lebensumständen als er selber zu übernehmen hat. Das Zirkuläre dabei wird gerade zur Legitimation der Wahl: »Das, was gewählt wird, ist

---

1 Sören Kierkegaard, *Gesammelte Werke*, 2. und 3. Abteilung, *Entweder/Oder, Zweiter Teil, Zwei erbauliche Reden*, übers. von Emanuel Hirsch, Düsseldorf 1957, S.276.

2 Theodor W.Adorno, *Kierkegaard. Konstruktion des Ästhetischen, Gesammelte Schriften* 2, hrsg. von Rolf Tiedemann, Frankfurt 1979, S.106f. »Hegel ist nach innen geschlagen: was diesem die Weltgeschichte, ist für Kierkegaard der einzelne Mensch.«(107). »So birgt sich im Mikrokosmos des Kierkegaardschen Selbst nicht bloß die Kantische transzendentale Synthesis, sondern selbst der Makrokosmos der Hegelschen, unendlich-produktiven ›Totalität‹. Kierkegaards Selbst ist das System, dimensionslos zusammengezogen in den ›Punkt‹. Daß tatsächlich der Entwurf des Selbst getragen wird von dem der Totalität, verrät eine Stelle aus dem ›Begriff der Angst‹. Kierkegaard fordert da vom ›psychologischen Beobachter‹: ›So muß er in seiner Seele auch eine dichterische Ursprünglichkeit besitzen, um aus dem, was das Individuum stets nur zerstückt und unregelmäßig darstellt, sofort das Totale und Regelmäßige herausbilden zu können‹.«(116).

nicht da und entsteht durch die Wahl; das, was gewählt wird, ist da, sonst wäre es keine Wahl.«[3] Das ist letztlich aber nur dadurch zu rechtfertigen, daß die ethische Wahl sich selbst wiederum nicht völlig in sich erschöpft, der einzelne darin sich vielmehr nach seiner »ewigen Gültigkeit«[4] wählt. Damit wird aber, um das Ethische der Wahl zu legitimieren, auf eine Sphäre vorgegriffen, die die ethische nicht selbst ist, die religiöse nämlich, und damit wieder auf das Ganze eines Systems. Von vornherein auf diese Sphäre bezogen, ist der einzelne bei Kierkegaard nicht bloß kontingent:

> Indem die Wahl nämlich mit der ganzen Innerlichkeit der Persönlichkeit vorgenommen ist, ist sein Wesen geläutert worden, und er selber in ein unmittelbares Verhältnis gebracht zu der ewigen Macht, welche das gesamte Dasein allgegenwärtig durchdringt.[5]

Nur das entzieht die Konzeption des Ethischen hier der Willkür.

Das wird nun aber das Problem für Sartre, dessen Theorie der Selbstwahl gerade davon ausgeht, daß für den einzelnen keine Sphäre erreichbar ist, in der er seiner Kontingenz immer schon entgangen wäre. Weil bei ihm das Bewußtsein selbst erst »l'origine de tout fondement«[6] ist, fällt es in allen seinen Versuchen, sich eine Begründung zu geben, auf seine eigene Kontingenz zurück. Sartres Begriff des isolierten Einzelbewußtseins führt konsequent zu einer radikalen Kritik aller Reste des Prozeß-Modells. Im Rahmen der Sartreschen Philosophie kann im Bewußtsein nichts schon vorgegeben sein, damit es sich dann realisiere. Dann würde die Realisierung doch nur das spiegeln, was virtuell schon da war, einen »Charakter« z.B. Kann aber nichts dessen, *was* es ist, in ihm schon angelegt gedacht werden, so erscheint das Selbst bei Sartre als durch sich selbst fast willkürlich konzipierbar. Sartre schreibt, expliziter noch als in *L'être et le néant*, in den posthum veröffentlichten *Cahiers pour une morale*:

> Ainsi la création ne saurait être *une* direction de l'activité humaine, il ne peut y avoir création que si l'homme est lui-même par essence acte créateur et l'homme ne peut rien créer que lui-même[...][7]

Als »acte créateur«, der nicht so zu denken ist, daß das Bewußtsein sich durch einen einmaligen Akt zur Existenz hervorbrächte[8], sondern so, daß es qua Bewußtsein seine permanente création *ist*, ist das Bewußtsein in seinem Wesen nicht vorweg bestimmt; und so kann Sartre sagen, daß der einzelne das, *was* er ist, nur insofern sein kann, als er sich dazu macht. Das, was man sein Selbst nennen könnte, wird zum Gegenstand einer in jedem Augenblick

---

[3] Kierkegaard, *Entweder/Oder II*, a.a.O., S.229.
[4] ebd., S.232.
[5] ebd., S.178.
[6] Sartre, *L'être et le néant*, a.a.O., S.120.
[7] Jean-Paul Sartre, *Cahiers pour une morale*, Paris 1983, S.135.
[8] Sartre, *L'être et le néant*, a.a.O., S.135.

aktualisierten Erfindung. »Le Moi originel c'est l'oeuvre«[9], heißt es pointiert in den *Cahiers*. Der einzelne wäre in dem, was er ist, in jedem Moment sein eigener Anfang, mit dem er sich ganz sich selbst verdankt.

Das ist die Voraussetzung, wenn Sartre davon spricht, jeder einzelne sei für das verantwortlich, was er sei, und diese Verantwortung sei unübertragbar. »Verantwortung« heißt sowohl, jeder sei der Urheber seiner selbst, wie auch, er verhalte sich eben darin, daß er sich in seinem Leben als er selbst hervorzubringen sucht, als ethisches Subjekt. Wie schon bei Kierkegaard, nur sehr viel radikaler, wird das Ethische in die Freiheit der Selbstwahl verlegt. Dann geht es aber nicht primär um die ethische Beurteilung konkreter Handlungen als gut oder schlecht; es wäre eine Ethik, die sich nicht so sehr in bestimmten Geboten oder Verboten explizierte, als daß sie sich im und durch den Verlauf eines Lebens selber *darstellte*. Ethisch interpretiert werden soll das sich Wählen, und das heißt bei Sartre das sich Machen, selber. Das Ethische, das letztlich in das Ganze einer Wahl sinkt, bestünde dann eher darin, *daß* alles, was in einem Leben getan wird, der eigenen Wahl folgend getan wird; sein Kriterium wäre, wie weit auch noch die scheinbar äußeren Lebensbedingungen und Lebensformen so weit von dem Maß dieses eigenen Selbst her bestimmt oder sogar umgestaltet wurden, daß sie dessen Anspruch genügen können. Also die Durchsichtigkeit, die ein individuelles Leben für sich selbst gewinnen soll, indem der einzelne es mit seinem Bewußtsein bis in die ganz konreten Verhältnisse durchdringt. Gebote und Verbote gelten dann, wenn sie sich überhaupt als solche artikulieren, soweit, wie sie zugleich auch als die eigenen der Person gesehen werden können. Sartre schreibt in *Baudelaire* :

> Pour avoir choisi la lucidité, pour avoir découvert malgré lui la gratuité, le délaissement, la liberté redoutable de la conscience, Baudelaire s'est placé devant une alternative: puisqu'il n'est pas de principes tout faits auxquels s'accrocher, ou bien il lui faudra stagner dans un indifférentisme amoral ou bien il inventera lui-même le Bien et le Mal. La conscience, parce qu'elle tire ses lois d'elle-même, doit se considérer, selon les termes kantiens, comme législatrice de la cité des fins; elle doit assumer une responsabilité totale et créer ses propres valeurs, le sens du monde et de sa propre vie.[10]

Die Sartres Rahmen immanente Schwierigkeit ist nun schon, wie sich begründen ließe, daß es hier überhaupt eine Alternative geben kann. Das ist die Frage nach der Möglichkeit dessen, was in der existentialistischen Philosophie Entschluß heißt und bei Sartre eben deshalb am meisten zum Problem wird, weil er am konsequentesten versucht hat, die Ontologie in eine Ethik umzuinterpretieren, ohne auf Konzeptionen zurückzugreifen, die das Bewußtsein bereits als Illusion durchschaut hat. In dieser Alternative klingt Kierkegaards Unterscheidung zwischen ästhetischer und ethischer Sphäre durch. Der Ethiker Kierkegaards schreibt:

9 Sartre, *Cahiers pour une morale*, a.a.O., S.22.
10 Sartre, *Baudelaire*, a.a.O., S.50f.

> Mein Entweder/Oder bezeichnet zuallernächst nicht die Wahl zwischen Gut und Böse, es bezeichnet jene Wahl, mit der man Gut und Böse wählt. Die Frage geht hier darum, unter welchen Bestimmungen man das ganze Dasein betrachten und selber leben will. Daß man das Gute wählt, wenn man Gut und Böse wählt, ist freilich wahr, jedoch es zeigt sich erst hinterdrein; denn das Aesthetische ist nicht das Böse, sondern die Indifferenz, und deshalb habe ich ja gesagt, daß das Ethische die Wahl gründet.[11]

Wenn Kierkegaard also bereits den Rahmen der Moral überhaupt, innerhalb dessen dann erst etwas als gut oder böse sichtbar wird, zur Sache einer Wahl machte, blieb die Moral selber inhaltlich bei ihm unangetastet. »Die Persönlichkeit [...] gibt sich nicht selbst ihr Gesetz«[12]. So bleibt gerade in der Kritik an der Pflichtethik - die den einzelnen von der zufällig an ihn gestellten Pflicht abhängig mache - die Differenz zwischen äußerer Pflicht und dem, was die Persönlichkeit als *ihre* Pflicht in sich selber erfaßt, immer überbrückbar. Bei Kierkegaard reduziert sich die Entscheidung auf die zwischen der ethischen Betrachtung des Daseins überhaupt, mit der der moralische Inhalt dann fast als schon gegeben betrachtet werden kann, und der ethischen Indifferenz des Ästhetikers. Natürlich wird bei Sartre die Implikation, die inhaltliche Seite der Moral sei eigentlich mit der Wahl schon gegeben, zum Ausgangspunkt der Kritik: gerade sie ist es ja, die in die sich erfindende Wahl des einzelnen gezogen werden soll. Sartre übernimmt aber von Kierkegaard die grundsätzliche Entscheidung selber.

Sie wird aber nun, in Sartres Rahmen, zum Problem. Denn bei Kierkegaard war jeder einzelne frei, sich ethisch zu wählen oder nicht; darum konnte von ihm gefordert werden, daß er sich so wählen *solle*, darum auch konnte die Realität des Wählens selber schon als ethisch gelten; der Ästhetiker dagegen hat sich nicht wirklich gewählt, obwohl das auch schon bei Kierkegaard eine Schwierigkeit ist. Wenn aber in Sartres Philosophie sein soviel wie sich wählen bedeutet, wie kann das sich Wählen zu einer Forderung werden, deren Erfüllung dann erst Maß des Ethischen wäre? Mit der Kritik Adornos: wie kann *das* Gegenstand von Entscheidung sein, dem man doch ohnehin gar nicht entgehen kann?[13] Die Freiheit, die, als eine Tatsache des Bewußtseins selbst, erst die Grundlage für alles ethische Maß sein kann, müßte zugleich selber Maß dessen werden, wozu der einzelne sich macht. Doch, wie Peter Caws schreibt: »his ontology requires freedom to precede the emergence of the human: for him at this epoch freedom is a fact, not a value.«[14] Aus ihr als einem Formalen soll Inhaltliches gewonnen werden,

---

11 Kierkegaard, *Entweder/Oder*, a.a.O., S.180.

12 ebd., S.281.

13 Theodor W.Adorno, *Negative Dialektik, Gesammelte Schriften* 6, hrsg. von Rolf Tiedemann, Frankfurt 1973, S.60.

14 Peter Caws, *Sartre*, London, Boston 1979, S.121. Vgl. dazu auch: Arthur C. Danto, *Jean-Paul Sartre*, Göttingen 1986, S.154.

ohne daß der Charakter des Formalen zugleich angetastet werden dürfte.[15] Am Schluß von *L'être et le néant* hat Sartre bekanntlich diese Frage gestellt:

> Est-il possible, en particulier, qu'elle se prenne elle-même pour valeur en tant que source de toute valeur [...] Et dans le cas où elle pourrait se vouloir elle-même comme son propre possible et sa valeur déterminante, que faudrait-il entendre par là?[16]

Aber er hat sie, wie auch die *Cahiers pour une Morale* zeigen, systematisch nicht lösen können, und seine Wendung zu den Autoren-Monographien wie zuerst der über Baudelaire läßt sich, wie schon Peter Caws gesehen hat[17], auch so verstehen, daß er dem Problem der Ethik über die Darstellung individueller Wahlen nahezukommen suchte. Diese wollen das in das Existieren selber verschobene Ethische fassen, indem sie im jeweils gelebten Leben die ihm zugrundeliegende Wahl deskriptiv explizieren; dies, also die Darstellung des konkreten Falls, soll zugleich die ethische Beurteilung enthalten. Sartre hat damit alle Schwierigkeiten einer materialen Ethik, deren ungelöste Probleme auch in den konkreten Analysen wiederkehren (ohne daß das ihre Bedeutung als Analysen im einzelnen beträfe). Die Sartre schon von George Blin vorgeworfene Ambivalenz - man wisse nicht, analysiere er nun oder wolle er Richter sein[18] - erklärt sich daraus.

Was Sartre als Haltung vorschwebt und was er in den *Cahiers pour une morale* immer wieder zu umschreiben sucht, ist, daß der einzelne die Freiheit, die sich ihm in der Angst enthüllt, wahrhaft zu seiner machen soll, obwohl sie unthematisch immer schon seine ist. Er soll die Bedingungen seiner Existenz nicht überspringen, sondern übernehmen. Das wäre die Authentizität, die so Sache einer reflexiv bewußten Haltung wäre. Das Problem bleibt aber, wie diese aus der Ontologie Sartres zu begründen sein soll.[19] Denn wenn der Wert die vollkommene Übereinstimmung mit sich ist, und wenn Freiheit gerade auf einem Abstand zu sich selbst beruht, schließen sich Freiheit und erfüllter Wert eigentlich aus. Der einzelne, der seine Freiheit als Wert ergriffe, würde paradox sein eigenes Sein darin suchen, daß er es als sein Sein gerade nicht erreichen wollen darf. Es würde heißen, daß er sich einerseits auf sein Selbst hin entwerfen, andererseits dabei

---

15 Zuletzt hat Mohamed Turki das Problem dargestellt (*Freiheit und Befreiung. Zur Dialektik philosophischer Praxis bei Jean-Paul Sartre*, Bochum 1986.) Vgl. bes. S.60. Die Freiheit darf im Rahmen Sartres nicht selbst schon eine Konkretion implizieren, denn wie Turki zu recht schreibt, gilt für die »freie und individuelle Subjektivität« gerade: »Ihre Wertbestimmung, die ausschließlich von ihrer Freiheit bzw. von ihrer Wahl und ihrem Entwurf abhängt, kann daher nicht in irgendeinem Sinn verankert werden, da die Freiheit die Nichtung des Seins und dessen Transzendenz ist.«(S.59).

16 Sartre, *L'être et le néant*, a.a.O., S.692.

17 Peter Caws, *Sartre*, a.a.O., S.121f.

18 Georges Blin, *J.-P. Sartre et Baudelaire*, a.a.O., S.123.

19 Das hat in letzter Zeit auch Mohamed Turki gefragt: »Wie sich eine solche Moral der Authentizität und der reinigenden Reflexion konkret begründen läßt, ist aber aus der phänomenologischen Ontologie nicht zu ersehen.« (*Freiheit und Befreiung*, a.a.O., S.62). Vgl. die ganze Passage, in der Turki an den *Cahiers pour une morale* Sartres Versuche, die existentialistische Ethik zu konkretisieren, als aporetisch interpretiert.

permanent allen Fixierungen seines Selbst, in denen es zu Sein erstarrt scheinen könnte, zu entkommen suchen müßte. Was er zu wählen hätte, wäre gleichsam das unaufhörliche sich Losreißen von sich selber; nicht sich *als* jemanden hätte er zu wählen, sondern die Permanenz des sich Wählens als sich immer neu Erfindens selbst. »Il choisit donc non de se *reprendre*, mais de se fuir, non de coïncider avec soi, mais, d'être toujours à distance de soi.«[20] Die Frage ist aber schon, wie weit das nicht dem Konzept der Wahl als der Totalisierung aller konkreten Akte zuwiderliefe, das heißt der Durchsichtigkeit eines Lebens auf diese Wahl hin; denn durchsichtig machen kann die Wahl es nur, wenn sie *eine* ist. Würde dann nicht eben das, was Sartre auf der einen Seite vom einzelnen verlangt, nämlich seine Wahl durchzuhalten, ihn auf der anderen gerade unauthentisch werden lassen? Dennoch kann man sagen, daß es für die Ethik Sartres zu dem entscheidenden Kriterium wird, an dem eine Existenz zu messen ist, wie weit diese versucht, sich endgültig zu definieren oder, im Gegenteil, alle Fixierungen immer wieder hinter sich zu lassen. Gewiß wäre hier wieder das Problem, daß auch diese Fixierungen grundsätzlich ja nie endgültig gelingen können, solange ein einzelner als Bewußtsein existiert, da er sich ja noch seine Festlegungen wählt; darum muß schon der *Versuch* dazu unter die Kritik fallen. Sartre wendete sich den Biographien auch deshalb zu, weil er an ihnen inhaltlicher bestimmen möchte, wie es konkret aussehen kann, wenn jemand sich in seinem Leben in einer Definition seiner selbst feststellen will und warum das zu kritisieren sei - eben weil es als allgemeines, moralisches Kriterium nicht evident werden kann.

Das berührt aber, wiederum Sartre immanent, die Verbindlichkeit dieser Ethik. Wenn die Freiheit immer *meine*, die des individuellen einzelnen ist, und diese Freiheit zum Wert, das heißt zum moralischen Maß werden soll, dann muß diese Ethik ihr Maß radikal individuell und unvergleichbar denken. In *L'être et le néant* betont Sartre:

> Je ne saurais, certes, décrire une liberté qui serait commune à l'autre et à moi-même; je ne saurais donc envisager une essence de la liberté.[21]

Dann hat aber mein Ethisches eigentlich nur Geltung für mich. Ich will *meine* Freiheit, das heißt, wenn man konsequent wäre, daß mir die Freiheit

---

20 Sartre, *L'être et le néant*, a.a.O., S.692. Vgl. auch *Les Mots*: »Je devins traître et je suis resté. J'ai beau me mettre entier dans ce que j'entreprends, me donner sans réserve au travail, à la colère, à l'amitié, dans un instant je me renierai, je le sais, je le veux et je me trahis déjà, en plein passion, par le pressentiment joyeux de ma trahison future.« (Jean-Paul Sartre, *Les Mots*, Paris 1964, S.198). Hier erscheint das, was Sartre an Baudelaire kritisierte: die unablässige Präsenz des Selbstbewußtseins, das in allem schon über sich hinaus ist, gerade positiv als die Freiheit, sich in jedem Moment anders bestimmen zu können; eine Freiheit, die dann auch noch ethisch interpretiert wird. Ist das aber nicht gerade das, was Baudelaire macht? Vgl. z.B. die Notiz aus *Mon coeur mis à nu:* »Je comprends qu'on déserte une cause pour savoir ce qu'on éprouve à en servir une autre.«(OC I, 676). Die Gründe, warum Sartre Baudelaire dann damit kritisiert, sollen im Verlauf dieser Arbeit deutlicher werden.

21 Sartre, *L'être et le néant*, a.a.O., S.493.

der andern eigentlich nicht einmal zur Frage werden könnte. Nicht nur bedeutete die Forderung, daß ich sie wollen soll, für mich letztlich nichts; die Freiheit der anderen enthüllt sich meiner Erfahrung eigentlich nur als die Begrenzung meiner eigenen: sie droht mich zu objektivieren. Daß man gerade sie wollen soll, ist aus Sartres Ontologie letztlich nicht abzuleiten. Wie dann aber zum Beispiel Baudelaire moralisch vorwerfen, daß er sich nicht, wie Hugo oder George Sand, sozial engagiert habe? Daß man das fordern kann, setzt schon einen allgemeinen Geltungsansprung moralischer Maßstäbe voraus. Das Problem für Sartres Konzeption ist, daß sie streng genommen für die Verallgemeinerbarkeit keine Basis hat, denn sie müßte zwischen den Bewußtseinsindividuen etwas Gemeinsames annehmen, das ihr Tun in moralischer Hinsicht vergleichbar machen würde. Gewiß gibt es bestimmte ontologische Strukturen; zum Beispiel die Tatsache der Freiheit des Einzelbewußtseins selber, die für alle gleichermaßen gilt; aber das kann streng genommen nicht ein Gemeinsames in dem geforderten Sinn sein, denn sonst würde Sartre ja vor allem, wozu ein einzelner sich macht, eine Wesensbestimmung als gegeben annehmen müssen, und die hat er doch gerade kritisiert.[22] So kann er sich eigentlich auch nicht auf Kant berufen, weil dieser eine formale Ethik schreibt, eben um den Allgemeinheitscharakter der moralischen Prinzipien als transzendentale zu retten, und Sartre, mit durchaus begründeter Kritik daran, eine materiale Ethik will, die das Konkrete der bestimmten, historisch sich immer unvorhersehbar ändernden Situationen berücksichtigen will, in denen allein moralisch gehandelt wird. So kann aber Sartre nicht mehr wie Kant als Bedingung der Möglichkeit ethischer Prinzipien eine menschliche Vernunft voraussetzen, an der alle Individuen teilhaben, schon insofern sie Menschen sind. Dieser Vernunftbegriff müßte der gleichen Kritk an allen essentialistischen Festlegungen verfallen.[23] Daß dann die Entscheidung ethisch willkürlich wird, oder anders, daß ihre moralische Beurteilbarkeit selber zum Problem wird, hat Sartre gesehen, und er hat dort, wo er die Verallgemeinerbarkeit begründen wollte, auch wieder die Freiheit zugleich zu einer Wesensbestimmtheit des

---

22 Explizit z.B. auch in der *Présentation des Temps Modernes*, in: Jean-Paul Sartre, *Situations II*, Paris 1948, S.18: »Tous les hommes sont *libres:* libres *d'être homme*, cela va sans dire. Ce qui signifie que l'action du politique doit être toute négative: il n'a pas à faire la nature humaine; il suffit qu'il écarte les obstacles qui pourraient l'empêcher de s'épanouir.«

23 Peter Caws, *Sartre*, a.a.O., S.121. Caws schreibt von »Sartre's transition from the legislating individual to the historical individual«.(122) Aber das setzt voraus, daß das »historische Individuum« implizit als ein in sich Allgemeines gedacht wird. Caws nennt denn auch als Modell der Sartreschen Biographie die Form eines Romantyps des 19.Jahrhunderts, der das Individuum als repräsentativ darstellte: »There is a genre, whose principal practitioner in Sartre's literary universe was Flaubert, devoted to what might not unreasonably be called the moral development of characters who stand in just a paradigmatic relationship to the rest of the species, exhibiting possibilities latent in any individual and hence instructive for each.«(121f.) Die Frage ist nur, darf sich die Moraltheorie den paradigmatischen Charakter des Individuellen von einer Kunstform, und dann noch von einer des 19.Jahrhunderts, die derselbe Flaubert doch auch überwand und deren Zerfall Sartres *La Nausée* voraussetzt, geben lassen? Es scheint aber deutlich, daß für Sartre, je mehr er sich um eine Moral bemüht, desto mehr auch traditionelle Roman- bzw. Dramenformen wichtig werden.

Menschen erhoben: der Mensch könne seine eigene Freiheit nur wollen, wenn er zugleich auch die aller andern wolle. Das heißt dann paradox, daß jeder, auf der Grundlage der zum usprünglichen Wert werdenden Freiheit, seine je eigenen Werte wählen und gerade darin, daß er das so konsequent tut, exemplarisch für die andern sein soll, jeweils wieder *ihre*, inhaltlich unvergleichbare Moral zu wählen. Wenn aber Peter Caws schreibt, Sartre suche an die Stelle einer schematischen eine paradigmatische Allgemeinheit - »in cases rather than in maxims«[24] - zu setzen, so ist gleichwohl nicht geklärt, wie diese als Allgemeinheit zu verstehen sein soll. Adorno hat kritisiert, daß Sartre dabei stillschweigend die Züge des allgemeinen Subjekts mit denen des konkreten Einzelsubjekts verschmelze; das zeigt sich bei Sartre - durchaus schon im ontologischen Rahmen von *L'être et le néant*, nicht erst im moralphilosophischen Zusammenhang - in der explizit gegen Kant gerichteten Theorie, daß die je individuelle Wahl, also die des konkreten Einzelsubjekts selbst schon, »choix d'un caractère intelligible«[25] sei. Die doppeldeutige Verwendung des Ausdrucks »der Mensch«, auf die schon Herbert Marcuse hingewiesen hat[26] - als Gattungswesen und als Individuum gleichzeitig - ist Indiz für dieses Problem.

Wie bei Sartre ein einzelner in seiner spezifischen Wahl zugleich exemplarisch gemacht wird, dafür wäre im *Baudelaire*-Buch ein Beispiel André Gide, den Sartre Baudelaire, der wiederum exemplarisch zum Negativfall wird, als Muster entgegenhält:

> Dans le conflit originel qui opposait son anomalie sexuelle à la morale commune, il a pris le parti de celle-là contre celle-ci, il a rongé peu à peu, comme un acide, les principes rigoureux qui l'entravaient; à travers mille rechutes il a marché vers *sa* morale, il a fait de son mieux pour inventer une nouvelle table de la loi.[27]

Maß des Ethischen wird hier - wenn man von den insgeheim zusätzlich angenommenen moralischen Implikaten absieht - die Radikalität, mit der jemand, ohne Rückhalt an einer gegebenen Moral, seine ihm eigenen Werte erfindet und, da das mit ihrer Erfindung gleichbedeutend wird, sie lebt. Also auch die Konsequenz, mit der er sie, im Konflikt mit aller gesellschaftlichen Moral, in seinem Leben durchhält. Die Schwierigkeit der Verallgemeinerbarkeit, die Sartre theoretisch nicht lösen kann, rührt auch daher, daß er eine Ethik will, die zugleich der Verallgemeinerbarkeit zutiefst mißtraut, weil sich darin für sie doch nur das allgemeine Einverständnis durchsetzt. Sartre hat Nietzsches Kritik an der Moral rezipiert und möchte paradox unter der Voraussetzung dieser Kritik, die sich so eng mit Baudelaire berührt, wiederum eine Moral entwickeln; eine, die darum das Maß des Ethischen gerade nicht von der jeweils zufällig herrschenden Allgemeinheit, das heißt

---

24 Peter Caws, *Sartre*, a.a.O , S.121.
25 Sartre, *L'être et le néant*, a.a.O., S.623.
26 Herbert Marcuse, *Existentialismus*, in: H.Marcuse, *Kultur und Gesellschaft 2*, Frankfurt 71968, S.67. Vgl. dazu vor allem auch die Kritik Adornos, *Negative Dialektik*, a.a.O., S.130.
27 Sartre, *Baudelaire*, a.a.O., S.60.

der Konvention her denken will, sondern die im Gegenteil gerade dem, was mit dieser bricht, das moralische Recht zu geben neigt, weil das, was immer es sein mag, wenigstens eine Inanspruchnahmne des Eigenen zu sein scheint. Sartres Existentialismus führt, gerade indem er so konsequent von dem je individuellen cogito ausgeht, zur Kritik an dem, was die bürgerliche Gesellschaft für das Individuelle hält und als unantastbar hütet. Durchschaut Sartre jenes Individuelle als in Wahrheit konventionell - auch als ein literarisches Muster, das der Biographik des 19.Jahrhunderts nämlich[28] - so läßt für ihn die Individualität sich nicht bewahren, weil sie gar nichts Gegebenes ist, sondern nur ein Gemachtes sein kann. Es gibt kein Individuum jenseits dessen, wozu ein einzelner sich in seinem Leben, durch sein Tun, hervorbringt. Darin hat Sartres Literatur ja ebenso wie seine Konzeption einer existentiellen Biographie an der Tendenz des modernen Romans teil, die jene Vorstellungen vom Individuellen auflöste. Er partizipiert darin an derselben Moderne, deren Erfinder er mit Baudelaire und Flaubert kritisierte. Das Grauen davor, daß sich in dem, was man im Augenblick als sein Selbst zu leben meint, doch wieder nur die Schemata verbergen, durch die man dieses »Selbst« gemacht bekam, motiviert Sartres Philosophie: Die Forderung, wirklich *sein* Selbst zu haben, und das würde heißen, es ganz durch sich zu haben, statt es sich geben zu lassen durch die andern, die einen darin eingenommen haben.

Aber die Konzeption, die das eigene Selbst immer als Bruch mit dem Gegebenen denkt und diesen darum *als solchen* moralisch zu verstehen neigt, kehrt das Bild der passiven Übernahme heteronomer Moral um; beides sind wechselseitig aufeinander hin konstruierte Haltungen, die sich, wenn sie bestimmt werden sollen, so gegenseitig voraussetzen wie in der Ontologie das en-soi und das pour-soi, das sich der Nichtung des ersteren verdankt. Als Gegenbilder voneinander bleiben sie auch aneinander fixiert, was für Sartres Monographien dann so große Konsequenzen hat: sie machen eben das den dargestellten Autoren zum Vorwurf. Heideggers *Sein und Zeit* ist dem dort verwandt, wo Heidegger das eigentliche Selbstseinkönnen gegen die »Durchschnittlichkeit« des Man[29] zu bestimmen sucht; Sartre hat es zumindest so interpretiert. Aber Heideggers Existentialanalytik suchte zwar die Eigentlichkeit als formale Seinsstruktur des Daseins zu bestimmen, wollte aber keine konkrete Ethik des Authentischen, mit der sich Sartre ja im Bereich des Ontischen bewegt; und so hat sie auch deren Schwierigkeiten nicht. Das Problem für Sartre wird, daß die Radikalität

---

[28] Jean-Paul Sartre, *Les carnets de la drôle de guerre, novembre 1939 - mars 1940*, Paris 1983, S.103ff.

[29] Martin Heidegger, *Sein und Zeit*, Tübingen ^{10}1963, S.127. Heidegger hat gesehen, daß das eigene Selbst, das ja erst »zu ihm selbst gebracht«(S.273) werden muß, eben darum an sich noch nicht bestimmt ist. Wenn es aber immer erst bestimmt werden muß, indem es aus seiner Zerstreuung in das Man zurückgeholt wird, so ist das nur so denkbar, daß sich dabei negativ auf die Charakteristika des Man-selbst, von denen es sich ablöst, und damit auf die gesamte Alltäglichkeit zurückbezogen wird. Das konnte als eine heroische Behauptung der Person gegen jede Art von Konformismus verstanden werden.

moralisch sein kann, aber es nicht als solche schon ist, und nur die Tatsache, daß Sartre als Beispiele gegen Baudelaire immer Autoren wählt, die schon moralisch argumentieren, täuscht über diese Zweideutigkeit hinweg. Und so wie der Bruch nicht an sich moralisch ist, wäre umgekehrt die Übernahme einer gegebenen Moral nicht an sich moralisch schlecht, könnte sogar das moralisch Bessere sein, und das zu sagen heißt nicht unbedingt, die jeweils herrschende Moral zu rechtfertigen.

III. Kunst und existentialistische Ethik

1. Existenz als Werk

Die Probleme der existentialistischen Ethik, wie der Bruch mit dem Gegebenen, den sie in jedem Entwurf sieht, überhaupt moralisch bestimmt werden könnte, zeigen sich nirgendwo so deutlich wie in Sartres Auseinandersetzung mit Baudelaire. Weil Baudelaires Ästhetik sich dem Maß der Sartreschen Ethik so sehr zu entziehen scheint, läßt sie deren Schwierigkeiten hervortreten. Soll sich aber bei Sartre das Bewußtsein in jedem Augenblick in seinem Sein neu erfinden, so kann man umgekehrt in der Kunst zu diesem Erfindungsvermögen eine Entsprechung sehen; sie am ehesten scheint tatsächlich zu machen, was Sartre der Existenz zuschreibt. Mißt sich in der Kunst wirklich jedes Werk daran, daß es nicht nur schon Gegebenes reproduziert, so setzt das voraus, daß der Rahmen selber, aus dem heraus es entsteht, ein anderer geworden ist; und insofern läßt sich sagen, mit jedem wirklich neuen Werk entwerfe sich auch das künstlerische Subjekt, seine Bedingung, jeweils wieder neu. Beim Kunstwerk kann man vielleicht auch am ehesten davon reden, daß es radikal sein muß, so wie Sartre vom Akt der Freiheit meint, daß in ihm Schöpfung und Zerstörung, als »événements absolus«[1], sich entsprechen. Gewiß ist selbst in der Kunst nicht jedes Werk völlig voraussetzungslos - als eine »creatio ex nihilo« immer sein eigener Anfang -, so wie Sartre es zu sehen neigt. Er konstruiert auch hier wieder totale, voraussetzungslose Freiheit als Gegenbild zu einer ebenso totalen Determiniertheit, und das führt dann zu dem Problem, daß er, eben weil das Maß der Radikalität inhaltlich kaum bestimmbar ist, theoretisch einen radikalen Bruch von einer partiellen Modifikation kaum abgrenzen kann. Adorno hat kritisiert, Sartres das Moment der Spontaneität des Subjekts akzentuierende Philosophie übersehe die Objektivität schon in der künstlerischen Technik[2]. Jede Variation, jede auch eingreifende Veränderung eines Rahmens setzt voraus, daß es überhaupt einen bestimmten Rahmen, einen Stand der Technik und des Materials gibt. In der Literatur beispielsweise wäre zumindest ihr Medium, die Sprache selbst, wären dann auch bestimmte Formen immer auch »übernommen«. Aber Sartres Theorie hat darin ihr Recht, daß sich die Werke von diesem Rahmen, den sie voraussetzen, nicht tragen lassen dürfen. Indem sie ihn aus ihrem spezifischen Zusammenhang heraus neu hervorzubringen suchen, »überschreiten« sie ihn tatsächlich. Daß Sartre den Bruch akzentuiert, wird

---

1 Sartre, *Baudelaire*, a.a.O., S.51.

2 Theodor W. Adorno, *Engagement*, in: Th.W. Adorno, *Noten zur Literatur III. Gesammelte Schriften* 11, hrsg. von Rolf Tiedemann, Frankfurt 1974, S.413f.

von der großen Kunst auch bestätigt, die es in der Moderne, in der zentralen Kategorie des Neuen, ja thematisch machte, vorab mit Baudelaire.

Das gilt aber auch schon für die Kunstkonzeption eines Autors als ganze. Baudelaire hat die Individualität des großen Künstlers in einer Weise akzentuiert, die, in der Kunst, die Entwurfsstruktur, die bei Sartre dem Leben zukommt, vorwegzunehmen scheint. Freilich umfassen, wie oft, auch hierin seine Äußerungen gegensätzliche Aspekte. Wenn Baudelaire im *Salon de 1846* an den eklektizistischen Malern die »absence d'une individualité bien constituée«(OC II,477) kritisiert, faßt er die Individualität des großen Künstlers explizit als etwas auf, das nicht gegeben ist, sondern als ein durchgängiger Zusammenhang durch ihn selber erst konstituiert wird. Die Kritik am eklektischen Künstler: »il n'a pas de partis pris«(OC II,473), würde in der existentialistischen Sprache heißen, daß er nicht jene grundlegenden Entscheidungen getroffen habe, die erst ermöglichen, von bestehenden Kunstrichtungen irgendetwas in bestimmter Weise zu übernehmen oder auszuschließen. Die Eklektizisten »cherchent à se faire un caractère par un système d'emprunts contradictoires.«(OC II,492) Darin würde sich die Konzeption Sartres, wie häufiger, mit der Interpretation Benjamins berühren, der über Baudelaire schrieb: »Er dagegen tritt vom ersten Augenblick an mit einem eigenen Kodex, eigenen Satzungen und Tabus vor das Publikum.«[3] Man könnte das durchaus so ausdrücken, Baudelaire habe die vorausliegende Wahl getroffen, die alles, was er als Künstler tat, einheitlich begründete. Sartre entspricht darin, daß er das durch sich selbst konzeptionell Umrissene dessen, was man Individualität nennt, so akzentuiert und damit konsequent alle Vorstellungen von Entwicklung ausschließt, die die Individualität als Entfaltung, letztlich also organologisch denken, dem Autor Baudelaire, der in diesem Sinn in der Tat keine Entwicklung kennt. Das heißt gerade nicht, wie Sartre ihm dann vorwirft, er habe sich immer wiederholt[4]; dem widerspricht schon die Tatsache, daß er, innerhalb eines umfassenden Rahmens, zwei einander geradezu gegensätzliche Lyriktypen entwarf, die *Fleurs du Mal* und die *Petits poèmes en prose*, in denen dieselben Motive unter den Bedingungen eines formal gänzlich anderen Mediums wiederkehren. Es heißt aber, daß von den ersten Gedichten bis zu den späten - es ist charakteristisch, daß man bei Baudelaire ein Früh- und ein Spätwerk überhaupt nicht unterscheiden kann - die einzelnen Werke im Zusammenhang einer eigenen Konzeption stehen, die ihnen zugrundeliegt und die Baudelaire durchhielt, ohne daß das allerdings mit einer rationalistischen Konstruktion verwechselt werden darf. Benjamin hat die erstaunliche Konstanz seiner Motive hervorgehoben; in der Tat bilden sie einen über die Gedichte hinausgreifenden Zusammenhang, der - an der Oberfläche zunächst kaum zu bemerken - Baudelaires ganzes Werk

---

3 Walter Benjamin, *Das Paris des Second Empire bei Baudelaire. Die Moderne. Gesammelte Schriften* I,2, a.a.O., S.570. Auch: Walter Benjamin, *Das Passagen-Werk*, a.a.O., S.408 (J 53, 4).

4 Sartre, *Baudelaire*, a.a.O., S.207f.

wie durchkomponiert erscheinen läßt, das eben weil die Motive sich nicht mehr isolieren lassen, aber auch so schwer darstellbar wird. In diesem Sartreschen, das Moment des Willens betonenden Sinn kann man die Beobachtung Valérys verstehen, die Benjamin zitiert hat:

> Das Problem mußte sich für Baudelaire folgendermaßen stellen - ein großer Dichter, doch weder Lamartine, noch Hugo, noch Musset zu werden. Ich sage nicht, daß dieser Vorsatz bei Baudelaire bewußt gewesen wäre; aber er mußte sich zwangsläufig in Baudelaire vorfinden - ja dieser Vorsatz war eigentlich Baudelaire. Er war seine Staatsraison.[5]

Gerade weil für Baudelaire die künstlerische Individualität nur etwas Gemachtes sein kann, kann er im selben *Salon de 1846* umgekehrt die individualistische Tendenz in der zeitgenössischen Kunst als »fractionnement de la volonté humaine«(OC II,492) kritisieren, das die wirkliche Individualität hintertreibe. Gegen eine »liberté anarchique qui glorifie l'individu, quelque faible qu'il soit«(ebd.) betont er die Wichtigkeit der Schulen als »force d'invention organisée«(ebd.). So setzt die wahre Individualität, zu der der große Künstler sich hervorbringt, den Rahmen einer umfassenderen Produktion vieler voraus, die sie gleichsam in sich aufhebt. In den Schulen »les individus vraiment digne de ce nom absorbent les faibles; et c'est justice, car une large production n'est qu'une pensée à mille bras.«(ebd.) Das kann Baudelaire deshalb sagen, weil er die wahre Individualität in der Kunst nicht exemplarisch und schon gar nicht als Maß einer moralischen Allgemeinheit sehen muß. In der Kunst ist dieses Aufzehren durch das Gelingen wie auch durch die immer eine Ausnahme bleibende Größe eines sich in seiner Kunst konsequent durchbildenden Künstlers immer gerechtfertigt. Für eine Moral dagegen müßte zum Problem werden, was Baudelaire in der Kunst selbstverständlich sein kann. Kommt es in der Kunst einerseits auf die Individualität an, so läßt diese sich dort nicht einfach aus der Abweisung alles dessen begreifen, was irgend als von andern übernommen erscheinen könnte. Sie muß daher auch nicht fürchten, dadurch sich selbst zu verlieren. An den *Fleurs du Mal*, die die verschiedensten Modelle zeitgenössischer Lyrik bis hin zu solchen Hugos ohne weiteres zu ihren machen, ließe sich das nachweisen. So kann Baudelaire das eine Mal den Zusammenhang eines größeren Rahmens, das andere Mal in geradezu Sartreschen Formulierungen die sich allein sich selbst verdankende, unvorhersehbare Individualität des großen Künstlers hervorheben, ohne das als Widerspruch empfinden zu müssen.

Baudelaire betont 1855 in dem Essay über die *Exposition universelle* die Unableitbarkeit des Neuen, das allen Regeln und Schulanalysen auf immer entgehen werde:

---

5 Paul Valéry, *Situation de Baudelaire, Oeuvres I*, Paris 1957 (Bibl. de la Pléiade), S.600. Hier zitiert in der Übersetzung Benjamins, *Gesammelte Schriften* I,2, a.a.O., S.615.

> Dans l'ordre poétique et artistique, tout révélateur a rarement un précurseur. Toute floraison est spontanée, individuelle. Signorelli était-il vraiment le générateur de Michel-Ange? Est-ce Pérugin contenait Raphaël? L'artiste ne relève que de lui-même. Il ne promet aux siècles à venir que ses propres oeuvres. Il ne cautionne que lui-même. Il meurt sans enfants. *Il a été son roi, son prêtre et son Dieu.*(OC II,581)

Das Schaffen jedes Künstlers erscheint hier tatsächlich als ein individueller Entwurf, der als solcher die Voraussetzungen, von denen er abhängt, sich selbst erst gibt. Das schließt Zusammenhänge nicht aus. Aber eine bestimmte Konzeption muß schon hervorgebracht sein, damit es dann so erscheinen kann, als sei sie früheren in bestimmten Zügen verwandt oder gar schon in ihnen enthalten gewesen. Das ist eine Täuschung, denn jeder Entwurf bringt mit sich selbst gleichsam auch seine eigene Ähnlichkeit mit früheren mit hervor; er kann sich ihnen nicht verdanken, so wie er seinerseits auch nicht, gleichsam als deren Modell, spätere Konzeptionen so vorzeichnen kann, daß sich jene wie von selber aus ihm ergeben. Bürgt ein jeder nur für sich, kann er sich auch nicht durch spätere, also durch seine eigene Nachwirkung, rechtfertigen. Das ist nicht ein Versuch Baudelaires, sich selbst als Künstler singulär, kostbar zu machen, indem er, wie Sartre meinte, die geistige Vaterschaft ablehnte[6]. Vielmehr entspricht Baudelaires Ästhetik in der Betonung, daß es in der Kunst so etwas wie »geistige Vaterschaft«, das heißt eigentlich die Kontinuierlichkeit eines Fortschritts, nicht geben könne, gerade der Sartreschen Konzeption des Entwurfs[7], insofern dieser impliziert, daß niemand dem einzelnen die Verantwortung für das abnehmen kann, wozu er sich selber zu machen hat.

Bemerkenswerterweise steht die Passage Baudelaires im Zusammenhang einer Kritik am Fortschrittsbegriff des 19.Jahrhunderts, der, indem er den Fortschritt »sous la forme d'une série indéfinie«(OC II,581) sieht, für Baudelaire darauf hinausliefe, den einzelnen von der Aufgabe, sich seine Konzeption jeweils selbst zu schaffen, durch die Garantie einer automatischen Entwicklung zu entlasten. Die Sprache, die Baudelaire, von der Kunst sprechend, verwendet, ist paradoxerweise die einer Moral, die, indem sie alles von der individuellen Anstrengung erwartet, eigentlich bereits eine existentialistische ist. Was man wirklich Fortschritt nennen könnte, wäre für Baudelaire nur als eine fortgesetzte, in jedem Augenblick als ungesichert wieder aufgenommene Schöpfung einzelner zu denken. Schließt das

---

6 Sartre *Baudelaire*, a.a.O., S.134f.

7 Noch in *L'Idiot de la famille* bestimmt das Sartres Bild des artistischen Autors. Seine Abweisung aller convenus in der Kunst, die einmal im Begriff des Geschmacks zusammengefaßt waren, wird hier soziologisch als Ablehnung jeder Komplizenschaft mit der eigenen Klasse interpretiert: »[...] il en refuserait *a priori* l'esthétique si, par impossible, les bourgeois en avaient une. Donc il ne peut prendre appui sur des déterminations objectives et pas davantage sur des règles qu'on devine dans les chefs-d'oeuvres passés: Chacun fait son ouvrage dans la solitude et, s'il est un progrès dans la forme, c'est qu'elle se détache des *a priori* pour s'engendrer selon la loi qu'elle se donne[...] Chaque artiste a *son* sujet, *sa* manière absolument neuve de le traiter[...] et, du coup, chacun est parfaitement abandonné: de tous et particulièrement de Dieu.« Jean-Paul Sartre, *L'Idiot de la famille. Gustave Flaubert de 1821 à 1857*, Vol.II, Paris 1971, S.1621.

letztlich jedes Modell eines Prozesses aus, so ist aus Baudelaires Konzeption hier ebenso schwer eine Auffasung von Geschichte zu gewinnen wie aus dem Existentialismus Sartres in seiner radikalen Phase. Der Fortschritt von Gesellschaften, von Nationen, ja der der Menschheit wird nach dem Maß der individuellen Arbeit - im Grunde dem der Kunstarbeit - gedacht. Daß Baudelaire so erbittert angriff, was er die falsche Idee des Fortschritts nannte, heißt also gerade nicht, daß er sich an die Vergangenheit fixierte und so alle Gegenwart nur als Verfall denken konnte, wie es Sartre ihm vorwirft:

> Le rapport du présent au passé c'est le Progès à rebours: c'est-à-dire que l'ancien détermine le neuf et l'explique exactement comme, pour Comte, le supérieur explique et détermine l'inférieur. Le finalisme impliqué par la notion de Progrès n'a pas disparu chez Baudelaire, bien au contraire: mais il est inverté.[8]

Vielmehr wird in Baudelaires Kritik an der Fortschrittsidee gerade seine Verwandtschaft mit der Sartreschen Ethik sichtbar. Konsequent müßte Sartre weniges so sehr teilen wie diesen Angriff auf den Gedanken eines sich als Erbe selbstverständlich setzenden Fortschritts, denn er wäre das Paradigma eines fertig übernommenen Rahmens, in dem die Zukunft der jeweils neu zu treffenden, unvorwegnehmbaren Entscheidung des einzelnen entzogen erschiene. Baudelaire schrieb, das was einmal Ergebnis einer Eroberung gewesen sei, »est devenu pour la majeurité une espèce de routine.«(OC II,582). Ist das für Baudelaire in der Kunst tödlich - was nicht ausschließt, daß gerade so ein Zeitpunkt kommen kann, an dem, wie es mit einer völlig Sartreschen Wendung heißt, »tout étant perdu, tout est à refaire«(ebd.) - so dehnt Sartre diese Kritik gerade auf das Leben aus.

Sartres Konzeption, die auf eine Ethik abzielt, kann in der Ästhetik Baudelaires eine Entsprechung sehen, wo diese dem vom Geist Geschaffenen den Vorrang vor dem Natürlichen, in Sartres Begriffen dem bloß Gegebenen zuweist. Sartre schreibt:

> Et, certes, l'homme qui déclare que »ce qui est créé par l'esprit est plus vivant que la matière« a plus qu'un autre senti les puissances et la mission de la conscience. Avec elle, il l'a fort bien vu, quelque chose jaillit dans le monde qui n'existait pas d'abord: la signification; aussi opère-t-elle sur tous les plans et perpétuellement une création continue.[9]

Das scheint zu Baudelaires Kunsttheorie zu passen, wenn diese z.B. den sich »Realisten« nennenden Künstler, der sagt: »Je veux représenter les choses telles qu'elles sont, ou bien qu'elles seraient, en supposant que je

---

8 Sartre, *Baudelaire*, a.a.O., S.211. Vgl. auch die Kritik Georges Blins, *J.-P. Sartre et Baudelaire*: »Or, à l'inverse, il saute aux yeux que, si Baudelaire repousse de toutes ses forces cette illusion d'un mieux *fatal*, c'est parce qu'elle retire à l'homme la possibilité ou l'envie de se faire l'artisan libre de son progrès personnel.«(a.a.O., S.131). Das ist aber eben genau die eigene Konzeption Sartres selbst.

9 Sartre, *Baudelaire*, a.a.O., S.51.

n'existe pas«(OC II,627), von dem »homme d'imagination« abgrenzt, der sagt: »Je veux illuminer les choses avec mon esprit et en projeter le reflet sur les autres esprits.«(ebd.) Sartre kann zwischen seinem Bewußtseinsbegriff und der Kunst deshalb eine Entsprechung sehen, weil in seiner Interpretation beiden derselbe, modifiziert cartesianische Rahmen zugrundliegt, in dem sich zwei Pole dichotomisch gegenüberstehen: die Spontaneität des Bewußtseins auf der eine Seite und auf der andern das, was ihr gegenüber zum bloßen Stoff wird, der, an sich unbestimmt, alles das, wozu er überhaupt werden kann, vom Bewutßsein empfängt, das ihn sich unterordnet.[10] Den berühmten Satz Baudelaires: »tout l'univers visible n'est qu'un magasin d'images et de signes auxquelles l'imagination donnera une place et une valeur relative«(OC II,627) kann man in diesem Rahmen so interpretieren, daß die Imagination, als das synthetische Vermögen des Bewußtseins, zur Einheit zusammenfaßt, was als bloßer Stoff an sich selbst noch keinerlei Zusammenhang hat. Es ist zunächst nur ein Vorrat von Material, das dadurch erst einen »valeur relative« - mit Sartre zu sprechen: »Bedeutung« - erhält, daß ihm das schöpferische Bewußtsein einen Platz anweist in einem Ganzen, das sich allein diesem Bewußtsein verdankt. Die Imagination ist dessen konstruktives Vermögen, das gleichsam das System herstellt, innerhalb dessen es für das, was von ihm aus dann als »signe« auffaßbar wird, überhaupt erst einen Stellenwert geben kann.

Dabei ist nicht immer ganz entschieden, wieviel Eigengewicht, ja wieviel Zusammenhang dem Material selbst dann doch noch zugesprochen wird; es schwankt bei Baudelaire selbst. Sartre, dessen Philosophie insgesamt so sehr die konstituierende Kraft des Subjekts betont, läßt charakteristischerweise zum Beispiel die corresponcances bei Baudelaire, insofern diese einen Zusammenhang darstellen, der dann schon in der Natur selbst liegen würde und den der Künstler nur in den Zusammenhang der Kunst übersetzte, aber nicht konstituierte, fast ganz außer acht. Bei Baudelaire heißt es, im Essay über Hugo, beispielsweise auch:

> La musique des vers de Victor Hugo s'adepte aux profondes harmonies de la nature; sculpteur, il découpe dans ses strophes la forme inoubliable des choses;

---

[10] Philosophisch bewegt sich Sartres Interpretation hier besonders deutlich im Rahmen der Phänomenologie, die er gegenüber Husserl allerdings wieder in charakteristischer Weise modifiziert. Die Fähigkeit des Bewußtseins, von der Sartre spricht, ist dort die Intentionalität. Husserl bestimmt die »intentionalen Erlebnisse[...] als Einheiten durch Sinngebung (in einem sehr erweiterten Sinne). Sinnliche Data geben sich als Stoffe für intentionale Formungen oder Sinngebungen verschiedener Stufe[...]« (Edmund Husserl, *Ideen zu einer reinen Phänomenologie und phänomenologischen Philosophie. 1.Buch. Allgemeine Einführung in die reine Phänomenologie*, neu hrsg. von Karl Schumann, Den Haag 1976, S.193.
Das Charakteristische der Theorie Sartres ist, daß er diese »Sinngebung« auf der Grundlage der jeweiligen choix originel sowohl als freie Schöpfung interpretiert, wie er auch diese Schöpfung wiederum ethisch interpretiert. Dagfinn Fllesdal hat bemerkt, daß Sartre den Begriff »Intentionalität« sowohl im Sinne der Phänomenologie verwendet als auch in dem praktischen Sinne, den er in der Ethik hat, und beide Bedeutungen - absichtlich, wie man ergänzen muß - nicht grundsätzlich trennt. (Dagfinn Fllesdal, *Sartre on Freedom*, in: P.A. Schilpp, ed., *The Philosophy of Jean-Paul Sartre*, La Salle, Illinois, 1981, S.402.)

> peintre, il les illumine de leur couleur propre. Et, comme si elles venaient directement de la nature, les trois impressions pénètrent simultanément le cerveau du lecteur.(OC II,132)

Dagegen heißt es in dem Essay über Delacroix:

> La nature extérieure[...] n'est qu'un amas incohérent de matériaux que l'artiste est invité à associer et à mettre en ordre, un *incitamentum*, un réveil pour les facultés sommeillantes. Pour parler exactement, il n'y a dans la nature ni ligne ni couleur. C'est l'homme qui crée la ligne et la couleur. Ce sont deux abstractions qui tirent leur égale noblesse d'une même origine.(OC II,752)

Die correspondances sind bei Baudelaire nur ein Moment seiner Kunsttheorie; der Primat kommt in der Tat dem Geist zu, der die Zusammenhänge hervorbringt, und darin entspricht Baudelaire der Interpretation Sartres durchaus, auch wenn Louis Jourdain diesem nicht zu unrecht vorgeworfen hat, er werte die correspondances allzu sehr als bloßen literarischen Einfluß Swedenborgs ab.[11] Baudelaire läßt, wie schon Benjamin betont hat[12], hier zwei einander eigentlich widersprechende Auffassungen unvermittelt nebeneinander bestehen, und das hat Bedeutung auch für den Rahmen Sartres, in dem dieser Widerspruch beseitigt erscheint.

Dieses Vermögen, Zusammenhänge zu konstituieren, könnte man in der Tat mit dem Vermögen des Bewußtseins bei Sartre parallel sehen, allem, was im Leben eines einzelnen geschieht, das bloß Zufällige zu nehmen, indem es von vornherein von einem Zusammenhang aus erfaßt wird, den das Bewußtsein selber erst konstituiert hat. Der Entwurf im Sinne Sartres ist ja ein synthetisches Ganzes, auf dessen Grundlage alles, was von außen zustößt, immer schon Bedeutung hat; man könnte auch sagen, es erhalte durch die Beziehung auf den Entwurf alles eine bestimmte Form, die eben die Form dieses Entwurfs selbst ist, und nur so, als eines seiner Momente, kann es »durchsichtig« sein. So wird für den Künstler bei Baudelaire die Welt zu einer »espèce de pâture que l'imagination doit digérer et transformer«(OC II,627). Dabei kommt es Baudelaire auf die Transformation an, die daraus überhaupt erst etwas macht, indem sie das an sich Unbestimmte von der Gestalt, in der es zufällig gegeben ist oder geschieht, entfernt. Die bestimmende Kraft des Bewußtseins tritt daran hervor; und das heißt, die Macht, mit der das Bewußtsein sich ihm aufprägt, ohne die alles ins Unbestimmte zurückfallen würde.

Das Verhältnis von beidem ist aber eines der Grundprobleme von *L'être et le néant*, insbesondere dessen Freiheitsbegriff, so wie es bereits ein Grundproblem klassischer Ethik, beispielsweise der Fichtes war, in der es darauf ankam, das Mannigfaltige der Natur unter die sich selbst setzende

---

11 Louis Jourdain, *Sartre devant Baudelaire II* in: *Tel Quel* 21 (1965), S.80.

12 Walter Benjamin, *Das Passagen-Werk*, a.a.O., S.348 (J 24, 3). Benjamin hat auch versucht, in seinem Rahmen Vermittlungen zwischen beiden zu geben, die hier nicht diskutiert werden können, weil das eine Darstellung des ganzen Rahmens von Benjamin erforderte. (Vgl. auch a.a.O., S.436 (J 66, 3); (J 66, 5) u.a.

Einheit des Subjekts zu bringen.[13] In *L'être et le néant* wird Sartre das schon bei den Strukturen des Für-sich, zu denen dessen Beziehung zu seiner Faktizität rechnet, zum Problem. Ist seine Faktizität das, was das Für-sich nicht wählen kann, also das, was es überhaupt nur an die Welt bindet, so ist sie als solche doch gar nicht erreichbar, »puisque tout ce que nous trouverons d'elle est déjà repris et librement construit«[14]. Sie ist also immer nur als durch das Für-sich selber, von dessen jeweiligem Entwurf her, schon konstituiert und durch dessen Bedeutungen erhellt zu ergreifen. Wie kann diese Theorie dann aber verhindern, daß die Konstitution zur beliebigen Verfügung wird? Das ist das entscheidende Problem der Sartreschen Freiheitsphilosophie: einerseits muß sie den Widerstand des Faktischen fast zum Verschwinden bringen, damit die Konzeption der Wahl möglich wird, andererseits muß sie ihn beibehalten, weil sonst die reale Wahl von einem erfüllten Wunschtraum nicht unterscheidbar wäre. Sartre kommt es ja darauf an, daß man sich *in der Welt* wählt. In den *Cahiers pour une morale* heißt es: »Le créateur doit être pur dépassement de sa facticité vers la création de lui-même dans le monde de la facticité.«[15] Aber der Widerstand der Faktizität schrumpft dabei auf ein »*residuum* innommable et impensable«[16], das wiederum aber keine Grenze für die Freiheit sei, vielmehr selbst noch seine Bedeutung eines Widerstandes für sie durch sie selber erhalte.[17] »Elle n'est même pas, à proprement parler, une résistance du fait, puisque c'est en la reprenant dans l'infrastructure du *cogito préreflexif* que je lui conférerai son sens et sa résistance.«[18] So wird sie im Grunde doppelt bestimmt, durch das Für-sich hindurch und gleichzeitig unabhängig von ihm. Das Problem ist aber strukturell völlig analog der Situation des Artisten gegenüber seinem Material, in der, wie sie in Baudelaires Ästhetik gesehen wird, der gleiche Doppelcharakter wiederkehrt: in manchen Äußerungen Baudelaires erscheint das Material als qualitätsloser Stoff, über den die Konstruktion verfügen kann, in anderen hat es Eigenschaften, ja eine Eigenmacht, die gerade nicht schon von der Kunst her konstituiert sein können, und sich

---

13 Zu der strukturellen Verwandtschaft der Philosophie Sartres mit derjenigen Fichtes vgl. Kurt Hübner, *Fichte, Sartre und der Nihilismus*, a.a.O., S.29ff. Hübner schreibt: »Allein wenn der Nihilismus u.a. überall da seine Wurzeln hat, wo nicht nur Atheismus, sondern auch eine Auffassung von der Natur herrscht, nach welcher die Natur nur noch zum Werkzeug des Menschen herabsinkt und zugleich aller menschlichen Bedeutung, allen menschlichen Sinns entkleidet wird, dann ist auch die Philosophie Fichtes in ihrem Kerne unverkennbar nihilistisch. Nun hat sich zwar Fichte gegen den Vorwurf, Atheist zu sein, gewehrt[...] Die Natur aber spielt bei ihm wie bei Sartre nur eine defektive Rolle: Sie ist das dauernde Hindernis für die Freiheit.«(40f.)

14 Sartre, *L'être et le néant*, a.a.O., S.122.

15 Sartre, *Cahiers pour une morale*, a.a.O., S.134.

16 Sartre, *L'être et le néant*, a.a.O., S.539.

17 Hier kann man noch einmal an Fichte denken, bei dem ebenfalls noch das »Leiden«, d.h. das Bestimmt*werden*, im Grunde als ein Tun des Subjekts selbst interpretiert wird, als Selbstbegrenzung seiner absoluten Tätigkeit durch sich selber. Vgl. auch Anm. 45.

18 Sartre, *L'être et le néant*, a.a.O., S.122.

nicht *beliebig* konstruieren lassen.[19] Je geringer man die letztere ansetzt, desto größer läßt sich das Maß der Freiheit, und das heißt auch der Willkürlichkeit denken, und es ist deutlich, daß, während Baudelaires Ästhetik den Widerspruch als solchen ungelöst beläßt, Sartres Philosophie eben dazu neigt, ihn logisch zum Verschwinden zu bringen.

Bei Sartre wird das Problem deutlich an dem zentralen Satz über die Faktizität: »Elle n'est qu'une indication que je me donne à moi-même de l'être que je dois rejoindre pour être ce que je suis.«[20] Ist sie eine »Anzeige«, dann hat sie eine Bedeutung für mich, die mich auf das verweist, woraufhin ich mich entwerfen soll; zugleich ist es aber mein Entwurf selber, der ihr diesen Charakter, eine Anzeige für mich zu sein, erst verleiht. Dann wird, daß ich das Faktische »übernehmen«, das heißt in meinen Entwurf verwandeln kann, letztlich dadurch möglich, daß es eben doch weitgehend schon als *meines* erscheinen konnte, so wie bereits Kierkegaard forderte, der einzelne solle *seine* »Äußerlichkeit« in »Innerlichkeit« verwandeln, die so, gleichsam als seine konkrete Geschichte, von vornherein ihm nicht völlig fremd, sondern assimilierbar war. Suche ich aus allem, was mir zustößt, »une indication que je me donne à moi-même« zu machen, heißt das, daß ich das Eigengewicht des Faktischen zu überwinden, abzufangen suche, indem ich es gleichsam in die Interiorität meiner Wahl hineinziehe, um es von ihr her so wiederzuerschaffen, daß es durch mich selbst begründet erscheinen kann. Man transformiert es, steigert es in dieser Umformung, indem man es zu sich selbst erst herausbildet, um gerade so ihm gegenüber die Initiative zu behalten. Es ist ein Versuch, des eigenen Lebens Herr zu bleiben, indem man alles Zufällige in sein Produkt umschafft. So kann Sartre in den *Cahiers pour une morale* schreiben: »C'est là ce qu'on appelle choix[...] il retient en lui la totalité du monde comme ce que la conscience a à dépasser vers sa propre création«[21] und gleichzeitig schreiben: »mais réciproquement il ne peut se créer qu'au-dehors de lui en créant le monde«[22]. Die Selbstschöpfung des einzelnen ist in der Welt möglich, soweit die Welt, in der er sich schafft, selber dabei zu seinem Produkt wird. Das bloß Gegebene wird Gegenstand einer Arbeit, die es bewältigt, indem sie es zum Moment des selbstgesetzten Ganzen macht.

Das Ethische, das dann in der Konsequenz selber gesehen wird, mit der alles, was im Leben geschieht, von dieser Formung erreicht wird, hat sein Modell in der Kunst. Daß für die Existenzphilosophie das Ethische sich nicht in Geboten, sondern im Vollzug eines Lebens als Ganzem darstellt,

---

19 Diese Situation der Kunst bei Baudelaire hat Hartmut Engelhardt so umrissen: »Das Problem, das sich Baudelaire stellt, ist, daß die Kunst sich an der Natur durchaus auch gewaltsam darstellen muß, sie aber das, was sie ergreift, nicht zu etwas von ihr Gesetztem verflüchtigen darf.« (Hartmut Engelhardt, *Indifferenz der Schönheit*, in: *Spuren in Kunst und Gesellschaft*, Nr.17, Nov./Dez. 1986, S.61f.

20 Sartre, *L'être et le néant*, a.a.O., S. 122.

21 Sartre, *Cahiers pour une morale*, a.a.O., S.134.

22 ebd., S.135.

heißt, daß das Leben in einer Weise durchgestaltet wird, wie das eigentlich nur bei einem Kunstwerk der Fall ist.[23] An ihm orientiert sich die Struktur des Entwurfs selber. Denn zur ethischen Forderung wird ja, daß gleichsam nichts bleibt, was »frei«, das heißt von ihm nicht bestimmt, nicht auf ihn hin durchsichtig ist. »Damit ein Mensch ethisch lebe, ist es notwendig, daß er sich seiner bewußt wird, und das so durchgreifend, daß keine Zufälligkeit sich ihm entzieht.«[24] So heißt es schon bei Kierkegaard. Dem entspricht in der symbolistischen Ästhetik der Begriff der künstlerischen Arbeit als der totalen Durchkonstruktion des Werks, die alles, was in einem Werk vorkommt, so bestimmen will, daß es innerhalb seines Zusammenhangs möglichst vielfältig beziehbar wird. Das ist ganz deutlich und mehr als bloßer Vergleich, wenn Sartre, in diesem Fall in bezug auf die Vergangenheit - aber das gilt für alles Gegebene - in *L'être et le néant* schreibt:

> C'est par ce projet que s'installe le système complexe de renvois qui fait entrer un fragment quelconque de mon passé dans une organisation hiérarchisée et plurivalente où, comme dans l'oeuvre d'art, chaque structure partielle indique, de diverses manières, diverses autres structures partielles et la structure totale.[25]

Für das Kunstwerk - zumindest eines dieses Typs - gilt, was Sartre vom Leben sagt, daß in ihm alles durch eine Wahl da sei; das heißt, daß alles in ihm nur insofern vorkommt, als es von einem Bewußtsein bestimmt und so Teil eines Beziehungssystems ist, das, in hierarchischer Gliederung, Teilsysteme integrieren kann, die als Teile des Ganzen wiederum einander strukturverwandt sind.[26] Das Kunstwerk schafft wirklich in seinem Material etwas wie

---

23 Wenn Kriterium des Ethischen ist, daß das Leben als ein Ganzes realisiert wird, dann ist diese Ethik gegen die Ästhetik nicht abzugrenzen. So haben schon die Frühromantiker, die, durch ihre Beziehung zu Fichte, in manchem sartresche Konzeptionen vorweggenommen zu haben scheinen, beides absichtlich nicht getrennt und versucht, die Ethik als einen Teil der Ästhetik zu interpretieren. »Sittlichkeit und Philosophie sind Künste. Erstere ist die Kunst unter den Motiven zu Handlungen einer sittlichen Idee, einer Kunstidee a priori, gemäß zu wählen und auf diese Art in alle Handlungen einen großen, tiefen Sinn zu legen - dem Leben eine höhere Bedeutung zu geben, und so die Masse innerer und äußerer Handlungen / Innere sind die Gesinnungen und Entschließungen / kunstmäßig zu einem Idealischen Ganzen zu ordnen und zu vereinigen.« (Novalis, *Werke, Tagebücher und Briefe Friedrich von Hardenbergs*, hrsg. von Hans-Joachim Mähl, München 1978, S.366.

Daß sich konsequent aber beides ausschließt, zeigen dann Autoren wie Baudelaire oder später Genet - an den Sartre auch da, wo er über Baudelaire schreibt, schon denkt, denn nicht zufällig ist ihm das Buch gewidmet -, indem sie das Moment der Kunst sich vollenden lassen. In den 1953 in *Les Temps Modernes* erschienenen *Fragments* schrieb Genet, in einem Satz, der wie eine Antwort auf Sartre gelesen werden könnte: »S'il est vrai que toute oeuvre se poursuit et s'achève selon une rigueur qui ne se réfère à rien qu'à une constante loyauté dans ses rapports, ainsi dans une vie qui, comparable à l'oeuvre d'art, est rupture et fin en soi, toute morale n'est qu'ordre cohérent ne se référant à rien qu'à une constante loyauté dans le rapport des actes entre eux. Folles, notre morale était une ésthétique.«(a.a.O, S.206).

24 Kierkegaard, *Entweder/Oder*, a.a.O., S.277.

25 Sartre, *L'être et le néant*, a.a.O., S.557.

26 Das ist in Baudelaires Ästhetik tatsächlich vorgebildet, wenn Baudelaire es auch nicht mit der Konsequenz durchführt wie Mallarmé, aus Gründen, von denen noch gesprochen werden soll. Baudelaire schreibt im *Salon de 1846* anläßlich Delacroix: »Un tableau est une machine dont tous les systêmes sont intelligibles pour un oeil exercé; où tout a sa raison d'être, si le tableau est bon;

eine »hiérarchie descendante des possibles, depuis le possible ultime et initial jusqu'au possible dérivé«[27], die das Material erst konstruierbar macht, indem sie die Kriterien hervorbringt, die das in diesem Werk nicht Mögliche auszugrenzen erlauben. Kierkegaard hatte schon über die Wahl des Ethikers geschrieben, sie »läßt es nimmermehr zu, daß derart in einem unbestimmten Durcheinander bleibe, was einem zugehört und was nicht«[28] und: »Alles, was durch seine Freiheit gesetzt ist, gehört ihm wesentlich zu, wie zufällig es auch scheinen möge; alles, was es nicht ist, ist ihm zufällig, wie wesentlich es auch scheinen möge.«[29]. Die Konsequenzen, wie nahe das einer Ästhetik kommt, hat er ausdrücklich abgewiesen:

> Diese Unterscheidung ist für einen ethischen Menschen indes kein Erzeugnis seiner Willkür, so daß etwa der Anschein entstünde, als ob er Machtvollkommenheit besäße, sich selbst zu dem, was er will, zu machen. Denn freilich wagt es ein ethischer Mensch, den Ausdruck zu brauchen, daß er sein eigener Redakteur ist, er ist sich zugleich jedoch dessen vollauf bewußt, daß er verantwortlicher Redakteur ist; verantwortlich vor sich selbst in persönlichem Sinne, sofern das, was er wählt, entscheidenden Einfluß auf ihn haben wird, verantwortlich der Ordnung der Dinge gegenüber, in der er lebt, verantwortlich Gott gegenüber.[30]

Wenn aber Sartre, der diese Einschränkungen Kierkegaards aufhebt, dann in der Ästhetik Baudelaires, den er dabei vom Spätsymbolismus her sieht, eine Analogie zur Ethik in seinem Sinn sehen kann, dann deshalb, weil diese Ethik in Wahrheit selbst eine Ästhetik ist, die ins Ethische uminterpretiert wurde. In seiner Auseinandersetzung mit Baudelaire, den er nicht zuletzt deshalb kritisiert, treten die ästhetischen Grundlagen seiner eigenen Konzeption wieder hervor.

Sie gehen schon auf *La Nausée* zurück. Was dort als die zusammenhanglose Zufälligkeit des Lebens, die Kontingenz, erschien, war im Grunde die existentielle Fassung dessen, was in der symbolistischen Ästhetik das Ungeformte, darum auch das Banale hieß. So wie jenes aber immer schon

---

où un ton est toujours destiné à en faire valoir un autre; où une faute occasionelle de dessein est quelquefois nécessaire pour ne pas sacrifier quelque chose de plus important.«(OC II,432)
Sartre erläutert noch im letzten Band von *L'Idiot de la famille*, charakteristischerweise in einer Interpretation der Ästhetik Mallarmés, nicht der Baudelaires, diesen Werkbegriff so: »Qu'un paragraphe, qu'une phrase, qu'un mot soient remplaçables, tout est perdu: l'oeuvre ne ›prend‹ pas. Cela signifie que chacque élément du discours doit entretenir à tous les niveaux avec tous les autres éléments et avec la totalité signifiée le plus grand nombre *possible* de relations intentionnelles. En outre aucune relation ne peut s'établir entre eux sans qu'elle ait été expressionnément par l'intention créatrice: ce corollaire ne tend à rien de moins qu'à rejeter comme non artistique tout ce que Gide intégrera plus tard à l'oeuvre d'art sous le nom de ›part du diable‹«(a.a.O., S.187f.)
Dabei sieht Sartre sowohl den existentiellen Entwurf von diesem Begriff der Totalität des Werks her, wie er umgekehrt mit der Betonung, daß im Werk alles von seinem Schöpfer gewollt sei, das Konzept des Werks auch vom Entwurf her sieht; die beiden gleichermaßen zugrundeliegend gedachte Intentionalität vermittelt beides.

27 Sartre, *L'être et le néant*, a.a.O., S.525.
28 Kierkegaard, *Entweder/Oder*, a.a.O., S.237.
29 ebd., S.277.
30 ebd.

von der Kunst her gesehen wurde, erschien auch in Sartres Roman das Auseinanderlaufende des Lebens, das er gerade zum Thema machen wollte, von vornherein unter dem Aspekt dessen, was dort als die einzige mögliche Transzendenz Erlösung von der Kontingenz versprach, der Kunst. Sie war das Maß, das sich negativ darin abdrückte. Ähnlich wie dann in *L'Imaginaire* wurde am Kunstwerk der dinghafte Aspekt, das, was an ihm dem Bereich des Existierenden zugehört, als bloßes Analogon verstanden, mittels dessen die auf einer anderen Ebene gedachte Kunst sich in der Welt manifestierte. Zwar ist das Leben dessen, der am Ende beschließt, den Roman zu schreiben, zusammenhanglos und zufällig, aber der Roman, der es so zeigt, als Kunstwerk nicht.[31] Die Kunst wird, als absolute, existentiell interpretiert, wenn z.B. in Kunst jedes Leiden das vollkommene Sein haben soll, das dem entsprechenden Leiden im Leben mangelt. So wird die Seinstotalität der Kunst der Person im Leben zum unerreichbaren Ideal. In *La Nausée* heißt es:

> Et moi aussi j'ai voulu *être*. Je n'ai même voulu que cela; voilà le fin mot de ma vie: au fond de toutes ces tentatives qui semblaient sans liens, je retrouve le même désir: chasser l'existence hors de moi, rider les instants de leur graisse, les tordre, les assécher, me purifier, me durcir, pour rendre enfin le son net et précis d'une note de saxophone.[32]

Das Leben wird dem Maß eines Kunstwerks ausgesetzt. Wenn Sartre dann von »sich rechtfertigen« spricht, überblenden sich der existentielle, der ethische und der ästhetische Rahmen. Das Vorbild dieser Rechtfertigung ist ein Kunstswerk, in dem sich alles, was in ihm vorkommt, durch die Funktion rechtfertigt, die es für den Zusammenhang des Ganzen erfüllt. Das »Fett« ist Bild des Überflüssigen, das, wie die artistischen Autoren sagen würden, nicht »arbeitet«; das kehrt aber zugleich auf der existentiellen Ebene als das »de trop« alles Existierenden überhaupt wieder, dessen die Hauptfigur im Ekel inne wird. Daß das Existierende ohne Begründung sei, kann so verstanden werden, daß es nicht als Teil eines Werkes erscheint, der Welt nämlich als Werk des Schöpfergottes. Die Schwierigkeit, daß seine Beschreibungen der Kontingenz den Zusammenhang eines Ganzen immer schon voraussetzen, daß nur in Beziehung auf ein Rechtfertigungssystem überhaupt von Zufälligkeit gesprochen werden kann - dessen nämlich, was nicht in es integriert ist - hat Sartre gesehen, wenn er in den *Cahiers pour une morale* den Begriff des Ungerechtfertigten selber wieder kritisiert: »Nous ne sommes pas unjustifiables parce qu'il faudrait pour cela un systême de justifications où nous n'aurions notre place. Ni justifiable, ni injustifiable.«[33] Die Konzeption aber, daß der einzelne »en tant que projet, il crée la justification de tout système partiel mais de ce fait ne peut jamais se

---

[31] Zu der folgenden Passage vgl. Dieter Mettler, *Sartres Schwierigkeiten mit Baudelaire*, in: *Spuren in Kunst und Gesellschaft*, Nr.17, Nov./Dez.1986, S.55.

[32] Jean-Paul Sartre, *La Nausée, Oeuvres romanesques*, Paris 1981 (Bibl. de la Pléiade), S.206.

[33] Sartre, *Cahiers pour une morale*, a.a.O., S.22.

justifier lui-même«[34], weist auf eine symbolistische Ästhetik zurück, die die Konstruktion in der Kunst auch als Kampf gegen den hazard verstand. Hat Sartre später auch seine frühe Kunstmetaphysik, die »moral du salut«, »du salut par l'art«[35] kritisiert, so bleibt doch ihr Rahmen in seiner Konzeption einer existentialistischen Ethik, durch die er sie überwinden wollte, erhalten und so bestimmend. Worauf es jetzt ankommt, ist zwar, authentisch zu *leben*, das heißt die faktischen Lebensumstände in eben ihrer Kontingenz, mit der sie einem zustoßen, zu übernehmen. Aber wenn Sartre jetzt dem konkreten Leben den Vorrang einräumen will, unabhängig von jeder Beziehung auf Kunst, kehrt in der Forderung nach der Rechtfertigung auch deren Modell, der Zusammenhang, den ein Werk hat, wieder, dessen Anspruch man nun gleichsam in seinem Leben und durch dessen Vollzug selber nachkommen soll. Ästhetisch ist gerade die sich wählende Existenz selber. Die Grenze jedes individuellen Entwurfs, als den Sartre die Person bestimmt, ist das absolute Werk seiner selbst, auf das jeder Schritt hinzielt und der mit jedem verfehlt wird. Weil Sartre das aber als eine Ethik will, sucht er aus der Konzeption der Wahl einerseits alle Nähe zur Ästhetik zu tilgen, wie er andererseits dafür auf das Schöpferische der Kunst gerade zurückgreift, weil sonst die Konzeption der Wahl als Hervorbringung seiner selbst im Leben gar nicht möglich wäre. Man kann sagen, Kunst und Moral werden in diesem Rahmen für Sartre deshalb einander analog, weil beide gleichermaßen Ausdruck des einen schöpferischen Vermögens sind, das das Bewußtsein *ist*. Damit ist für Sartre auch die moralische Interpretierbarkeit der Kunst gewährleistet.

2. Die Ablösung der Kunst

Indem Sartre aber die création, nicht erst in bestimmten Formen, sondern qua Vermögen des Bewußtseins selber schon, moralisch interpretiert, ist es konsequent, wenn er von Baudelaire erwartet, gerade er hätte, wie kein anderer, seine eigene Skala von Werten erfinden müssen, gleichsam als die ursprünglichste Schöpfung, die für alle andern erst die Grundlage sein könnte. Also seinen sein ganzes Leben begründenden Entwurf als *seine* Moral, wobei dann die geschaffenen Kunstwerke innerhalb dieses Entwurfs ebenso erst ihre Bedeutung erlangt hätten wie alles, was Baudelaire in seinem Leben tat. Steht Sartre nun vor dem Problem, daß an dieser Forderung gemessen ausgerechnet Baudelaire, der doch den Vorrang der création wie kaum ein anderer betont hat, so sehr enttäuscht, vor allem mit seinem Leben, so drückt sich darin die grundsätzlichere Schwierigkeit einer moralischen Beurteilung Baudelaires überhaupt aus.

---

34 ebd.

35 Jean-Paul Sartre, *Les carnets de la drôle de guerre, novembre 1939 - mars 1940*, Paris 1983, S.113.

Das Baudelaire entgegengehaltene Ideal wäre ein Autor, der ein Leben führte, das der ästhetischen Radikalität seines Werkes entspräche; der als Person so konsequent allen bürgerlichen Halt verwerfen würde wie in seiner Literatur allen Halt an vorgegebenen Formen; während Baudelaire für Sartre, der damit Rimbauds Kritik an Baudelaire aufnimmt - »Encore a-t-il vécu dans un milieu trop artiste; et la forme si vantée en lui est mesquine: les inventions d'inconnu réclament des formes nouvelles«[36] - beides nicht erfüllt: »Baudelaire ne casse rien de tout: son travail de créateur est seulement de travestir et d'ordonner«[37] und: »il prend peur devant cette solitude totale où vivre et inventer ne font qu'un.«[38] Man könnte natürlich darauf hinweisen, daß Baudelaire, dessen Gedichte den größten Literaturskandal des 19.Jahrhunderts auslösten und also der bürgerlichen Moral der Zeit keineswegs konform waren, auch in seinem Leben dem Bruch mit der »monde honorable«[39], den die Gedichte bedeuteten, nicht auswich: daß er ja das skandalöse Leben hatte, das den Gedichten entsprach. Das wäre richtig, würde aber heißen, daß man damit Baudelaire wiederum am Maß der Sartreschen Ethik zu rechtfertigen suchte. Das Problem ist aber das Maß selber und seine Anwendung auf Baudelaire; darum ist es wichtig, Sartres Vorwurf zunächst ernst zu nehmen.

Dies umso mehr, als bei Baudelaire dieses Nichtübereinstimmende von Leben und artistischer Forderung nach Durchgestaltung ja thematisch wird. Baudelaire hat in einem kunstkritischen Essay hervorgehoben, wie wenig gerade bei großen Künstlern oft ihr geradezu bürgerlich geordnetes Leben dem Revolutionären ihrer Kunstkonzeption entspricht:

> [...] que les artistes les plus inventifs, les plus étonnants, les plus excentriques dans leur conceptions, sont souvent des hommes, dont la vie est calme et minutieusement rangée[...] N'avez-vous remarqués souvent que rien ne ressemble plus au parfait bourgeois que l'artiste de génie concentré?(OC II,572)

Das trifft zwar auf ihn selber so nicht zu; es stellt aber die Substantialität eben dessen in Frage, worauf sich Sartres Maß selbstverständlich aufbaut. Was man für das Leben, für die Person halten möchte, neigt Baudelaire von vornherein als Surrogat zu zeigen, z.B. im Künstlerbild »du désordre classique, de l'inspiration«(OC II,571) etc. Wenn Baudelaire schon in den ersten *Salons* einer bestimmten Antibürgerlichkeit als Haltung von Künstlern mißtraute, dann weil er sah, daß gerade sie zu leicht zu einem Typ führte »tel que se le figurent les bons bourgeois«(ebd.). Gerade der radikale, im Leben demonstrierte Bruch erscheint zu leicht als das, was gerade er nicht sein darf: »ce genre de poncif, le poncif dans l'allure et la conduite, qui

---

36 Arthur Rimbaud, *Lettre à P. Demeny, Oeuvres complètes*, Paris 1972 (Bibl. de la Pléiade), S.253f.

37 Sartre, *Baudelaire*, a.a.O., S.200.

38 ebd.

39 Charles Baudelaire, *Correspondance I, janvier 1832 - février 1860*, texte établ., prés. et annoté par Claude Pichois avec la collab. de Jean Ziegler, Paris 1973 (Bibl. de la Pléiade), S.154. (Brief vom 8.12.1848).

s'introduit dans la vie des artistes comme dans leurs oeuvre.«(OC II,572) Von da aus könnte man Sartre entgegnen, daß gerade das Selbst, das in *jeder* Situation des Lebens konsequent immer seine Identität mit sich selber zu bewahren sucht, in Gefahr ist, zu erstarren; und das Bewußtsein davon, daß dann plötzlich noch das, was doch das eigenste sein sollte, zu einer Pose werden kann, die permanent sich selbst zitiert, führt bei Baudelaire dazu, daß er eher vermeidet, in allem - ja noch in seinen offenen Konfrontationen - immer als er selbst aufzutreten. Er bemüht sich nicht einmal, wie dann die Autoren des deutschen Symbolismus - am konsequentesten wohl George - in jedem Augenblick als »der Dichter« zu erscheinen. Paradoxerweise wird so gerade der Lyriker, der nicht nur mit der bürgerlichen Gesellschaft, sondern auch mit ihren von ihr noch bestimmten Gegenbildern am wenigsten konform war, von Sartre als nicht authentisch kritisiert. Die Frage wäre aber, ob nicht gerade er darin, daß er das Nichtübereinsstimmende reflektiert und zeigt, sehr modern ist.

Baudelaire hat das, als Situation des Modernen, in manchen Gedichten zum Thema werden lassen; man denke an »L'Examen de minuit« oder an das Prosagedicht »A une heure du matin«. Der Sprecher dieser Gedichte zeigt, indem er den Verlauf eines Tages rekapituliert, sein Leben als eines, das seinem Anspruch nicht genügt, das im Sinne Sartres unauthentisch ist: die eigene Existenz im Alltag als schlechte Satire. Das Ich des Prosagedichts, das die reale Gesellschaft, in der es existieren muß, nur als »vapeurs corruptrices«(OC I,288) erfährt, in denen es als bestimmtes verschwindet, sucht in seiner Isolation jenen sich wieder abzugewinnen. Die Aufzählung läßt das Leben des Tages, ganz gleich, was es war, als einzige Leere erscheinen:

> Horrible vie! Horrible ville! Récapitulons la journée: avoir vu plusieurs hommes de lettres, dont l'un m'a démandé si l'on pouvait aller en Russie par voie de terre (il prenait sans doute la Russie pour une île); avoir disputé généreusement contre le directeur d'une revue, qui à chacque objection répondait: »c'est ici le parti des honnêtes gens«, ce qui implique que toutes autres journaux sont rédigés par des coquins; avoir salué une vingtaine de personnes, dont quinze me sont inconnus; avoir distribué des poignées de main dans la même proportion, et cela sans avoir pris la précaution d'acheter des gants; [...] ouf! est-ce bien fini?
> Mécontent de tous et mécontent de moi, je voudrais bien me racheter et m'enorgueillir un peu dans la silence et la solitude de la nuit.(OC I,287f.)

Negativ also, indem sie das mit sich nicht Übereinstimmen der Existenz darstellen, lassen sich diese Gedichte auf den Sartreschen Rahmen beziehen. Das Ich zeigt hier sein Auftreten im Leben als permanenten, demütigenden Verrat an sich selbst, als eine einzige Lüge; zugleich aber so, daß das schon mit dem Leben selber gegeben ist, dem es nicht entgehen kann und auch gerade nicht entgehen will. Im Prosagedicht wird das zur Farce heruntergespielt, im theologischen Rahmen von »L'Examen de minuit« erscheint es, in Analogie zur Verleugnung, mit äußerstem Pathos:

Nous avons blasphémé Jésus,
Des Dieux le plus incontestable!
Comme un parasite à la table
De quelque monstrueux Crésus,
Nous avons, pour plaire à la brute,
Digne vassale des Démons,
Insulté ce que nous aimons
Et flatté ce que nous rebute;(OC I,144)

Die Bewußtheit gegenüber dem eigenen Leben, der das Ich nicht entgehen kann, stellt, indem sie es so zum Thema der Kunst macht, das unübersehbar Erniedrigende seines Verhaltens heraus, in dem das Ich nicht souverän, sein Leben nicht wirklich seines war. Je größer seine Konzentration, desto größer auch das Bewußtsein des Uneigentlichen seines Lebens.

Sartre dagegen argumentiert immer von einem Primat des Lebens als der eigenen Aufgabe her; allein wie sie sich in ihm fortsetzt, zu welchen realen Veränderungen sie dort führt, kann die Kunst rechtfertigen. Im Gegenzug zur moralischen Kritik, die das zeitgenössische Baudelaire-Bild und mit ihm das der nachfolgenden Rezeption bestimmt hatte, wirft Sartre Baudelaire ja nicht die Unmoral seiner Lebensführung vor, sondern umgekehrt gerade, daß er es zu jenen großen Verbrechen, von denen manche seiner Gedichte doch sprechen, in seinem Leben nicht brachte. Hatte die Baudelaire-Rezeption von dem Sensationellen der Gedichte aus sich das Bild vom Sensationellen dieses Lebens gemacht, so will Sartre, diesen Mythos voraussetzend, ihn enttäuschen, und bleibt so an ihn fixiert. Die pathetischen Sünden des Bildes werden banalisiert durch den Hinweis auf das Leben, das doch gar nicht so war:

> Non, Baudelaire ne s'est pas chargé de crimes secrets. Ce qu'on peut lui reprocher n'est pas pendable: une sécheresse de coeur assez réelle mais non totale, une certaine paresse, l'abus des stupéfiants, sans doute quelques bizarreries sexuelles, des indélicatesses frisant parfois l'escroquerie. S'il s'était une fois seulement décidé à contester les principes au nom desquels le général Aupick et Ancelle le condamnaient, il eut été délivré. Mais il s'en garde bien: il adopte sans discussion la morale de son beau-père. Les fameuses résolutions qu'il prend vers 1862 et qu'il consigne sous le nom *Hygiène, Conduite, Méthode*, sont d'une navrante puérilité.[40]

Nicht nur kämpft Baudelaire nicht gegen die bürgerliche Moral, er scheint sogar oft einen Rigorismus zu vertreten, der jene Moral, die in ihrer Unbestimmtheit ja durchaus ihre liberalen Aspekte hatte - so wie sich noch der Staatsanwalt im Prozeß auf seine Aufgeklärtheit etwas zugute hielt - weit überbietet; wie es explizit wird in dem ostentativen Katholizismus, den er gerade denen entgegenkehrte, die sich um Liberalisierung bemühten, wie George Sand. Hat die Unterwerfung von allem unter den Primat der Bearbeitung, so weit diese, gegenüber dem Leben, überhaupt unter dem Aspekt der Moral erscheint, bei Baudelaire viel mehr Ähnlichkeit mit einer

---

40 Sartre, *Baudelaire*, a.a.O., S.64.

Pflichtethik als mit einer Ethik der Befreiung, indem sie die Heteronomie akzentuiert, so zeigt Baudelaire sie auch noch explizit als Zwang, als Gewalt gegenüber sich als lebendiger Person. Damit entzieht er sie freilich dem Konventionellen der bürgerlichen Moral, für die es gerade darauf ankam, ihren eigenen Zwangscharakter zugleich zu verwischen, für menschenfreundlich zu gelten, wie an den Prozeßdokumenten abzulesen ist. Die entscheidendere, durchaus unentschiedene Frage ist aber, wie weit die Arbeit bei Baudelaire überhaupt im Zusammenhang einer im Leben zu realisierenden Moral gesehen werden kann. Sie steht ja primär in dem der Kunst, deren an den Anforderungen der Produktion gebildeter Begriff artistischer Arbeit gleichsam auf das Leben übergreift. Den mythischen Charakter, den sie annehmen kann, wenn sie schließlich alles dominiert, und das heißt alles gleichgültig werden läßt, was nicht auf sie bezogen ist, hat Baudelaire an Delacroix beschrieben:

> La vérité est, que, dans les dernières années de sa vie, tout ce qu'on appelle plaisir en avait disparu, un seul, âpre, exigeant, terrible, les ayant tous remplacé, le travail, qui alors n'était plus seulement une passion, mais aurait pu s'appeler une fureur.(OC II,763)

Das Molochhafte der Arbeit bringt das Leben als spontanes, als das also, worauf Sartre die Moral gründen will, zum Verschwinden. Die Probleme der Sartreschen Interpretation würden für Baudelaire also schon damit beginnen, daß Sartre die Arbeit überhaupt als reine Freiheit interpretieren will. Ist sie das schon beim Künstler nicht, wie soll sie Modell dessen sein, wie jeder einzelne sich in seinem Leben konzipieren soll?

Die Maximen aus den *Fusées* nun, die Sartre unmittelbar als eine Moral und darum natürlich als eine armselige interpretiert, haben ihre Funktion für Baudelaire in eben dem Zusammenhang der künstlerischen Arbeit, den er an Delacroix erläutert. Dieser suchte für Baudelaire Strebungen, die sich eigentlich ausschlossen, gleichzeitig in sich zu steigern: »Delacroix était passionément amoureux de la passion et froidement déterminé à chercher les moyens d'exprimer la passion de la manière la plus visible.«(OC II,746) Arbeit ist dann eigentlich der Versuch, sich derart seiner Fähigkeiten und seiner Mittel zu bemächtigen, daß sie jederzeit verfügbar sind, und das bedeutet, auch sich selbst, als lebendige Person, verfügbar zu werden. So ist auch die Imagination das systematische Vermögen, das alle einzelnen, divergierenden Fähigkeiten und Regungen, von den Leidenschaften bis in die kleinsten technischen Fertigkeiten, unter das Prinzip eines einheitlichen Verfahrens bringt, in dem sie sich gegenseitig ergänzen und steigern können: »Toutes les facultés de l'âme humaine doivent être subordonnées à l'imagination, qui les met en réquisition toutes à la fois.«(OC II,627) Sich so systematisch zu sehen, erscheint als Kälte, Ausdruck eines »volonté formidable«(OC II,746). Dieser aber, als integrative Kraft, entspricht der nicht weniger großen desintegrativen der passion, die ebenso reflexiv in sich gesteigert wird - »Passionément amoureux de la passion«(ebd.) -, und darum die Konzentration, die sie keineswegs mindert, sondern im Gegenteil verdoppelt, braucht. So kann Baudelaire, je nachdem welche Auffassung er gerade zurückweisen will, sowohl die Leidenschaft wie den Willen sowohl akzentuieren wie in ihrer Geltung einschränken. Er schreibt im *Salon de 1848* : »Peu d'hommes ont le droit de régner, car peu d'hommes ont une grande passion.«(OC II,491) In dem Essay über die Karikatur schreibt er anläßlich der Werke Breughels:

> Quel artiste pourrait composer des oeuvres aussi monstrueusement paradoxales, s'il n'y était poussé dès le principe par quelque force inconnu? En art, c'est une chose qui n'est pas assez remarquée, la part laissée à la volonté de l'homme est bien moins grand qu'on ne le croit.(OC II,573)

So kommt es, daß Baudelaires Ästhetik auf der einen Seite in ihrer Tendenz zur »domination«, zur totalen Integration, dem Rationalismus der Konzeption Sartres zu entsprechen scheint, auf der andern im Gegenteil Züge hat, auf die sich der Surrealismus berufen konnte oder beispielsweise auch Bataille[41], der gegen den Arbeitsbegriff, gegen Sartres Interpretation, gerade die Preisgabe des Willens bei Baudelaire hervorhob. Das ist für Baudelaire kein Widerspruch; vielmehr kann in der Kunst das eine nicht ohne das andere sein, wenn die Kunst nicht auf der einen Seite, durch die pure Beherrschung, zu Reißbrettkonstruktionen kommen soll, in denen es nichts Unerwartetes mehr geben kann, oder auf der andern Seite sich auflösen soll.

In diesem Zusammenhang nun stehen die Maximen, als Bemühungen, die eigene Lebensführung durch beschränkte, selbstauferlegte Vorschriften zu regeln. Im Essay über Delacroix schreibt Baudelaire:

> Un autre trait de ressemblance avec Stendhal était sa propension aux formules simples, aux maximes brèves, pour la bonne conduite de la vie. Comme tous les gens d'autant plus épris de méthode que leur tempérament ardent et sensible semble les en détourner davantage, Delacroix aimait à façonner de ces petits catéchismes de morale pratique que les étourdis et les fainéants qui ne pratiquent rien attribuaient dédaigneusement à M. de la Palisse, mais que le génie ne méprise pas, parce qu'il est apparenté avec la simplicité; maximes saines, fortes, simples et dures, qui servent de cuirasse et de bouclier à celui que la fatalité de son génie jette dans une bataille perpétuelle.(OC II,758)

Einer Natur, deren Gewalt ins Amorphe zu treiben drohen würde, sollen die kleinen, darum aber wenigstens praktisch beherrschbaren Techniken, gleichsam als Übungen für jeden Tag, entgegengesetzt werden. Anders als Sartres Ethik, der es darauf ankommt, daß in jedem Augenblick alles, als eine immer neu ausstehende Entscheidung, wiederaufgenommen werden muß, und die letztlich ihrer Form nach keine Regeln zulassen kann - denn,

---

41 Georges Bataille, *Baudelaire*, in: *La littérature et le mal*, a.a.O., S.203ff., bes. S.208f.: »Ainsi la poésie se détournait d'exigences à elle données du dehors, d'exigences de la volonté, pour répondre à une seule exigence intime, qui la liait à ce qui fascine, qui en faisait le contraire de la volonté.«(208).

wie Peter Caws schreibt: »Making a law even for myself involves bad faith, since I must be free to break it tomorrow«[42] - kommt es Baudelaire hier gerade darauf an, daß die kleinen Regeln auch tragen sollen; sie wenigstens sollen den schützen, der sonst von nichts getragen wird, und das können sie nur, wenn sie auf seine Kraft zugeschnitten sind und auch habituell werden. Für Sartre bekommen sie dadurch einen Aspekt des Heteronomen; obwohl selbst auferlegt, erscheinen sie ihm als sinnloser Zwang; aber der einzelne soll sich in seinem Tun immer durchsichtig sein. Dagegen könnte Baudelaire fragen, ob man sich überhaupt in allem in jedem Augenblick neu entwerfen kann; auch bei ihm ist ja die Arbeit eine Anstrengung des Bewußtseins, in jedem Augenblick auf der Höhe dessen zu sein, was jeder verlangt: »La faculté de répondre à la nécessité de chaque minute, l'exactitude, en un mot, doit trouver infailliblement sa récompense«(OC I,671); aber indem er das als eine Technik auszubilden versucht, als wäre sie gleichsam auch von ihm unabhängig, sucht er diesen Anspruch überhaupt bewältigbar zu machen. Weil der Horror, daß das Leben ins Diffuse verfließen könnte, so groß ist, wird noch der Schmerz befürwortet, der den eigenen Neigungen angetan wird, um die Arbeit von ihnen zu lösen. Aber Sartre sieht Zwang nur von der jeweils herrschenden bürgerlichen Moral, von außen also, auf das Bewußtsein ausgehen, und jene immer als repressiv und so dem Einzelbewußtsein gegenüber immer im Unrecht, als von ihm aufzulösen. Das ist die einzige Gegenkraft, die es findet. Die Ethik der Freiheit wird möglich, weil das Bewußtsein das, was seine Autonomie gefährden könnte, nie in sich selbst finden muß, es *in sich* nichts zu beherrschen hat.

Der Wille, mit dem bei Baudelaire der Künstler alles dem Primat der Arbeit unterstellt, kann durchaus mit einem Entwurf im Sinn Sartres verglichen werden. Er ist eine Bemächtigung der Zufälligkeiten des Lebens, insofern er alles auf die Produktion bezieht, der Einheit gleichsam, von der aus alles, von den Beziehungen zu Personen bis zu den alltäglichsten Verrichtungen, eine relative Gewichtung erhält, die er ihm selbst zuweist. Je konsequenter das aber wird, desto mehr verschwindet dabei das Leben, desto mehr verwandelt sich alles in ein Mittel der Kunst. Diese hat aber auch nicht zuletzt deshalb den Vorrang, weil in ihr jene konsequente Durchgestaltung alles einzelnen in einer Weise möglich scheint, wie das Leben das kaum erlaubt. Das zentrale Thema des Symbolismus seit Baudelaire war gerade, daß sich das Leben, wie es sich vor allem am entscheidenden Fall der organischen Natur zeigt, dem Willen widersetzt, der es sich völlig verfügbar machen will. Hatte Sartres Philosophie die Natur mit allem - beispielsweise auch durch die Gesellschaft - Gegebenen in der Kategorie der Faktizität zu neutralisieren versucht, so wird von der symbolistischen Ästhetik deren Eigenkraft gerade extrem betont, die Kunst als Widerstand

---

[42] Peter Caws, *Sartre*, a.a.O., S.120.

gegen sie begriffen. Aber die Kunst kann das deshalb sein und darum den Vorrang haben, weil das, was ihr Material wird, ihr doch zumindest weitgehend beherrschabar scheinen kann, während der einzelne, der sein Leben zu bewältigen sucht, ihm gegenüber nie völlig in der Lage des Künstlers ist, der, mit den Worten Baudelaires über Delacroix, »domine le modèle, comme le créateur la création«(OC II,433).

Und zwar deshalb nicht, weil es für die sich auf das Leben richtende Ethik der Wahl darauf ankommen muß, *alles*, was immer einem zustößt, so wie es zustößt zu »übernehmen«. Das Pathos der existentialistischen Ethik liegt gerade darin, daß man nichts, wie es auch kommt, ausweichen, es nicht, durch Illusionen z.B., umfälschen darf. Das war schon bei Kierkegaard eine zentrale Forderung gewesen, die sich aus dem letztlich einzigen Kriterium dieser Ethik, der Durchsichtigkeit des ganzen Lebens für das Bewußtsein, ergibt: »Er bedenkt sich nicht, ob er das Einzelne mit übernehmen solle oder nicht; er weiß: wenn er es nicht tut, so ist da ein Höheres, das verloren geht.«[43] Die Wahl ist Totalisierung in dem Sinn, daß sie von allem, was im Leben geschieht, zu entscheiden hat, in welcher Weise es zur Aufgabe des Wählenden werden soll; und noch, wenn sie es als solche abweist, ist das eine Entscheidung, die es als Abgewiesenes bestimmt und so in die Wahl hineinzieht. Die Forderung, *jedes* Ereignis, was es auch sei, als Chance zu betrachten, wird geradezu Maß der Authentizität; eine nur in bestimmten Bereichen des Lebens konsequenter verfolgte Wahl, die andere Bereiche weniger erfaßte oder unberührt ließe, wäre für Sartre überhaupt keine Wahl.

Im realen Leben stößt einem eigentlich nicht immer alles als ein vollkommener Zufall zu - das ist vielleicht sogar das Seltenere; umgekehrt wird vieles nicht eigens motiviert, sondern in seiner Zufälligkeit belassen. Es geschieht gleichsam weder völlig zufällig noch völlig bestimmt. In diesem Sinne kann man die Kritik Georges Blins verstehen: »Sartre n'a fait la part assez belle dans son système au hasard, à la distraction, à la fatigue et à l'inertie.«[44]. Sartres Insistenz darauf, daß alles einbezogen werden muß, entspricht im Grunde der Vorstellung einer absoluten Zufälligkeit dessen, was immer als von außen kommend gedacht ist. So wird das Ganze der Wahl als Abfangen des Zufalls verstanden. Umgekehrt ist es dann auch wieder der Anspruch, daß die Bestimmung des Zufälligen durch die Wahl total sein müsse, der seinerseits die Drohung der ebenso totalen Zufälligkeit dessen erzeugt, was dann in der Tat immer nur als ein blindes »Zustoßen« erscheinen kann. Die Schwierigkeit bei Sartre ist, daß er immer nur ein Entweder/Oder von völliger Heteronomie alles Geschehenden und völliger Autonomie des Wählens zuläßt. Als komplementäre Gegenbilder hängen die dichotomischen Bilder des Innen und des Außen wechselseitig voneinander ab.

---

43 Kierkegaard, *Entweder/Oder*, a.a.O., S.268.
44 Georges Blin, *J-P. Sartre et Baudelaire*, a.a.O., S.139f.

Dagegen ließ die symbolistische Ästhetik, um der möglichst weitgehenden Durchkonstruktion willen, den Akzent gerade auf die Selektionen fallen. Sie sind der Preis für die Beseitigung des Heteronomen in der Konstruktion, die dort selbst in der Kunst als letztlich nicht vollkommen möglich gesehen wurde, wie gerade bei Mallarmé, der den Kampf gegen den Zufall als Scheitern der Kunst zeigte. In einem Gedicht, das für Sartres Interpretation der Natur bei Baudelaire wichtig wird, hat Baudelaire - wenn man es auf Sartres Rahmen bezieht und so an ihm dessen Schwierigkeiten zu zeigen versucht, ohne zu beanspruchen, das Gedicht vollständig zu interpretieren - gleichsam schon thematisch werden lassen, wie sehr der Künstler, um der Geschlossenheit des Werkes willen, sich in seiner Wahl beschränken muß. Dieses Gedicht ist »Rêve parisien«:

A Constantin Guys

I

De ce terrible paysage,
Tel que jamais mortel n'en vit
Ce matin encore l'image,
Vague et lointaine, me ravit.

Le sommeil est plein de miracles!
Par un caprice singulier
J'avais banni de ces spectacles
Le végétal irrégulier,

Et, peintre fier de mon génie,
Je savourai dans mon tableau
L'enivrante monotonie
Du métal, du marbre et de l'eau.

Babel d'escaliers et d'arcades,
C'était un palais infini,
Plain de bassins et de cascades
Tombant dans l'or mat ou bruni;

Et des cataractes pesantes,
Comme des rideaux de cristal,
Se suspendaient, éblouissantes,
A des murailles de métal.

Non d'arbres, mais de colonnades
Les étangs dormants s'entouraient,
Où de gigantesques naïades,
Comme des femmes, se miraient.

Des nappes d'eau s'épanchaient, bleues,
Entre des quais roses et verts,
Pendant des millions de lieues,
Vers les confins de l'univers;

C'étaient des pierres inouïs
Et des flots magiques; c'étaient
D'immenses glaces éblouis
Par tout ce qu'elles reflétaient!

Insouciants et taciturnes,
Des Ganges, dans le firmament,
Versaient le trésor de leurs urnes
Dans des gouffres de diamant.

Architecte de mes féeries,
Je faisais, à ma volonté,
Sous un tunnel de pierreries
Passer un océan dompté;

Et tout, même la couleur noire,
Semblait fourbi, clair, irisé;
Le liquide enchâssait sa gloire
Dans le rayon cristallisé.

Nul astre d'ailleurs, nuls vestiges
De soleil, même au bas du ciel,
Pour illuminer ces prodiges,
Qui brillaient d'un feu personnel!

Et sur ces mouvantes merveilles
Planait (terrible nouveauté!
Tout pour l'oeil, rien pour les oreilles!)
Un silence d'éternité.

II

En rouvrant mes yeux pleins de flamme
J'ai vu l'horreur de mon taudis,
Et senti, rentrant dans mon âme,
La pointe des soucis maudits;

La pendule aux accents funèbres
Sonnait brutalement midi,
Et le ciel versait des ténèbres
Sur le triste monde engourdi.(OC I,101f.)

Das Gedicht führt ja explizit, als Bann, die Selektion vor, die hier die künstliche Welt möglich macht; nur anorganische Materialien und Wasser werden zugelassen, mit der vegetablischen Natur die organische insgesamt, also auch die menschliche, ausgegrenzt.[45] Im Abschnitt über die Natur hat

[45] Vgl. dazu Hella Tiedemann-Bartels, *Versuch über das artistische Gedicht. Baudelaire, Mallarmé, George*, München 1971, S.41: »[...] auf Kapricen versteht sich, wer unbeschränkt verfügen kann. Dem aber entzieht sich das Organische, das, eigenen Gesetzen folgend, nur unzulänglich zu beherrschen ist.« Sie zitiert dazu eine Notiz Benjamins, das Organische werde ausgeschlossen, weil im Vergleich zum Anorganischen seine »Werkzeug-Qualität [...] gänzlich eingeschränkt ist.«(ebd.) Dieser für Benjamin zentrale Gedanke wirft auch Licht auf Sartres Konzeption des Entwurfs; denn bei ihm nimmt, vom jeweiligen Entwurf aus erhellt, die *Welt* für das sich entwerfende Bewußtsein Werkzeugcharakter an, durch den die Welt der Zielgerichtetheit des Entwurfs entsprechen, durch den sie ein Korrelat meiner Möglichkeiten sein kann. Das geht auf

Sartre Baudelaires Verachtung der Pflanzenwelt, des »geheiligten Gemüses«, wie es im Brief an Desnoyer ironisch heißt[46], damit erklärt, sie sei für ihn völlig bedeutungslos: »ce dégout et cet ennui qui le saisissent devant la monotonie vague, muette et désordonné d'un paysage.«[47] Mit anderen Worten, sie vertritt wieder das Unbestimmte, Kontingente: »cette contingence amorphe et obstinée qu'est la vie - précisément l'envers du travail«[48], die zum Verschwinden gebracht werden muß, indem sie zum Artefakt, zu einem vom Geist Gesetzen also, umgeschaffen wird:

> Même sur la fluidité, il veut que le travail imprime sa marque et, faute de pouvoir lui conférer une solidité incompatible avec sa nature, par horreur de son affaissement et de sa ductilité vagabonde, il veut la contenir entre des murailles, il veut la modeler géométriquement. Il me souvient d'un ami qui, comme son frère remplissant un verre d'eau au robinet de la cuisine, lui disait: »Tu ne veux pas plutôt de la *vraie* eau?« et allait chercher une carafe dans le buffet. La vraie eau c'était l'eau délimitée et comme repensée par son soutenant transparant, et qui, du coup, perdant sa promiscuité avec l'évier, participait à la pureté sphérique et transparente d'une oeuvre humaine; ce n'était pas l'eau folle, l'eau vague, l'eau suintante, stagnante ou ruisselante, mais le métal ramassé au fond de la carafe, humanisé par son recipient.[49]

Damit bezeichnet Sartre selbst genau die gewaltsame Isolation, die das im Werk Verwendete erfährt und die das Gedicht als seine eigene Voraussetzung in seinem Medium thematisch vorführt: als Teil des Artefakts, in dessen Ganzem es erst etwas besagt, erscheint es gegen die Unbestimmtheit und Unreinheit des Lebens abgedichtet.

Ist der Artefakt, als in die Materie eingeprägter, sie so zur Einheit zusammenfassender Gedanke, Modell für die Totalisierung im Entwurf, so darf aber der Entwurf die Umstände des Lebens, die er zusammenfassen will, nicht derart als purifzierten Stoff behandeln. Sartres Interpretation des Künstlichen, die dieses existentiell als Versuch, gerechtfertigt zu sein, versteht, ist ja als eine Kritik gemeint; und als solche impliziert sie, daß der authentische Entwurf gerade das Unpräparierte, Unreine, »sa promiscuité avec l'évier«, aufnehmen müßte. Aber das ist gerade das nicht Integrierbare. Das alles einbeziehen zu wollen hieße, das Ganze des Entwurfs in die Unbestimmtheit des Lebens zurückfallen zu lassen. Andererseits ist es auch nicht möglich, die realen Lebensumstände so zu behandeln wie die Kunst ihr Material; ihre Schwerkraft widersetzt sich der Verfügungsgewalt des Subjekts, das hier das, was sich dem Ganzen nicht fügt, nicht einfach

---

eine Uminterpretation von Heideggers Begriff des Zeugzusammenhangs zurück. Man könnte fragen, inwieweit in dieser Konzeption die Welt nicht in Wahrheit insgeheim artistisch gesehen wird. Das Verweisungsganze, als das die Welt gesehen wird, wäre im Grunde schon ein Kunstzusammenhang.

46 Baudelaire, *Correspondance*, a.a.O., S.248.

47 Sartre, *Baudelaire*, a.a.O., S.130

48 bd.131.

49 ebd., S.132.

ausscheiden oder so umformen - und das heißt auch: so manipulieren - kann, wie Baudelaire von den Malern schreibt:

> Les peintres qui obéissent à l'imagination cherchent dans leur dictionnaire les éléments qui s'accordent à leur conception; encore, en les ajustant avec un certain art, leur donnent-ils une physiognomie toute nouvelle.(OC II,624f.)

Das Bild, die Natur sei für den Künstler nicht mehr als ein »dictionnaire«, weist wieder auf die schon behandelte Doppeldeutigkeit. Es impliziert eigentlich, daß das, was für ein Kunstwerk Material wird, als Material für Kunst schon so vorgeformt gedacht ist, daß es überhaupt in das Werk Einlaß finden kann. Darin ist die Natur gleichsam schon präpariert, ist sie nicht mehr die Natur in ihrer Wildheit, deren Unbeherrschbarkeit Baudelaire auf der anderen Seite zugleich so sehr betont. Das »dictionnaire« hält gleichsam schon die Elemente bereit; das heißt die Möglichkeit, *daß* der Künstler überhaupt wählen kann.[50] In gewisser Weise steht die Natur dann selbst immer schon unter dem Aspekt der Bearbeitung durch die Kunst, erscheint sie selbst zumindest *auch* schon als deren Produkt. Im Zusammenhang eines bestimmten Werks wird das Material gleichsam nocheinmal bearbeitet und, indem es hier erst konstruiert wird, von seiner gegebenen Gestalt so weit entfernt, daß es für die spezifischen Zwecke dieses Werks ein Maximum leistet.

Niemals aber geschehen im Leben die faktischen Umstände derart auf das Ganze hin schon vorpräpariert. Im Leben ist in einem anderen Sinn von Zufälligkeit zu reden als in einem Kunstwerk, in dem noch das Zufällige weitgehend als etwas in seinem Rahmen Hervorgebrachtes, als ein Moment der Komposition selber vorkommen würde. Das hat Sartre, der ja die Intentionalität in der Kunst so akzentuiert, selber betont: »les plus beaux désordres sont effets de l'art, c'est-à-dire ordre encore.«[51] Man kann das ganz wörtlich so verstehen, daß in Kunst das Material, das in ein Werk Einlaß findet, diesem nicht »zustößt«. Nur metaphorisch läßt sich davon reden, wenn das kompositorische Ich sich bewußt so weit zurückzunehmen sucht, daß es erscheinen kann, als stoße es ihm zu. Die faktischen Umstände im Leben aber können weitgehend nur in dem Sinne Gegenstand einer Wahl sein, als diese Wahl die Bedeutung bestimmt, die jene für das Leben eines Menschen haben sollen. Das kann dann zwar durchaus auch reale Folgen auf der Ebene der faktischen Umstände haben. Aber würde die von der existentialistischen Ethik beanspruchte Integration alles einzelnen in die Wahl

---

50 Zu dieser Doppeldeutigkeit im Naturbegriff vgl. auch Hans-Jost Frey, *Studien über das Reden der Dichter. Mallarmé. Baudelaire. Rimbaud. Hölderlin*, München 1986. Die Rede von einem Wörterbuch »macht es sogleich unmöglich, von einer ungeordneten Materialanhäufung als Ausgangspunkt zu sprechen. Das Wörterbuch ist Ordnung, [...] weil die Wörter, die es aufführt, die Wörter einer Sprache sind und nur innerhalb der Ordnung dieser Sprache bedeuten.«(S.57) Das Wichtige ist jedoch, daß bei Baudelaire alle diese Auffassungen: die Natur als unbeherrschbare; die Natur als bloßes Material; die Natur als »dictionnaire« - das den correspondances entpräche -, gleichzeitig ineinander gehen.

51 Jean-Paul Sartre, *Qu'est-ce que la littérature?*, Paris 1948, S.68.

nicht viel mehr im Bereich subjektiver Interpretation bleiben, der gegenüber sich die Umstände weitgehend gleichgültig verhielten? Droht im Leben die subjektive Interpretation durch die Wahl, gegen die sich die Kraft des Faktischen behauptet, ohnmächtig zu werden, statt jene zu bestimmen, so würde das eher zu einer Konzeption führen, die, wie die Adornos, die Konstitutionsfähigkeit des Subjekts selbst zum Problem machte;[52] während Sartre gerade die von ihm kritisierte Ästhetik braucht, um den Vorrang des Subjekts noch behaupten zu können.

Sartre hat das Künstliche bei Baudelaire als Ausdruck der Willkürlichkeit des Bewußtseins interpretiert, das sich in dieser Willkürlichkeit selbst wolle. Dem scheint das Gedicht Baudelaires zu entsprechen, indem es die Möglichkeit, aus dem Material der Welt das zu wählen, was dem »architecte« erlaubt, seine künstliche Welt so zu konzipieren, wie er sie haben will, als »caprice singulier« herausstellt. Ist aber schon die in diesen Materialien liegende Gleichförmigkeit, deretwegen sie ja auch ausgesucht wurden, im Leben nie gegeben, so erscheint auch die künstliche Welt selber, die einem Maß des Lebens gar nicht zu genügen braucht, bei Baudelaire nicht als Ausdruck der menschlichen Freiheit als der »pouvoir de créer«[53], die das Bewußtsein ist. Die Bearbeitung des Materials, durch die dessen Oberfläche so poliert wird, daß alles, was einbezogen ist, alles andere spiegelt, läßt, indem so der Zusammenhang von allem total wird, diese Welt vollkommen abgedichtet erscheinen; sie wird undurchdringlich gegenüber allem, was sie von außen auflösen könnte.

Monotonie ist der Ausdruck einer Welt, in der die Beherrschung alles dessen, was in ihr vorkommt, vollkommen geworden ist. Gibt es in ihr nichts, was sich in einer Weise bewegen könnte, die ihr Schöpfer nicht schon vorgesehen hätte, so erscheint diese Welt wie stillgelegt. Sie schließt nicht nur einzelne Momente des Lebens als ihr Material aus, sondern verschließt sich durch die Konsequenz ihrer Form selber gegen alles Leben, indem in ihr alle Erinnerung an die Zeit und damit an das Vergehen, an die nicht vorwegzunehmenden Veränderungen des organischen Lebens, ausgelöscht sind. Das Kunstwerk, das als solches alles seinem immanenten Zusammenhang unterwerfen will, mündet in totaler Statik seiner eigenen Form, und in der künstlichen Welt wird das als Inhalt thematisch, indem diese keine Entwicklung, keine Zukunft kennt. Es ist, als zöge das Kunstwerk damit die Konseqzenz aus der Forderung, daß alles, was vorkommt, so dem Ganzen anverwandelt werden muß, daß es auf dieses hin völlig durchsichtig wird: es kann hier tatsächlich niemals etwas geben, was das schöpferische Bewußtsein, weil es von ihm - als blendende nouveauté - entworfen wurde, paradox nicht schon kennte; das vollkommen Neue kann

---

52 Vgl. in diesem Zusammenhang auch die direkte Kritik Adornos an Sartre, *Negative Dialektik*, a.a.O., S.59: »Trotz seines extremen Nominalismus organisierte sich Sartres Philosophie in ihrer wirksamsten Phase nach der alten idealistischen Kategorie der freien Tathandlung des Subjekts. Wie für Fichte ist für den Existentialismus jegliche Objektivität gleichgültig.«

53 Sartre, *Baudelaire*, a.a.O., S.52.

hier wirklich nur das sein, was mit Sartre zu sprechen für das Bewußtsein eigentlich immer schon den Charakter des déjà vu hat. Die vollkommene Verfügung über seine Schöpfung mündet in vollkommener Leere. Baudelaires Gedicht stellt gerade sie heraus, als faszinierend und erschreckend zugleich. Es versucht nicht, der Kunstwelt den Anschein zu verleihen, sie könne wie Leben sein oder gar ein Muster dafür abgeben, wie das Leben als Einheit gestaltet werden sollte. Sie ist, als Kunst, tot, was besonders dort als Schock hervortritt, wo ihre Elemente Natur, menschliches Leben - »comme des femmes« - imitieren. Die Monotonie seiner Schöpfung, in der das Bewußtsein nicht mehr fürchten muß, auf eine unerwartete Veränderung zu stoßen, die es wieder an das organische Leben erinnern würde, stellt ihm so ein Bild jener insensibilité vor, in der es sich selbst und seinem geschärften Zeitbewußtsein entkommen wäre; während es sich am Ende doch wieder auf sich, das Bewußtsein seiner eigenen Präsenz, zurückverwiesen findet. Ohne daß das ausgesprochen würde, hatte sich aber schon in den selbstgeschaffenen Architekturen nur seine eigene Gefangenschaft in sich zu einem gigantischen Innenraum vergrößert.

So aber wird diese Welt, gerade in ihrer Selektivität, indem der immanente Zusammenhang von allem total wird, in sich unendlich, nimmt sie in sich selbst gerade in dem völlig Geregelten den Charakter des Unübersehbaren, Chaotischen an: »Babel d'escaliers et d'arcades,/C'était un palais infini [...]«. Der von ihm selbst geschaffene Artefakt wird hier dem Bewußtsein selber zu etwas, das ihm wieder entgeht, zu dem Abgrund, dem Baudelaire im Gedicht über Pascal den Traum - und die Sprache, als Material der Dichtung - zugerechnet hatte. Scheint der Schöpfer frei, so zitiert doch die berauschende Monotonie der selbstgeschaffenen Welt die chaotische der organischen Natur, an deren Stelle sie sich setzt. Die »prodiges« der Kunst, die er so ostentativ zur Schau stellt, werden zweideutig; seine Verfügung über immer mehr immer gleiche Stoffmassen nimmt selber etwas von der Blindheit an, die an der naturhaften Produktion so erschreckte. So wie Baudelaire schon das Bewußtsein selber nicht als die ihrer Durchsichtigkeit gewisse Instanz sieht, so zeigt er diese Kunstwelt nicht, wie Sartre interpretiert, als eine, in der das Bewußtsein die fremde Natur seiner eigenen Transparenz anverwandelt hätte. Schon die anorganischen Materialien, die Minerale z.B., werden bei Baudelaire nicht nur deshalb so dominant, weil »le métal, et, d'une façon générale, le minéral lui renvoient l'image de l'esprit.«[54] Sie sind vielmehr, wie Hella-Tiedemann-Bartels im Anschluß an Benjamin interpretiert hat, magisch.[55] Magisch

---

[54] ebd., S.136.

[55] Hella Tiedemann-Bartels, *Versuch über das artistische Gedicht*, a.a.O., S.45: »Den puren Materialien schlägt ihr Residualcharakter zum magischen Geheimnis an. Isoliert aus dem Zusammenhang des Natürlichen, der Konkretion in der Geschichte entwunden, stellen Metall, Marmor und Kristall, die ›pierres inouïes‹(v.29) und die Diamanten im ›Rêve parisien‹ nicht nur das Material, aus dem Kunst ihre Gegenwelten erbaut, sondern repräsentieren zugleich den Eigenbereich der Kunst: wie der Magier den Kreis zieht, um die Geister zu beschwören, so bilden

werden sie aber dem Bewußtsein, das in ihnen die Natur zwar beherrschen will, sie aber nicht völlig in sich auflösen kann, sondern sie gerade so als ihm auch undurchdringbar erfahren muß. Die Fremdheit, ja die Wildheit der Natur, die im präparierten Material beseitigt werden sollte, setzt sich als magische Eigenkraft der Stoffe im Medium der Kunst selber durch. Gerade wo die Kunst durch das Spiegeln der polierten Oberfläche die ungeformte Natur ganz unsichtbar gemacht zu haben scheint, stellt sich die Undurchdringlichkeit und damit das Grauen in ihr selber wieder her. Scheint also einerseits wirklich, wie Sartre schreibt, hier das Materiellste gerade am meisten immateriell, so findet andererseits das Bewußtsein gerade nicht die »objectivation de sa pensée en général«[56], also sich selber, darin wieder.

Indem die Kunstwelt sich abschließt, läßt sie thematisch werden, was das Kunstwerk - also auch dieses Gedicht, in dem das vorgeführt wird - seiner Form nach macht, wenn es sich durchbilden will. Die künstliche Welt erscheint in unüberbrückbarer Entfernung vom Leben, und Baudelaire zeigt das, indem er sie ihren Produzenten in dem Augenblick erfassen läßt, wo sie sich ihm, als Traumbild »vague et lointaine«, gerade entzieht: er bleibt in der »triste monde«, unter den Bedingungen seiner realen, nicht zu bewältigenden Existenz allein zurück. Er herrschte in einem Traum, der als eine Halluzination eher ihn beherrschte; nicht über sein Leben. Baudelaire sucht also, während er auf der einen Seite die völlige Durchgestaltung des Werks zeigt, auf der andern zugleich die realen Existenzbedingungen, unter denen es entstand, gerade möglichst untransformiert durch Kunst in das Gedicht, ein durchgeformtes Gebilde, hineinzuziehen. Sehr genau hat Hella Tiedemann-Bartels das gesehen, die über »Rêve parisien« schreibt: »Sein ästhetisches Subjekt ist nicht identisch mit dem ›peintre‹ oder dem ›architecte‹ des Traums, wiewohl es in diesem sich zum Gegenstand wird.«[57] Das Gedicht, das durchaus schon den späteren Symbolismus vorwegnimmt, zielt nicht, wie jener, auf eine poésie pure, so wie es Baudelaires Lyrik insgesamt nicht tut. Der Unterton, den das Gedicht als ganzes gegenüber den Wundern dieses Schöpfers behält, bleibt ambivalent; er ist nicht nur fasziniert, sondern auch ironisch.

Während die Werke ihrer Konsistenz wegen immer selektiv sein müssen, will Baudelaire das Leben zugleich in einer Weise einbeziehen, in der es nicht wie bei Sartre schon vom Ganzen einer Wahl vorstrukturiert ist. Paradox sieht der artistische Autor, den Sartre als solchen kritisiert, in seinen Gedichten das Leben viel weniger nur unter dem Aspekt eines Werks, also dem der Kunst, als Sartre selbst; und das hängt damit zusammen, daß er

---

jene Stoffe den kostbaren Rahmen, in denen das Beschworene erscheint. Mit dem Prinzip ihrer Machbarkeit und Isolierung vom profanen Dasein entdeckte Artistik in Poe und Baudelaire ihr Erbe in magischen Praktiken wieder, wie sie durch alchimistische und kabbalistische Traditionen Baudelaire jedenfalls bekannt waren. Er fand in ihnen insbesondere die Fetischisierung der Mineralien vorgebildet.«

56 Sartre, *Baudelaire*, a.a.O., S.136.

57 Hella Tiedemann-Bartels, *Versuch über das artistische Gedicht*, a.a.O., S.51f.

auch die Kunst schon nicht als das versteht, was von der Kontingenz erlöst. Für Baudelaire ist die Kunst nie die letzte Transzendenz gewesen. Man denke z.B. auch an bestimmte Gedichte zu Beginn des Zyklus »Spleen et Idéal«, die die äußeren Bedingungen, denen die Werke abverlangt werden, so zeigen, daß sie für die Produktion eigentlich fast prohibitiv sind; etwa an »L'Ennemi«, in dem der Sprecher das wie von Katastrophen verwüstete Leben wiederaufnehmen muß, indem er, in einer Anstrengung, die Benjamin heroisch nannte, zu ordnen sucht, was davon übrig blieb. Zum Thema wird dem Gedicht die Existenz gerade in dem, worin sie nicht bewältigt und auch nicht willkürlich bewältigbar ist. Indem der Sprecher in jedem Moment wieder neu dagegen ankämpft, daß ihm das vergehende Leben völlig aus dem Griff gerät, kämpft er mit einem Gegner, den er nicht besiegen kann, weil dieser sich von eben den Kräften nährt, die der, der sich dagegen zu behaupten suchen muß, eben dafür verbraucht. Das heißt gerade nicht, daß er die Niederlage gewählt hätte, so als hätte er auch siegen können, es aber verweigert, entsprechend der Sartreschen Auffassung des Dichters, der in seinem Leben zu scheitern wähle, um in der Dichtung zu gewinnen.

Verschiebt also Sartre, im ethisch verstandenen Postulat der Durchsichtigkeit, die konsequente Durchformung alles einzelnen auf das Leben, so zeigt Baudelaire schon am Kunstwerk, das dafür Modell ist, wie sich in der selbstgesetzten Konstruktion auch die Blindheit erhält. Er zeigt damit gegen Sartre, daß erst recht der Versuch, dem Leben das blind Zufällige dadurch zu nehmen, daß es in eine vom Bewußtsein durchgestaltete Totale verwandelt wird, die Heteronomie nicht beseitigen kann, weil sie in der Totale wiederkehrt.[58]

---

[58] Diese dem Werk analoge Struktur des Entwurfs ist der Rahmen, in dem sich auch Sartres spätere Argumentation, die ja am Konzept des Entwurfs immer festgehalten hat, bewegt; darum ist die Interpretation, die die vorliegende Arbeit versucht, keineswegs nur für die Phase des eigentlichen Existentialismus relevant; die Interpretation, die sich auf die Entwurfsstruktur konzentriert, hätte vielmehr auch für Sartres späteres Werk Folgen, die sich im einzelnen darstellen ließen. Das würde jedoch die Möglichkeiten einer einzelnen Studie übersteigen. Darum wird hier versucht, an dem noch überschaubaren Buch über Baudelaire, Strukturen herauszuarbeiten, die letztlich auch noch für das Werk über Flaubert aussagekräftig bleiben.
Sartre versucht im letzten Band von *L'Idiot de la famille*, im Anschluß an eine Interpretation der Ästhetik Mallarmés, das Konzept des total durchkonstruierten Werks von dem Konzept des praktischen Handelns abzugrenzen (a.a.O., S.187ff.). Diese Abgrenzung wird eben über die verschiedene Rolle, die in den beiden Konzepten jeweils dem Zufall eingeräumt wird, vorgenommen. Eben das aber zeigt die Gemeinsamkeit des Rahmens selber. Sartre argumentiert, dem reinen Künstler komme es darauf an, den Zufall, interpretiert als »la laideur en tant que résidu de réalité au sein de l'irréalisation systématique«(188), auszuschließen, was in einer so totalen Weise nur im Kunstwerk, als imaginär, möglich sei: »Le hasard disparaît avec la réalité.«(181). Dem handelnden Menschen geht es für Sartre im Gegenteil darum, »à produire une modification particulière dans le monde réel qu'il sait régi par le hasard, où son ancrage est le hasard comme fondement de son existence singulière.«(ebd.) Der Handelnde versucht nach Sartre nicht, den Zufall auszuschließen, denn er ist in seiner gesamten Faktizität selber von ihm bestimmt - das ist durchaus analog zu dem, was in *L'être et le néant* die Kontingenz, die Grundlosigkeit des pour-soi hieß. Stattdessen versucht nach Sartre der Handelnde »de se prémunir contre lui et de l'utiliser«.(ebd.) »Il s'agit donc moins, lorsque, par exemple, on envisage une opération politique ou que l'on construit une machine, d'éléminer la contingence en tant que telle que de l'admettre, au contraire, et de réduire au minimum son coefficient d'adversité.«(ebd.) Ist aber der von Sartre hier konstruierte Gegensatz innerhalb seines Rahmens wirklich so groß?

Denn beide, Kunstproduktion wie praktisches Handeln, erscheinen hier ja gleichermaßen als Versuche, den Zufall zu beherrschen. Der Gegensatz erscheint immer dort so total, wo Sartre von vornherein das Kunstwerk als jeder Kontingenz absolut enthoben interpretiert. Aber wenn es selbst dem Kunstwerk gar nicht möglich ist, dem Zufall zu entgehen, was Mallarmé, wie Sartre selbst darstellt, ja gerade zeigt, und wenn umgekehrt das Handeln auch als Versuch erscheint, sich den Zufall zu unterwerfen, nähern sich beide wieder an. Zwischen dem Versuch, den Zufall auszuschließen, und dem, ihn sich verfügbar zu machen, indem man ihn einkalkulieren kann, bleibt höchstens ein Gradunterschied, in dem sich indirekt die Erfahrung Ausdruck verschafft, daß die Realität der Beherrschung des Zufälligen durch das konstituierende Subjekt größeren Widerstand entgegensetzt als das Material in der Kunst. Das Entscheidende aber ist, daß die Analogie von Kunstwerk und Entwurf (bzw. Handeln) als solche im beide umfassenden Begriff der Totalisierung weiterhin vorausgesetzt wird.
Daß dieses komplexe Ineinander von mallarméscher Ästhetik und Existenzphilosophie für Sartre immer grundlegend geblieben ist, dazu siehe Traugott König, *La poétique de Mallarmé dans l'oeuvre de Sartre*, in: *lendemains* 40, 10.Jg. (1985), S.60 - 65. »Sartre interpretiert Mallarmés *Coup de dés* als existentialistischen Text, den er mehrfach - am ausführlichsten in *L'Idiot de la famille* - zur Illustration seiner Dialektik von Kontingenz und existentieller Wahl zitiert.«(S.65).

IV. Werk und Autor

1. Das Werk als Objektivation

Verbirgt sich, wie in Sartres Auseinandersetzung mit Baudelaire wieder sichtbar wird, in der Konzeption des Entwurfs, den jeder seinem Leben zugrundelegt, eine Kunstkonzeption, so verschiebt Sartres Auffassung der Kunst eben deshalb den Akzent von den Werken weg auf die Kunst als eine schöpferische Tätigkeit, denn als eine Tätigkeit, oder wie es später heißt, eine Praxis, kann die Kunst allen anderen Tätigkeiten analog gesehen werden, mit denen ein Mensch sich in seinem Leben hervorbringt. Was bei Baudelaire die künstlerische Arbeit ist, kehrt so bei Sartre als existentielles Vermögen im Leben wieder, und die Arbeit in der Kunst wird dann umgekehrt als ein Sonderfall jener grundlegenden Tätigkeit selber wieder existentiell, als eine Praxis interpretiert, die so mit allen anderen Arten von Praxis auf der gleichen Ebene liegt und als eine Freiheit, die ihr eigenes Ziel erfindet, die gleiche Struktur hat. Da aber dieses Maß als existentielles verlangt, daß man sich im ganzen in der Zeit gelebten Leben immer neu entwerfen soll, muß nun die Kunst im engeren Sinn, indem sie sich in ihrem Medium spezialisiert und so vom Leben abhebt, konsequent defizient erscheinen: als eine schöpferische Tätigkeit, die nicht das ganze Leben als Totale erfaßt, sondern im Gegenteil sich als selber partikulare in partikularen Werken erschöpft; Werken, die als solche die permanent von allen Fixierungen sich losreißenden Bewegung zum Stillstand bringen.

Immer schon von der produktiven Tätigkeit, also von der Existenz des Autors her gesehen, werden die Werke so als Objektivierungen, und das heißt für Sartre schon Erstarrungen, abgewertet. Sie haben in diesem Rahmen eigentlich gar kein Recht für sich; und diese in Sartres Theorie implizierte Kritik am Medium der Kunst und den abgeschlossenen Kunstwerken selber ist einer der tieferen Gründe dafür, daß Sartre im Buch über Baudelaire - wenn man einmal davon absieht, daß es ja als Einleitung in eine Auswahl von Prosatexten, Briefen und Tagebüchern geschrieben worden ist, von denen aus Sartre dann allerdings eine Gesamtdarstellung Baudelaires versucht - die Gedichte kaum behandelt. Wenn aber Kritiker, die Baudelaire in Schutz nehmen wollten, Sartre immer wieder entgegengehalten haben, daß Baudelaire sich doch gewählt habe, und zwar als Dichter auf seine Werke hin[1], ist das gewiß richtig; sie nehmen damit jedoch diesen Angriff Sartres auf das Medium der Dichtung selber wieder zurück, der an dem Buch zuerst so empörte. Diesen muß man aber ernst nehmen, und zwar

---

1 Siehe z.B. Peter Caws, *Sartre*, a.a.O., S.123: »The study has a curious obtuseness in its insistance on Baudelaire's failure to chose himself differently when the choice he in fact made resulted in such extraordinary poetry.«(123f).

nicht nur, weil er für Sartre, der in einem Autor immer den Menschen erreichen will, so zentral ist, sondern auch weil - entgegen Sartres Interpretation - die Distanz gegenüber dem eigenen Medium Baudelaire ja gerade nicht fremd ist. Man muß die tieferen Gründe zu erkennen suchen, warum Sartre einen Entwurf auf die Werke als für sich bestehende moralisch nicht anerkennen will. Es geht also an diesem Problem vorbei, wenn Peter Caws schreibt: »Sartre misses an opportunity to acknowledge that the poetic project can after all be charged with the highest human value.«[2] Das impliziert selbst wiederum eine stillschweigende Moralisierung der Kunst. Sartres Kritik reagiert aber genau darauf, daß Baudelaire sich dem widersetzt.

Die Werke erscheinen in Sartres Rahmen gleichsam wie Dinge, die aus dem Zusammenhang der Tätigkeit, die sie hervorbrachte, und so aus dem Leben ihres Schöpfers herausfallen, ihm gegenüber vollkommen fremd, seiner gegenwärtigen Existenz unassimilierbar werden. Die Werke, die sich ja gegenüber dem Leben auch deshalb abschließen, weil sie dauern wollen, was das Leben so nicht kann, erscheinen in ihrer Unbeweglichkeit von diesem Leben aus wie abgestorben; so, als gäbe es gar kein gemeinsames Maß zwischen ihnen und dem vergehenden Leben. Sartre interpretiert das am Werkbegriff des Symbolismus, in dessen Rahmen er Baudelaire sieht, so: »quant à l'objet créé, il ne vit point, il est impérissable et inanimé comme une pierre ou une vérité éternelle.«[3] Es ist das geworden, was in *L'être et le néant* en-soi heißt und worein endgültig die menschliche Existenz der Tod verwandelt. Entspricht ihm die Form des Werks, so kann die Produktion als Versuch interpretiert werden, sich in seiner Existenz selber schon ihm anzunähern: »Et la création poétique, qu'il a préférée à toutes les espèces de l'action, se rapproche, chez lui, du suicide qu'il ne cesse de ruminer.«[4] Aber die Werke wollen, wenn sie sich durchbilden, auch eine Vollkommenheit erreichen, die ebenfalls so vom Leben nicht gefordert werden kann, weil sie gar kein Kriterium ist, unter dem sich das Leben überhaupt sehen läßt. Je mehr sie sich ihrer Vollkommenheit nähern, desto mehr lassen sie das Leben ihres Autors zurück, das, wenn es sich auf sie wie auf ein Absolutes stützen will, an ihnen abgleitet. Diese Erfahrung, die schon die des späteren Symbolismus war, hatte ja Sartres frühe Kunstmetaphysik motiviert, die die Kunst als einzige Transzendenz dachte, weil sie prinzipiell jenseits der Ebene der kontingenten Existenz liege. Das implizierte, daß beide Ebenen ohne Übergang blieben, die Kunst die Existenz, die doch an deren Transzendenz teilhaben wollte, letztlich gar nicht berührte. Es ist die Erfahrung, daß die Kunstwerke als solche letztlich das empirische Leben ihres Autors nicht rechtfertigen; daß er dadurch, daß er sich als ihr Urheber weiß, nicht seine Existenz begründen, im Leben nicht

---

2 ebd., S.125.
3 Sartre, *Baudelaire*, a.a.O., S.135.
4 ebd., S.242.

als ihr Schöpfer *sein* kann. Der konsequente Symbolismus hatte deshalb ja das Leben des Autors als etwas bestimmt, das, als bloßes Mittel, als Anlaß und darum gegenüber dem Werk selber zufällig, zu verschwinden hatte; bei Baudelaire zeichnete sich das ab. Die Werke brauchen das Leben nicht, dürfen es oder die Person ihres Autors nicht nötig haben, sie müssen sich von allein, aus sich selbst heraus halten können. Im späteren Symbolismus hatten die Bilder des Mineralischen, in denen die Form des Werks sich inhaltlich darstellte, auch die Bedeutung, daß das Mineral, als anorganisch, der Hinfälligkeit des organischen Lebens entzogen ist, unangreifbar für alle Veränderung. Darum dort die Annäherung des von lebendigen Menschen Geschaffenen an das Tote, die Mortifikation, als die die Form des Werks selber verstanden wird, die Sterilität. Je mehr die Werke das konsequent durchführen, desto bewußter grenzen sie sich gegen das Leben ab, indem sie sich als Kunst vorzeigen, die Bedingungen ihrer Form in sich selber darstellen. Die Nähe zum Leben, zur Person wäre ihnen Vortäuschung einer Lebendigkeit, die sie als Werke gar nicht unmittelbar haben können.

Ihre Fähigkeit, wenn sie gelungen sind, sich durch sich selbst zu halten, hat bei manchen späteren Symbolisten gerade zu dem Versuch geführt, nicht die Werke vom Leben, sondern umgekehrt die Person von den Werken her zu denken, an deren Dauer dann die Person teilzuhaben suchte. Diese konzipierte sich selber als ein im Medium der Werke, ihrer Kunstsprache hervorgebrachtes und von ihnen getragenes Bild; man denke in Deutschland an George. Der Dichter ist eine Kunstgestalt, die als solche Form haben will, die dauert, wobei die Mortifikation, wie bei George sichtbar, schon an der lebenden Person vorgenommen werden muß, die schon im Leben als empirische zu verschwinden sucht, um gerade auch auf dieser Ebene ihrer Verwandlung in Kunst, in ein Bild entgegenzukommen. Die Interpretation der Abgehobenheit der Kunst als Transzendenz gegenüber der zufälligen und hinfälligen Existenz hat schließlich zu jenen Konzeptionen geführt, die daraus für die Dichtung die Fähigkeit ableiteten, Sein zu stiften, das dann an den Dichter als Stifter überging, so daß Dichtung und die dichterische Person sich wechselseitig ihr Sein verbürgen sollten. Sartre selbst hat an Mallarmé das komplexere Motiv analysiert, daß sehr viel mehr die Werke ihren Schöpfer hervorbringen als umgekehrt.[5] An dem Autor des späteren Symbolismus, der, als eine von dessen charakteristischen deutschen Varianten, dann die Konzeptionen der Existenzphilosophie unmittelbar angeregt hat, an Rilke, hat Hartmut Engelhardt das Verhältnis von Kunstarbeit und existentiellem Leisten so dargestellt, daß sich das Modell über Rilke hinaus auch auf andere Autoren, die in diesen Rahmen gehören, beziehen läßt:

---

5 Sartre, *Mallarmé*, a.a.O., S.133f. So aber auch noch im letzten Band von *L'Idiot de la famille*: »Ceux qui auront su, créateurs, exclure de la création toute combinaison fortuite et multiplier à l'extrême les combinaisons réfléchies auront prouvé par là leur *nécessité*: auraient-ils pu chasser le hasard de leurs livres s'ils ne s'y étaient eux-mêmes soustraits, ne serait-ce que le temps de les écrire, si le mouvement de la totalisation créatrice ne produisiait en même temps, par une sorte de réciprocité, l'auteur comme unité sans faille [...]?«(a.a.O., S.188).

> Rilke denkt Arbeiten primär als Abarbeiten des Ich, als Vergehen an den bearbeiteten Gegenstand, der es so aber doch »aufhebt«. Beharrt er darauf, daß das Äußerste nur dann mitzuteilen sei, wenn es ins Kunstwerk eingetreten sei, so kann er gleichzeitig das extreme Gefühl, das außerhalb des Kunstdings unausgesprochen bleiben müßte, beibehalten und als im Kunstwerk aufgebrauchtes verschwinden lassen, ohne daß seine Argumentation es doch verloren geben müßte. Gefühle können durchgehalten und dennoch »reine« Dinge gemacht werden.Im künstlerischen Arbeiten und Machen scheint das Ich zu verschwinden; es sieht aus, als schiene es im Kunstding wieder auf, ohne noch subjektiv zu sein.[6]

Was die frühe Kunstmetaphysik Sartres mit Rilke verbindet, ist nicht nur die Interpretation der Kunstwerke als - vom kontingenten Leben ihres Autors abgelöste - Dinge, sondern auch das Verlangen, daß diese Dinge als absolute die Existenz des Autors, die im Schaffen in sie eingeht, an ihrem reinen Sein teilhaben lassen sollen, ohne daß dieses Sein dadurch seinerseits seine Absolutheit einbüßen, in die Kontingenz zurückfallen würde. Es kann dann gerade umgekehrt so erscheinen, als unterwerfe sich das Absolute des Werks die kontingente Person des Autors, die es als Mittel, sich zu realisieren, braucht. So heißt es am Schluß von *La Nausée:*

> C'est le corps usé de ce Juif aux sourcils de charbon qu'elle a choisi pour naître. Il tenait mollement son crayon et des gouttes de sueurs tombaient de ses doigts baguées sur le papier. Et pourquoi moi? Pouquoi fallait-il précisément ce gros veau plein de sale bière et d'alcool pour que ce miracle s'accomplît?[7]

Das bleibt bei Sartre, weil für ihn die empirische Person niemals der Kontingenz entgeht, unbeantwortbar. Sartres spätere Kritik an seiner frühen Kunstmetaphysik neigt aber dazu, sie so zu negieren, daß in der Umkehrung ihr Rahmen erhalten bleibt. Daß Sartre nun die Werke gerade nicht als für sich bestehende sieht, sondern von der schöpferischen Tätigkeit her, läßt sich als Versuch verstehen, ihnen die Absolutheit wieder zu nehmen, sie als Produkt einer Arbeit wieder in das Leben des sie Produzierenden, in den Rahmen von dessen gesamtem Entwurf zurückzuziehen und von ihm her begreifbar zu machen. Aber die Absolutheit hält sich gerade in dem existentiell-umfassenden Anspruch der Literatur selbst, von dem aus Sartre nun alle spezialistischen Tendenzen abwertet, wie sie sich am Arbeitsbegriff des französischen Symbolismus zeigten.

Das hat auch einen methodologischen Aspekt. Denn je vollkommener ein Kunstwerk sich durchbildet, sich also aus dem Lebenszusammenhang eines Autors herauslöst, desto mehr scheint es für die Interpretation, die es durch das Leben sieht, wie in einem Vakuum zu liegen, das Roland Barthes - der damit letztlich auch die Kunsttheorie des Symbolismus fortführt - mit dem Ausdruck umschrieb, das Werk sei - als solches schon - immer »hors de

---

6 Hartmut Engelhardt, *Der Versuch wirklich zu sein. Zu Rilkes sachlichem Sagen*, Frankfurt 1973, S.53.

7 Sartre, *La Nausée*, a.a.O., S.208.

toute *situation*«[8]. Die schöpferische Tätigkeit aber, verstanden als Praxis und so, als zielgerichtet, wie jede Praxis für Sartre intentional und intelligibel, scheint auch das von ihr aus gesehene Werk wieder durchsichtig, der Interpretation zugänglich zu machen, die sich am Werk selbst abgleiten sah. Die Interpretation sucht die Werke, soweit sie sie behandelt, wieder auf die Existenz zurückzubeziehen, sie in diese aufzulösen, die Situationen, in denen sie für die Existenz des Autors eine bestimmte Rolle spielten, um sie herum wieder aufzubauen, so ihre Vieldeutigkeit zu reduzieren. Man kann einwenden, was dann interpretiert werde, sei eigentlich diese Rolle, nicht die Werke, die in die Tätigkeit, die sie hervorbrachte, nicht völlig zurückzuübersetzen sind. Daß Sartre das nicht zum Problem wird, zeigt sich an der Selbstverständlichkeit, mit der er die Gedichte, die er zitiert, unmittelbar als Ausdruck der Person liest, auf gleicher Ebene mit Briefen, Tagebucheintragungen und andern, die Person scheinbar unmittelbar ausdrückenden Selbstäußerungen. Wo immer in einem Gedicht ein Ich spricht, gibt Sartre das so wieder, als spräche Baudelaire selber, der im Gedicht seine Wahl durchsichtig mache. Aber es ist auffällig, wie sehr Sartre, abgesehen von Briefen usw., bevorzugt Frühwerke - die Erzählung *La Fanfarlo*, das Gedicht über Sarah - interpretiert, die sich noch nicht so weit abgedichtet zu haben scheinen.

Sartres Konzeption der Wahl fungiert so beim Künstler als Vermittlungskategorie zwischen Werk und Leben. Das kann sie eben deshalb, weil sie selber insgeheim schon dem Leben die Form des Werks unterlegt, in der alles einzelne von vornherein so bestimmt ist, daß es die Wahl als ganze repräsentiert. Alles, was geschieht, wird, als Moment einer »libre unification«[9], die die Person ist, auf sie hin symbolisch und ist so, wie die Wahl als ganze, prinzipiell interpretierbar. Das heißt, ein Leben ist insofern als Ganzes in seiner inneren Biographie durchsichtig darstellbar, als es sich in seinem Vollzug seine Intelligibilität selbst gibt. Sartres Modell der Urwahl denkt, ganz gegen Kants gewiß problematische Trennung beider, die Ebenen des Intelligiblen und des Empirischen von vornherein ineinander: Leben wird gleichsam an ihm selbst intelligibel. So greift Sartre, im Rahmen seiner vom sich selbst determinierenden Subjekt ausgehenden Philosophie, den ontologischen Vorrang auf, der in Heideggers *Sein und Zeit* dem Dasein zugesprochen worden war. Denn die existenziale Analytik, die auseinanderlegt, »was Existenz konstituiert«[10], den Zusammenhang der ontologischen Strukturen selber, wurde bei Heidegger möglich, weil gesagt werden konnte: »Dasein ist auf dem Grunde seiner Existenzbestimmtheit an

---

8 Roland Barthes, *Critique et vérité*, Paris 1966, S.54. Barthes schreibt dort: »[...] l'oeuvre est pour nous sans contingence, et c'est même peut-être ce qui la définit le mieux: L'oeuvre n'est entourée, désignée, protégée, dirigée par aucune situation, aucune vie pratique n'est là pour nous dire le sens qu'il faut lui donner[...]«.

9 Sartre, *L'être et le néant*, a.a.O., S.620.

10 Martin Heidegger, *Sein und Zeit*, a.a.O., S.12.

ihm selbst ›ontologisch‹.«[11] Diese fundamentalontologische Durchsichtigkeit der Existenz bei Heidegger kehrt bei Sartre, auf der ontischen Ebene, im je individuellen Leben der Einzelperson wieder: die konkreten Wahlen, die unter besonderen, geschichtlichen Umständen auf der empirischen Ebene getroffen werden, sind selber zugleich das, was die Totalität der usprünglichen Wahl darstellt, die ihrerseits nichts anderes ist als dieser Vollzug auf der Ebene konkreter Projekte, Haltungen, usw.: »cette attitude *empirique* est par elle-même l'expression du ›choix d'un caractère intelligible‹. [...]si l'attitude empirique *signifie* le choix du caractère intelligible, c'est qu'elle *est elle-même* ce choix.«[12]

Das, was erst durchsichtig werden soll und das, was diese Durchsichtigkeit geben soll, ist letztlich dasselbe. Diese Intelligibilität, die alles symbolisch machen soll, ist nur als ästhetische zu denken. Für Sartre ist so auch das einzelne Werk insofern interpretierbar, als auch es Moment der Wahl ist, die es in sich selbst als ganze ausdrückt. Die Frage nach der Interpretierbarkeit des einzelnen Werks verlagert sich also auf die Frage nach der Interpretierbarkeit der individuellen Wahl als ganzer. Diese bleibt immer vorausgesetzt. In gewisser Weise kann Sartre dann meinen, daß sich, wenn man die Urwahl eines Autors richtig expliziert hat, die Interpretation der Werke fast von selbst ergebe, weil sie in der Darstellung der Wahl schon impliziert sei. Man kann nach diesem Modell eins im anderen interpretieren, die Wahl aus den Werken, die Werke aus dem Zusammenhang der Wahl; und auch das ist ein Grund, warum Sartre im Buch über Baudelaire auf die Werke so wenig eingeht: die Analyse der Existenz ist dann immer vorrangig, auch für das richtige Verstehen der Werke. Noch dort, wo Sartre darauf stößt, daß sich die Werke nicht völlig in das aktuell gelebte Leben auflösen lassen, sondern es auch übersteigen, soll diese relative Abgehobenheit der durchsichtigeren Darstellung des ganzen *Lebens* dienen. So hat er später in *Questions de méthode*, das die Flaubert-Monographie methodologisch vorbereitet, einerseits akzentuiert, daß das Werk eine Objektivation der Person sei, andererseits aber, daß »l'objectivation dans l'art est irréductible à l'objectivation dans les conduites quotidiennes; il y a hiatus entre l'oeuvre et la vie.«[13] Aber dieser Hiatus soll für Sartre auch hier beide gerade nicht einander inkommensurabel werden lassen; im Gegenteil soll das Werk gerade diejenige Objektivation der Person sein, die - »plus complête, plus totale que la vie«[14] - das Ganze ihres Entwurfs besonders umfassend repräsentiert, weil es Möglichkeiten ausdrücken kann, die in der Konsequenz dieses Entwurfs liegen, sich aber im realen Handeln nicht so deutlich darstellen können. Das notwendig partikulare Werk bleibt auch

---

11 ebd., S.13.
12 Sartre, *L'être et le néant*, a.a.O., S.623.
13 Jean-Paul Sartre, *Questions de méthode*, Paris 1960, S.198.
14 ebd., S.197.

noch als abgelöstes symbolisch, denn gerade das macht es geeignet, das Ganze zu vertreten.

Daß Sartre das Kunstwerk unter dem Aspekt der menschlichen Tätigkeit sieht, die es hervorbringt, führt dazu, daß es doppelt bestimmt wird: im Prozeß seiner Konzeption fällt es gleichsam ganz in die es konzipierende Subjektivität hinein, ist es, als *ihre* Konzeption, auf sie hin völlig durchsichtig; als abgelöstes Werk erkennt die künstlerische Subjektivität sich darin nicht wieder, ist es für sie, wie ein transzendenter Gegenstand, auch »opak«. Es kehrt dann Züge hervor, die der Autor selber an ihm noch nicht vorher kannte, die er ebenso lernen müßte wie irgendein anderer. Dann ist der Autor wirklich nicht mehr als sein erster Interpret, hat er, obwohl der Autor, seinem Werk gegenüber keine größere Autorität als andere Leser.[15] Es bleibt aber ein Problem, daß Sartres phänomenologischer Rahmen eigentlich nur zuläßt, diese beiden Aspekte als letztlich so miteinander unvereinbar zu denken, wie in der Ontologie Sartres das pour-soi und das en-soi sich gegenseitig ausschließen. Die Möglichkeit, daß ein Werk schon im Entstehen seinem Autor nicht gänzlich durchsichtig sein, sondern ihn auch überraschen könnte - durch Tendenzen, die es über die subjektiven Intentionen hinaus gleichsam aus sich selber hervorzubringen scheint - ist für Sartre letztlich gar nicht denkbar. Der Autor weiß, was er macht, während er es macht, und macht nichts, als was er weiß.

Allerdings hat Sartre in den *Cahiers pour une morale* den Begriff des Werks in Hegels *Phänomenologie des Geistes* eben damit kritisiert, in ihm reduziere sich unter der immer vorausgesetzten Identität die Objektivierung, die das Werk ist, letztlich doch nur wieder auf das Subjekt:

> la conscience se voit dans l'oeuvre comme dans un miroir et il n'y a rien de plus dans l'oeuvre que dans la conscience. Il y a pur transfert de la forme de l'être non encore présenté à celle de l'être présenté.[16]

In dem Konzept, das Sartre dem an dieser Stelle entgegen hält, schlägt sich die künstlerische Erfahrung - aus der der Symbolismus bewußt Konsequenzen gezogen hatte - nieder, daß das Werk sich seinem Schöpfer auch entzieht, daß dessen Konzeption es doch in seiner objektivierten Gestalt nicht völlig vorwegnehmen kann. Es behält für das Bewußtsein zugleich eine Undurchdringlichkeit, die andererseits aber auch nicht völlig die der transzendenten Gegenstände ist und darum von Sartre als ein Weder/Noch oder ein Sowohl/Als auch umschrieben wird. Das Werk scheint zugleich das Subjekt selbst und nicht es selbst zu sein:

---

[15] Diese Konzeption, die Sartre mit dem Symbolismus verbindet - man denke nur an Valéry - hat weit über ihn hinaus bis in die ästhetische Diskussion in England und den USA, in den Bereich der analytischen Philosophie hinein gewirkt, etwa bei Arthur C. Danto, *Die Verklärung des Gewöhnlichen*, übers. von Max Looser, Frankfurt 1984, oder Richard Wollheim, *Objekte der Kunst*, übers. von Max Looser, Frankfurt 1982.

[16] Sartre, *Cahiers pour une morale*, a.a.O., S.130.

> Du coup si l'oeuvre c'est moi, me voilà pour moi-même insondable puisque par-delà ces rapports prévus et volus, d'autres sont établis comme d'eux-mêmes. La profondeur n'est ni la liberté (translucidité à soi) ni l'inertie (pure juxtaposition en essence), c'est la liberté existante sous forme d'inertie ou, si l'ont veut, l'inertie traversée et soutenue par la liberté.[17]

Dann wäre das Werk diejenige Objektivation, in der möglich würde, womit in Sartres Ontologie das Bewußtsein prinzipiell scheitern muß: daß es nämlich in ihr sich selbst als gegenständliches Sein erfaßte.

In *L'être et le néant* hat Sartre die Schöpfung denn auch konsequent als ein Phänomen beschrieben, das, weil immer über beide getrennte Pole gleichzeitig spielend, nicht zu fixieren ist:

> Mais la création est un concept évanescent qui ne peut exister que par son mouvement. Si on l'arrète, il disparait. Aux limites extrêmes de son acceptation, il s'anéantit; ou bien je retrouve que ma pure subjectivité ou bien je rencontre une matérialité nue et indifférente qui n'a plus aucun rapport avec moi. La *création* ne saurait se concevoir et se maintenir que comme passage continu d'un terme à l'autre. Il *faut* que, dans le même surgissement, l'objet soit totalement moi et totalement indépendant de moi.[18]

Dieses beständige Übergehen vom einen zum andern beruht gerade auf der grundsätzlichen Unvermittelbarkeit. Von diesem Scheitern ist Sartre dann auch in *Qu'est-ce que la littérature?* ausgegangen, wo er das Problem der Schöpfung am Spezialfall der Kunstschöpfung ausführen will: das Werk ist seinem Schöpfer entweder - wie während der Produktion - zu nah, oder, wenn es abgeschlossen ist, zu fremd, als daß sich das Bewußtsein darin als in einem anderen selbst erfassen könnte; dort suchte Sartre die Vermittlung, die in der Kunst, spezifischer in der Literatur, doch möglich werden sollte, durch die produktive Tätigkeit des Lesers als des real anderen zu konstruieren, wobei die Probleme, verschoben auf diese Ebene, sich wiederherstellen.

2. Zu Sartres Konzeption des Schreibens

Die Insistenz auf der Durchformung des Werkes bei Baudelaire erscheint in Sartres Interpretation als die Verwandlung, und das heißt für Sartre Verengung, der schöpferischen Tätigkeit auf eine beherrschbare Technik. Diese entspricht auf der Seite des Subjekts der Abgelöstheit des vollkommen durchgebildeten Artefakts. Ist es in Sartres Interpretation für Baudelaire entscheidend, daß das einzelne Werk absolut auch im Sinne von absolut singulär sein muß, so muß korrelativ dazu die Arbeit, die sich auf seine Einzigartigkeit richtet, eine exzeptionelle geistige Tätigkeit bleiben: also eine, die an der Sterilität des Geschaffenen teil hat und sie, in den Momenten der Produktion, auch an die Person des Schöpfers selber übergehen läßt. Die

---

17 ebd., S.132f.

18 Sartre, *L'être et le néant*, a.a.O., S.652.

Arbeit setzt sich, wie Sartre zu recht darstellt, allen Vorstellungen von künstlerischer Schöpfung entgegen, in denen diese organologisch, im Bild der unerschöpflichen, gleichsam blind eine Überfülle erzeugenden Fruchtbarkeit der Natur gesehen ist; d.h. in dem der Inspiration als einer mythischen Kraft, in der alles dem Künstler gegeben, von der er wie bei einem Bedürfnis getrieben wird. Dem gegenüber erscheint in Sartres Darstellung die Natur, »qui tire un même modèle à des millions d'exemplaires«[19], gleichsam schon analog zu einer standardisierten Massenproduktion, die die Einmaligkeit des Werks und damit die des Schöpfers selber bedroht. Nun kommt es bei Baudelaire gewiß auf das Neue an; aber es ist fraglich, wie weit dieses sich bei ihm an der Einmaligkeit des Individuellen mißt; daß Sartre auf der andern Seite Baudelaire vorwirft, er habe sich immer wiederholt, ist nur das Komplement dieses problematischen Maßes der Einmaligkeit. Das Bild, von dem Sartre ausgeht, entspricht auch hier mehr manchen Zügen des späteren Symbolismus, in denen die poetische Sprache sich im Kampf gegen die Massenproduktion zu bestimmen suchte, indem sie sich durch ihre Kostbarkeit - die »Seltenheit« ihrer Motive, ihres Vokabulars usw. - dagegen abgrenzte; auch hier wäre in Deutschland an George zu denken. Es ist charakteristisch, wie Sartre, indem er einen zeitgenössischen Bericht zitiert, die Funktion der Technik bei Baudelaire beschreibt: als Korrigieren an einzelnen Ausdrücken nämlich, als Ersetzen eines Vokabulars, das unmittelbar eingefallen war, durch ein lange gesuchtes, das mit der präziseren Nuancierung auch »son amour du rare«[20] genügen würde:

> Ainsi, sans nier absolument *le fait poétique* de l'inspiration, notre poète rêve de lui substituer la technique pure. C'est dans l'effort et le travail que ce paresseux voit l'apanage de l'écrivain, non dans la spontanéité créatrice. Ce goût pour la minutie dans l'artifice permet de comprendre qu'il ait passé de si longues heures à corriger un poème, même fort ancien et fort éloigné de son humeur, plutôt que d'en écrire un nouveau. Quand il se penchait, tout neuf et comme un étranger, sur une oeuvre déjà faite et où il n'entrait plus, quand il connaissat la joie ouvrière de changer un mot de-ci de-là pour le pur plaisir *d'arranger*, c'est alors qu'il se sentait le plus loin de la nature, le plus gratuit et - puisque le temps l'avait délivré des contraintes de l'émotion et de la circonstance - le plus libre.[21]

Dem liegt eben das Bild zugrunde, daß die artistische Technik, als steril, eigentlich nichts hervorbringt, daß sie vielmehr nur umarrangiert, was als spontan geschrieben schon da war. Wieder erscheinen die geschriebenen Gedichte wie tote Dinge, in denen die vergangene Spontaneität versteinerte, und die jetzt von der jeweiligen Gegenwart aus, wo sie mit dem aktuellen Leben nichts mehr zu tun haben, wie von außen betrachtet und so beliebig manipuliert werden können; wobei diese Freiheit ihnen gegenüber dann

---

19 Sartre, *Baudelaire*, a.a.O., S.134.
20 ebd.
21 ebd., S.141f.

wieder existentiell interpretiert wird als eine, die der Autor in diesen Momenten der Bearbeitung als *Person* genießt.

Derart als pure Willkürlichkeit interpretiert, die so schon in ihrem eigenen Medium der Kunst folgenlos erscheint, gibt die Arbeit an den Gedichten dem Autor die Möglichkeit, in einem abgegrenzten Bereich die Unverbindlichkeit seiner Freiheit betätigen zu können, deren konsequente Realisierung im Leben er sich versagt habe: die Kunstproduktion erscheint insgesamt als Ersatz. Das Problem dieser Argumentation liegt also nicht erst in der schematischen Ansicht von der Funktion der Kunst, sondern entscheidender, schon in der verzeichnenden Weise, in der Sartre die Kunstarbeit immanent darstellt. D.h. es liegt letztlich schon darin, daß Sartre die Arbeit so wie das Schreiben generell nur immer als Betätigung der Freiheit verstehen kann und so gar nicht erst mehr fragt, warum eigentlich die artistischen Autoren mit der Sprache solche Mühe hatten.

Bei Sartre erscheint die Durcharbeitung - als könnte man bei Baudelaire die Arbeit von einer vorausgehenden Phase des spontanen Schreibens überhaupt trennen - inhaltlich fast als überflüssig. Man könnte an einzelnen Varianten zu Gedichten Baudelaires zeigen, daß das nicht stimmt; wichtiger wäre aber eine generelle Kritik an Sartres Auffassung, daß sprachliche Form, Stil oder, wie es heißt, »das Literarische« überhaupt etwas sei, das zu einem Werk hinzukomme, aber nicht unbedingt hinzukommen müsse; als könne ein Schriftsteller wählen, ob er einen Text literarischer, ausgeformter schreiben - und überarbeiten - will, oder nicht; wobei - wenn er das, wie Baudelaire, so konstant tut - das mit der spezifischen Wahl zusammenhängt, durch die er sich ursprünglich als Schriftsteller selbst gewählt hat, denn schon das ist ja eine - alle andern begründende - Wahl. Indem jemand sich als Schriftsteller wählt, wählt er sich zugleich in seinem grundsätzlichen Verhältnis zur Sprache, und in diesem Rahmen die Schreibweise jedes einzelnen Werks. Daß das aber immer eine Wahl ist, heißt, daß der Autor immer frei ist, anders, eine andere Art zu schreiben zu wählen; für jedes Werk zum Beispiel jeweils zu entscheiden, ob er es mehr oder weniger »literarisch«, oder wie es charakteristischerweise auch heißt, »ausgefeilt« schreiben will. So sagte Sartre später Simone de Beauvoir gegenüber, er habe *Les Mots* besonders gut schreiben wollen und dieses Buch, was er sonst nie tat, besonders oft überarbeitet, denn er habe mit ihm einmal die Anforderungen des »literarischen« Schreibens gleichsam musterhaft erfüllen wollen, um es damit dann endgültig hinter sich zu lassen:

> J'ai voulu qu'il soit plus littéraire que les autres, parce que j'estimais que c'était en quelque sorte une manière de dire adieu à une certaine littérature et qu'il fallait à la fois la réalisier, l'expliquer, prendre congé d'elle. J'ai voulu être littéraire pour montrer l'erreur d'être littéraire.[22]

22 In: Simone de Beauvoir, *La cérémonie des adieux, suivi de Entretiens avec Jean-Paul Sartre, Août-Septembre 1974*, Paris 1981, S.275f.

Auf die Frage Simone de Beauvoirs: »Quel genre de littérature pensiez-vous enterrer avec *Les Mots*?« antwortet Sartre:

> La littérature que j'avais poursuivi dans ma jeunesse et puis dans mes romans, dans mes nouvelles. Je voulais indiquer que c'était fini; et je voulais le marquer en écrivant un livre très littéraire.

Und auf die Bitte, das zu präzisieren: »qu'est-ce que vous appelez une oeuvre plus littéraire qu'un autre? Comment y a-t-il des dégrés en littérature?« antwortet er:

> Par exemple, le style, on peut y travailler davantage; *Les Mots* sont très travaillés, ce sont parmi les phrases les plus travaillés que j'aie écrites [...] Et j'y mettais du temps. Je voulais qu'il y ait des sous-entendus dans chaque phrase, un ou deux sous-entendus, par conséquent que ça frappe les gens à un niveau ou à un autre. Et puis je voulais présenter des choses, les gens, chacun d'une certaine manière [...] C'était plein de trucs, d'astuces, d'art d'écrire, presque de jeux de mots.(ebd.,276)

Dahinter steht die geradezu klassische Vorstellung von einem guten Stil, von einer Hierarchie von Stilebenen, die vom literarischen Stil, der besonders viel mit Anspielungen arbeitet, bis zur schnellen Schreibweise z.B. für einen Artikel reicht und aus der der Autor, wie aus einer Reihe ihm zur Verfügung stehender Möglichkeiten, die Schreibweise wählt, die er für seine jeweiligen Zwecke braucht. Ist er also schon darin frei, seine Themen zu wählen, so legt er vor allem auch selbst den sprachlichen Rahmen fest, in dem er dann ganz bewußt jeden Satz, jedes Wort hält. In dieser Auffassung vom Schreiben sind die ganzen Probleme enthalten, die Sartres lebenslange Auseinandersetzung mit den artistischen Autoren bestimmten. Denn kann bei diesen - sei es nun Baudelaire, Flaubert oder Genet - der Autor schon nicht frei wählen, worüber er schreibt - im Gegenteil drängen sich ihm seine Gegenstände mit einer gewissen Unabweisbarkeit auf[23] - so ist er erst recht nicht frei in der Wahl eines »Stils«. Diese Autoren kritisieren aber das Bild des Stils nicht dadurch, daß sie, wie Sartre, ihm ein Bild von einem »spontanen«, d.h. nicht lange nach einzelnen Wörtern suchenden Schreiben entgegensetzen, das im Grunde nur den vorausgesetzten falschen Stilbegriff bestätigt, sondern lösen das Bild des Stils als gegebener Schreibweise von innen auf. Baudelaire oder Flaubert schreiben nicht »Stil«; ja gerade sie, denen das immer nachgesagt wird, tun es am wenigsten. Das hängt aber gerade mit ihrem Bewußtsein gegenüber ihrem sprachlichen Medium selber zusammen. Einem unmittelbaren Schreiben in Sartres Sinn wäre, von Baudelaire aus, das Material, die Sprache, gleichsam Natur, der es sich als

---

[23] Daß er nicht frei ist, den Umkreis seiner Themen beliebig zu erweitern, drückt sich bei Baudelaire in der von Benjamin gesehenen Beharrlichkeit aus, mit der er zu jedem seiner Motive immer wieder zurückkehrte. Neigt Sartre dazu, auch diese Begrenztheit der Wahl der Themen in der Kunst selber wieder als eine willkürlich angenommene zu interpretieren, so deutet sie für Baudelaire eher darauf, daß er in der Kunst beschränkt ist, weil sich ja schon das Leben, die Natur, die der Kunst zum Thema werden, selber nicht als eine beliebig erweiterbare Fülle auffassen lassen.

selbstverständlich überlassen würde, und das würde als spontan erscheinen. Aber für den artistischen Dichter ist die Sprache als sein Material niemals selbstverständlich. Das schon deshalb nicht, weil es nie völlig neutral ist, vielmehr schon allein den Kontext der früheren literarischen Sprachen, dann aber auch den der außerliterarischen Tendenzen der Sprache und schließlich den seines eigenen vorausgegangenen Werks mitschleppt; ihm als Natur vertrauen, würde nur heißen, ohne es zu merken vergangene Muster zu reproduzieren, die sich in der scheinbaren Spontaneität durchsetzen.[24] Gerade sie führte zu dem, was Baudelaire in der bildenden Kunst »le chic« nannte und daraus erklärte, daß ein Künstler, ohne daß das bewußt wird, vom Stil lebt, der sich aus sich selber fortsetzt: »plutôt une mémoire de la main qu'une mémoire du cerveau.«(OC II,468) Die reflektorische Haltung gegenüber dem Sprachmaterial, die dieser gleichsam blinden und damit leeren Reproduktion Widerstand entgegenzusetzen sucht, die künstlerische Arbeit, ist die Bedingung dafür, daß die Sprache überhaupt selbst noch die spontanen Regungen darstellen kann. Es geht um das Wegarbeiten alles Konventionellen als nichtssagend; eben darum also, alles erst durch den jeweils spezifischen Zusammenhang zu begründen.[25]

In der Anstrengung aber, sich nicht von dem Eigengewicht der Sprache forttragen zu lassen, stellt sich dem artistischen Autor eben sein Medium selber als das erste heraus, was er als heteronom erfahren muß. Die Sprache ist für ihn nicht selbst immer schon Moment seiner Subjektivität, er bewegt sich nicht in dem Sinn schon »in« ihr, wie es Sartre in *Qu'est-ce que la littérature?* vom Sprechenden schreibt:

---

[24] Vgl. dazu, wie Sartre später in *L'Idiot de la famille* die Schreibschwierigkeiten des jungen Flaubert charakterisiert. Das Bewußtsein gegenüber dem eigenen Schreiben, das die Flüssigkeit hemmt, kann unter dem Einfluß eines älteren Geschmacksbegriffs als subjektive Unfähigkeit, als Talentlosigkeit erfahren werden; Sartre kann das an Briefstellen Flauberts leicht belegen. Er schreibt: »Mais pour les auteurs heureux la correction se présente comme une amélioration progressive. On épouse le mouvement, on conserve la forme: simplement, on change des mots[...] Pour Gustave, au contraire, c'est lui qui est en question. Ce qu'il écrit spontanément se change sous ses yeux en un example de ce qu'il ne faut pas écrire, chaque ligne lui démontre qu'il manque de goût, c'est-à-dire de talent.[...] Il écrit donc avec mauvaise conscience[...]«(II,1625). Aber das ist nicht nur eine subjektive Schwierigkeit; sondern damit reagiert Flaubert schon früh auf die objektiven Probleme seines Mediums; gerade in diesen Unfähigkeitserlebnissen ist er viel avancierter als jene »glücklichen Autoren«, von denen Sartre spricht.

[25] In diesem Zusammenhang - unter anderm - lassen sich die »klassischen« Formen, die Sartre mit Rimbaud an Baudelaire so kritisiert - der französische Alexandriner, die Sonettform Ronsards, die klassische Rhetorik - verstehen. Sie vermehren die Widerstände, hindern die Sprache daran, frei zu laufen, zwingen gerade durch die Einschränkungen jedes Wort dazu, zu «arbeiten«. Baudelaire hat darauf mehrfach, z.B. in dem berühmten Brief an Armand Fraisse, insistiert. Das Sonett ist eine gegebene Form, die als solche schon zu der Durcharbeitung nötigt, die jedes spezifische Gedicht für jedes seiner Momente leisten muß, ohne daß es dabei die Variabilität verlöre, die erlaubt, ganz gegensätzliche sujets und Tonlagen aufnehmen zu können: »Quel est donc l'imbécile [...] qui traite si légèrement le Sonnet et n'en voit pas la beauté pythagorique? Parce que la forme est contraignante, l'idée jaillit plus intense. Tout va bien au Sonnet, la bouffonnerie, la galanterie, la passion, la rêverie, la méditation philosophique. Il y a là la beauté du métal et du minéral bien travaillés. Avez-vous observé qu'un morceau de ciel, aperçu par un soupirail, ou entre deux cheminées, deux rochers, ou par une arcade, etc., donnait une idée plus profonde de l'infini que le grand panorama vu du haut d'une montagne?«(*Correspondance* I, a.a.O., S.676. Brief vom 18.2.1860.)

> Le parleur est *en situation* dans le langage, investi par les mots; ce sont les prolongements de ses sens, ses pinces, ses antennes, ses lunettes; il les manoeuvre du dedans, il les sent comme son corps, il est entouré d'un corps verbal dont il prend à peine conscience et qui étend son action sur le monde.[26]

Der Sprechende kann nach dieser Theorie die Sprache, da er sie ja spricht, ebensowenig in einem Abstand zu sich erfahren wie seinen Körper, den das Bewußtsein, wie Sartre in *L'être et le néant* zu entwickeln suchte, auch nicht wie von außen wahrnimmt, sondern unmittelbar »existiert«. Sartre interpretiert die Sprache von vornherein so, daß sie der Entwurfsstruktur des Bewußtseins immer homogen ist; ein Medium, *in* dem daher alles sich selbst Bestimmen des Bewußtseins unproblematisch stattfinden kann; in dem also das Bewußtsein sich selbst immer durchsichtig bleibt, weil das Medium diese Durchsichtigkeit an sich selber besitzt. Dann gibt es letztlich gar keinen Grund mehr dafür, warum dieses Medium ein derart großes Problem darstellen sollte, wie das für die artistischen Autoren der Fall ist.

Verlegt also Sartre die Willkürlichkeit des Bewußtseins so weit wie möglich noch in sein Medium selber, das so dem Schreiben keinen prinzipiellen Widerstand bietet, so wird bei Baudelaire das Verhältnis des Artisten zur Sprache doppeldeutig. Einerseits will er sie zu seinem Material machen, das sich als solches seiner Verfügung nicht entzieht, das er vielmehr weitgehend manipulieren kann; andererseits entwickelt sie aber gerade so eine Macht, die sich der beliebigen Behandlung durch ihn entgegensetzt. Baudelaire, der wie kaum ein anderer Autor die Sprache beherrschen will, ist zugleich der, für den sie ein Eigenleben behält, das sich nicht nur nicht reduzieren läßt, sondern sich gerade in der kompositorischen Verfügung steigert. Je rationaler, technischer sie gesehen wird, desto magischer erscheint sie zugleich. Nicht zufällig greift Baudelaire, der doch mit Poe den kompositorischen Umgang mit der Sprache als wissenschaftlichen Kalkül dachte, gleichzeitig auf ein kultisches Vokabular zurück: »Il y a dans le mot, dans le *verbe* quelque chose de sacré qui nous défend d'en faire un jeu de hasard. Manier savamment une langue, c'est pratiquer une espèce de sorcellerie évocatoire.«(OC II,117f) Wenn Sartre in *Mallarmé* zu Baudelaires Poe-Rezeption anmerkt: »La Poésie devient une technique: c'est la conséquence directe de la disparition du Verbe«[27], so reduziert er konsequent das paradoxe Verhältnis auf die eine Seite: das hängt bei ihm mit seiner eigenen Anstrengung zusammen, die magischen Aspekte der Sprache, die er selber so gut kannte, so weit wie möglich aus ihr zu vertreiben, und sei es um den Preis, daß er die Poesie, die davon lebt, selber vertreiben wollte. Sartre schrieb noch in *L'Idiot de la famille*, zwar könne ein Sprechender mit der Sprache betrügen - das ist ein Akt - niemals aber könne die Sprache selber trügerisch sein.[28]

---

26 Sartre, *Qu'est-ce que la littérature?*, a.a.O., S.19.

27 Sartre, *Mallarmé*, a.a.O., S. 22.

28 Sartre, *L'Idiot de la famille*, a.a.O., Vol.I, S.82. Dazu auch die folgende Stelle: »L'homogénité du mot avec toutes les déterminations objectives et subjectives de l'homme fait qu'il ne peut venir à nous comme un pouvoir étranger. Comment cela se pourrait-il? Il est en nous puisque nous le

Es ist dieses Vertrauen, ihnen sei die Sprache als ihr eigenes Medium sicher gegeben, das die artistischen Autoren nicht teilen können; Kunst, die Notwendigkeit der Arbeit, entspringt gerade der Erfahrung, daß sie nicht nur an der überlieferten Diktion, den überlieferten Formen usw., sondern an der Sprache als solcher keinen Halt haben; nicht von ungefähr hatte Baudelaire sie in dem Gedicht über Pascal unter das eingereiht, was alles für das Bewußtsein zu einem Abgrund wird.

Wenn nun für Sartre auch der Akt des Schreibens die Situation des Sprechens bereits schon distanziert, der Schreibende sich sehr viel mehr bewußt halten muß, was er mit der Sprache selber jeweils macht, so bleibt doch für ihn die Unmittelbarkeit des Sprechens letztlich auch noch für das Schreiben ein Modell; auch das Schreiben wird, wie jenes, noch als ein spontanes Tun aufgefaßt.[29] Die Unvermittelbarkeit der beiden Aspekte des Werks - daß es sowohl fixiertes Objekt wie Ausdruck einer Tätigkeit ist - kehrt nun in *Qu'est-ce que la littérature?* in der prinzipiellen Trennung der poetischen Sprache von der Prosa wieder. So bleibt für die Literatur im engeren Sinne das übrig, was am Schreiben der Form eines projet, eines zielbezogenen Unternehmens, das sich auf die Welt richtet, am meisten zu entsprechen scheint, während der Aspekt des zum Objekt Geronnenen der Poesie reserviert bleibt: derjenige, der Prosa in Sartres Sinn schreibt, handelt unmittelbar, der Dichter schafft abgelöste Dinge. Beides sind wechselseitig voneinander abhängige Gegenbilder, und so kann die Poesie als negierte Prosa, als Scheitern der Prosa gesehen werden. Das Modell, das u.a. Valérys Unterscheidung von Poesie und Prosa aufnimmt[30], interpretiert die symbolistische Trennung der poetischen Sprache von dem, was schon Mallarmé reportage nannte, existentiell um, wobei nun gerade das, wogegen die Symbolisten die Kunstsprache der Dichtung bestimmt hatten, nämlich die Verwendung der Sprache für die Zwecke des Alltags, als Modell des Schreibhandelns positiv wird. Die Auffassung, daß in der Dichtung die Sprache sich von ihrer »Bezeichnungsfunktion« löst, so daß das Subjekt dem Eigenleben der Wörter, die in ihren materialen Eigenschaften selber in den Blick treten, nachgibt, hat über den späteren Symbolismus vor allem die magische Sprachauffassung der Surrealisten bestimmt[31], die die Wörter von ihrer

---

comprenons; de si loin qu'il vienne, pour imprévu qu'il soit, il s'attendait au plus profond de notre coeur; bref il n'est compris que par lui-même: cela veut dire qu'il s'efface, qu'on ne le voit pas: reste la chose elle-même, signe du mot qui s'est annulé.«(ebd.)

29 Vgl. auch die rein phänomenologische Analyse des Schreibakts, die Sartre schon vornimmt in: *Esquisse d'une théorie des émotions*, Paris 1965, S.40ff. Der Akt des Schreibens ist »une structure actuelle de ma conscience. Seulement il n'est pas conscience *de* lui-même. Ecrire, c'est prendre une conscience active *des mots* en tant qu'ils naissent sous ma plume.«(40) Im übrigen entwickelt Sartre hier schon die Unterscheidung zwischen dem Schreibakt und dem Akt des Lesens, die dann für die Literaturtheorie von *Qu'est-ce que la littérature?* so wichtig wurde.

30 Paul Valéry, *Propos sur la poésie*, in: *Oeuvres* I, a.a.O., S.1373.

31 Siehe z.B. André Breton, *Les mots sans rides*, in: *Les pas perdus*, Paris 1969, S.138f. Diese Linie geht natürlich auch von Baudelaire aus, der z.B. über die Spracherfahrung im Haschischrausch schrieb: »les mots ressuscitent revêtus de chair et d'os«(OC I, S.431), und führt über den von

»dienenden Rolle« befreien wollten; und gerade ihr Versuch, den Wörtern ihre Macht zurückzugeben, indem man sie sich selbst überließ, wirkt in Sartres Beschreibung der poetischen Sprache nach; vielleicht sogar mehr als der eigentliche Symbolismus. Eine Analyse und Kritik dieser Theorie müßte an der für sie alle zentralen, problematischen Vorstellung von der »Bezeichnungsfunktion« der Sprache ansetzen, nach der die Trennung von Poesie und Prosa vorgenommen wird, indem der Schriftsteller in der Prosa Sachverhalte, Absichten usw. »bezeichne«, während der Dichter umgekehrt »a choisi une fois pour toutes l'attitude poétique qui considère les mots comme des choses et non comme des signes.«[32] Man kann sagen, daß damit indirekt die Sartresche Bestimmung des engagierten Schriftstellers als Form ihrerseits in den symbolistischen Rahmen fällt, indem sie ihn umkehrt.

Begann der Symbolismus die Eigenschaften des Kunstmediums selber zu reflektieren und thematisch zu machen nicht zuletzt weil er dessen ihm als Form immanente Distanz gegenüber der Welt zu entdecken begann, so wird umgekehrt Sartre die Prosa zu dem Medium, das dem Schriftsteller erlaubte, unmittelbar bei der Welt zu sein: »L'homme qui parle est au-delà des mots, près de l'objet«[33]; mit anderen Worten, das Sprechen hat die Struktur der Intentionalität in Sartres Sinn, und so hat sie auch die Prosa:

> La prose est d'abord une attitude d'esprit: il y a prose quand, pour parler comme Valéry, le mot passe à travers notre regard comme le verre au travers du soleil.[34]

Die Prosa wäre demnach unmittelbar transparent auf die Welt, indem sie sie im Rahmen eines Entwurfs enthüllt: während in der Poesie die Sprache, weil sie dort selbst, unter dem Aspekt ihrer materialen Eigenschaften, wie von außen gesehen wird, jenes Opake der Dinge behält, das sie unerschöpflich vieldeutig macht und das sich auch allem in ihr Gesagten mitteilt, das so unkommunizierbar wird. Die instrumentelle Verwendung der Sprache zur Bezeichnung durch den Prosaschriftsteller aber wird so interpretiert, die Sprache als bloßes Medium verschwinde gleichsam darin.[35] Wenn irgendetwas für die artistischen Autoren aber eine unmögliche Vorstellung wäre, dann das. Daß ihre Reflektiertheit ihnen ihr Medium und dessen Probleme in jedem Moment bewußthält, ist ja gerade kein Narzißmus, der, indem er sich über die Wörter als seine Spiegel beugt, die Welt aus den Augen verliert. Wenn bei diesen Autoren für Sartre die Literatur: »[...]est passé à la période réfléxive; elle éprouve ses méthodes,

---

Breton genannten Rimbaud bis zum Spätsurrealismus. Aber Baudelaire wendet diese Erfahrung nicht in eine so grundsätzliche Unterscheidung einer poetischen Sprache von einer der Prosa.

32 Sartre, *Qu'est-ce que la littérature?*, a.a.O., S.18.

33 ebd.

34 ebd., S.26f.

35 So hat Bernard Sichère auch die Auffassung von Literatur, die Sartres Interpretation Genets zugrundeliegt, kritisiert, »non parce qu'elle voudrait mettre la littérature au service des idées, mais parce qu'elle suppose que l'espace dense des mots pourrait soudain s'effacer et laisser voir ›les choses elles-mêmes‹!« Bernard Sichère, *L'Athéologie de Jean Genet*, in: *L'Infini 17*, (Hiver 1987), S 123.

brise ses anciens cadres, tente de déterminer expérimentalement ses propres lois et de forger des techniques nouvelles«[36], so heißt das nicht einfach, sie sei nur noch »à elle-même son propre objet«[37], auch wenn im späteren Symbolismus, bei Mallarmé, die Darstellung der formalen Bedingungen der literarischen Schöpfung in dieser selbst vorrangig wurde. Vielmehr drückt diese Reflektiertheit das Wissen aus, daß es eben von den Eigenschaften des Mediums selber abhängt, wie weit ein Autor überhaupt an die Welt herankommt. Weil für sie der Schriftsteller als Subjekt eines literarischen Werks niemals, wie Sartre meint, »au-delà des mots« sein kann, muß er die Sprache zum Gegenstand machen, und das kann er gar nicht wählen.

Baudelaire schrieb anläßlich Auguste Barbiers, dessen Gedichte man gleichsam schon als eine zeitgenössische littérature engagée sehen kann:

> L'idée, disent-ils, est la chose la plus importante (ils devraient dire: L'idée et la forme sont deux êtres en un); naturellement, fatalement, ils se disent bientôt: Puisque l'idée est la chose importante par excellence, la forme, moins importante, peut être négligée sans danger.(OC II,143)

Dem ist nicht mit dem Argument zu begegnen, daß Baudelaire sich zu der Zeit, als er das schrieb, bereits den kunsttheoretischen Positionen des l'art pour l'art angenähert habe. Denn es geht Baudelaires Lyrik, wenn sie auf der vollkommenen Artikulation, auf der Form insistiert, nicht darum, eine »reine« Form um ihrer selbst willen zu kultivieren, was das auch heißen mag. Das wäre ja nur die einfache Umkehrung der kritisierten Inhaltsästhetik, zu der manche späteren, zumal deutsche Smybolisten wie George allerdings neigen.[38] Die Widersprüchlichkeit der theoretischen Äußerungen Baudelaires in dieser Hinsicht - daß es so aussieht, als könne er sowohl das l'art pour l'art vertreten wie auch im Gegenteil z.B. gegen die »puérile utopie de l'école de *l'art pour l'art*«(OC II,26) Pierre Dupont loben, weil bei ihm die Kunst untrennbar von der Nützlichkeit sei - hängt mit dem Bewußtsein zusammen, daß die Kunst sich nicht auf eines dieser Extreme vereinseitigen darf. Denn wenn sie sich zu sehr von dem »goût immodéré de la forme«(OC II,48) absorbieren läßt, verliert sie das Heterogene ihrer Stoffe, deren Widerstand sie braucht:

> la passion frénétique de l'art est un chancre qui dévore le reste; et, comme l'absence nette du juste et du vrai dans l'art équivaut à l'absence d'art, l'homme entier s'évanouit; la spécialisation exclusive d'une faculté aboutit au néant.(OC II,48f.)

Es ist der Horror davor, sich von vornherein immer nur in einer Umgebung zu bewegen, in der alles schon Kunst ist; so wie es bei manchen späteren Symbolisten zum Problem wird, die die Welt nur als Form, als der Kunst

---

36 Sartre, *Qu'est-ce que la littérature?*, a.a.O., S.153.
37 ebd.
38 Vgl. Dieter Mettler, *Form und Haltung bei Stefan George*, Diss. Hannover 1973, S.6f.

entsprechend, aufnehmen können. Dann wird die Kunst steril, leert sie sich aus. Aber daß sie die Realität der Gegenwart in sich einlassen soll, kann andererseits auch nicht heißen, daß sie sich auf die heteronomen, mit ihren Themen gegebenen Zwecke - auf sozialkritische Absichten z.B. - stützen dürfte, denn dann löste sie sich in dem heterogenen Material auf, statt es darzustellen: »Elle est éternelle et ne doit jamais avoir besoin d'un secour extérieure.«(OC II,142). Denn dem Anspruch ihrer Stoffe gewachsen bleiben kann sie nur, wenn sie sie konstruiert, aber das ist eben eine Frage der Form. Diese ist nicht mit dem jeweiligen Stoff schon gegeben, sondern muß, durch Kunst produziert, ihm hinzugebracht werden, damit er, auch inhaltlich als Thema, überhaupt etwas sagt und nicht blind bleibt. Die Widersprüchlichkeit in Baudelaires Argumentation drückt das Bewußtsein aus, daß die plane Entgegensetzung von l'art pour l'art und engagierter Literatur selber falsch ist. Das, was Sartre »Thema« nennt, läßt sich nur soweit darstellen, wie das Medium von seiner formalen Beschaffenheit her es erlaubt; es ist seinerseits eine Funktion der Form. Was Stil heißen kann, ist nicht eine inhaltlich indifferente Hinzufügung oder gar, indem er als Medium sichtbar wird, eine Beeinträchtigung der Durchsichtigkeit, wie Sartre es sieht, sondern ist vielmehr, wie Flaubert schrieb, die Art zu sehen selber.[39] Daß beispielsweise die Darstellung der Sexualität in den 1857 verbotenen Gedichten Baudelaires überhaupt den Staatsanwalt auf den Plan rief, lag nicht nur an der Wahl dieses Themas, sondern auch an der Form dieser Gedichte, ihrer Sprache, die die Sexualität erst so erscheinen lassen konnte, daß sie zum Skandal wurde; andere Autoren, die das Thema auch, nur literarisch konventioneller, behandelten, haben ihn nicht erregt. Das läßt sich an der Anklagerede, die der Staatsanwalt gegen die *Fleurs du Mal* hielt, ebenso zeigen wie an der gegen *Madame Bovary*. Die moralische Kritik, die an der *Madame Bovary* thematisch gar nicht genug zu inkriminieren fand, richtete sich dort konsequent gegen die »Unmoral« der Darstellungsform. Der Staatsanwalt kämpfte gegen eine Ästhetik.

Diese Rolle der Form aber wäre für Baudelaie wie für Flaubert ganz unabhängig davon, ob ein Autor Prosa schreibt oder Dichtung; sie hätten

---

[39] Flaubert spricht in dem Brief an Louise Colet vom 17.1.1852 von den Schwierigkeiten, die es bedeutet, mit der »vie bourgeoise« etwas für das Romanmuster eigentlich Unbestimmtes *als solches* zu beschreiben, und zwar so, daß es dennoch nicht ins Einerlei verschwimmt: »Ce sont deux médiocrités dans le même milieu et qu'il faut différencier pourtant.« In diesem Zusammenhang fällt der Satz: »Je suis convaincu d'ailleurs que tout est affaire de style, ou plutôt de tournure, d'aspect.« (Gustave Flaubert, *Oeuvres complètes de Gustave Flaubert, correspondance, deuxième série, 1847 -1852*, Vol.10, Paris 1926, S.351.) Vgl. dazu auch wieder, wie Sartre das anhand einer verwandten Stelle (aus Flauberts Brief an Louise Colet vom 16.1.1852: »[...] le style étant à soi tout seul une manière absolue de voir les choses«), in *L'Idiot de la famille* interpretiert. Der Stil wird als eine Sprache verstanden, die sich zur realen Sprache parasitär verhält, indem sie sie von ihren praktischen Zwecken ablöst, sie derealisiert: »Le style est le silence du discours, le silence dans le discours, le but imaginaire et secret de la parole écrite«(II,1618). So sehr Sartre sich mit dieser wieder sehr Mallarmé nahen Interpretation auf Flauberts Idee berufen kann, ein Buch »über nichts« zu machen, so sehr unterschätzt ausgerechnet er dabei die andere Seite, die sich, und das ist das eigentlich Entscheidende, mit dieser Idee ja gerade nicht ausschließt, nämlich Flauberts Realismus.

vielmehr die ja erst spätsymbolistische Trennung von beidem so insgesamt nicht akzeptiert. War Baudelaire der Lyriker, der unter anderm den Symbolismus inaugurierte, so war er zugleich derjenige, der die Gedichtsprache noch nicht so weit als eigene Kunstsprache verstand und so gerade das, was der spätere Symbolismus als vulgarité der Alltagssprache von der Lyrik fernhielt, noch in sie integrieren wollte, bis hin zur Sprache des Feuilletons, ohne die die Form des poème en prose nicht möglich gewesen wäre. Das haben die späteren Symbolisten Baudelaire ja gerade vorgeworfen, man denke an Georges Kritik an den »widrigen bildern«[40] der *Fleurs du Mal*. Aber gleichzeitig behält Baudelaire immer das Bewußtsein, daß im Gedicht die Sprache niemals auf der Ebene eines Sprechens wie im Alltag liegen kann. Meint Sartre vom Prosaschriftsteller, er sei, im Akt des Schreibens selbst, »*un parleur:* il désigne, démontre, ordonne, refuse, interpelle, supplie, insulte, persuade, insinue«[41], so könnte für die artistischen Autoren umgekehrt in einem geschriebenen, literarischen Werk noch das den realen Situationen naheste, unmittelbarste Sprechen selber immer nur etwas durch Kunst Produziertes sein. Man denke an die furchtbare Mühe, die Flaubert gerade damit hatte, eine alltägliche Unterhaltung im Roman als solche wiederzugeben. Und wollte selbst der Autor in seiner Literatur unmittelbar sprechen, unmittelbar kommunizieren, so würde das fiktiv; sein Sprechen fiele selbst in den Rahmen des Literaturmediums und würde in ihm als eine Stilgeste erscheinen. Sartre aber muß das Eigengewicht des Mediums der Literatur zu überspringen suchen, um das Schreiben überhaupt als eine direkte Praxis im Leben interpretieren zu können. Schreibt er in *Qu'est-ce que la littérature?*, der ästhetische Gegenstand sei eigentlich die Welt, wie sie über Imaginarien angezielt werde[42], läßt er das eigentliche Problem, wie denn die Imaginarien als Darstellungssysteme der Kunst sich auf die Welt beziehen, verschwinden.

Eine Literatur aber, die in sich das Eigengewicht ihres Mediums zeigt, kann Sartre nur so interpretieren, sie habe ein falsches Verhältnis zur Sprache, denn in ihr lasse sich das Bewußtsein durch die Sprache selber gleich-

---

[40] Stefan George, *Baudelaire. Die Blumen des Bösen, Übertragungen, Sämtliche Werke in 18 Bänden*, Band 13/14, Stuttgart 1983, S.5.

[41] Sartre, *Qu'est-ce que la littérature?*, a.a.O., S.26

[42] Sartre, *Qu'est-ce que la littérature?*, a.a.O., S.75.
Reinhard Dahlhaus, *Subjektivität und Literatur. Sartres Literaturästhetik*, Köln 1986, hat Gabriele Merks-Leinen (*Literaturbegriff und Bewußtseinstheorie. Zur Bestimmung der Literatur bei Jean-Paul Sartre*, Bonn 1976) kritisiert, weil sie den Instrument-Charakter der Prosa in Sartres Theorie zu sehr betone. Er schreibt: »Demgegenüber ist daran festzuhalten, daß jedes literarische Kunstwerk dazu aufruft, eine imaginäre Welt zu konstituieren. Diese Welt steht nicht in einer solch direkten Beziehung zur realen Welt wie das entworfene Ziel eines Handelns, wenn es erfolgreich ausgeführt werden soll.«(S.75) Das Problem ist aber, daß diese Beziehung eben nicht geklärt ist; darum bei Sartre einerseits die Annäherung der Prosa an das unmittelbare Handeln, die dann ebenfalls ein Problem bleibt; andererseits die dauernde Beschäftigung mit Autoren wie Genet und Mallarmé, die - in seiner Interpretation - die Verwandlung der Welt ins Imaginäre ja gerade als radikale epoché zeigen, und damit zeigen, daß zwischen dieser imaginären Welt und der realen kein Übergang denkbar ist, weil die erstere die letztere ausschließt - so interpretiert Sartre dann ja auch noch Flaubert.

sam magisch fixieren; so, als späche dann nicht das souveräne Subjekt im auf es durchsichtigen Zusammenhang seiner Unternehmungen, sondern als werde es von einer ihm in Gestalt unauflösbarer Schemata fremd bleibenden Sprache, die ihn so auch als Schriftsteller noch an die bürgerliche Gesellschaft fesselt, eingenommen und gesprochen. Bezeichnenderweise sind aber Flaubert und Baudelaire ausgerechnet die Autoren, die die entscheidende Rolle des Nichtindividuellen, des Gemeinplatzes für die Literatur entdeckten. Die artistischen Autoren jedoch setzen die Macht des Schematischen in ihrem eigenen Medium so tief an, daß sie es nicht mehr von der sicheren Position eines davon reinen individuellen Sprechens und Schreibens aus abweisen können. Vielmehr wird ihnen daran das Maß des Individuellen, Singulären selber problematisch. Das zwingt sie, das allbeherrschende Schema nicht mehr nur negativ zu sehen; und so suchen sie, anders als Sartre es bei Baudelaire interpretiert, nicht einfach ihre Einmaligkeit dagegen zu behaupten.[43] Es ist also viel mehr gerade die artistische Literatur, der es, indem sie die Eigenkraft des Mediums reflektiert und zeigt, gelingt, nicht völlig davon bestimmt zu werden, nicht völlig nur immer wieder von den Wörtern eingenommen zu sein. Aber gerade Sartre ist der Autor, der an allen seinen Versuchen, sie abzuschütteln, immer wieder zeigt, wie sehr auch diese doch noch im Bannkreis der Wörter blieben. Schon in den Kriegstagebüchern von 1939 umschrieb er das Problem, daß alle Anstrengung, im Schreiben auf den Halt an Vorgegebenem zu verzichten, um authentisch zu werden, ihre Grenze an dem Halt hat, den ihm das Schreiben selber immer noch gibt.[44] Dort sieht er es als Schwäche, das nicht auch noch zerbrechen zu können. Daß Sartre aber schließlich meinen konnte, man könne aus dem Problem herauskommen, indem man die Literatur überhaupt verwirft, drückt eben seine falsche Auffassung von ihr als Medium wieder aus. Das Problem ist damit nicht gelöst: darum bleibt die Gefangenschaft in den Wörtern und damit in der durch sie immer schon vorgeformten Welt eines der großen, konstanten Motive des Sartreschen Werks bis hin zu dem Buch über Flaubert. So ist es auch kein Zufall, daß er immer gerade auf die Autoren stieß, bei denen die Sprache selbst Thema wurde, weil sie für sie das größte Problem darstellte; sie blieb es ja insgeheim auch für ihn, so sehr er es als solches zum Verschwinden zu bringen suchte.

---

[43] Vielleicht liegt die Bedeutung von Benjamins Interpretation nicht zuletzt darin, daß Benjamin die zentrale Rolle erkannt hat, die das poncif in Baudelaires Ästhetik spielt, und einen Rahmen zu schaffen versuchte, in der sie wirklich darstellbar wurde.

[44] Sartre, *Les carnets de la drôle de guerre*, a.a.O., S.81ff.

V. Die moralische Interpretation der Literatur

Dem unmittelbaren Handeln analog gesehen, sollte bei Sartre das Schreiben - und zwar nicht erst die inhaltlichen Aussagen, die ein Autor macht, sondern das Schreiben als Form - auf seine moralische Rechtfertigung befragbar werden. Weil das Prosaschreiben selber die Struktur des Entwurfs hat, lasse es erst die Frage zu: »à quelle fin écris-tu? dans quelle entreprise es-tu lancé et pourquoi nécessite-t-elle de recourir à l'écriture?«[1], die dann zugleich die Frage nach dem moralischen Recht des Unternehmens implizieren soll. Mit der Unterscheidung von Poesie und Prosa als zwei auf einander inkommensurablen Ebenen liegenden Schreibakten reagierte Sartre auf die Erfahrung, daß die Kunstwerke, je konsequenter sie ihre Form durchbilden, desto weniger der moralischen Beurteilung noch erreichbar sind: an ihrem totalen Zusammenhang gleitet sie ab. War aber die poetische Sprache als eigenes Medium abgetrennt, brauchte an sie von ihrer Form her der moralische Anspruch schließlich gar nicht mehr gestellt zu werden; wobei allerdings in der scheinbar neutralen Beschreibung die Abwertung dieses Mediums als ganzem impliziert war. Soll dagegen das Schreiben von Prosa einer Wahl entsprechen, so kehren auf dieser Ebene alle Probleme einer existentialistischen Ethik wieder, die die individuelle Wahl zugleich exemplarisch verstehen will, wenn das Schreiben von Prosa als eine Wahl verstanden wird, die per se, von der allen gemeinsamen Form der Prosa selber her, schon exemplarisch sei. Dann hat es Sartre nicht mehr nur mit einer Vielzahl individueller Wahlen, sondern mit der *einen* Wahl des Schreibens zu tun, die allen zugrundeliegt:

> Pourquoi justement *écrire*, faire *par écrit* ses évasions et ses conquêtes? C'est qu'il y a, derrière les diverses visées des auteurs, un choix plus profond et plus immédiat, qui est commun à tous. Nous allons tenter d'élucider ce choix et nous verrons si ce n'est pas au nom de leur choix même d'écrire qu'il faut réclamer l'engagement des écrivains.[2]

Was hier der existentialistischen Ethik selber erst die Basis gibt, die sie als eine Ethik ermöglichen soll, ist die - ästhetische - Einheit des Mediums der Literatur, die als moralische interpretiert wird. Darin wird - vermittels des Lesers - die Literatur als ganzes Medium explizit modellhaft für alles sich Entwerfen, indem sie dem menschlichen Entwurf eine »ästhetische Modifikation«[3] gibt, durch die die Freiheit sich erst als Aufgabe darstellen kann. Die Ästhetik soll zwischen Ontologie und Ethik vermitteln, so daß die Uminterpretation der einen in die andere möglich wird. Zu dieser

---

1 Sartre, *Qu'est-ce que la littérature?*, a.a.O., S.28.
2 ebd., S.49.
3 ebd., S.75.

Vermittlung kann sie aber nur deshalb herangezogen werden, weil sie in Wirklichkeit beiden schon zugrundelag.

Das Schreiben wird gleichsam das Medium des sich Entwerfens im Leben unmittelbar. Wie ununterschieden Sartre Literatur und Leben denkt, zeigt sich beispielsweise, wenn er über Gide schreibt: »er hat uns ein Leben *vorgelebt*, das wir nur lesend nachzuvollziehen brauchen.«[4] Literatur ist ein Medium, in dem der Schreibende die Situationen in seinem Leben seinem Bewußtsein - und dem anderer - durchsichtig macht, sie als seine übernimmt, sich ihnen gegenüber in einer von ihm bestimmten Weise verhält. In den Haltungen, die er in seinem Schreiben immer neu entwickelt, macht er sein Leben zu einem nie aufhörenden Experiment mit sich selbst. Dann ist ein einzelner Text nur ein Moment, das sich in seinem Zweck erfüllt, den es für eine bestimmte Situation des Lebens hat; Moment eines Weges, auf dem der Autor sich schreibend zu dem macht, was er ist. Die Texte würden - freilich nur der Idee nach, denn auch Sartres eigene Texte stehen immer auch noch als Werke für sich - im Weiterschreiben immer überschritten; der fortgesetzte Akt des Schreibens erhielte als unmittelbarer Vollzug der Existenz den Vorrang vor dem Geschriebenen. Die Texte verweisen, indem sie überholt werden, auf das Ganze, das ununterbrochene, nie abgeschlossene Werk, mit dem die Existenz sich selber schreibt und schreibend verändert. Die verschiedenen Bedeutungen von »Werk« - das Einzelwerk, das oeuvre als das Gesamt der Einzelwerke und das Leben als Werk - fallen zusammen.

Das impliziert, daß dann die Texte auch nur noch im Zusammenhang dieses Ganzen beurteilbar sind. Dann ist die Beurteilbarkeit der Literatur überhaupt per se immer schon moralisch; sie nimmt ihre Maße letztlich gar nicht von der Form der Literatur, sondern läßt sie sich vom Leben geben, ohne daß das für sie ein Unterschied wäre; und was beurteilt wird, sind so auch nicht die Texte, sondern vermittels der Texte das Leben. Weil aber zwischen beiden nicht mehr unterschieden wird, kann jetzt das Leben so beurteilt werden, wie es sonst eigentlich nur ein Kunstwerk werden kann, nämlich nach einem Maß, das beim Werk das Kriterium seines Gelingens wäre. Das Leben wird wie ein Werk kritisierbar, während sich die Kritik von den eigentlichen Werken, die sie als solche nicht erreicht, abzieht. Weil ein reales Leben dem Anspruch, der an ein Werk zu recht gestellt wird, niemals ganz genügen kann, ist es der Kritik erreichbarer, in den Momenten nämlich, wo es ihn verfehlt. Da es aber das Leben ist, das jetzt kritisiert wird, kann diese Kritik als eine moralische gelten.

Baudelaire hätte die Sartresche Bestimmung der Existenz als Entwurf, als permanentes Experiment mit sich selbst, durchaus unterschrieben, nur hätte er hervorgehoben, daß das dann eben nicht eine moralische, sondern eine artistische Haltung gegenüber dem eigenen Leben ist. Läßt Baudelaire das hervortreten, dann wird die moralische Beurteilbarkeit, die Sartre

---

4 Jean-Paul Sartre, *Lebendiger Gide*, in: J.-P. Sartre, *Porträts und Perspektiven*, Reinbek bei Hanburg 1968, S.72.

sichern wollte, indem er sie in die Existenz verlegte, wieder problematisch; die sich selbst artistisch umgestaltende Existenz weist die moralischen Maße ebenso ab wie vorher die einzelnen abgelösten Werke sie abwiesen.

Die Erweiterung der Artistik über den engeren Bereich der Kunst hinaus war bei Baudelaire auch schon in seinem Konzept der Imagination als »reines des facultés«(OC II,619ff.) enthalten. Einerseits erscheint hier die Imagination unter den Bedingungen eines bestimmten Kunstmediums, einer bestimmten Technik oder einer bestimmten Komposition spezialisiert, andererseits ist sie ein von jenen Spezialisierungen unabhängiges Vermögen, das sich mit ihnen verbinden kann, aber sie umfaßt und über ihren Umkreis hinausgeht. Dann kann es auch als Kunst aufgefaßt werden, wenn die Person im Leben sich ihre Fähigkeiten so verfügbar machen will, daß diese wie durch sie selbst hervorgebracht erscheinen; und zwar auch, wenn das nicht im engeren Sinne Fähigkeiten der Kunst sind. Sartres Forderung, daß der Mensch, als prinzipiell unfestgelegt, sich immer neu zu erfinden habe, scheint durch Baudelaires Beispiele illustriert zu werden, die die Imagination auf die Politik, auf die Wissenschaft, schließlich auch auf die Moral selber ausdehnen. Wenn die Moral beispielsweise nicht darin besteht, daß man alle Situationen nach den moralischen Schemata beurteilt, die man gelernt hat, sondern in dem Vermögen, sich unvorhersehbare Situationen und Handlungen vorstellen und darauf nicht vorgegebene Antworten produzieren zu können, oder sich aus wenigen Beobachtungen eine ganze Situation, eine ganze Person ergänzen zu können, dann wäre die moralische Haltung der des Künstlers, der in jedem Augenblick bereit sein muß, auf unvorhergesehene Probleme mit spezifischen Lösungen zu reagieren, sehr verwandt. Aber das hieße eigentlich, daß dann weniger die Erfindungsfähigkeit als solche ethisch zu interpretieren wäre, als daß umgekehrt jede Moral selber eine Art sich selbst erfindender Kunst, ein Spezialfall von Kunst wäre.

Für Baudelaire wäre aber damit, im Gegensatz zu Sartre, jede Moral gerade immer beschränkt und die Kunst ihnen allen gegenüber das Umfassendere. Eine bestimmte Moral wäre eher eine Vereinseitigung des Ganzen des Lebens auf einen Aspekt, und die Kunst der Versuch, es als ein Ganzes zu zeigen: »La première condition nécessaire pour faire un art sain est la croyance à l'unité intégrale.«(OC II,41) Das versucht Baudelaire nun gerade in den Gedichten darzustellen. Die einzelnen Gedichte sind freilich als Werke für sich abgeschlossen; ein einzelnes erreicht nicht jene Einheit des Lebens als ganze; denn da Baudelaire dieses Ganze keineswegs als Entwurf, werkähnlich, durchsichtig denkt, sondern als das Ganze der Natur, so würde er auch nicht wie Sartre das einzelne Werk schon als repräsentativ für das Ganze des Lebens behaupten. Das Werk kann, um seiner Durchkonstruiertheit willen, nur selektiv sein. Daß es aber auf die Darstellung des Ganzen des Lebens durch die Werke ankommt, zeigt sich zum Beispiel, wenn Baudelaire in den Notizen für seinen Verteidiger verlangt, die *Fleurs du Mal* müßten als Ganzes gelesen werden, man dürfe nicht einzelne Stücke aus dem Zusammenhang herausnehmen und, wie der Staatsanwalt, gegenüber dem Rest eine »indulgence [qui] m'est très funeste«(OC I,194) üben. Die Komposition des Buchs als ein Ganzes, in dem Gedichte aufeinander folgen, die sich gegensätzlich zueinander verhalten, möchte das, was im Leben sich auszuschließen scheint und was ein einzelnes Werk nicht vollkommen integrieren kann, als zusammengehörige Momente einer Einheit zeigen, die man nicht auflösen darf; so wird sichtbar, wie sehr die sublimen Züge an der Natur eben die Momente voraussetzen, die schon im nächsten Gedicht als Grauen erscheinen, das eine nicht ohne das andere sein kann. Gegenüber dem Umfassenderen der Kunst, die alle Aspekte integrieren und aufeinander beziehen will, muß jede Moral als Vereinfachung erscheinen. Eine praktische, im Leben überhaupt realisierbare Moral kann nur bestehen, wenn sie viele Züge wegläßt, also die komplexe Einheit auflöst; sie kann zum Beispiel nicht gleichzeitig die Freiheit aller als Wert behaupten und den »goût de la destruction«(OC I,679) als »goût naturel« zulassen. Indem sie den letzteren ausschließt, selektiert sie das Ganze des Lebens und setzt das, was sie übrigbehält, als moralisch fest. Weil Baudelaire gerade die praktische Moral, die im Leben gelten soll, viel mehr durch Gebote eingeschränkt denkt, kann er sie nicht, wie Sartre, als die frei geschaffene eines einzelnen vorstellen; einmal abgesehen davon, daß man, wie Baudelaire gegen Sartre wohl einwenden würde, eine praktische Moral nicht ausgerechnet auf das gründen kann, was real die wenigsten Menschen tun. Darum kann für Baudelaire das umfassendere Medium, das dieser Einheit von gegensätzlichen Tendenzen, das die Natur ist, gerechter werden kann, weil es nicht so sehr zu selektieren braucht, nur die Kunst sein. Über eine Kunst aber, die sich auf eine bestimmte Moral festlegt, heißt es dagegen: »Y a-t-il un art pernicieux? Oui. C'est celui qui dérange les condition de la vie.«(OC II,41) Gibt es in der Natur so etwas wie einen »goût naturel du crime«, so hat die Kunst ihn ebenso zu zeigen wie die sublimen Augenblicke der Liebe, darf sie den Gegensatz nicht um der Konsistenz eines einheitlichen Entwurfs willen glätten, auch wenn das die Gewißheiten einer bestimmten Moral gefährden kann.

Dieses Motiv zieht sich durch die gesamte Kunst- und Literaturkritik Baudelaires. So sieht er beispielsweise die Gedichte Pierre Duponts unter dem Aspekt eines Ganzen, das ein größeres Spektrum an Gefühlen darstellen kann als ein einzelnes Gedicht als Moment dieses Spektrums:

> Le receuil de ses chansons représente tout un petit monde où l'homme fait entendre plus de soupirs que de cris de gaieté, et où la nature, dont notre poète sent admirablement l'immortelle fraîcheur, semble avoir mission de consoler, d'apaiser, de dorloter le pauvre et l'abandonné.(OC II,173)

Baudelaire kritisiert nicht die Darstellung der versöhnlichen Züge an der Natur, zeigt aber implizit die Tendenz Duponts, sie im Ganzen ausschließlich werden zu lassen, weil Dupont in einer solchen Natur »peut trouver des éléments qui lui soient analogues«(OC II,172), als die Grenze dieser Lyrik. Das ist das entscheidende Motiv, das über die unterschiedliche Einschätzung der Revolution hinweg dem ersten und dem zweiten Essay über Dupont gemeinsam ist. In den Selektionen, die noch die wie gegen den eigenen Willen durchgelassene Feststellung der »utilité de l'esprit de destruction«(OC II,33) bei Dupont im Universalheilmittel der Liebe münden lassen, zeichnet sich indirekt die Person des Autors mit ihren Präferenzen ab, und nicht zuletzt das erweckt gegenüber einer solchen moralischen Kunst das Vertrauen, in dem Baudelaire den Grund für ihren großen Erfolg sah. Man könnte durchaus sagen, das sei Duponts individuelle »Wahl«, in der er selbst, als Person, fühlbar wird. Hervortritt, »ce que nous pouvons appeler *ses convictions* lyriques«[5], wie Baudelaire es über Théodore de Banville schreibt, einen Lyriker, den er ebenfalls durch seine als Wahl interpretierten Begrenzungen, den »retour très volontaire vers l'état paradisiaque«, hindurch charakterisiert. Banville »refuse de se pencher sur ces marécages de sang, sur ces abîmes de boue«(OC II,168), d.h. seine Auswahl ist eine Moralisierung des Lebens.

Als genau entsprechendes Gegenbeispiel kann man Baudelaires Essay über Hugo ansehen. Was er an Hugo rühmt, ist, neben der »grandeur«, eben die »universalité«(OC II,134). Wenn andere Dichter sich auf bestimmte sujets, bestimmte Aspekte des Lebens begrenzen, um auf diesem Gebiet, gleichsam ihrer Spezialität, vollkommen zu werden, fragt Baudelaire nach dem Recht solcher Begrenzung und kritisiert die falsche Vorstellung, als müsse ein Autor, der sich zum Beispiel auf die Darstellung der Liebe spezialisiert habe, eben damit unfähig sein, andere, gar gegensätzliche Themen zu bewältigen. Man könnte fast ergänzen, als könne seine Darstellung der Liebe dann nicht authentisch sein, weil er als Person doch nicht so viele sich ausschließende Erfahrungen gleichzeitig abdecken könne. Das hieße für Baudelaire sowohl, die Vorstellung von einer Person zu vereinfachen, wie es auch hieße, überhaupt die Dichtung durch das Maß dessen zu begrenzen, was die Person in der Einheit ihres Entwurfs in ihrem Leben erfüllt. Dagegen hatte Baudelaire ja den Dichter selber als privilegiert gesehen, weil er derjenige sei, der nach Belieben er selbst und ein anderer sein könne. Baudelaire denkt also das der Dichtung zugrundeliegende Selbst völlig von dem prinzipiell Umfassenderen der Kunst her, nicht wie Sartre umgekehrt die Kunst von der begrenzten Existenz; auch darum ist das Ich eines Gedichts niemals umstandslos die empirische Person. Der spezialistische Autor ist immer ein »poète incomplet«, wenn umfassend zu sein die Definition der Dichtung selber ist: »Vous infirmez ainsi le sens universel du mot *poésie*.«(OC II,135). Und durch diese Beschränkung wird dann durch Verein-

---

5 OC II,S.167. Analog zu den »règles que le poète s'est imposé«(a.a.O.). Vgl. auch S.164: »Le talent de Banville est essentiellement, décidément et volontairement lyrique.«

fachung auch die Darstellung eines speziellen Themas, der Liebe beispielsweise, verzeichnet:

> Celui qui n'est pas capable de tout peindre, les palais et les masures, les sentiment de tendresse et ceux de cruauté, les affections limitées de la famille et la charité universelle, la grâce du végétal et les miracles de l'architecture, tout ce qu'il y a de plus doux et tout ce qui existe de plus horrible, le sens intime et la beauté extérieure de chaque religion, la physiognomie morale et physique de chaque nation, tout enfin, depuis le visible jusqu'à l'invisible, depuis le ciel jusqu'à l'enfer, celui-là, dis-je, n'est vraiement poète dans l'immense étendue du mot et selon le coeur de Dieu.(ebd.)[6]

Wenn vom Himmel bis zur Hölle alles einbezogen werden können soll, heißt das, daß die Gegensätzlichkeit des in das Ganze zu Integrierenden bis zum eigentlich sich Ausschließenden derart groß ist, daß es zu einer bestimmten, im Leben durchzuhaltenden Moral nicht mehr kommen kann. Diese Auffassung von der Natur ist es, die Baudelaire als Lyriker daran hindert, Überzeugungen zu haben und in seinem Werk mit ihnen hervorzutreten: »Il n'y a pas en moi de base pour une conviction.«(OC I,680)

Umfassender kann die Kunst deshalb sein, weil sie das Medium ist, das sich, anders als die Moral, jeder Beurteilung einzelner Momente enthält; das zum Beispiel auch den »goût naturel du crime« nicht aus der Perspektive irgendeines Standpunkts darstellt, worauf der Staatsanwalt in den Prozessen gegen die *Fleurs du Mal* und die *Madame Bovary* dann seine Anklage begründete. In dem Artikel *Les drames et les romans honnêtes* schrieb Baudelaire:

> Le vice est séduisant, il faut le peindre séduisant; mais il traîne avec lui des maladies et des douleurs morales singulières; il faut les décrire.(OC II,41)

Das heißt nicht, daß für Baudelaire die Kunst dann amoralisch werden müßte. Im Gegenteil schreibt er ihr eine eigene moralité zu, die sich von ihr als Medium nicht ablösen lasse. Daß diese moralité aber nur in ihr als ganzer gesehen werden kann, heißt, daß sie eigentlich in nichts anderem besteht als darin, *daß* die Kunst die Natur auch wirklich darstellt, ohne etwas wegzulassen. Diese moralité, die Baudelaire wohl auch deshalb »terrible« nennt(OC I,193), kann so eigentlich in nichts liegen als in dem Bewußtsein selbst, das die Kunst von der Natur behält. Unmoralisch ist darum für Baudelaire gerade der Staatsanwalt, der mit seiner Anklage gegen eine Kunst, die alles sagen wolle, ihr die einzige moralité nehmen will, die sie überhaupt haben kann.

---

6 Unter den Malern ist Delacroix für Baudelaire derjenige, dessen Reichweite derart umfassend ist: »L'imagination de Delacroix! Celle-là n'a jamais craint d'escalader les hauteurs difficiles de la religion; le ciel lui appartient, comme l'enfer, comme la guerre, comme l'Olympe, comme la volupté. Voilà bien le type du peintre-poète!«(OC II,631)

Dem Anspruch dieser der Kunst als ganzer immanenten Moral kann ein Autor also nur dann gerecht werden, wenn er sich gerade nicht selbst als konkrete Person mit ihren Vorlieben, ihren moralischen Vorentscheidungen usw. in seinem Werk darstellt, und sei es auch nur indirekt. Baudelaire hat beispielsweise in seiner Rezension der *Martyrs Ridicules* von Léon Cladel, eines Stücks, das das Leben der Bohème moralisch kritisieren wollte, eben das moniert:

> Le poète, sous son masque, se laisse encore voir. Le suprême de l'art eût consisté à rester glacial et fermé [...] Que la morale officielle trouve ici son profit, c'est incontestable; mais l'art y perd, et avec l'art vraie, la vraie morale: la suffisante, ne perd jamais.(OC II,186)

Auch ein einzelnes Kunstwerk kann immer noch umfassender sein als die reale Existenz des Autors im Leben sein könnte, und auch deshalb darf jene für das Werk nicht Maß sein. Das ist der Grund für Baudelaires Versuch, in seinen Notizen für seinen Verteidiger die spezifische Moral der Kunst von der »morale positive et pratique, à laquelle tout le monde doit obéir«(OC II,194), zu trennen. Was in der Natur vorkommt, muß die Kunst so zeigen, wie es vorkommt, während die praktische Moral im Leben dafür vielleicht sogar zu Recht Begrenzungen fordert. Letzteres würde Baudelaire nicht bestreiten; für ihn beginnt das Problem dann, wenn die praktische Moral zum Modell dessen gemacht wird, was in der Kunst vorkommen darf.

Wenn Sartre also die im Ganzen eines Lebens zu realisierende Wahl als eine Moral interpretiert, dann setzt er in der Grundlage der jeweiligen Existenz selber ein Selektionsprinzip fest, dem dann alles im Leben unterworfen wird. Das sich auf die eigene Moral entwerfende Leben vollzieht sich als ein Ausschließungsprozeß. Sartre schreibt in *L'être et le néant*, mit einer Wendung, die die Nähe zur Kunst wiederum verrät:

> Mais, précisément, il ne saurait y avoir de liberté que *restreinte*, puisque la liberté est choix. Tout choix, nous le verrons, suppose élémination et sélection: tout choix est choix de la finitude.[7]

Die Wahl kann als eine, die *allem* im Leben Zustoßenden Bedeutung geben soll, nur bestehen, wenn sie selbst ursprünglich begrenzt ist, bzw. im Sartreschen Sinn genauer, ihre eigene Begrenztheit konstituiert; wenn sie also selber von Anfang an den Umkreis derjenigen Möglichkeiten festgesetzt hat, die von ihr aus zu *meinen* werden können. Ohne das hätte sie ja keine individuelle Bestimmtheit. Das hieße aber für Baudelaire, daß sie ein Vereinfachungssystem sein muß, an dem sich das Zufällige des Lebens für mich überhaupt erst in Alternativen verwandeln kann, die dann Entscheidungen verlangen. Baudelaire hätte, wie gesagt, nicht bestritten, daß eine Moral im realen Leben selektiert bzw. selektieren muß. Aber eben weil jede individuelle Existenz, indem sie ihre Moral schafft, sich auf eine

---

7 Sartre, *L'être et le néant*, a.a.O., S.552.

beschränkte Form vereinseitigen, sich als eine immer nur partikulare Totalität konstituieren muß, kann sie für die Kunst nicht Maß sein.

Das hat Konsequenzen auch für die einem einzelnen Werk immanent zugesprochene Moral. Baudelaires Satz: »Le suprême de l'art eût consisté à rester glacial«, die letztlich stoische impassibilité der Kunst, fordert die Theorie des engagierten Kunstwerks heraus, die darauf mit der Kritik an dem antwortet, was ihr als bloß kontemplative Haltung gegenüber der Welt, und so implizit als Einverständnis mit allem, was in ihr geschieht, gilt. Das motiviert weithin auch noch Sartres Auseinandersetzung mit dem Frühwerk Flauberts in *L'Idiot de la famille*. Weil die Welt sich immer nur einem individuellen Bewußtsein von seiner bestimmten Situation aus enthülle, sei die »impartialité«, die die artistischen Autoren anstrebten, fiktiv; ein Autor könne die Welt nur insoweit darstellen, als er selbst, mit seiner konkreten Existenz, in ihr involviert sei und das zum Ausgangspunkt seiner Darstellung mache. Aber was Sartre »impartialité« nennt, ist, von vornherein als Gegenbild zu seiner eigenen Konzeption konstruiert, eine Verzeichnung. Baudelaire selber hat beispielsweise eine Kunst kritisiert, die implizit behauptet, sie gebe »l'univers sans l'homme«(OC II,627). Wenn aber Sartre schreibt, bestimmte Verhältnisse enthüllten sich nicht einer unbeteiligten Wahrnehmung, die es gar nicht geben könne, sondern beispielsweise erst der Empörung, dem Haß usw., als den Weisen, die Welt - *als* ungerechte - überhaupt erst aufzufassen, setzt er in der Wahnehmung selber schon die individuelle Wahl eines Autors und damit dessen individuelle Moral voraus. Diese Wahl konstituiert die Welt, deren Rahmen sie ist, als eine, in der es Ungerechtigkeit gibt und macht diese so, unter dem Aspekt eines möglichen Handelns, erst in bestimmter Weise wahrnehmbar. Und Sartre setzt zugleich wieder voraus, daß diese individuelle Moral allgemeine Geltung hat, so daß die Art, wie diesem individuellen Autor sich die Welt enthüllt, für andere Menschen verbindlich werden kann. Ist der Akt des Schreibens für Sartre per se schon Überschreitung, Beurteilung des Dargestellten durch das schreibende Bewußtsein, so soll darüber hinaus diese Überschreitung per se immer eine moralische sein, soll die Literatur qua Literatur die Welt immer schon als eine zu verändernde präsentieren, wobei das Maß dieser Veränderung, das sie gerechtfertigt sein läßt, die Freiheit aller sein soll. Die moralische Sicht liegt schon in der Literatur als Darstellungsform selber:

> Et comment l'écrivain, qui se veut essentiel à l'univers pourrait-il vouloir l'être [impartial] aux injustices que cet univers renferme? Il faut qu'il le soit pourtant: mais s'il accepte d'être créateur d'injustices, c'est dans un mouvement qui les dépasse vers leur abolition.[8]

Baudelaire hätte eingewandt, damit werde die Form selber zu einem künstlich, das heißt willkürlich konstruierten Rahmen, der, ohne sich selber *als*

[8] Sartre, *Qu'est-ce que la littérature?*, a.a.O., S.77.

Moral überhaupt wirklich rechtfertigen zu können, der Welt auferlegt wird, indem er alles an ihr in den Hintergrund treten oder ganz verschwinden läßt, was nicht schon unter dem Aspekt der Veränderung als veränderbar erscheint. Damit verliert für Baudelaire nicht nur die Kunst, sondern auch die Moral der Kunst, die gerade hier Behauptung bleibt.

VI. Sartres Kritik der individuellen Wahl Baudelaires. Zur Durchführung einer existentiellen Psychoanalyse.

Will man spezifischer charakterisieren, wie Sartre Baudelaires choix originel konstruiert, so muß man wieder davon ausgehen, daß für ihn jede Wahl eines einzelnen der Versuch ist, sich in seinem eigenen Sein zu begründen. Darin besteht die formale Struktur aller Wahlen bei Sartre. Aber wie läßt sich dann in diesem Rahmen überhaupt eine individuelle Wahl so beschreiben, daß nicht alles in ihr von vornherein nur immer auf diese allgemeine Struktur reduziert erscheint? Wie können die ontologischen Kategorien so gewendet werden, daß sie erlauben, gerade die auf der empirischen Ebene liegenden Umstände eines konkreten Lebens als individuelle Einheit zu zeigen?

Das Spezifische der Wahl Baudelaires sucht Sartre daraus abzuleiten, daß bei ihm die Betonung des Schöpferischen und das Verlangen, zu *sein* - also jener unbeweglichen und undurchdringlichen Statue nahezukommen, deren Bild Sartre schon in *L'être et le néant* zur Umschreibung dieses Seins benutzte - sich in einem extremen Gegensatz gegenüberstanden. Daß Baudelaire beides zugleich wollte, frei und willkürlich sich machen und sein Selbst wie von außen empfangen, legte für Sartre jenen Rahmen seiner Möglichkeiten fest, der sich dann in allem, was er tat, als dessen Grenze durchhielt. Der Gegensatz findet seinen formelhaften Ausdruck in dem Satz: »Il veut être cette nature contradictoire: *une liberté-chose*.«[1]

Das ist nicht nur eine willkürliche Konstruktion Sartres; vielmehr reagiert er damit in seinem Rahmen auf die Schwierigkeit, ein Leben, in dem so sehr alles dem Primat der künstlerischen Arbeit unterstellt ist, als unmittelbare Existenz überhaupt darzustellen. Einerseits scheint dieses Leben tatsächlich in allem auf die Anforderungen der Kunstproduktion hin so bewußt geführt, daß hier vielleicht am meisten alles so aussieht, als sei es Moment eines Entwurfs; andererseits scheint es gerade dadurch sich von dem in jedem Augenblick frei, spontan gelebten Leben zu entfernen, auf das es Sartre ankommt. Am extremsten wird sich die Schwierigkeit dann an der deswegen für Baudelaire zentralen Gestalt des Dandy zeigen, der sich bewußt, in seinem Leben, als Kunstwerk konzipiert. Baudelaire läßt nach außen treten, was in Sartres Philosophie implizit liegt. Wenn existieren so viel heißt wie sich machen, muß das Leben immer zugleich auch etwas von jenem Objekthaften annehmen, das dann als Erstarrung gefürchtet wird. Schon damit, daß Sartre das Machen in das Leben verlegt, die Person als ein sich selbst herstellendes Werk ihrer selbst versteht, sind beide Aspekte, das

---

1 Sartre, *Baudelaire*, a.a.O:; S.84.

Dinghafte einerseits und die Willkürlichkeit des Schöpferischen andererseits, ineins gesetzt. Stellt sich das philosophisch in Sartres Kategorien als ein Widerspruch dar, so wird dieser aber nun auf die Person Baudelaires verschoben und an ihr dann wieder, als ihre Besonderheit, Gegenstand der Kritik. Sartre schreibt:

> A partir de la double postulation, le climat intérieur de Baudelaire devient assez facile à décrire: cet homme a toute sa vie, par orgueil et rancune, tenté de se *faire chose* aux yeux des autres et aux siens propres. Il a souhaité se dresser à l'écart de la grande fête sociale, à la manière d'une statue, définitif, opaque, inassimilable.[2]

Der Standpunkt, von dem aus das Leben derart fertig erscheinen könnte, wäre eigentlich der seines Endes. Aber wenn das Leben so als definitif erfaßt werden soll, setzt das voraus, daß das Bewußtsein ihm gegenüber zugleich präsent bleibt. Die gesteigerte Gegenwart des Selbstbewußtseins, die nichts mehr als bloß zufällig geschehen lassen will, erscheint als Anstrengung, das eigene Leben erstarren zu lassen, es in einen Gegenstand zu verwandeln, demgegenüber ein Standpunkt wie von außen eingenommen werden könnte, von dem aus es der eigenen Verfügung überlassen wäre.

Damit übersetzt Sartre aber im Grunde das Programm des Symbolismus selber, sich das Leben als Kunst verfügbar zu machen, auf die Ebene der individuellen Existenz zurück. Im Abschnitt über die Natur hat er das Künstliche, den Artefakt, einem Utensil angenähert und diesen bestimmt als ein zwar von Menschen Gemachtes, aber eines, das in seinem Sein gerechtfertigt sei durch die Funktion, die es im Zusammenhang einer Welt erfüllt, in der alle Utensilien ihren Platz und ihre bestimmte Verwendung haben. Hier ist die Stadt die sichtbarste Entsprechung einer solchen Welt, in der alles, was in ihr vorkommt, schon Artefakt, der Rationalisierung durch den menschlichen Geist unterworfen und so in ihr fixiert ist. So kann die Stadt auch für den einzelnen zum Bild eines Seins werden, in dem er seiner Kontingenz entronnen wäre, wenn es ihm nur gelänge, sich so weit es geht selbst, mit der eigenen Person, der Seinsweise dieser Artefakte, der Gebäude der Stadt, der Wagen, der Gegenstände in den Schaufenstern anzuähneln. Anders als in der chaotischen Natur fände er in ihr *seinen* Platz vor:

> Au milieu des villes, au contraire, entouré d'objets précis dont l'existence est déterminée par leur rôle et qui sont tous auréolés d'une valeur ou d'un prix, il se rassure: ils lui renvoient le reflet de ce qu'il souhaite être: une réalité *justifiée*.[3]

Kann er so, einem Artefakt ähnlich, nur sein als eingeschlossen in einen Kunstraum, in dem alles festgelegt ist, so muß er sein ganzes, in der Zeit

---

2 ebd., S.98. Siehe dazu auch Georges Bataille, *Baudelaire*, in: *La littérature et le mal*, a.a.O., S.200f.

3 ebd., S.133. Man braucht die Nähe zur Kunsttheorie von *La Nausée* - Roqentin, der »hart« werden möchte wie eine Saxophonnote - kaum noch zu betonen.

verlaufendes Leben mit allem, was darin geschieht, dem Prinzip eines solchen Raums zu unterstellen suchen. Alles soll nur soweit zugelassen werden, als es sich selbst schon als Kunst auffassen läßt, als Moment seiner Konstruktion, und als bloßes Leben verschwinden. Zwar erscheint, anders als Sartre es sieht, in »Rêve parisien« die vollkommen selbst entworfene Stadtarchitektur als Phantasmagorie, erscheint die Stadt gleichzeitig so, daß das Ich in ihr nicht nur nicht seinen Platz hat, sondern es sich als in ihr fremd und die Stadt als undurchdringlich, ja der chaotischen Natur verwandt erfährt. Aber in der Tat will Baudelaire, daß das Leben auch beherrschbar werden soll, und das kann es nur, soweit es selber Kunst werden kann. Eben das erscheint in Sartres existentieller Interpretation, die das Moment der Kunst bewußt unterdrückt, als das Verlangen der Person, um jeden Preis bestätigt zu sein:

> Et précisément Baudelaire, dans la mesure où il se veut chose au milieu du monde de J. de Maistre, rêve d'exister dans la hiérarchie morale avec une fonction et une valeur, tout juste comme la valise de luxe ou l'eau apprivoisée dans les carafes existent dans la hiérarchie des unstensils.[4]

Die Welt, die einer Kunstwelt, in der alles durch seine Funktion gehalten wird, als reale entsprechen würde, wäre, wie Sartre zu recht schreibt, hierarchisch. Auch das ist dem Symbolismus, vor allem dem späteren, nicht fremd; in der Tat gewinnt für ihn alles, was mit Herrschaft und Unterwerfung zusammenhängt, zentrale Bedeutung. Die Kunstkonzeption tritt gleichsam nach außen bei manchen späteren Symbolisten, die den Formbegriff von den Werken aus auf das Leben, ja schließlich auf die ganze Gesellschaft ausdehnen wollten und dabei, wie vor allem George, das immanent Hieratische der Kunstform, zum Verhältnis von Herrschaft und Dienst verinhaltlicht, als Politik in der Welt durchzusetzen suchten. Der konsequente Versuch, die äußere Welt in die eigene Verfügung hineinzuziehen, indem er beispielsweise noch die realen Personen in seiner Umgebung nur soweit zuließ, als sie sich gleichsam in lebende Artefakte verwandeln ließen, die seiner Verfügung entsprachen, führte bei George zum Kreis. Wie diese Autoren, und gerade George, genau wußten, denn es wird bei ihnen ja Thema, ist das, was der kontingenten Person die Ordnung, die im Leben dem durchgestalteten Ganzen des Werks entspräche, am meisten fühlbar macht, in ihr untergeordnet zu sein. So, als hätte die unterste Stelle in ihr, an der man die eigene Fähigkeit, sich zu bestimmen, völlig an die ganze Ordnung abgegeben hat, die größte Kraft, einen zu definieren, einem als Teil dieser Ordnung erst Sein zu geben und so eigentlich erst zu erschaffen. Der sich so Unterwerfende will mit seiner Unterwerfung selber die Welt umschaffen in eine, in der alles festgelegt ist, sie mit seinem ganzen Leben zu einem Ritual erstarren lassen, in dem auch

---

4 ebd.

alle andern sich nur nach den vorgezeichneten Rollen bewegen dürfen, weil sein eigenes Umrissensein von dem Geregelten des Ganzen abhängt.

Sartre schreibt nun gerade Baudelaire, der das wie wenige Autoren wußte und zeigte, eine solche Unterwerfung in seinem Leben zu. Sie, der Masochismus in Sartres Sinn, wird für ihn das Vereinigende in Baudelaires spezifischer Urwahl. Ob es nun Verhältnisse waren, die er als faktische nicht wählen konnte, wie die zu den Eltern, die für ihn dann aber bis zuletzt unangezweifelte »Idole«[5] geblieben seien, ob es Beziehungen zu Personen waren, die er dann eigens dazu ausgesucht habe, wie die Geliebten, die für ihn »Inkarnationen des Richters«[6] bedeuten sollten; ob es der demonstrative Katholizismus war, dessen Gott er wieder die Macht des alttestamentarischen Gottes verliehen habe oder die autoritäre Staatslehre de Maistres, die auf eine Apologie des Opfers hinausläuft: alles steht für Sartre auf einer Ebene, in allem suchte Baudelaire sein Leben selber von vornherein so einzurichten, daß er immer auf Autoritäten stoßen konnte, an denen sich seine Unterwerfung, bis zur Erniedrigung, wieder bestätigen ließ. Weil er für Sartre nur dadurch versuchen konnte, zu einem fixierten Objekt zu werden, daß er sich nicht selbst entwarf, sondern die Konzeptionen übernahm, die die andern von ihm gemacht hatten, suchte er von sich aus immer sich dem Blick der anderen auszusetzen, die diese ihn konzipierende Macht hatten. Das mußten nicht Personen sein; es konnten auch anonyme, abstrakte Instanzen dafür eintreten, in denen sich der Andere verkörperte: so in der bürgerlichen Moral, in deren Namen Baudelaire im Prozeß verurteilt wurde. Der Skandal, den Baudelaire darin aber doch darstellte, indem er gegen diese Moral verstieß, wird der existentiellen Psychoanalyse nur wieder zu einem indirekten Mittel Baudelaires, in die Situation zu kommen, in der er verurteilt wurde; ähnlich wie die Liebe zu einer Prostituierten statt zu einer bürgerlichen Frau aus dem Bemühen interpretiert wird, in der Erniedrigung durch diese Frau sich sein Sein anzueignen; noch die Syphilis, wenn auch vielleicht nicht direkt gewollt, scheint so in diese Wahl zu passen. So wird Baudelaires Leben, ob er sich der bürgerlichen Moral nun unmittelbar fügte oder ob er gegen sie verstieß, immer kritisierbar, denn er verstößt dann ja nur deshalb gegen sie, weil er so ihre verurteilende Macht nur umso härter erfahren kann.

Die Frage wäre allerdings, ob nicht der Anschein, daß alles derart eine Einheit ergibt, dadurch zustandekommt, daß Sartre von vornherein die realen Abhängigkeiten der Person, von den ökonomischen Verhältnissen bis zu den sexuellen Fixierungen, als solche so wenig berücksichtigt, daß das faktisch Erlebte immer schon auf die Wahl abgestimmt scheint. Die Einheit der Person, die Sartre in dem einen durchgehenden Masochismus sehen will, ist durch Vereinfachung erkauft. Das zeigt sich schon immanent in seiner Darstellung selber, die Baudelaires Wahl ja als in sich

---

5 ebd., S.65.
6 ebd., S.153.

widersprüchlich beschreiben muß, also mit der einen Seite der Unterwerfung nicht auskommt. Die Vereinfachung erklärt sich philosophisch aus der Weise, in der Sartre seine zentrale Kategorie, die Freiheit des Einzelsubjekts, als Maß ansetzt. Sie kann er immer nur als die eine, als totale denken; eine Verschränkung von partieller Freiheit und partieller Unfreiheit zu denken, lassen seine Kategorien nicht zu. So muß für Sartre Baudelaire, wenn er nicht ganz autonom handelte, sich ganz heteronomen Instanzen unterworfen haben. Aber dieses Entweder/Oder verzerrt die Darstellung insgesamt. Wenn Baudelaire beispielsweise die Moral, auf die der Staatsanwalt sich berief, nicht ausdrücklich verwarf, muß das doch noch nicht unbedingt heißen, daß er sich ihr gefügt habe: er rechnete mit ihrer gesellschaftlichen Macht, die er kannte wie niemand. Aber die Verfügung über sich selbst und die Unterwerfung unter die konzipierende Gewalt des andern, die Sartre hier dichotomisch gegenüberstellt, lassen sich schon bei ihm selber nicht derart trennen: wie er in *L'être et le néant* entwickelte, ist auch der Versuch, die eigene Spontaneität an den andern zu verlieren, noch ein Entwurf des Subjekts selbst, das sich noch darin wieder auf sich zurückverwiesen findet. Über Baudelaires Beziehung zu Madame Aupick beispielsweise schreibt Sartre:

> Il l'a investie, malgré elle, du pouvoir suprême de le juger et même s'il conteste un à un les motifs du jugement, la sentence demeure inébranlablée. Il a choisi de se jeter, devant elle, dans la situation du coupable.[7]

Aber wenn das so wäre, so wäre es doch wiederum er, der so sich selbst, sein eigenes Leben konzipiert vermittels *seiner* Konzeptionen von den anderen. Noch seine Verworfenheit wäre sein eigenes Produkt, durch das er sich auch gegen jene bestimmt, indem er sie wiederum sich unterwirft. Die Verfügung und die Unterwerfung wären zumindest beide möglich, ja die eine schlüge in die andere um und umgekehrt, und das käme Baudelaire wohl näher. Das Ich des dafür zentralen Gedichts »L'Héautontimorouménos« ist zwar nicht, wie Sartre es ganz selbstverständlich sieht, unmittelbar Baudelaire, aber schon daß hier das Ich sowohl als Henker wie als Opfer auftritt, läßt Sartres existentielle Psychoanalyse problematisch werden: sie müßte - einmal vorausgesetzt, diese Beziehung ließe sich als gewählte darstellen - dann bei Baudelaire gleichsam zwei einander konträre Wahlen gleichzeitig annehmen, ohne diese wiederum in eine einzige übergreifende, in der sich der Widerspruch aufhöbe, auflösen zu können. Wenn Baudelaire in *Mon coeur mis à nue* notiert: »Il serait peut-être doux d'être alternativement victime et bourreau«(OC I,676), so ist auch das nicht so zu verstehen, daß hier eine in sich einheitliche Wahl eine andere, gegensätzliche ablöse; wenn immer die Möglichkeit zu beidem besteht, ist vielmehr beides, obwohl sich eigentlich ausschließend, immer ineinander. Das

---

7 ebd., S.76.

Ich verdoppelt sich in sich, und das stellt Sartres existentielle Psychoanalyse vor in ihr unlösbare Schwierigkeiten.

Autoren wie Baudelaire und in Deutschland George, denen die Probleme im Verhältnis von Herrschaft und Unterwerfung so bewußt sind, wollen, wenn sie diese Probleme zeigen, nicht einfach sich selbst als die Unterworfenen, um die Anstrengung ihrer Autonomie loszuwerden. Viel eher geben sie schon damit, daß sie wie niemand sonst auf der Durchbildung ihrer selbst insistieren, zugleich den andern ihre Rollen vor. Baudelaire, der vollkommen positiv von einer »hiérarchie raisonnable«(OC I,665) sprechen konnte, sprach dadurch dem Künstler eine ihn grundsätzlich unterscheidende Superiorität zu. So in der von Sartre zitierten Notiz:

> Il n'existe que trois êtres respectables:
> Le prêtre, le guerrier, le poète. Savoir, tuer et créer.
> Les autres hommes sont taillables et corvéables, faits pour l'écurie, c'est-à-dire pour exercer ce qu'on appelle des *professions*.(OC I,684)

Das ist ein Bild, das in der Tat die Welt hierarchisch aufteilt in die, die über sich selbst verfügen, die herrschen, und die andern, die, da sie gar nicht als eigene Subjekte erscheinen, gut für irgendeine gesellschaftlich gegebene Funktion sind. Im Grunde erfüllen gerade die ersteren Sartres Maß, und er sieht diese Notiz auch durchaus positiv.[8] Bis in sein Leben hinein war Baudelaire es, der, so weit das möglich war, seine Beziehungen zu den andern in den Grenzen der Rollen hielt, die sie für ihn zu spielen hatten, indem er alle Entwicklungen, die diese Beziehungen, in Richtungen, in denen er sie nicht mehr in der Hand haben würde, von sich aus hätten nehmen können, von vornherein abschnitt. Das bestimmt noch die Beziehungen zu Frauen, die er liebte, die dann durchaus, darin hat Sartre recht, auch wie durch ihn selbst bestimmt erscheinen, wenn auch Baudelaire in seinen Gedichten auf der andern Seite immer wieder zeigt, wie sich die Beziehungen in der Liebe der eigenen Verfügung dann doch entziehen - was Sartre wieder als Beleg für seine Psychoanalyse interpretiert.

Das derart bis in die scheinbar nebensächlichen Umstände bewußt »geführte« Leben nimmt an sich selbst einen Aspekt des Strategischen an, und das drückt sich in der Darstellung, die alles biographisch unmittelbar nehmen möchte, darin aus, daß plötzlich alles, noch die Krankheit, wie durch den Autor selber arrangiert erscheint. Je mehr aber alles im Leben zur Rolle wird, über die als solche verfügt werden kann, desto mehr erscheint in der Tat dieses Leben statisch, weil es so keine Entwicklungen mehr gibt. Es ist kein Zufall, daß Sartre schreiben kann, Baudelaire liege in jedem Augenblick sein ganzes Leben wie ein Schicksal vor Augen. Seine Interpretation wird auch bestätigt durch die Briefe, von denen die an die Mutter sich untereinander über zwei Jahrzehnte ebenso ähneln wie die Briefe an verschiedene Frauen, die Baudelaire geliebt hat. Das Problem für

---

[8] Sartre, *Baudelaire*, a.a.O., S.51.

Sartre ist nur, daß sich das auch in seinem Rahmen nicht ohne weiteres kritisieren läßt. Vielmehr stellt Baudelaire implizit Sartres Voraussetzung, die Freiheit in der Urwahl, in Frage. Denn wenn alles im Leben der einen Wahl folgt, d.h. wenn *jeder* Akt auf sie hin, wenn auch autonom, eigens bestimmt wird, so geschieht schließlich nichts mehr zufällig, und dann schlägt das Leben, wie in einem vollkommen determinierten Kunstwerk, aus der freien Wahl heraus in absolute Statik um. Dann erscheint alles vorbestimmt und das Leben sieht aus, als liefe es ab wie auf einer Bühne, indem mit immer andern Personen in immer andern Situationen sich immer das gleiche wiederholt. Gerade darin hat Sartres Konzeption der Urwahl großen psychologischen Erfahrungsgehalt; es spricht aber gegen seine Betonung der Freiheit darin. Sartre, der die Freiheit schon ins Bewußtsein selbst verlegt hat, als dessen »détermination de soi par soi«, reflektiert eben darum nicht mehr, daß dann die Unfreiheit im Innern der Wahl selber wiederkehrt; und Baudelaire demonstriert eben das.

Sartre zitiert aus *Mon coeur mis à* nu:

> Sentiment de *solitude* dès mon enfance. Malgré la famille - et au milieu des camarades, surtout - sentiment de destinée éternellement solitaire.(OC I,680)

Wenn Baudelaire die Einsamkeit hier als sein Schicksal bezeichnet, sie also nicht mit kontingenten Umständen begründet, erscheint sie schon dem ähnlich, was in der Existenzphilosophie Entschluß heißt. Die Kommunikation mit anderen, die er als nicht möglich erfuhr, wird aus eigener Entscheidung auch gar nicht mehr gesucht, und so wird allein zu sein zu einer Wahl. Sartre hat das durchaus gesehen:

> Nous touchons ici au choix originel que Baudelaire a fait de lui-même[...] Il a revendiqué sa solitude pour qu'elle lui vienne au moins de lui-même[...] Désormais, avec un emportement buté et désolé, il s'est *fait* un autre: un autre que sa mère, avec qui il ne faisait qu'un et qui l'a rejeté, un autre que ses camarades insouciants et grossiers; il se sent et veut se sentir unique jusqu'à l'extrême jouissance solitaire, unique jusqu'à la terreur.[9]

Die Frage ist nur: wenn das, was Baudelaire macht, hier durchaus einer Wahl entspricht, wie kann Sartre ihm dann vorwerfen, er habe sich nicht richtig gewählt? Denn in der Tat kann Sartre doch gerade hier am besten diese Kategorie bestätigt finden, am deutlichsten zeigen, daß die Einsamkeit zum Gegenstand einer andauernden und bewußt in jedem Moment aufgenommenen Arbeit wird, die sie von einer gegebenen Lage völlig entfernen, sie in eine totale verwandeln soll, die das Subjekt allein von sich selber hätte. Indem Baudelaire bei Sartre sich auf der Grundlage seiner Isolation wählte, definierte er sich selbst durch seine Andersheit und kehrte sie als durch ihn gewollte demonstrativ gegen die Welt, indem er jede Situation,

---

9 Sartre, *Baudelaire*, a.a.O., S.21.

jede Person, der er begnete, in einen Anlaß verwandelte, den Graben zu vertiefen, den seine Wahl zwischen ihm und der Welt gezogen hatte. Er richtete sein Erscheinen selbst so ein, daß es den Schrecken hervorrufen konnte, der ihn als das Ungeheuer bestätigen würde, das die Gesellschaft in ihm sah. Das ist ein Gewaltakt in dem Sinn, in dem Sartre in den *Cahiers* die Gewalt charakterisierte: »C'est un départ qui se veut définitif. Couper les ponts.«[10] Seine absolute Isolation wird Gegenstand einer systematischen Strategie. Auch das entspricht Selbstaussagen Baudelaires: »Quand j'aurai inspiré le dégout et l'horreur universels j'aurai conquis la solitude.«(OC I,660) Die Einsamkeit erscheint als Ziel einer Eroberung.[11] Sie ist auch die Folge der Bewältigung seiner selbst, der Konsequenz, mit der seine Wahl durchgehalten wird, die als solche schon ihn zur Welt in Distanz treten läßt. Einem solchen Begriff einer Wahl entspricht auch Baudelaires Satz: »L'homme de génie veut être *un*, donc solitaire.«(OC I,700). Läßt ihn das in einer Welt, in der »chacun veut ressembler à tout le monde, mais à condition que tout le monde lui ressemble«(OC II,125), fremd erscheinen, ist seine Antwort darauf, daß er diese Fremdheit, mit Sartre zu reden, »übernimmt«, das heißt sie zu seiner macht. So - und nicht unmittelbar soziologisch - ist der Aristokratismus des Künstlers zu verstehen, von dem Baudelaire Gautier gegenüber spricht: »Saluons, au contraire, avec tout le respect et l'enthousiasme qu'elle mérite, cette aristocratie qui fait solitude autour d'elle.«(OC II,107) Die Fremdheit soll nicht gemildert werden, sondern als Schock nach außen treten, in der Kunst gesteigert werden.

Die Fremdheit des Künstlers, der in der Gesellschaft, in die er verschlagen ist, zum Paria wird, ist Thema eines Gedichts von Baudelaire, das nicht zufällig »Bénédiction« heißt. In diesem Gedicht ist es aber nicht Baudelaires Existenz, nicht seine empirische Person, sondern »Der Dichter« - »Le Poète« -, der im Bild des Paria erscheint. Der Dichter dieses Gedichts ist der in einer aufgeklärten Gesellschaft mythisch Verfemte:

> Dans le pain et le vin destinés à sa bouche
> Ils mêlent de la cendre avec d'impurs crachats;
> Avec hypocrisie ils jettent ce qu'il touche,
> Et s'accusent d'avoir mis leurs pieds dans ses pas.(OC I,8)

Das ist eine Christologie des verfluchten Dichters, Modell aller späteren bis hin zu Georges *Pilgerfahrten*, so wie das Gedicht insgesamt, wie Benjamin sah[12], den Jugendstil vorwegnimmt. Aber der Dichter, auf den hier das

---

10 Sartre, *Cahiers pour une morale*, a.a.O., S.189.

11 Vgl. dazu wieder das von Sartre rezipierte Buch von Georges Blin, *Baudelaire*, a.a.O., S.17ff. Vgl. auch die folgende Stelle: »[...] ›le plaisir aristocratique de déplaire‹: [...] Ce défi dans la fausse note creuse autour de lui le fossé, rompt la complicité qui à chaque minute nous lie avec des sociétés de rencontre.[...] Prêtre avec les impies - mais ennemi personnel de Dieu s'il trouve un prêtre, il se convertirait volontiers à une religion ›thibétaine ou japonaise‹ pour ne pas adorer le Dieu de son voisin.«(S.18/19)

12 Walter Benjamin, *Gesammelte Schriften* I,3, a.a.O., S.1137. Siehe auch: *Das Passagen-Werk*, a.a.O., S.461 (J 77 a,3) und S.446 (J 70 a,2).

Schema der Passion angewendet wird, erscheint gerade nicht als eine in ihrer Einsamkeit stellvertretende Erlösergestalt, sondern erscheint in dieser Welt als ein Scheusal, vor dem sogar noch seine eigene Mutter mit Entsetzen zurückschreckt und in Verfluchungen ausbricht; und gerade ihm als einem vollkommenen Monster wird auf einer andern Ebene zugleich die vollkommene Unschuld des enterbten Kindes zugesprochen, das sich, von den Verfluchungen unberührt, an der Sonne berauscht. Das Gedicht kommt damit Sartres Interpretationsrahmen auch entgegen, denn es zeigt den Dichter nicht unter dem Aspekt seiner Werke, sondern seiner Gestalt, dem was als die dichterische Existenz der Jugendstil dann zum Mittelpunkt der Kunst machte. Man kann weitergehen und sagen, daß in diesem Gedicht in der Tat für den Dichter alles, was ihm geschieht, zu etwas wird, das ihm, als Dichter, eigens zugedacht war. Er macht sein Leiden in der Welt zu seinem »Schicksal«; indem er es bewußt ergreift und bewältigt - mit Sartre zu reden es »übernimmt« - formt er es zu einem Mittel um, die sowohl theologisch wie ästhetisch zu verstehende »Unreinheit« der empirischen Existenz von sich abfallen zu lassen:

> - Soyez béni, mon Dieu, qui donnez la souffrance
> Comme un divin remède à nos impuretés
> Comme la meilleur et la plus pure essence
> Qui prépare les forts aux saintes voluptés!(OC I,9)

Indem er sie »segnet«, das heißt zu seinen macht, schlagen die Erniedrigungen, die Foltern und die Schmerzen, die er durch seine Mutter, seine Geliebte und die Gesellschaft erfuhr, in seinen Adel um, den einzigen, dem die Erde und die Höllen nichts anhaben können. Was Sartre als eine existentielle Wahl interpretieren will, zeigt sich als eine reine Haltung, die, weil sie sich auf nichts mehr stützt, was der Welt zugehört, alle Anforderungen von außen souverän an sich abfließen läßt. Der dichterische Lebenslauf erscheint, als übernommener, transfiguriert, und indem alles in ihm, noch das größte Elend, noch die sexuelle Erniedrigung, nur Mittel zu dieser Transfiguration wird, die alles in reine Essenz verwandelt, wirkt alles, als spielte es sich wie auf einer Bühne ab. Das Gedicht zeigt, was die Interpretation als existentielle Wahl verdeckt: Würde sich jemand wirklich in seinem *Leben* so total als von der Gesellschaft Geächteter wollen, wie Sartres Wahlkonzeption impliziert, das heißt, würde er wirklich in allen konkreten Umständen die Situation des Verfluchten zu seiner machen, sie aus sich heraus wieder produzieren, sie »erschaffen«, so würe er seine Verfluchung im wörtlichen Sinne darstellen; sie würde so ostentativ wie Baudelaire sie an dieser Dichtergestalt werden läßt. Baudelaire aber kann sie so zeigen, weil es ihm gerade nicht darauf ankommt, diese Haltung als eine auszugeben, die sich im Leben realisieren kann oder soll. Die Ausstoßung des Dichters wird im Gedicht zu einer totalen gesteigert, weil sie nur als totale das absolut Inkommensurable des reinen Dichters und der

Welt demonstrieren kann. Anders als in dem romantischen »poncif« des unschuldig exilierten Dichters, das Baudelaire hier voraussetzt, wird die Verfluchung nicht sentimental beklagt, sondern gefeiert; je größer die Scheußlichkeit dieses Ungeheuers, desto mehr kann es die »gelangweilte Welt« dazu bringen, es entsetzt abzuwehren; je größer aber die Haßtiraden der Welt, desto großartiger wird der Dichter als mythisches Monster, das als solches durch die Verfluchung sicherer bestätigt wird als durch jede Anerkennung, die die Welt, mit der nichts gemein zu haben ihn nur ehrt, ihm je geben könnte. Der Rahmen des Gedichts ist ein ästhetischer, und in diesem Rahmen wird das Dasein des Dichters auf Erden inszeniert als éclat, dem die Verfluchung ebenso dient wie die Apotheose, in der einzig der Verfluchte erstrahlt, weil seine Verfluchung schon eine umgekehrte Heiligung war. Sein Leben soll nicht existentiell singulär, sondern zur Sensation werden. Interpreten haben, durchaus im Einklang mit der existentiellen Kritik Sartres, an diesem Gedicht immer wieder das Übertriebene, das Rhetorische beanstandet. Aber gerade das ist hier wichtig. Dadurch, daß an der dichterischen Existenz bewußt alle Momente weggelassen werden, die sich auf die künstlerische Produktion oder auf die konkreten Lebensbedingungen des Autors beziehen, erscheinen Leben und Apotheose des verworfenen Dichters im wörtlichen Sinne, sichtbar, »konzipiert«, das heißt durch Kunst arrangiert. Sie sind eine ästhetische Stilisierung, die die reale Fremdheit über alles hinaus erhöhen will, was dem Autor oder gar seiner empirischen Person im Leben gegenüber der realen Gesellschaft je möglich wäre. Nur das wird ausgewählt, was dem Bild der dichterischen Passion entspricht, und auf die reine, von Benjamin zu recht mit Fidus verglichene[13] Gebärde ausgerichtet, die sich vor dem Hintergrund des souverän ausgeblendeten Aspekts der wütenden Völker abhebt:

> Vers le Ciel, où son oeil voit un trône splendide,
> Le Poète serein lève ses bras pieux.(OC I,9)

Die Sakralisierung steigert den puren Bildcharakter so sehr, daß das Bild als solches absolut wird, und das heißt, man nicht mehr dahinter, nach der realen Existenz, zurückfragen und es auch nicht z.B. psychologisch oder soziologisch auflösen kann. Darum kann die Kunst hier auch die religiösen Bilder benutzen; sie kann sie brauchen, insoweit diese an sich selbst auch schon unauflösbare Bilder waren. Denn für die Kunst ist nicht das Entscheidende, wie weit dieses Bild der realen Situation des Autors entspricht, der, wie Baudelaire wußte, von der Gesellschaft nie derart geschieden ist wie hier der Dichter von der mythischen »Welt«, sondern immer auch selbst Teil von ihr; das Entscheidende für Baudelaire ist, wie weit es sich als *Bild* behaupten kann.

---

13 Benjamin, *Das Passagen-Werk*, a.a.O., S.446 (J 70,6).

Die Probleme, die die existentielle Psychoanalyse mit Baudelaire hat, liegen darin, daß sie nicht versuchen kann, nach der Funktion einer solchen Inszenierung der Dichterexistenz innerhalb der Ästhetik Baudelaires zu fragen - so wie Benjamin fragte, warum Baudelaire den »Gestus des Dichters auf Kosten der Berufsmerkmale des Schriftstellers forciert«[14] - sondern daß sie das Bild aufzulösen, die Existenz Baudelaires darin unmittelbar zu fassen suchen muß.[15] Aber kann diese Gestalt auf Baudelaire projiziert werden, auch wenn bestimmte Motive ihrer vita - das Verhältnis zur Mutter, die Geliebte, die aber doch beide von vornherein mythische, harpyenhafte Gestalten sind - an die Biographie Baudelaires erinnern mögen? Und auch wenn Baudelaire in Selbstzeugnissen, ja sogar auch in der Realität sein eigenes Leben - so wie in seinen Essays das Leben anderer Künstler, das Poes z.B. - wiederum nach den Umrissen dieses Bildes entworfen haben mag? Nimmt Baudelaires Leben so durch ihn selbst die Züge des Legendären an, die die spätere Rezeption dann aus ihm immer wieder herausinterpretierte, so hat Baudelaire aber weniger versucht, das Bild als das eigentliche Leben erscheinen zu lassen, indem er den Bildcharakter möglichst verwischte, als daß er umgekehrt den Bildcharakter demonstrierte, den partiell dann auch das Leben annahm, das so als davon unabhängiges gar nicht mehr zu greifen war.

Das Gedicht läßt alle Versuche problematisch werden, das zu tun, was wie jede Psychoanalyse auch die existentielle immer tun muß, nämlich die ästhetischen Motive durch das darin »eigentlich« Gemeinte zu ersetzen: den Dichter durch Baudelaire, die Mutter durch Madame Aupick, die Frau durch Jeanne Duval, usw. Dabei kennt Sartres Psychoanalyse, anders als die Freuds, keine Unterscheidung zwischen manifestem Inhalt und latenter Bedeutung, in die, da sie unbewußt bleibt, der manifeste Inhalt erst »übersetzt« werden muß; daß in einem Leben alles einer Wahl folgt, heißt, daß alles, wenn auch nicht erkannt, doch bewußt ist, und so hat die existentielle Psychoanalyse einer individuellen Wahl eigentlich nur explizit darzustellen, was in ihrem Rahmen immer schon durchsichtig da war. Räumt Sartres

---

14 Benjamin, *Das Passagen-Werk*, a.a.O., S.398 (J 48 a,2).

15 Das bleibt auch noch ein Problem, wenn Sartre im letzten Band des Flaubert-Buches (a.a.O., Vol. III, S.161f.) dieses Gedicht auf die Dichterexistenz hin interprtiert. Wenn Sartre schreibt, »ces vers ont l'avantage de nous montrer le génie poétique *s'actualisant* à travers les haines, les rancunes que suscite, malgré lui, l'élu. Maudit par sa mère, méprisé, torturé par sa femme, lynché ou presque par la foule, le poète devient enfin lui-même[...]«(ebd.), gilt das für das Dichterbild des Gedichts, nicht aber für Baudelaire als Autor. Nur weil Sartre beides ineinanderübergehen läßt, kann er Baudelaire als einen Autor interpretieren, der sein Scheitern im Leben gewollt habe, um seinen Sieg als Dichter darauf zu begründen; kann er sagen, für Baudelaire sei der offiziöse Ruhm Hugos ein Problem gewesen, weil dieser bewiesen habe: »*Donc* on peut être poète, sans avoir été maudit par sa mère.«(ebd., S.162)
Für einen Versuch, das Bild quasi soziologisch aufzulösen, wobei die Erhöhung des Dichters als Kompensation für die problematische Stellung des Autors in der Gesellschaft erklärt und als Beleg dafür die unwahrhaftige Sprache, »the hollow rhetoric of its public tone«, genannt wird, sieht Irving Norman Wohlfarth, *Aspects of Baudelaire's literary dandyism*, Diss. Yale 1970, u.a. S.49. Auch diese Erklärung bleibt völlig von dem Bild abhängig, das sie in den quasi soziologischen Rahmen übersetzen will.

Kritik an Freud mit dem Unbewußten zugleich die Probleme weg, wie die Übersetzung in den latenten Inhalt jeweils zu rechtfertigen sei, so wird für Sartre aber das Problem, welchen Erklärungswert die existentielle Explikation hier hat. Man könnte eine Interpretation dieses Gedichts nach der existentiellen Psychoanalyse zu skizzieren versuchen. Diese würde die »puissances suprêmes«(OC I,7), auf deren Ratschluß der Dichter in der gelangweilten Welt erscheint, als Projektion des Verlangens, gerechtfertigt zu sein, entschlüsseln. Da Baudelaire nach Sartre aber als von der Welt Verworfener gerechtfertigt sein wollte, müßte die Interpretation annehmen, daß die realen Autoritäten, von denen Baudelaire im Leben seine Rechtfertigung erwartet haben soll, im Gedicht doppelt, und zwar in entgegengesetzten Instanzen, vertreten sein müßten: erstens in der Mutter, die den Dichter-Sohn verflucht, und den andern, zweitens in den höchsten Mächten, unter deren Schutz er steht. Beide müßten, obwohl entgegengesetzt, als Repräsentanten desselben Verlangens, gerechtfertigt zu sein, ineinandergeschoben werden, damit sie den »complexe théologique qui assimile les parents à des divinités«[16], ausdrücken können, also die Ambivalenz, in der absoluter Haß mit absoluter Anerkennung der Autorität zusammenfällt. Eine solche Interpretation würde durch Sartres Satz bestätigt: »Et cette horreur qui saisit les Dieux devant leur créature sera à la fois leur châtiment et sa consécration.«(ebd.)

Die Fragen, die man hier stellen kann, sind sowohl solche, die sich immanent an diese Psychoanalyse selbst richten - denn inwieweit ist es zum Beispiel mehr als metaphorisch, von einem »theologischen Komplex« zu sprechen oder überhaupt von einem Komplex, wenn er doch gewählt ist? - wie es auch solche sind, die die Anwendung dieser Psychoanalyse in Kunstzusammenhängen betreffen. Wenn die Beschreibung der Wahl sich explizit oder, wie bei diesem Gedicht, implizit auf Texte Baudelaires stützt und diese unmittelbar psychoanalytisch interpretiert, ist die Frage, wie weit sie dann wirklich hinter deren Bilder kommt, diese durch ihr Erklärungsmodell auflöst, und wie weit sie sich selber von ihnen bestimmen läßt. Ist das, was sie dann beschreibt, Baudelaires Existenz selbst oder beschreibt sie die Stilisierungen, die Baudelaire in seinen Gedichten gibt, und deutet diese dann als seine existentielle Wahl? In der Beschreibung der Existenz, die doch die Werke Baudelaires nicht als Kunstwerke betrachten wollte, setzt dann die Kunst gerade so sich wieder durch, in die Existenz selbst verschoben und als ästhetisches Bild dort unsichbar geworden. Aber das nicht zuletzt läßt das Leben Baudelaires in der Einheit einer Wahl beschreibbar werden: was beschrieben wird, ist durch die Kunst - die Werke und die Arbeit, die ihnen vorausliegt - schon gleichsam vorgeformt. Es scheint schon einer Wahl zu folgen, als Kunst nämlich. Sartre übersetzt partiell, was Baudelaire in bestimmten, von Sartre nicht ohne Willkür

---

16 Sartre, *Baudelaire*, a.a.O., S.67.

herangezogenen Gedichten macht, in Biographie zurück, um diese dann als intelligible Existenz, als Baudelaire selbst, zu interpretieren und zu kritisieren. So kann er dann beispielsweise anläßlich des Gedichts »Bénédiction« unmittelbar von Baudelaires »Dolorismus«[17] sprechen. Aber eben die Tatsache, daß alles, was Sartre von Baudelaire erfaßt, nur insoweit faßbar wird, als es selbst schon Produkt einer Wahl, der künstlerischen Arbeit Baudelaires nämlich, war, läßt Baudelaire für die existentielle Psychoanalyse nicht durchsichtiger, sondern gerade undurchdringlich werden; oder anders, die Interpretation kann immmer nur der Wahl nachfahren, unter die Baudelaire im Medium der Kunst alles schon gebracht hat, und sie eben darum nicht auflösen. Das, was Sartre Baudelaires Existenz nennt, entzieht sich gerade dadurch, daß alles gewählt erscheint; Baudelaire demonstriert, daß gerade die Konsequenz der Wahl als Künstler auf die vollkommene Absenz des Autors als Person hinausläuft, eine Unerreichbarkeit, die der Symbolismus dann programmatisch machte.[18]

---

17 ebd., S.111.

18 Darin zeigen sich schon in dem frühen Buch über Baudelaire die Schwierigkeiten, die dann in Sartres Darstellung Genets, eines ja auch hierin Baudelaire verwandten Autors, gesteigert wiederkehren. Siehe z.B. Sieghild Bogumil, *Sartre und die Verweigerung der Poesie*, in: *Literarische Diskurse des Existentialismus*, hrsg. von Helene Harth und Volker Roloff, Tübingen 1986, S.24: »Sartre kann, wenn er von Genet spricht, nicht verhindern, von der Poesie zu sprechen [...] Ob Werk, ob Leben, alles ist bei Genet Poesie, Gedicht, poetische Verfahrensweise, Kunst. Während Sartre einen nicht existierenden »eigentlichen« Genet sucht, verfängt er sich vielmehr seinerseits in den Maschen des poetischen Netzes, welches das Werk Genets ist [...].«
Gegenwärtig gibt es in Frankreich eine Tendenz, die Stilisierungen durch Fakten über das Leben zu ersetzen, und dabei sich auch mit der existentiellen Biographie kritisch auseinanderzusetzen; siehe bes. Jean-Bernard Moraly, *Jean Genet. La vie écrite*, Paris 1988. Vgl. z.B. die Einleitung: »Genet a disparu derrière son image.« (S.7); »Les biographies établis jusqu'à ce jour ne font en général que reprendre les éléments de la légende.« (S.9) Zu Sartres *Genet* vgl. S.105ff.: »Sartre montrait comment les choix existentiels de l'écrivain déterminaient les moindres détails de sa technique. Genet montre comment l'écriture, ou les évolutions de la technique de l'artiste déterminent sa biographie.«(S.109)
Man muß hier aber daran erinnern, daß schon 1963 Witold Gombrowicz nach der Lektüre von Sartres Buch, das er im übrigen gerade wegen seiner versuchten »Entwaffnung des Dämonismus« sehr bewunderte, diese Schwierigkeiten notiert hat: »[...] dieser Bursche Genet begann zu stehlen, denn er mußte ja von irgendwo Geld herbeischaffen;[...] all das geschah ganz gewöhnlich[...] Das absolute Böse hing er seinem Dasein erst an, als er in späterem Alter zu schreiben begann, das brauchte er für die Literatur. Da erst verkündete er, daß er das Böse gewählt habe; aber er fügte nicht hinzu, daß er es *ex post* gewählt habe. Die Studie Sartres ist keine Interpretation, sondern eine Interpretation der Interpretation. Er hat sich an das Leben Genets herangemacht, als es bereits durch Genet in seinem Werk mythologisiert worden ist.« (Witold Gombrowicz, *Die Tagebücher, Dritter Band 1962 - 1969*, Pfullingen 1970, S.124.) Wenn man aber versucht, an die Stelle des imaginären Bildes von diesem Leben eine Darstellung seines wirklichen Ablaufs zu setzen, wie weit berührt das dann das imaginäre Bild als solches?

VII. Revolte

1. Die Revolte als acte gratuit

Alle Schwierigkeiten, die Sartres Philosophie mit Baudelaire hat, kehren gesteigert wieder in seiner Bestimmung des Bösen. Das »Bewußtsein im Bösen«, von dem Baudelaire in »L'Irrémédiable« sprach, interpretiert Sartre als den Willen, mit seinem Bewußtsein im Bösen zu verharren, seiner Auffassung des Bewußtseins als Selbstbestimmung gemäß. Er sieht es also als eine Wahl. Als solche wäre es der konsequente Versuch, sein ganzes Leben bis in die geringfügigsten Handlungen auf den Willen, das Böse zu tun, anzulegen. So interpretiert Sartre, der einerseits Baudelaire überall damit kritisiert, daß er sich abhängig gemacht habe, andererseits das Böse als Baudelaires Versuch, sich in seinem Leben dennoch zugleich als Subjekt zu behaupten; als eine Aktivität seines Bewußtseins, die Freiheit in Anspruch zu nehmen, die es ist. Unübersehbar die Sympathie, die Sartre für diese Wahl übrig hat. Sie entspricht seiner Konzeption, und konsequent interpretiert er sie als schöpferisch, der dominierenden Rolle analog, die Baudelaire dem Schöpferischen eingeräumt habe. So wie Sartre das Schaffen als absolut dachte, denn dabei sei ein Mensch allein verantwortlich für eine radikale Veränderung im Universum[1], sieht er hier das Böse als ein Handeln, durch das etwas in die Welt komme, das in ihr nicht schon vorgesehen war und insofern sich ihrer »économie rigoureuse«[2] entgegensetzt. So läßt die Wahl dieses einzelnen sich als ein Bruch mit der Welt, als eine Revolte gegen sie als ganze verstehen:

> [...] il fait apparaître, dans un univers où chaque élément se sacrifie pour concourir à la grandeur de l'ensemble, la singularité, c'est-à-dire la rébellion d'un fragment, d'un détail.[3]

Ist das Böse das, was aus dem Ganzen dieser Welt nicht abzuleiten ist und so nicht von ihm getragen wird, so hat gerade es am meisten an jener gratuité teil, durch die Sartre das Bewußtsein bestimmt. Deutlicher noch heißt es in einer strukturell analogen Argumentation des Buchs über Genet:

> L'idéal serait que l'acte mauvais fût gratuit; le Mal, c'est l'action que nous n'avons aucune raison à faire et toutes les raisons d'éviter.[4]

Mit einer gesteigerten Bewußtheit verbindet Sartre das Böse schon durch das größere Wissen, das nötig ist, es begehen zu können; Wissen beispiels-

---

1 Siehe Sartre,*Baudelaire* ,a.a.O., S.51.
2 ebd., S.89.
3 ebd.
4 Sartre, *Saint Genet*, a.a.O, S.175.

weise von den tieferen Beweggründen jener, denen es zugefügt werden soll; die Fähigkeit zum Bösen kann als eine geistige Superiorität erscheinen, denn die Menschen, die sich so selbstverständlich von den moralischen Konventionen tragen lassen, wie Sartre es als Gegenbild sieht, handeln gleichsam bewußtlos, aber nicht böse, auch wenn sie etwas Unmoralisches tun. Indem Sartre dieses Böse von allem Handeln abgrenzt, das entweder blind bleibt oder irgendeinem Interesse dient, also bloß ein Mittel ist, kann er es als einen »reinen« Willen interpretieren; »rein« in dem Sinn, daß es von allen empirischen Rücksichten, allen gewöhnlichen Interessen unabhängig sei, die es dem Zusammenhang der gegebenen Welt wieder konform erscheinen lassen würden. »Choisir le Mal«, das heißt: »Faire le Mal pour le Mal«[5] klingt aber nicht zufällig an das l'art pour l'art an. Darf die Tat, in der sich diese Wahl erfüllt, sich aus keinen vorhergehenden Motivationen ergeben, sich auf keine stützen, kann sie vielmehr nur eine unvermittelte, instantane Entscheidung sein, so läuft das auf einen acte gratuit hinaus. Dazu, den acte gratuit positiv zu setzen, tendiert Sartres ganze frühe Philosophie. Weil sie jeden bewußten, d.h. selbst bestimmten Akt prinzipiell als Bruch mit dem denkt, das bloß ist, was es ist, kann sie letztlich keine Handlung von einem acte gratuit völlig abgrenzen; zu recht hat Adorno am Existentialismus Sartres kritisiert, die Grenze zum Dezisionismus sei nicht gezogen.[6] Das ist aber nicht nur ein theoretisches Problem von Sartres Philosophie der frühen Phase; vielmehr ist auch später noch, wie Bernard Sichère es im Zusammenhang mit Sartres moralischer Kritik an Genet gegen Sartre selber hervorhob, ein dann durch verschiedene Konzeptionen politischer Praxis eingeschränkter Anarchismus[7] ihr immanent. Sartres Haltung gegenüber dem acte gratuit bleibt von einer Ambivalenz, die sich beispielsweise auch in der Tatsache niederschlägt, daß er ihn bei dem einen Autor kritisieren und, durchaus willkürlich, bei einem andern positiv sehen kann. Das Bemühen, ihn zu kritisieren, entspricht der ursprünglichen Sympathie; so schon in der frühen Literatur, besonders der berühmten Erzählung »Herostrate« aus *Le Mur*, die den acte gratuit thematisch macht. Die Hauptfigur, Paul Hilbert, erinnert in vielem an das Bild, das Sartre von Baudelaire zeichnet. Wogegen der acte gratuit, das große, spektakuläre Verbrechen, pointiert wird, zeigt besonders der Brief, den Hilbert an 102 - natürlich erfolgreiche, d.h. etablierte - Schriftsteller schickt. Was dort der »Humanismus der Menschenfreunde« heißt, mit dem sie sich gemein gemacht hätten, ist nicht nur eine bestimmte Konvention des Geschmacks oder der Moral, sondern das tiefere, noch die Gegner verbindende Einverständnis aller Menschen untereinander schon weil sie Menschen sind. Dieses bleibt aber unbefragbar, denn sich dagegen stellen hieße,

---

5 Sartre, *Baudelaire*, a.a.O., S.87.

6 Th. W. Adorno, *Negative Dialektik*, a.a.O., S.59.

7 Bernard Sichère, *L'Athéologie de Jean Genet*, a.a.O., S.102: »[...] que Sartre et Genet appartiennent [...] à la même famille d'esprit: *l'anarchisme*, non sans doute comme doctrine politique cohérente, mais comme haine fondamentale de tout ordre établie.«

sich aus der Menschheit selbst herauszubegeben, und ihr verdankt ein Mensch noch die Sprache, in der sich sein Protest artikuliert. Kann gegen sie jeder Protest nur absurd erscheinen, so läßt ihn das aber ambivalent werden: die Unmöglichkeit wird zu seiner raison d'être. Darum kann die Handlung, die sich befreien will von dieser Menschenfreundlichkeit, die so anwidert, weil sich in ihr letztlich die Beschränktheit des Menschen selber beweist, nur eine Geste sein, die nicht einmal die Sprache mehr brauchen darf; ein Selbstmord z.B., oder den Revolver zu nehmen und wahllos in die Menge zu schießen. Und insofern jenes allgemeine Einverständnis sich als das moralisch Gute setzt, erscheint der Akt, der sich von ihm nicht tragen lassen will, als böse. Das Böse ist das Einzigartige. Das heißt, es ist ästhetisch, und das, wogegen es geht, ist nicht eigentlich eine als Moral aufzufassende Moral - als eine wirkliche Moral ist es viel zu undifferenziert und unbestimmt - sondern die Konformität, deren Charakterisierung durch Sartre viel mit der dessen zu tun hat, was im Symbolismus das Banale hieß. Die Abwehr dieser Banalität ist nicht Kritik, sondern ein universaler dégout. Sartres Erzählung zeigt den Akt, der, als grundlos, einmalig sein soll, unverhüllt als ästhetischen Traum. Der Eclat, mit dem er das bisherige Einerlei jäh durchbrechen würde, soll unauslöschlich haften wie ein Kunstwerk und so auch seinen Helden verwandeln. So hatte das Verbrechen die Gesichter der beiden Dienerinnen, die ihre Herrin ermordet hatten, auf ihren Photos ihrer gewöhnlichen Erscheinung entrückt. »Après, leurs faces resplendissaient comme des incendies.«[8] So heißt es von dem Verbrechen, das er selbst begehen würde:

> Il s'emparerait de moi, bouleverserait ma laideur trop humaine... un crime, ça coupe en deux la vie de celui qui le commet. Il devait y avoir des moments où l'on souhaiterait revenir en arrière, mais il est là, derrière vous, il vous barre le passage, ce minéral étincelant.[9]

Dieser Akt soll in das Leben eine Absolutheit des Seins hineinziehen, an der dieses Leben sich so »entscheiden« würde, wie es sich später durch den Entschluß entscheiden sollte. Wie ambivalent Sartres Haltung ist, zeigt sich daran, daß er - der doch auch in *La Nausée* die Figur des »Humanisten« so verächtlich erscheinen ließ - den acte gratuit einerseits dort, wo er als ästhetischer einbekannt wird, kritisiert hat, andererseits aber zugleich jene seiner Züge, in denen er sich als ein Akt der Freiheit interpretieren ließ, in seine existentialistische Ethik übernahm. In gewisser Weise ist Sartre in der frühen Erzählung offener als später; hier zeigt er den acte gratuit viel deutlicher als das, was er wirklich ist; was sich auch auf die literarische Qualität auswirkt. Zu kritisieren sucht er ihn hier, indem er zeigt, daß dieser Akt so nur als Traum möglich ist, während der Versuch seiner Realisierung ihn in die Kontingenz, die zufälligen banalen Umstande des Alltags verstrickt: der

---

8 Jean-Paul Sartre, *Le Mur, oeuvres romanesques*, a.a.O., S.272.
9 ebd., S.273.

Held erscheint nicht als der Täter, der den alles durchschlagenden Schrecken erregt, sondern als die konkrete, allzumenschliche Person, die sich gerade hier wie jedermann verhält.

Diese Kritik hat auf die Kritik an Baudelaire gewirkt, bei dem, unter vielem anderen, ja durchaus auch die Züge dieses acte gratuit vorgebildet sind; man denke an Baudelaires Charakterisierung der Dandys durch einen gleichen »caractère d'opposition et de révolte«(OC II,711): »S'il commettait un crime, il ne serait pas déchu peut-être; mais si ce crime naissait d'une source triviale, le déshonneur serait irréparable.«(OC II,710f.) Sartre kritisiert, das Böse, das Baudelaire wolle, sei ein erlesenes, mit dem er sich selber einer »Aristokratie des Bösen« zurechne:

> [...] mais l'âme de celui qui veut le mal pour le mal est une fleur exquise. Elle serait aussi déplacée dans la tourbe vulgaire des coupables qu'une Duchesse à Saint-Lazare au milieu des filles.[10]

In Wirklichkeit finde seine Verdammung »hier auf Erden« statt, unter den kontingenten, keineswegs großartigen Umständen, unter denen er lebte, den Beziehungen zu seiner Familie vor allem. Zum Vorwurf wird jetzt wieder, daß gerade die Wahl des Bösen die Abhängigkeit von jenen Umständen bestätigt habe. Das Böse wählen sei das, was demjenigen übrigbleibe, der sich in Wahrheit vollkommen der bürgerlichen Moral untergeordnet habe und der, so begrenzt, dennoch seine Freiheit behaupten wolle. Seine Wahl wird zu einem permanenten Aufbegehren gegen diese Grenzen, die er dabei zugleich selbst festhält, um gegen sie aufbegehren zu können:

> Mais précisément il s'agit d'une révolte, non d'un acte révolutionnaire. Le révolutionnaire veut changer le monde, il le dépasse vers l'avenir, vers un ordre de valeurs qu'il invente; le révolté a soin de maintenir intacts les abus dont il souffre pour pouvoir se révolter contre eux. Il y a toujours en lui les éléments d'une mauvaise conscience et comme un sentiment de culpabilité.[11]

Das Problem ist aber nicht nur die Auffassung von Revolution selber, die Sartre hier zugrundelegt - wie weit sich aus seiner existentialistischen Philosophie, die von den spontanen Akten des Einzelbewußtseins ausgeht, überhaupt eine Theorie der Revolution gewinnen ließe, in der diese nicht mehr wieder analog zu einer individuellen, instantanen Tat erschiene[12] -, das entscheidende Problem ist, inwieweit die Revolte bei Baudelaire überhaupt nach dem Maß einer wirklichen Befreiungsaktion gesehen werden kann. Stellt Sartre der bösen Wahl, als einer in Wahrheit durch eine heteronome Moral begrenzten, eine Wahl gegenüber, die wirklich autonom getroffen

---

10 Sartre, *Baudelaire*, a.a.O., S.91.

11 ebd., S.62.

12 Vgl. zu Sartres Versuch, in *Matérialisme et révolution* etwa gleichzeitig mit *Qu'est-ce que la littérature?* aus der Entwurfsstruktur des Bewußtseins eine Theorie der Revolution zu gewinnen, Mohamed Turki, *Freiheit und Befreiung*, a.a.O., S.91ff.

und durchgehalten werde, so fragt sich wieder, wie die letztere bestimmt und wie beide voneinander abgegrenzt werden sollen.

In Sartres Interpretation muß der böse Akt - darin liegt seine Anziehung - immer im Widerstand gegen das erfunden werden, wozu der, der ihn begehen will, selber eigentlich neigt. Denn er ist selbst ein Mensch, der jenes selbstverständliche Gefühl für das, was gut ist, auch in sich selber spürt und mit dem Bösen etwas will, das ihm im innersten widerstreben muß, damit er sich auch noch von jenen Fesseln befreit, die ihn in ihm selber noch an die Allgemeinheit binden. Indem Sartre beides, das Gute wie das Böse, als Wahl interpretiert, kann er die Wahl des Bösen als eine verstehen, die sich gleichsam aus zwei einander widersprechenden Wahlen zusammensetze: wer das Böse will, kann das nur, wenn er zugleich das Gute will, gegen das das Böse sich als solches bestimmt. So bestärkt er, indem er das Böse will, das Gute; das Böse ist »un contre-Bien qui doit avoir tous les caractères du Bien.«[13] So erscheint es als unmöglich, denn es schlägt aus sich immer wieder in das Gute zurück. Die Sophistik dieser Argumentation drückt aber im Grunde nur wieder die grundsätzliche moralische Unbestimmbarkeit der Konzeption der Wahl selber aus. Denn diese Konstruktion der bösen Wahl ist, wie die Kritik an ihr, nur möglich, solange die Frage der Moral überhaupt auf der Grundlage der individuellen Wahl betrachtet wird; und das ist gerade das Problem. Nur weil die Bestimmung der moralischen Kategorien - also nicht nur die des Bösen, sondern die des ganzen Rahmens, in dem es so etwas wie gut und böse gibt - von vornherein schon völlig in das Innen, in den frei gesetzten Entwurf hineingezogen wurden, kann es so grundsätzlich zur Sache subjektiver Entscheidung gemacht werden, den gegebenen Rahmen, der einem die Vorstellungen des Guten vorschreibt, als ganzen abzuweisen und sich dadurch von den Fixierungen zu lösen, in denen gerade die Akte des Bösen immer noch verbleiben. Sartres Modell dafür ist Orest in *Les Mouches*, der den Versuch Jupiters, ihn dadurch wieder in den gegebenen Rahmen hereinzuholen, daß er Orests Tat als böse bestimmt, abweist. Die Abweisung läßt hier den ganzen Rahmen verschwinden:

> [...] toute la nature se pressait autour de moi; elle chantait ton Bien, la sirène, et me prodiguait les conseils [...] Mais, tout à coup, la liberté a fondu sur moi et m'a transi, la nature a sauté en arrière, et je n'ai plus eu d'âge, et je me suis senti tout seul, au lieu de ton petit monde bénin, comme quelqu'un qui a perdu son ombre; et il n'y a plus rien eu au ciel, ni Bien ni Mal, ni personne pour me donner des ordres.[14]

Wird damit aber nicht, worauf Martin Raedter[15] hinwies, im Grunde das, was füher acte gratuit hieß, in die existentielle, an sich ethisch verstandene

---

13 Sartre, *Baudelaire*, a.a.O., S.238.

14 Jean-Paul Sartre, *Les Mouches*, Acte II, Scène 2, in: J.-P. Sartre, *Théâtre* I, Paris 1947, S.110ff.

15 Martin Raedter, *Der acte gratuit. Revolte und Literatur*, Heidelberg 1980, betont zu recht, wie sehr Sartres Dramenhandlungen hinter dem Handlungsbegriff der existentialistischen Philosophie den acte gratuit wieder zum Vorschein kommen lassen. Er schreibt, im Anschluß an *Les*

Freiheit uminterpretiert, die die in die Verantwortung des einzelnen übernommene, »eigene« Tat exemplarisch werden lassen soll? Jetzt wird diese exemplarische Tat, da sie als Befreiungsaktion immer schon ethisch gerechtfertigt erscheint, nicht mehr kritisiert; sie soll ja selber erst ein Maß geben, an dem alles Verhalten im Leben seinerseits beurteilt und kritisiert werden kann. Das Problem ist dann aber, daß an diesem Maß alles reale Verhalten immer unter der Forderung eines totalen Bruchs beurteilt werden muß. Macht aber die Forderung des Totalen dieses Maß - selbst wenn man hier von einem »Maß« sprechen könnte - nicht real völlig unbrauchbar? Was ist eine totale Abweisung des gegebenen Rahmens im Unterschied zu einer, die partiell noch daran gebunden bleibt? Man kann gegen Sartre einwenden, daß letztlich alles, was im Leben getan wird, doch immer auch an die gegebene Moral noch gebunden bleibt. Kann Sartre nicht nur deshalb meinen, daß wir in jedem Augenblick frei seien, sie als ganze abzuweisen, weil er durch die völlige Subjektivierung der Moral die gesellschaftliche Macht einer gegebenen von vornherein so abgeschwächt, so verfügbar gedacht hat, daß man sich fast wundert, wie sie die Menschen dann so sehr beherrschen konnte?

Es ist bezeichnend, daß Sartre in Baudelaire ausgerechnet den Autor kritisiert, der sich, in der Kunst, tatsächlich am weitesten von den moralischen Konventionen seiner Zeit entfernt hat; denn gerade dieses »am weitesten« schmilzt unter Sartres totaler Perspektive, weil es ihr immer zu wenig war, in gar nichts zusammen. Dann könnte man allerdings, wenn man konsequent ist, eigentlich gar nicht mehr urteilen, oder man müßte, da man jedem Versuch, sich von einer gesellschaftlich gegebenen Moral zu entfernen, rückblickend seine Abhängigkeit von ihr nachweisen könnte, jeden unter diese Kritik fallen lassen, und dann kann man zwischen Baudelaire und irgendeinem Bougeois nicht mehr differenzieren, bzw. der Unterschied sinkt vor dieser Kritik ins Irrelevante herab. Die Frage wäre aber schon, ob Sartre für eine Erfüllung dieses Maßes Beispiele fände; das eine Beispiel Gide könnte man ohne Mühe in Zweifel ziehen, und Sartre hat das an anderer Stelle selbst getan[16]. Die Auswahl wird willkürlich, wenn man z.B. auch an die Weise denkt, in der er Hugo oder sogar George Sand gegen Baudelaire ausspielt.

Daß das Totale des Maßes es beliebig werden läßt, kann man auch einwenden, wenn Sartre, indem er sein Modell auf eine soziologische Ebene verlegt, dem artistischen Autor vorwirft:

Mouches, über Sartre: »Eindeutiger als der Roquentin der dreißiger Jahre zeigt der handelnde Orest seine letztliche Affinität zu Gides Lafcadio, gegen den er sich anfangs vehement wendet. In seinen Werken kann er allerdings die ontologische Abstraktion nicht aufrechterhalten. In der fiktionalen Konkretisation erweist sich die Herkunft des ›acte fondamental‹, des ›choix originel‹ aus dem ›acte gratuit‹.«(S.166)

16 Vgl z.B. die Einordnung Gides (zusammen mit Proust und Claudel) in *Qu'est-ce que la littérature?*, a.a.O., S.219, bei der Sartre gleichzeitig betont, daß diese Autoren darin aber nicht aufgehen.

> [...] il condamne sa rupture à rester symbolique: il la joue sans relâche, il l'indique par son vêtement, son alimentation, son ameublement, les moeurs qu'il se donne, mais il ne la fait pas.[17]

Aber will er überhaupt einen totalen gesellschaftlich-politischen Bruch; d.h. kann eine Revolution für ihn das Maß sein, auf das bezogen sein ganzes Handeln bis in die Auswahl seines Mobiliars erst seinen Sinn erhält, nämlich den einer Intention, die letztlich auf einen Zustand jenseits dieser Gesellschaft zielt, und auf das bezogen sein Handeln kritisiert werden kann, weil es nur eine Geste bleibe, die den Bruch, der real nicht vollzogen wird, symbolisch vertreten soll? Nicht nur war die Möglichkeit, ihre Gesellschaft derart total zu überschreiten, für diese Autoren gar nicht gegeben, die Revolution ist vor allem gar nicht der Bezugsrahmen, von dem her sie die Gesellschaft und die Welt sehen.

2. Zum Satanismus Baudelaires

Ihr Bezugsrahmen ist viel eher die Natur. Die Natur ist bei Baudelaire aber nicht die Kontingenz, die subjektiv konstituiert wird, sondern der Inbegriff dessen, was der einzelne gerade nicht mehr, mit Sartre zu sprechen, »überschreiten« kann. Kann man zu einer bestimmten Gesellschaft ein Jenseits immerhin noch denken, so gibt es zu dieser Natur grundsätzlich keines. Sie so wegzudefinieren, daß sie, wie Sartres Orest sagt, »einen Sprung zurück« tut und den einzelnen allein und frei zurück läßt, wäre für Baudelaire nicht möglich, weil bei ihm die Natur dem einzelnen nicht bloß von außen gegenübersteht, sondern dieser selbst, als Subjekt aller Entscheidungen, sie zugleich auch in sich selber hat. Das verhindert, daß der einzelne überhaupt so wie bei Sartre in jedem Augenblick als Subjekt von Entscheidungen gesehen werden kann; nicht nur ist er das primär gar nicht, sondern er erscheint, wie schon im Widmungsgedicht »Au Lecteur«, im Gegenteil auch in seinem Geist »eingenommen« von einer Natur, die seiner freien Bestimmung nicht mehr erreichbar ist. Der Satanismus Baudelaires hat vor allem die Bedeutung, die Bilder zu geben, unter denen das deutlich werden kann: »Sur l'oreiller du mal c'est Satan Trismégiste/ Qui berce longuement notre esprit enchanté.«(OC I,5)

Wenn Baudelaire dabei die Natur mit dem Bösen verband, so ist für ihn dieses Böse also nicht bloß eine durch den Rahmen einer heteronomen Moral festgelegte Bestimmung. Fraglich wird vielmehr mit dem Subjektbewußtsein die Basis selbst, die jede Moral schon als selbstverständlich voraussetzen muß, um sich selbst überhaupt begründen zu können. Baudelaire hätte gegen Sartre wohl weniges so entschieden betont wie daß das Böse nicht erst von einer Freiheit des Bewußtseins geschaffen wird, die in ihm

---

[17] Sartre, *Qu'est-ce que la littérature?*, a.a.O., S.154.

sich selbst in Anspruch nimmt; die Menschen wählen es nicht, sie werden davon getrieben, es ist das, wohin ihre Natur sie von sich aus führt, wenn sie ihr keinen Widerstand entgegensetzen. So zeigt Baudelaire auch den acte gratuit nicht als Ausdruck einer - moralisch zu beurteilenden - Freiheit, sondern als eingegeben von einer momentanen »folie«(OC II,710), in der das Ich sich plötzlich selbst nicht mehr wiederkennt. Weil Sartre nur die eine Seite, die Willkürlichkeit im Auge hat, blendet er an den unmotivierten Handlungen gerade das aus, was für Baudelaire das Entscheidende ist, nämlich die Lust, die plötzlich so unwiderstehlich wird, daß sie noch den letzten Selbsterhaltungsbestrebungen des Ich, die in der Gesellschaft zwangsläufig alle Handlungen begrenzen, ihr Gewicht nimmt. »Ennui« und »rêverie« bereiten sie vor. Deshalb, und nicht bloß weil ihr Inhalt nicht trivial sei, können diese Akte auch Größe zugesprochen bekommen. Der ganze Rahmen einer Ethik, in der das Böse von vornherein immer schon als Gegenstand freier Entscheidung eines souveränen Bewußtseins, also auf dieses Bewußtsein hin präformiert, als eine gegebene Alternative[18], erscheint, wäre für Baudelaire nicht zureichend.

Es ist also konsequent, daß Sartre, um seine Interpretation durchzuhalten, Baudelaires Auffassung der Natur umkehrt. Baudelaire assoziierte die Natur mit der Erbsünde, indem er auf Theologie zurückgriff, weil diese der Eigengewalt der Natur, als den Bedingungen der Kreatürlichkeit, besser Rechnung trug als eine Aufklärung, die die Natur als unfehlbares Maß alles Guten von vornherein moralisch interpretiert hatte und der so alles Böse zu etwas wurde, das die Menschen immer gegen ihre bessere Natur taten: deformiert von gesellschaftlichen Bedingungen beispielsweise, unter denen die Gewißheit ihres eigentlichen, moralischen Wesens immer erhalten blieb.[19] Daß für Baudelaire ein Autor wie de Sade so wichtig wurde, ist nicht bloß ein oberflächlicher literarischer Einfluß, wie Sartre meint. De Sade brachte die Sicherheit ins Wanken, die die Moralphilosophie der Aufklärung an der ursprünglichen menschlichen Natur immer noch zu haben glaubte. In einer Gegenbewegung gegen die moralische Bestimmung der Natur durch die Aufklärung greift Baudelaire auf den theologischen Begriff des Bösen zurück; er kehrt damit gleichsam die frühere Bestimmung der Natur um, indem er sie, als böse, seinerseits essentiell bestimmt. Was er damit akzentuieren will, ist

[18] Adorno hat schon an der Kantischen Ethik kritisiert, daß sie in den Beispielen, in denen sie zeigen will, wie die ethischen Grundsätze sich auf empirische Situationen beziehen, dazu neigt, diese Empirie selbst wiederum nach ihren Grundsätzen zu einer Situation einzurichten, in der man sich immer zwischen zwei Alternativen zu entscheiden hat; einer Situation, die gegenüber der Wirklichkeit leicht etwas Fiktives annimmt. Wie das bei Sartre gesteigert wiederkehrt, dazu vgl. die Anmerkung auf S.223 des Freiheitskapitels der *Negativen Dialektik*.

[19] Zu Baudelaires Verhältnis gegenüber Rousseau vgl. Jean Starobinski, *Rousseau, Baudelaire, Huysmans. Les pains d'épices, le gateau, et l'immonde tartine*, in: *Baudelaire, Mallarmé, Valéry, new essays in honour of Lloyd Austin*, ed. by Malcolm Bowie, Alison Fairlie and Alison Finch, Cambridge 1982, S.131ff. Dagegen aber: Marc Eigeldinger, *Baudelaire juge de Jean-Jacques*, in: M.Eigeldinger, *Mythologie et intertextualité*, Genève 1987, S.121 - 140.

> [...] que la nature n'enseigne rien, ou presque rien, c'est-à-dire qu'elle *contraint* l'homme à dormir, à boire, à manger, et à se garantir, tout bien que mal, contre les hostilités de l'atmosphère. C'est elle aussi qui pousse l'homme à tuer son semblable, à le manger, à le séquestrer, à le torturer; car sitôt que nous sortons de l'ordre des nécessités et des besoins pour entrer dans celui du luxe et des plaisirs, nous voyons que la nature ne peut conseiller que le crime.(OC II,715)

In der Kritik am Naturbegriff der Moralphilosophie des 18.Jahrhunderts wird Baudelaire die Natur vieldeutig, und das zeigt sich darin, wie allein schon an dieser Stelle mehrere Auffassungen ineinandergehen. Einmal heißt es, daß die Natur überhaupt nichts - also weder das Gute noch das Böse - lehrt, sondern daß sie uns zwingt; daß sie also blind ist und deshalb nicht als Grundlage einer Moralphilosophie dienen kann. Dann aber heißt es, bezeichnenderweise auf dem Gebiet »du luxe et des plaisirs«, daß sie doch zu etwas raten könne, aber dann ausschließlich zum Verbrechen.

Das, was sich diesem Zwang der Natur entziehen soll, darf dann selbst nicht von der Natur bestimmt sein, darf sich auf keine Natur berufen wollen. Es kann für Baudelaire darum nur das Produkt einer Kunst sein, »le résultat de la raison et du calcul.«(ebd.) Darum wird von Baudelaire auch die Tugend, insofern sie Widerstand gegen das Böse der Natur ist, als Produkt einer Kunst verstanden. So kann unter diesem Aspekt das Künstliche wiederum moralisch interpretiert werden. In Sartres Interpretation des Bösen als acte gratuit aber steht die Natur auf einer Eben mit allem, was »conformisme«[20] ist, von dessen Auflösung das individuelle Bewußtsein sich selbst gewinnen will. Die satanische Revolte wird zum Aufbegehren des Bewußtseins gegen eine als Gottes Werk per se immer schon gerechtfertigte Welt, die Welt des »Guten«, von der seine Freiheit, als in ihr böse, per se immer schon ins Unrecht gesetzt ist, und so wird auch das Künstliche bestimmt:

> Il ambitionne la solitude du maudit et du monstre, du »contre-nature«, précisément parce que la Nature est tout, est partout. Et son rêve d'artifice ne se distingue nullement de son désir de sacrilège. Il ment, il se ment lorsqu'il assimile la vertu à la construction artificielle.[21]

Wäre das Böse aber nur, wie Sartre interpretiert, ein Aristokratismus, dem es immer darauf ankommen muß, daß nicht alle so handeln, weil er sonst seine Einmaligkeit entwertet sähe, so wäre es kein so großes Problem. Zum Problem und in der realen Welt bestimmend wird es, weil es vielmehr gerade das ist, was alle tun, und zwar »sans effort« (OC II,715), wenn sie nur ihren Interessen folgen; worin sie also gerade nicht individuell sind, sondern sich der gleichen Natur konform verhalten. Was es ist, kann man viel besser erfahren, wenn man zum Beispiel morgens die Zeitungen durchblättert:

---

20 Sartre, *Baudelaire*, a.a.O., S.146.
21 ebd.

> [...] Tout journal, de la première ligne à la dernière, n'est qu'un tissu d'horreurs. Guerres, crimes, vols, impudicités, tortures, crimes de princes, crimes des nations, crimes des particuliers, une ivresse d'atrocité universelle.
> Et c'est de ce dégoutant apéritif que l'homme civilisé accompagne son repas de chaque matin. Tout, en ce monde, sue le crime: le journal, la muraille et le visage de l'homme. ((OC I,705f)

Insofern hat Sartre recht, wenn er schreibt, »que la nature est tout, est partout.« Aber das ist das allgegenwärtige Grauen. So kann es aber, wie hier in den Zeitungen, zugleich auch zur Sensation werden. Es wird ambivalent; und Sartres Bemühung, die Naturauffassung Baudelaires umzukehren, weil sie wie nichts sonst seine ganze Philosophie herausfordert[22], weist auch darauf, daß bei Baudelaire selber die Natur nicht so eindeutig ist. Baudelaire stellt nicht immer nur das Künstliche, das moralisch interpretiert wird, der Natur als dem Bösen einfach gegenüber. Das zeigen seine Gedichte deutlicher als bestimmte theoretische, als Gegenargumentationen jeweils auch selbst durch den kritisierten Rahmen begrenzte Passagen. Die Gedichte zeigen die Natur nicht nur als eine, die überwunden werden muß, sondern auch als eine, der sie in ihrer durchaus nicht überwundenen, nicht zu überwindenden »férocité« gerade zum Ausdruck verhelfen wollen. Diese Ambivalenz ist es, die Sartre in das existentielle Hin- und Herschwanken Baudelaires übersetzt: »Baudelaire s'est soumis au Bien pour le violer; et s'il le viole, c'est pour en sentir plus fortement l'emprise.«[23] Aber anders als in Sartres Interpretation, wo noch das Böse, als Verstoß, letztlich doch nur wieder der Bestätigung der Moral dient, wird bei Baudelaire zum Problem, wieweit sich die der Kunst als solcher zugesprochene Moral in ihr überhaupt noch als Moral behaupten kann. Einerseits wird die Natur als böse gesehen, andererseits läßt sich das, wenn die *ganze* Natur als böse erscheint, gar nicht mehr festhalten; es gibt ja dann gar keinen Gegenbegriff mehr, an dem dieses Böse sich als solches darstellen würde. Anders als Sartre es sieht, kehrt Baudelaire ja nicht einfach die Moral um, indem er das Gute gegen das Böse austauschte; daß die Natur böse genannt wird, läßt sie nicht eindeutig werden, vielmehr wird sie, *weil* sie alles ist, an sich selbst ambivalent. Darum kann sie bei Baudelaire gleichzeitig als böse und auch nicht erscheinen; ihre Allgegenwart führt alle Versuche, zu sagen, was sie ist, zwangsläufig in Widersprüche. So kann aber das »Böse« der Natur auch nicht mehr eindeutig moralisch verworfen werden. Es kann, in der Kunst, Größe annehmen. Denn wird die Natur ambivalent, so schlägt das auch auf das zurück, was Widerstand gegen sie sein sollte, die Kunst. Diese erscheint auch als das Medium, in dem die férocité des Natürlichen sich ungemildert zeigen kann, und so ist nicht mehr zu entscheiden, wieweit die Kunst nicht zugleich selber auch auf dessen Seite steht. Darum greifen alle Interpretationen zu kurz, die die Kunst, als »Anti-Natur«, zum Positiven

[22] Vgl. dazu auch die Kritik Georges Blins, *J.-P. Sartre et Baudelaire* a.a.O., S.130f.
[23] Sartre, *Baudelaire*, a.a.O., S.122.

erheben wollen. Denn weil es Baudelaires Gedichten darauf ankommt, die Natur als ganze zu zeigen, heben sie die Züge, in denen die Natur nicht von vornherein schon als beschränkt erscheint, noch heraus; und das kann so aussehen, als wollten sie sie zugleich gegen ihre moralische Zurichtung auch verteidigen. In »L'Idéal« heißt es:

> Ce ne seront jamais ces beautés de vignettes,
> [...]
> Qui sauront satisfaire un coeur comme le mien.
>
> Ce qu'il faut à ce coeur profond comme un abîme,
> C'est vous, Lady Macbeth, âme puissant au crime, [...] (OC I,22)[24]

Das ist aber kein Ästhetizismus, der ja wieder eine positive Position wäre, sondern verdeutlicht den Widerspruch, der sich bei Baudelaire so darstellt, daß er sich gerade nicht auflösen läßt.[25]

Das Gedicht »Le Rebel«, das Sartre zitiert als Beleg für die Armseligkeit der Moralauffassung Baudelaires[26], zeigt viel eher diese Ambivalenz:

> Un Ange furieux fond du ciel comme un aigle,
> Du mécreant saisit à plein poing les cheveux,
> Et dit, le secouant: »Tu connaîtras la règle!
> (Car je suis ton bon Ange, entends-tu?) Je le veux!
>
> Sache qu'il faut aimer, sans faire la grimace,
> Le pauvre, le méchant, le tortu, l'hébété,
> Pour que tu puisses faire à Jésus, quand il passe,
> Un tapis triomphal avec ta charité.
>
> Tel est l'Amour! Avant que ton coeur ne se blase,
> A la gloire de Dieu rallume ton extase;
> C'est la Volupté vraie aux durables appas!«

---

24 Das Gedicht »La Géante«, das in den *Fleurs du Mal* nicht zufällig auf »L'Idéal« folgt, wird von Sartre als Beleg für den Masochismus Baudelaires zitiert(S.68). Aber die »monstres«, die die Natur einmal zeugte, sind Ausdruck einer Energie der Natur, die noch von keiner Moral gehemmt wurde. Ihre Gestalten faszinieren, weil sie noch nicht so domestiziert sind, wie es in der Realität jeder sein muß. Würden sie daher von der realen Welt her nur als große Ausnahmen erscheinen können, so knüpft daran Sartres Kritik an: »Ces monstres qu'il adore, il y retrouve avant tout les lois imprescriptibles du Monde, au sens où l'exception confirme la règle.«(S.99f.) Bei Baudelaire aber kommt es darauf an, daß Körper und Seele dieser Gestalt in ihrem rückhaltlosen Blühen gerade von jeder »menschlichen«, d.h. moralischen Reaktion vollkommen frei sind. Das ist es, was ihr eigentlich ihre gigantischen Dimensionen verleiht, durch die sie ihrem menschlichen Bewunderer inkommensurabel wird. Ihre Unschuld besteht darin, daß sie diesen menschlichen Bewunderer ohne es zu wissen ebenso gut zerquetschen könnte; und eben weil sie Bedenken gar nicht haben könnte, wird sie hier bewundert. Das Gedicht, das das menschliche Ich ihren Körper wie eine Landschaft durchwandern läßt - und in dem die Surrealisten sich wiedererkannt haben - zeigt paradox gleichsam einen völlig vertrauten Umgang mit dem absolut Unvertrauten; es läßt für einen Augenblick das fast zu einer gigantischen Idylle werden, was - wie keinen Augenblick vergessen wird - zugleich auch das reine Grauen ist, und zeigt damit gerade wieder die Ambivalenz des Naturbegriffs.

25 Darin käme, wie im ganzen Verlauf dieser Arbeit wohl schon deutlich geworden ist, der philosophische Rahmen, den Th.W. Adorno und Max Horkheimer in der *Dialektik der Aufklärung* entwickelt haben, Baudelaire näher als Sartres Cartesianismus.

26 Sartre, *Baudelaire*, a.a.O., S.56.

Et l'Ange, châtiant autant, ma foi! qu'il aime,
De ses poings de géant torture l'anathème;
Mais le damné répond toujours: »Je ne veux pas!«(OC I,139f.)

In jener Passage aus *Le peintre de la vie moderne* hieß es über die Tugend, sie sei künstlich, »puisqu'il a fallu, dans tous les temps et chez tous les nations, des dieux et des prophètes pour l'enseigner à l'humanité animalisée, et que l'homme, *seul*, eût été impuissant à la découvrir.« (OC II,715). Das Gedicht demonstriert gerade die christliche Nächstenliebe, die alle, also auch die Armen einschließen soll, als eine Forderung, die den natürlichen Neigungen des Menschen vollkommen zuwiderläuft. Sie wird nicht ihrerseits als Liebe gelehrt, sondern als »la règle« eingehämmert; das Gedicht zeigt unverhüllt das Autoritäre. Der Druck, der dazu nötig ist, kann hier, wie es die Gebärde des von oben herabfahrenden Engels deutlich macht, nur von außen kommen. Die Frage wäre aber, wo eine solche Instanz außerhalb der Natur eigentlich liegen soll und wie sie begründet werden könnte? Die Religion, die hier im Bild des Engels zitiert wird, ist, gerade bei Baudelaire, als eine solche Instanz nicht fraglos, auch wenn sie in diesem Gedicht als unbefragbar gegeben wird. Der Widerstand gegen die natürlichen Interessen wird seinerseits ambivalent; er wird selbst zu einer Gewalt, die der Gewalt, die von der Natur ausgeht, entspricht. Die Moral als rationaler Kalkül, als »la règle«, die gegen die natürlichen Neigungen eingesetzt wird, wird dabei selber so undurchsichtig wie jene; sie wird selber *als* Moral gar nicht gerechtfertigt und könnte das auch gar nicht werden. Die Frage nach der Begründung, warum man denn die Armen lieben solle, wird abgewürgt: Nächstenliebe soll geübt werden, weil der Engel es will, und das ist alles. Das wiederum macht diese Gewalt nicht zu einer als solche moralisch zu kritisierenden; sie, die doch eine Moral durchsetzen soll, erscheint hier vielmehr gar nicht mehr unter einem moralischen Gesichtspunkt. Auch die Berufung auf Christus dient nicht ihrer Rechtfertigung; Christus erscheint vielmehr selber als ein absoluter Herrscher, der die Barmherzigkeit gegenüber den Armen von den Menschen verlangt, weil sie durch ihren Gehorsam seiner Glorifizierung, der triumphalen Darstellung seiner Herrschaft, dienen. Der Engel kalkuliert mit der Gewalt der natürlichen Neigungen selber; er will ihrer Herr werden nicht nur indem er sie unterdrückt, sondern indem er gerade ihre bessere Befriedigung verspricht. Das natürliche Interesse wirkt in der Ebene fort, die es überwinden will. Und auch im Ausmaß der Bestrafung, die der Engel den Menschen auferlegt, weil er sie liebt, drückt sich die Gewalt der Natur aus, von der sie so gerade nicht erlöst, der sie vielmehr selber ähnlich wird. So ambivalent, moralisch nicht zu bestimmen ist die dem »Je le veux!« des Engels in ihrer Apodiktik komplementäre Antwort: »Je ne veux pas!« des Rebellen, der hier auch als Opfer gesehen werden kann.

Baudelaires Perspektive bleibt unfixierbar; d.h. genauer, einer Natur gegenüber, wie sie sich Baudelaire darstellt, kann es gar keine bestimmte Position geben, und das drückt sich darin aus, daß Baudelaires Perspektive in verschiedenen Äußerungen, verschiedenen Gedichten ständig wechselt. So werden in dem Gedicht »L'Imprévu« die Menschen eindeutig in zwei Gruppen aufgeteilt: diejenigen, die sich ihren Interessen überlassen haben und die am Schluß der Teufel holt, und diejenigen, die die Peitsche Gottes gesegnet haben und die am Schluß der Engel ihres Siegs versichert. Ganz anders dagegen zeigt es sich in den Gedichten des »Revolte«-Zyklus, in denen die Perspektive viel mehr auf die Seite der Revoltierenden verschoben erscheint, ohne daß man aber auch hier sagen könnte, sie sei nun die Baudelaires selbst. Noch weniger als in »Le Rebel« stehen sich hier die Natur und das, was sie überwinden soll, wie zwei voneinander unberührte Bereiche gegenüber. Ganz im Gegenteil erscheint hier die Blindheit der Natur auf der Seite Gottes, der sich an den Qualen seiner Kreatur befriedigt, also auch nur seine Interessen verfolgt, nicht weniger als auf der der Menschen. Für das Bewußtsein im Bösen verspricht Gott keine Erlösung, und zwar nicht nur dort, wo er, als vollkommener, unerreichbar bleibt, sondern vor allem dort, wo er selbst nicht mehr über dieser Natur steht, sondern an ihrem Fall teil hat, also wenn auch herrschend doch so unvollkommen ist wie sie selber, von ihr letztlich gar nicht unterscheidbar. Die Natur, das Böse, wird allgegenwärtig; gibt es keinen Bereich, der per se davon unabhängig wäre, so erscheint die übliche Religion, die in Gott die fraglose Instanz des Guten sieht, oder gar eine, die das Böse überhaupt ausklammern möchte, nur als eine Weise, sich diese Tatsache zu verhehlen. Gegen sie akzentuiert Baudelaire seinen Katholizismus, der es schockartig gerade herausstellen will.

In dem Gedicht »Abel et Caïn« wird die Ambivalenz durch die Willkür des alttestamentarischen Gottes verdeutlicht, die völlig blind, ohne daß nach einem Grund gefragt werden könnte, die einen zu ihren Lieblingen macht, die andern ihrer Marter aussetzt:

> Race d'Abel, dors, bois et mange;
> Dieu te sourit complaisamment.
>
> Race de Caïn, dans la fange
> Rampe et meurs misérablement.
>
> Race d'Abel, ton sacrifice
> Flatte le nez du Séraphin!
>
> Race de Caïn, ton supplice
> Aura-t-il jamais une fin?(OC I,122)

Es ist bezeichnend, daß hier das, was die »Race de Caïn« zu den Ausgestoßenen macht, nicht die Folge des Brudermords ist, zu dem erst am Schluß indirekt aufgerufen wird; mit Sartres Begriffen: sie erscheinen nicht als die,

die im Unterschied zur konformistischen Rasse Abels das Böse gewählt haben. Ausgestoßen erscheinen sie vielmehr schon vorn vornherein. Das Verhältnis von Henker und Opfer, das Baudelaire in allen Beziehungen sieht, also als grundlegend versteht, dehnt sich auf das Verhältnis Gottes zu seinen Kreaturen aus. Die, die hier derart blind zu den Opfern werden, haben von vornherein gar nicht die Möglichkeit, die Willkür Gottes hinter sich zu lassen wie Orest bei Sartre. Eben weil aber jene Instanz, die sie grundlos verwirft, als die mythische Natur eine Gewalt hat, die von jeder subjektiven Entscheidung unabhängig ist, nimmt die Rasse der Verworfenen ein Pathos an, das sie für Baudelaires Lyrik zu einem möglichen Thema macht. Daß das Gedicht hier von zwei Rassen spricht, die seit dem Beginn der Menschheit von dem mythischen Brüderpaar ausgehen, zeigt, daß es den Gegensatz der Opfer auf der einen Seite und denen, die, was sie auch tun, Erfolg haben, weil sie per se vom Wohlwollen Gottes getragen werden, auf der andern Seite, letztlich als unaufhebbar denkt. Ist das Elend der Rasse Kains hier durchaus auch eines ihrer materiellen Lage - Hunger, Kälte, Versagung - so läßt es sich doch nicht auf eine bestimmte gesellschaftlich-politische Situation beziehen, ist das Blinde nicht, durch soziologische Erklärungen z.B., aufzulösen. Gelingt es Baudelaire, die Sympathien des Gedichts, das gleichzeitig die Akzeptierten mit jeder Strophe verächtlicher erscheinen läßt, immer mehr auf die Seite der »Race de Caïn« zu ziehen, so ist das aber nicht Mitleid mit ihrem Unglück. Das Mitleid brächte sie sich gleichsam näher, indem es sie als menschliche Wesen betrachtete, die es als solche, ihres Unglücks wegen, verdienen; es bezöge sie also, mit jener »Race d'Abel« zusammen, auf eine Gemeinschaft aller Menschen als moralischer Wesen zurück, die es hier gerade nicht geben kann. Diese Sympathie erklärt sich eher durch das Ausmaß ihres Schmerzes, durch das sie gegenüber den von Gott Akzeptierten absolut unvergleichbar, unversöhnt bleiben. Der Ton, mit dem es von den beiden »Rassen« spricht, bleibt auch ihnen und ihrem Elend gegenüber höhnisch. Durch diese Ambivalenz entzieht sich die Perspektive des Gedichts ebenso wie sie selber der Fixierung, und das entzieht sie zugleich allen Versuchen zur Identifikation mit den Opfern. Nur insofern sie so isoliert bleiben, abgedichtet gegen jegliche Solidarisierung, auch noch die des Autors selber mit ihnen, gewinnen sie das Pathos. Das macht sie zum Bild, das das Denken nicht mehr losläßt, im Unterschied zur Rasse Abels, die zwar Glück hat, aber eben darum keine Suggestionskraft. Sie sind mythisch Umherziehende, die keinen Ort haben, an den sie gehören; denen noch die Höhlen, in denen sie hausen, fremd bleiben; ähnlich wie bei ihnen auch die Liebe, die Sehnsucht, eine Gewalt hat, die die Rasse Abels, die sich gleichsam automatisch vermehren kann, eben darum nicht kennt.

Die Revolte, die vom Gedicht mit vollkommenem Einverständnis gemachte Andeutung des zukünftigen Mords, schließlich die Aufforderung, Gott auf die Erde zu schleudern, kann hier gar nicht das Ziel haben, Verhältnisse zu schaffen, in denen es diese Ungleichheit nicht mehr gäbe. Vielmehr wird der penetrante Erfolg der »Race d'Abel« geradezu gebraucht, um im Kontrast dazu das Pathos der Ausgestoßenen möglich zu machen. Das muß sich für Sartres Argumentation in der Tat so darstellen, daß Baudelaires Gedichte an der Abschaffung der ungerechten Verhältnisse nicht nur nicht interessiert seien, sondern sie in Wirklichkeit noch bestätigten. Das Problem des Sartreschen Rahmens ist, daß er die Revolte immer von einem politischen Maß her sehen muß, das »envisage la destruction comme simple condition nécessaire et préalable d'un ordre nouveau.«[27] In der Welt dieses Gedichts jedoch ist zwar die »destruction«, aber grundsätzlich kein »ordre nouveau« denkbar, der als gerechterer das Maß sein könnte, das die Revolte moralisch rechtfertigte, so wie die Revolte auch nicht durch das den Ausgeschlossenen angetane Unrecht moralisch begründet wird. Nicht nur läßt sich daher die »Race de Caïn« nicht als Maske einer unterprivilegierten Klasse gesellschaftlich entschlüsseln, sondern Baudelaire sieht umgekehrt vielmehr diese Klasse selber, wo sie bei ihm vorkommt, unter demselben Aspekt wie im Gedicht die »Race de Caïn«, nämlich als tragisch. So im ersten Aufsatz über Dupont an einer von Benjamin exzerpierten Stelle: »cette multitude maladive...qui jette un long regard chargé de tristesse sur le soleil et l'ombre des grands parcs.«[28] Könnten die, die am Schluß zur Revolte aufgefordert werden, ihre Lage von sich aus ändern, ja nur als die erscheinen, die moralisch im Recht sind, verflüchtigte sich ihr Pathos. Dieses gewinnen sie nur, weil sie mit der Saturiertheit der »Race d'Abel« nichts gemein haben, und die Revolte drückt nur aus, daß es eine Verbrüderung nie geben kann, sie vertieft den Graben durch eine Haltung, die auch vor Gott, dessen Willkür sie nicht brechen kann, doch wenigstens nicht in die Knie fällt. Würden sie aber versuchen, selber die Stelle der Rasse Abels einzunehmen, wenn das in der eigenen Macht stünde, würden sie selbst ihr ähnlich. Könnten auch die Opfer die Position wechseln, bliebe immer noch das grundlegende Verhältnis. Baudelaire interpretiert die Opfer nicht als qua Opfer ausgenommen vom Bösen der Natur. Das Gedicht stellt darum auch nicht eine mögliche Realisierung der Revolte vor, sondern sympathisiert mit dem Haß, dem der Traum von der Revolte entspringt. Das ermöglicht später noch einen Text wie »Assommons les pauvres«. Die Güte Gottes erfleht, sich also darüber hinweggetäuscht zu haben, daß er ein Schreckensherrscher ist, und so sich durch Kniefälligkeit selbst erniedrigt zu haben, ist eben das, was das erste Gedicht des »Révolte«-Zyklus, »Le Reniement de Saint-Pierre«, Christus vorwirft:

> Dans ta simplicité tu priais à genoux
> Celui qui dans son ciel riait au bruit des clous(OC I,121),

---

27 Sartre, *Cahiers pour une morale*, a.a.O., S.415.

28 OC II, S.31. Vgl. dazu Benjamin, *Das Passagen-Werk*, a.a.O., S.310 (J 5a, 1).

während es ihn allein in der bezeichnenden Situation rühmt, in der er in der - wenn auch letztlich nicht siegreichen - Haltung des Kämpfers, ja Rächers erschien:

> Où, le coeur tout gonflé d'espoir et de vaillance,
> Tu fouettais tous ces vils marchands à tour de bras,
> Où tu fus maître enfin.[...](OC I,122)

Die Ambivalenz, daß auch das, was als das Gute gesehen wird, in das Ganze der Natur hineinfällt, wird im dritten dieser Gedichte an der Gestalt des Satan, mit der Baudelaire auch einen literarischen Mythos zitiert, der die ganze Romantik faszinierte, besonders deutlich. Der Mythos des Satan zog diese Autoren deshalb so an, weil sie in ihm den Engel und das Böse in einer Gestalt hatten; nicht nur zeigt er so die Möglichkeit, daß das, was ursprünglich göttlich war, vom Fall betroffen sein kann, sondern er zeigt auch die Ambivalenz des Bösen selber, weil er seinerseits auch als der eigentliche Wohltäter, der Tröster der menschlichen Ängste, erscheint, ohne daß das ihn wiederum eigentlich gut werden ließe. Die Blasphemie, daß der Sprecher des Gedichts in seinem Elend Satan anruft und nicht Gott, liegt darin, daß für ihn Satan die wichtigere Gestalt ist, ja fast das größere Recht hat, denn er läßt das Böse, indem er will, daß es herrscht, sichtbar werden, während im Namen Gottes in der konventionell gewordenen Religion doch nur die blinde Willkür, als gut, verschleiert wird. Ambivalent erscheint das Böse, insofern Satan selber hier auch Opfer ist: obwohl der schönste und klügste der Engel, verraten und einer anerkannten Herrschaft beraubt. So kann auch seine Gestalt ein Pathos gewinnen, das sich in dem Augenblick verflüchtigen würde, wo er wieder in eine Herrschaft eingesetzt wäre, die ihn so gleichsam allgemein bestätigen würde; nur als Verstoßener, als »prince de l'exile«(OC I,124), kann er es haben. Ist er »privé de louanges«(ebd.), so heißt das, daß er allein ist, nicht wie Gott eine Gemeinde von Verehrern um sich sammelt, es sei denn eine heterogene Reihe von einzelnen, die wie der Proskribierte, der Paria, der Erfinder usw. ebenso allein und von nichts getragen bleiben wie er selber. Er ist König, zuständig für die unterirdischen Dinge, also ohne bestätigtes Reich, der aber inoffiziell umso nachhaltiger seine Macht vergrößert: er hat ein Wissen, mit dem er seine Schützlinge gerade im Hang zu dem unterstützt, was die offizielle Religion und Moral verpönt, ohne daß daraus eine Gegenreligion des Bösen würde, denn dann wäre er, als deren Repräsentant, ja wieder in der Lage eines Anerkannten, auf seine Weise offiziell.[29] Die Schützlinge

---

[29] Es ist also dem, was Baudelaire hier macht, eigentlich auch nicht angemessen, wenn Hiltrud Gnüg schreibt: »Die christliche Moral verkehrt sich hier, Satan ist der eigentliche göttliche Bruder des Menschen[...]« (Hiltrud Gnüg, *Kult der Kälte. Der klassische Dandy im Spiegel der Weltliteratur*, Stuttgart 1988, S.79). Satan ist bei Baudelaire nicht der Anwalt der eigentlich guten und hier nur »gegen die Zensur des bürgerlichen Bewußtseins rebellierenden Triebe«(S.80). Baudelaire vertritt nicht eine Moral, die die christliche Moral umkehrt; daß sie das tue hatte er ja gerade George Sand vorgeworfen.

Satans haben also nicht, wie es im Rahmen Sartres erscheinen würde, bloß eine Form des Seins gegen eine andere ausgetauscht, indem sie Gott verließen, um Satan zu folgen, denn hier gibt es keine Option, auch keine Alternative zwischen zwei gleichermaßen etablierten, »positiven« Religionen. Sie stehen Satan nahe, weil sie alle in irgendeiner Weise an einem Abgrund existieren, ohne daß sich unterscheiden ließe, ob er sie hält oder hineintreibt. Das wird am Schlafwandler, der sich mit einer Sicherheit bewegt, die er gerade nicht sich selbst, sondern Satan verdankt, nur besonders sinnfällig. Es gilt aber zum Beispiel auch für die Erfinder, die, im Geheimen und ungedeckt, sich an die Hervorbringung von etwas hängen, worin ihr Geist über die ihnen moralisch, als Menschen gezogenen Grenzen vollkommen hinausgeht und was sie so eigentlich überfordert. Weil sie ohne Anerkennung zu finden immer unbefriedigt im Abseits existieren, können die Erfinder in einem Atemzug mit den Konspirateuren genannt werden, diese aber - weil sie hier weniger einer rationalen Politik wegen als wegen der Unbedingtheit interessant sind, mit der sie vom Umsturz träumen - wiederum gleichzeitig mit dem »Krösus«, bei dem es ebenfalls nur auf die - von ihrer ökonomischen Grundlage gelöste - Unerfüllbarkeit ankommt, die ihn dennoch nicht abhalten kann, seinem ihm so zum Abgrund werdenden Verlangen nachzugehen: so können die, die gesellschaftlich die extremsten Gegner wären, in Baudelaires Rahmen auf der gleichen Ebene stehen. Daß sie ihrem satanischen Hang so bedingungslos folgen, ist das Gemeinsame; und damit sind sie ebenso dem Rausch verwandt wie einer Liebe, die bis zum »culte de la plaie«(OC I,125) geht.

Daß das Gedicht sich nicht in einem gesellschaftlichen oder politischen Rahmen bewegt, zeigt besonders deutlich die Strophe über den Proskribierten, in dem Benjamin »das finstere Haupt Blanquis«[30] aufblitzen sah (während Sartres Interpretation auch hier die Kritik impliziert, daß er kein wirklicher Revolutionär sei):

> Toi qui fais au proscrit ce regard calme et haut
> Qui damne tout un peuple autour d'un échafaud.(OC I,124)

Mythisch erscheint diese Haltung schon darin, daß über die Gründe - ob das, was der Proskribierte tat, revolutionäre Aktion oder Verbrechen war - nichts gesagt wird; als Geächtete stehen Verbrecher und Konspirateure auf derselben Ebene. Worauf es ankommt, ist, daß jener vor dem ebenso mythischen Volk, das auf seine Hinrichtung begierig ist, nicht um Gnade bittet, sondern, indem er sich eher hinrichten läßt, seine absolute Differenz von jener Menge bis zuletzt behauptet. Das scheint dem Modell der Wahl zu entsprechen; im Gedicht Baudelaires aber ist die Kraft, die ihn dazu befähigt, und der Hochmut, den er daraus zieht, satanischen Ursprungs. In der Verachtung, die der Proskribierte, weil er der Menge gegenüber allein ist,

---

30 Walter Benjamin, *Gesammelte Schriften* I,2, a.a.O., S.524

dieser zuteil werden lassen kann, erscheint er groß, ganz im Gegensatz zu dem der ganzen Welt zur Zielscheibe dienenden Christus in »Le Reniement de Saint-Pierre«. Schon früh, im *Salon de 1846*, hat Baudelaire diese Gebärde unter den Beispielen für einen »héroïsme de la vie moderne« genannt: »Ou bien: ›Le sublime B.....! Les pirates de Byron sont moins grands et moins dédaigneux.‹«[31] Sie ist aber nicht politisch interpretierbar. Alles politisch rationale oder moralische Verhalten müßte immer Züge annehmen, die in diesem Rahmen nur als schäbig, als gemein im Sinne von niedrig, würdelos gelten könnten. Die absolute Konsequenz, die an der Haltung des Proskribierten gefeiert wird, ist im politischen oder moralischen Rahmen unmöglich, wäre dort eher wahnhaft, und das ist eigentlich der tiefere Grund für das Problematische des Versuchs von Sartre, in *Les Mouches* die im Grunde mythische Tat des einzelnen ethisch rational umzuinterpretieren. Sie bewahrt, als Haltung, die Reste ihres mythischen Ursprungs unter der ethischen Überformung. Wenn in Baudelaires Strophe der Proskribierte durch den mit Bewußtsein durchgehaltenen Hochmut die Fähigkeit gewinnt, das ganze Volk, das ihn verdammt hat, selber zu verdammen, so setzt ihn das gerade nicht ethisch ins Recht; dann wäre seine Haltung trivial. Würde er das moralische Recht für sich beanspruchen, höbe er seine mythische Distanz von der Gesellschaft auf, weil er dann ihr Prinzip auf sich selber übertrüge. Das hat nicht zufällig George geändert, als er dieses Motiv Baudelaires aufnahm, das Mythische daran zwar noch deutlicher werden ließ, es aber auch aus dem ästhetischen Rahmen hinauszuheben versuchte, indem er dem Gehenkten das höhere Recht zusprach, in dessen Namen er sich zum Rächer und zum Heiland erhebt.[32]

---

31 OC II, S.495. Vgl. dazu den Kommentar von Claude Pichois, ebd., S.1324f. und seine Auseinandersetzung mit Dolf Oehlers Auffassung dieser Stelle. Vgl. dazu ebenfalls: Peter Bürger, *Klassizismus und Moderne. Zu Allegorie bei Baudelaire*, in: *Baudelaires »Blumen des Bösen«*, a.a. O., S.299ff.

32 Bei George will am Ende der Gehenkte im Grunde das, wovon Sartre Baudelaire vorwirft, daß er es gewollt habe: im Namen der Tugend der Welt das Böse, das er darstellt, gerechtfertigt sehen, und zwar dadurch, daß er es als für diese Tugend selbst nötig interpretiert.: »Als unter der verwünschung und dem schrei/ Der ganzen stadt man mich zum tore schleppte/ Sah ich in jedem der mit steinen warf/[...]/ Dass in ihm einer meiner frevel stak/ Nur schmäler oder eingezäunt durch furcht./ [...]/ Tugend - die ich verbrach - auf ihrem antlitz/[...]/ So strahlen kann sie nur wenn ich so fehle!/[...]/ Als sieger dring ich einst in euer hirn/ Ich der verscharrte..[...] und eh ihrs euch versahet.biege/ Ich diesen starren balken um zum rad.« Der Verurteilte kann zwar, indem er zeigt, daß sie selber auch von dem Bösen lebt, das sie ächtet, die Tugend der andern höchst zweideutig erscheinen lassen. Aber er übernimmt, indem er sich zum Richter macht, die Tugend der andern mit eben dem Prinzip des Richtens. (Stefan George, *Werke. Ausgabe in 2 Bänden*, Band 1, Düsseldorf und München 1976, S.429.) Zur Beziehung Georges zu diesem Motiv Baudelaires siehe Th.W. Adorno, *George und Hofmannsthal. Zum Briefwechsel. Prismen. Gesammelte Schriften* 10,1, hrsg. von Rolf Tiedemann, Frankfurt 1977, S.209f.

VIII. Kunst und Unaufrichtigkeit

In einer berühmten Notiz der *Fusées* hat Baudelaire die Figur des Satan, in der Manier von Milton, als »le plus parfait type de Beauté virile«(OC I,657) bezeichnet. Als solcher ist er *das* Beispiel für eine Definition des Schönen, die dieses durch gegensätzliche Charaktere gleichzeitig zu umschreiben sucht: »Quelque chose d'ardent et de triste«. Der eine wäre Ausdruck des leidenschaftlichen Verlangens nach Leben, des Ehrgeizes usw., der andere einer Bitterkeit, die den Versagungen entspringt, die dieses Verlangen in der Wirklichkeit immer erfahren muß. Baudelaire spricht nicht von den konkreten Umständen, die zu den Versagungen führten; was er hervorhebt, ist allein der Eindruck des Unbestimmten, der durch die Verbindung des Gegensätzlichen zustandekommt. Einer dieser Charaktere allein wäre gleichsam eindeutig, so wie die Freude einen Ausdruck zeigt, der nur Freude beinhaltet und nichts sonst, und so sich in sich selbst erschöpft. Der Ausdruck des Unglücks dagegen, die Verbindung des Ausdrucks der Lebensgier mit dem ihrer Enttäuschung, fasziniert, weil er etwas zu suggerieren scheint, was den Geist des Betrachters beschäftigen kann, ohne daß er damit aufhören könnte; mit anderen Worten, weil er den Charakter des Unendlichen hat.

Baudelaire hat das in dem Prosagedicht »Les veuves« aufgenommen, in dem der Dichter seine »avides conjectures«(OC I,292) in jene Ecke des Stadtparks lenkt, den die Unglücklichen heimsuchen, denn: »Il y a là une pâture certaine«(ebd.). Der Dichter interessiert sich am allerwenigsten für die Freude der Reichen. Aber ihr Schmerz zieht ihn ebenfalls weniger an als der der Armen. Denn »Le riche porte la sienne au grand complet«(OC I,293), in der Trauer der Armen aber ist immer »quelque chose qui manque, une absence d'harmonie qui le rend plus navrant.«(ebd.) Man könnte sagen, der Mangel steigere die Suggestivität, die Andeutung von Geheimnis, »laissant carrière à la conjecture«(OC I,657), wie es in den *Fusées* heißt; er produziert einen Ausdruck, der eben weil er sich als solcher nicht erfüllt, uneindeutig bleibt; während der vollständige Ausdruck gleichsam das, was Trauer ist, im Äußeren zu sich selber gebracht hat und so den Geist nicht festhalten kann.[1]

---

[1] Insofern es Kriterium des Schönen wird, daß es das Denken des Betrachters unendlich beschäftigen kann, kann Baudelaire zum Beispiel einem Bild gegenüber auch noch Fragen und Assoziationen zulassen, die jeder konsequentere Symbolist - man denke nur an George und dessen Kampf gegen alles, was er für Naturalismus hielt - als außerkünstlerisch verworfen hätte. Im Essay über die *Exposition universelle* von 1855 gibt Baudelaire die folgende Anekdote wieder:

»Balzac [...] se trouvant un jour en face d'un beau tableau, un tableau d'hiver, tout mélancolique et chargé de frimas, clair-semé de cabanes et de paysans chétifs - après avoir contemplé une maisonnette d'où montait une maigre fumée, s'écria: Que c'est beau! Mais que font-ils dans cette

Sartre hätte in seinen Kategorien sagen können, jenes Leiden der Reichen sei im Ausdruck der Trauer schon seinem vollständigen Sein nahegekommen, das allem kontingenten Leiden im Leben fehlt; es zeige jene Übereinstimmung mit sich, die das Bewußtsein niemals erreichen kann. Tatsächlich hat Sartre versucht, diese Suggestivität dadurch theoretisch zu fassen, daß er sie aus jener unentschiedenen, immer vom einen zum andern schwankenden Stellung zwischen Existenz und Sein erklärte, durch die er Baudelaires Wahl insgesamt bestimmt. Indem er zu recht die Konzeption der Schönheit bei Baudelaire von jeder platonischen abgrenzt, schreibt er:

> Et la beauté elle-même n'est point une perfection sensuelle contenue dans les étroites limites d'un cadre, d'un genre poétique, d'un air de musique. Avant tout elle est suggestion, c'est-à-dire qu'elle est ce type étrange et forgé de réalité, où l'être et l'existence se confondent, où l'existence est objectivée et solidifiée par l'être, où l'être est allégé par l'existence[...][2]

---

cabane? à quoi pensent-ils, quels sont leurs chagrins? les récoltes ont-elles été bonnes? *ils ont sans doute des échéances à payer?*«(OC II,579)

Entscheidend ist, daß ein Bild die Kraft hat, überhaupt solche Fragen im Betrachter anzuregen. Diese Kraft hängt aber damit zusammen, daß es darauf nicht schon Antworten enthält; anders gesagt, wenn es Fragen anregen kann, die sich auf die soziale Lage der Dargestellten beziehen - sogar derart präzise, wie sie Balzac hier stellt - dann kann es das deshalb, weil die Darstellung keine - z.B. moralische - Interpretation dieser Lage schon impliziert. Die Fragen finden, weil es ein Bild ist, im Bild prinzipiell keine Antwort. Aber daß Balzac hier nach dem Leben der Leute im Bild so fragen kann, als hätte er vergessen, daß es nur ein Bild ist, ist eine Stärke des *Bildes*, seiner von Baudelaire als Ergebnis einer »opération magique« beschriebenen Suggestivität. Der Maler »a eu l'honneur de faire vibrer, conjecturer et s'inquiéter l'âme du grand romancier«, und Baudelaire erwägt, »d'apprécier un tableau uniquement par la somme d'idées ou de rêveries qu'il apportera dans mon esprit.«(OC II,579). Diese Gedanken können sich auch auf eine Moral beziehen, das Bild kann sogar die Fähigkeit zur moralischen Reaktion dazu heranziehen, seine Suggestionskraft für den Betrachter, der sich von ihm dann umso weniger lösen kann, noch zu vermehren.

In der Rezension von Hugos *Les Misérables*, in der Baudelaire im Grunde auch schon eine Theorie wie die Sartres skizziert, daß das Prosawerk dem Leser die Welt als Aufgabe - das heißt als ungelöste, als Problem - darstelle, hat Baudelaire es mit einem Buch zu tun, in dem »la morale entre directement *à titre de but.*«(OC II,218) Aber wie stellt diese Moral sich im Rahmen des Kunstwerks dar? »[...] c'est un livre interrogeant, posant des cas de complexité sociale, d'une nature terrible et navrante, disant à la conscience du lecteur: ›Eh bien? Qu'en pensez-vous? Que concluez-vous?‹«(OC II,220)

Das klingt in der Tat schon fast wie ein Sartrescher Appell an den Leser, der in seiner Lektüre eine Stellungnahme gegenüber dieser Welt produzieren soll. Aber Baudelaire stellt es so dar, daß auch hier, insofern es ein Kunstwerk ist, das Entscheidende darin besteht, *daß* es Fragen suggerieren kann, nicht selbst eine bestimmte implizite Moral vertritt. Die Moralität des Werks, die unseren »esprit de charité« in Erregung versetzen kann, der wie der »goût de la réhabilitation« als »goût«, als »obsession«, selbst nicht mehr moralisch gesehen wird, erscheint gleichsam als ein besonderer Fall jener Suggestivität überhaupt, die das Schöne immer ausmacht. Das im engeren Sinne moralische Kunstwerk sucht nur diese Fähigkeit auszunutzen und zu beschränken. Wenn in der Rezension von *Les Misérables* die Armut erscheint, dann wie im Prosagedicht Baudelaires nicht unter dem Aspekt einer Anklage; vielmehr wird sie zum Bild, in dessen mythischer Unauflösbarkeit derjenige, der sich in es versenkt, sich wie in einem Abgrund zu verlieren fürchten muß:

»Il y a quelque chose de si absolument étrange dans cette tache noir que fait la pauvreté sur le soleil de la richesse, ou, si l'on veut, dans cette tache splendide de la richesse sur les immenses ténèbres de la misère, qu'il faudrait qu'un poète, qu'un philosophe, qu'un littérateur fût bien parfaitement monstrueux pour ne pas s'en trouver parfois ému et intrigué jusqu'à l'angoisse.«(OC II,219).

2 Sartre, *Baudelaire*, a.a.O., S.228.

Wenn die Existenz ihr eigener Mangel, also das ist, was nie in sich befriedigt sein kann, so wäre der Schönheitscharakter im Ausdruck des Unglücks darin zu sehen, daß er gleichsam inhaltlich, als Bild, die Unfixierbarkeit zeigt, die zur Schönheit, insofern sie dem Betrachter keinen Halt gibt, schon ihrer Form nach gehört. Der Grund für die Anziehung, die für das Bewußtsein vom Anblick des Unglücks ausgeht, liegt in der Verwandtschaft, die es darin zu sich selber sehen zu können glaubt, indem das Bild des Unglücks ihm zu ermöglichen scheint, seine eigene Entzweiung in sich selber auch in dem wiederzufinden, was es nicht selber ist. Das Motiv, das für die ganze Lyrik Baudelaires zentral ist, wird thematisch in Gedichten wie »Alchimie de la Douleur« oder »Horreur sympathique«, die nicht zufällig unmittelbar vor »L'Héautontimorouménos« stehen:

Insatiablement avide
De l'obscure et de l'incertain,
Je ne geindrai pas comme Ovide
Chassé du paradis latin.(OC I,77f.)

In der Bemerkung, Baudelaire werde von allem angezogen, was auch nur den Schein eines objektivierten Bewußtseins biete[3], hat Sartre das gesehen, es so aber zugleich wieder in seine Theorie einbezogen, wonach das Bewußtsein überall nach dem suche, worin es sich selbst gegenständlich werden könnte. Das Schöne als Bild - z.B. an einem Gesicht, einer Gestalt - soll zugleich etwas von den Merkmalen haben, die Sartre dem Sein zuschreibt: »la cohésion, la permanence et l'identité«[4]. Die Bestimmung wird paradox, so weit, daß sie sich eigentlich aufhebt, denn in Sartres Rahmen bleiben Sein und Existenz doch immer geschieden:

> Mais cet être enferme en lui comme une sorte de retenue, il n'est pas tout à fait, une discrétion profonde l'empêche non de se manifester, mais de s'affirmer à la manière d'une table ou d'un caillou; il se caractérise par une manière d'absence, il n'est jamais tout à fait là, ni tout à fait visible, il reste en suspens entre le néant et l'être par une discrétion poussée à l'extrême.[5]

Weil Baudelaire darin die inhaltlichen Entsprechungen sehe, habe er eine Vorliebe für

> [...] l'heure du crépuscule, les ciels brouillés de Hollande, les »jours blancs tièdes et voilés«, les »jeunes corps maladifs«, tous les êtres, choses et gens, qui semblent meurtris, brisés ou qui glissent vers leur fin: les »petites vieilles« et, tout aussi bien, la lumière d'une lampe que le petit jour pâlit et qui semble vaciller dans son être.[6]

---

[3] ebd., S.223.
[4] ebd., S.220.
[5] ebd.
[6] ebd., S.222.

Zählte Baudelaire die Schönheit unter das, worin er die Erfahrung des Abgrunds, also des Unendlichkeitsmoments gemacht habe, so kehren hier die Probleme wieder, die in Sartres Anwendung der Kategorie der Transzendenz, des »au-delà« auf Baudelaire generell liegen. Die Bilder Baudelaires erscheinen bei Sartre als Symbole, und ihre Bedeutung, zu der hier ihre Suggestivität wird, »image de la transcendance humaine, est comme un dépassement figé de l'objet par lui-même«[7]. Sie ist die Potentialität des Objekts. Wieder ist das Problem die Voraussetzung eines Woraufhin, eines Gegenstandes, auf den hin verwiesen wird, der abwesend, aber in dem Verweisen auf ihn als angekündigter doch »da« ist. Die »néantisation« bei Sartre ist ja ein Bewußtsein, also intentional, das heißt néantisation von etwas, einem Objekt, das sich gerade in seiner Setzung als abwesend oder nicht seiend erhält. Die Schwierigkeit, die Sartre hier mit Baudelaire hat, entsteht daraus, daß die Suggestivität des Schönen bei Baudelaire eigentlich keine »Richtung« hat; gibt es kein »objet absent qu'elle désigne«[8], dann ist sie auch nicht als néantisation, als ein Überschreiten in Sartres Sinn, zu sehen. Das Problem seines Modells ist die Voraussetzung eines Seins, *an* dem die Existenz Mangel ist und das darum gleichzeitig abwesend und anwesend, in seiner Abwesenheit anwesend gedacht werden muß. Dieses Sein wäre hier gleichsam eine - wenn auch nicht zu erreichende - Erfüllung des Symbols, in der das Symbol nicht mehr »bedeutete«, sondern das *wäre*, woraufhin es als Symbol nur verweisen kann. Von diesem erfüllten Sein aus wird überhaupt erst das Unerfüllte des Symbols gedacht. Das genauer in seinen Voraussetzungen zu entwickeln, würde eine Diskussion der Probleme erfordern, die überhaupt in der Verwendung der Negation bei Sartre liegen, mit der er letztlich auch wieder auf eine Ästhetik, nämlich auf Mallarmé und dessen zentrale, bei ihm schon ontologische Konzeption der »absence« zurückgreift. Zu recht hat Traugott König diese Affinität »zwischen grundlegenden Theoremen seiner Philosophie und der »Metaphysik« der Mallarméschen Poetik«[9] hervorgehoben; und konsequent ist, daß Sartre dann Mallarmé so viel positiver gesehen hat. Daß er aber aus diesem Grunde innerhalb des ganzen Symbolismus, der ihm zu einer einheitlichen Bewegung wird, kaum mehr differenziert, wird das Problem seiner Interpretation Baudelaires; denn die Schönheit, so wie Baudelaire sie auffaßt, entzieht sich gerade der Bestimmung durch diese Kategorien.

Daß Sartre die Schönheit in Begriffe der Existenzphilosophie übersetzt, die wiederum Abwandlungen ästhetischer Konzeptionen sind, erlaubt ihm, sie als Ausdruck der Existenz Baudelaires wieder auflösbar werden zu lassen. So geht aber auch das Bildhafte an die Existenz selber über, am

---

7 ebd, S.334.

8 ebd.

9 Traugott König, *Zu Sartres Phänomenologie des neuzeitlichen lyrischen Diskurses*, a.a.O., S.9.

deutlichsten wohl in der direkten Identifikation Baudelaires mit Satan.[10] Damit nimmt auch die Person jenes unentschiedene Hin- und Herschwanken zwischen Sein und Existenz an, durch das Sartre das »poetische Phänomen Baudelaire« zu bestimmen suchte. Aber es ist etwas anderes, ob diese Unentschiedenheit zur Definition des Poetischen benutzt wird oder zur Charakterisierung der Existenz der Person: muß von der Existenz, der Ethik Sartres zufolge, Entschiedenheit ihrer Wahl verlangt werden, so erscheint dieses Schweben hier, als Unentschiedenheit, *moralisch* kritisierbar. Wird also das, was bei Baudelaire auf der ästhetischen Ebene liegt, dem Anspruch der existentialistischen Ethik ausgesetzt, erscheint es als die Unwahrhaftigkeit der Person. Das Sartres Begriffen sich Entziehende des Schönheitscharakters bei Baudelaire drückt sich nun als mangelnde Greifbarkeit der Person aus, die sich nicht preisgebe; und dann wird umgekehrt wieder das Schwebende in dem »poetischen Phänomen« aus der ursprünglichen Unwahrhaftigkeit der existentiellen Wahl abgeleitet und so auch in der Kunst noch virtuell kritisierbar.

Davon, daß Baudelaire ursprünglich den Anspruch der eigenen Existenz verfehlte, war dann alles tingiert, was er in seinem Leben konkret tat, und da für Sartre die Unwahrhaftigkeit, qua Wahl, immer zugleich Bewußtsein von sich selber ist, so war für Baudelaire, was immer er auf der Grundlage der unwahrhaftigen Wahl tat, von vornherein zugleich schon entwertet, von ihm zugleich insgeheim als falsch durchschaut. Sartre vergleicht in *L'être et le néant* die Unwahrhaftigkeit mit der Lüge; sie wäre dann aber eine Haltung, mit der das Bewußtsein sich selbst belügt; und konsequent fragt Sartre, wie das in seinem Rahmen denkbar ist, wenn doch das Bewußtsein sich immer durchsichtig sein muß. Tatsächlich läßt sich die Unwahrhaftigkeit selber nur paradox umschreiben: das aber sei schon ihr Ausdruck. Weder Lüge, noch, komplementär, unmittelbares Für-Wahr-Halten, hält sie sich dazwischen:

> Il y a là un phénomène *évanescent*, qui n'existe que dans et par sa propre distinction. Certes, ces phénomènes sont fréquents et nous verrons qu'il y a en effet une évanescence de la mauvaise foi, il est évident qu'elle oscille perpétuellement entre la bonne foi et le cynisme.[11]

Sartre hat in *L'être et le néant* konkrete Verhaltensweisen der mauvaise foi so beschrieben, daß ihre strukturelle Verwandtschaft mit seiner Charakterisierung des ästhetischen Charakters bei Baudelaire ganz deutlich wird. In der Modellszene einer Frau, die sich einem Mann, der sie, wie sie weiß, verführen möchte, in einer Weise entzieht, daß sie dabei gleichzeitig alle Möglichkeiten offen lassen will, erscheint die mauvaise foi als ein ständiges Verweisen auf etwas, dessen Realisierung zugleich verweigert wird. Einerseits tut die Frau so, als wüßte sie nicht, was der Mann will, hält sie

[10] Sartre, *Baudelaire*, a.a.O., S.124.
[11] Sartre, *L'être et le néant*, a.a.O., S.85.

alles auf der Ebene der faktischen Situation, die keine Transzendenz habe; andererseits spielt sie auf der Ebene der Transzendenz, die sie zugleich außer Reichweite geschoben hat. In der Schwebe - »ne consentante ni résistante«[12] - will sie die Transzendenz der faktischen Situation als solche festhalten, als wäre diese selber ein faktisches Sein, und zugleich beides auf getrennten Ebenen halten. So flieht sie vor der realen Situation, die sie dadurch überhöht, daß sie Möglichkeiten suggeriert, und flieht vor dem Ergreifen der Möglichkeiten in die reale Situation. Sartre formalisiert das so:

> C'est un certain art de former des concepts contradictoires, c'est-à-dire qui unissent en eux une idée et la négation de cette idée[...] Il faut affirmer la facticité comme étant la transcendance et la transcendance comme étant la facticité, de façon qu'on puisse, dans l'instant où on saisit l'une, se trouver brusquement en face de l'autre.[13]

So ist die mauvaise foi eigentlich eine Art innerer Taktik, sich jeder Bestimmung, so aber auch jeder Kritik, unerreichbar zu machen.

Auf Baudelaire übertragen würde das heißen, daß er sich beispielsweise Richter suchte, damit sie ihn verurteilten; daß er aber, weil er es immer selbst war, der sich zum Verurteilten machte, vor dieser Verurteilung immer zugleich in seine Freiheit entkommen konnte: eine Selbstverurteilung kann immer nur eine Pseudoverurteilung sein. Dem Anspruch seiner Freiheit aber konnte er wiederum entgehen, indem er sich auf die festgelegte Rolle des Verurteilten zurückzog, die er eigens zu diesem Zweck geschaffen hatte, und so immer hin und her. Die Unentschiedenheit zwischen beidem ermöglichte ihm, daß er sich als ganze Person entzog. Dabei konnte als Richter auch er selbst, sein eigenes, ihn durchdringendes Bewußtsein fungieren; ja daß andere ihm dazu dienen konnten, wurde deshalb erst möglich, weil schon die Beziehung zu sich selbst die der reflexiven Luzidität war.

Aber auch diese Analyse hat das Problem, daß Baudelaire das, was Sartre als Unaufrichtigkeit seiner Person erweisen will, in Gedichten selbst schon dargestellt hatte, und zwar so, daß das Verhältnis von Henker und Opfer viel tiefer mit dem Bewußtsein selber schon gegeben war. Noch in der Reflektiertheit, die aufgebracht würde, die Selbstbestrafung zu durchschauen und frei zu werden, würde es sich reproduzieren. Will Sartre alle jene Motive, die bei Baudelaire in den Umkreis des remords gehören, als eine zwangsläufig gespielte, also verlogene Selbstzerknirschung erledigen, so läßt Baudelaire das Maß dieser Kritik selber, von dem Sartre hier fraglos ausgeht, zweideutig werden. Die Aufrichtigkeit ist, worauf Sartre auch verweist, ja ebenfalls ein Motiv Baudelaires; beispielsweise in den *Paradis artificiels*, wo im Haschischrausch das Bewußtsein auch die Fähigkeit, sich selbst gegenüber ganz offen zu sein, unendlich gesteigert findet(OC

[12] ebd, S.92.
[13] ebd.

I,434ff.). Es ist hier also ausgerechnet der unter der Wirkung des Haschisch Stehende, der sich, in einer subjektiv vollkommenen Aufrichtigkeit, sich selbst gegenüber seine Moralität bestätigt. Damit aber nimmt Baudelaire diese Moralität gerade wieder aus dem moralischen Rahmen heraus. Die Luzidität des Bewußtseins sich selbst gegenüber erscheint im Rausch als eine Macht, die sich völlig verselbständigt hat gegenüber dem Ich, das davon getrieben wird, während es sie zu beherrschen meint. Daß das subjektiv für Aufrichtigkeit gehalten wird, wäre für Baudelaire nur Indiz seines satanischen Ursprungs, weil sich gerade in dem Willen, absolut aufrichtig zu sein, die Selbstglorifikation des Bewußtseins durchsetzt, das noch in der Erniedrigung vor sich selbst seine Überlegenheit genießt.[14] Es macht sich tendenziell alles, ganz gleich was, zum Material, und sei es schließlich noch sich selbst. Baudelaire hat hier sogar Rousseaus *Confessions* nicht unter dem Aspekt einer im Namen einer Moral vorgenommenen Selbstanalyse gesehen, für die es darum ginge, wie weit der Autor zur Wahrheit über sich selbst kommt. Sie erscheint hier vielmehr als ästhetische, insofern der Schreibende sich nicht nur an der Schönheit seiner eigenen Tugend, sondern vor allem an der seines eigenen Geistes berauscht. Diese Analyse steigert immer ihr Objekt, das Ich, über seine reale Dürftigkeit hinaus, ja hat sogar die Fähigkeit, in dieser Dürftigkeit so wie sie ist etwas Interessantes, Großartiges zu sehen, ohne daß das nun als unwahrhaftig kritisiert werden könnte.[15] Das Problem für Sartre ist, daß er nicht nur nicht die ästhetische Argumentation Baudelaires, indem er sie auf die Kategorien der mauvaise foi abbildet, moralisch auflösen kann, sondern daß umgekehrt sein eigener Rahmen, der die permanente Reflexion als Weg zur Authentizität interpretieren möchte, von Baudelaires Argumentation unterlaufen, d.h. als ein Beispiel, das sie bestätigt, verwendet werden kann.[16]

---

14 »Le remords, singulier ingrédient du plaisir, est bientôt noyé dans la délicieuse contemplation du remords, dans une espèce d'analyse volptueuse, et cette analyse est si rapide, que l'homme, ce diable naturel [...] ne s'aperçoit pas combien elle est involontaire [...] Il *admire* son remords et il se glorifie, pendant qu'il est en train de perdre sa liberté.«(OC I,434).

15 »[...] son imagination s'échauffant de plus en plus devant le spectacle enchanteur de sa propre nature corrigée et idéalisée, substituant cette image fascinatrice de lui-même à son réel individu, si pauvre en volonté, si riche en vanité, il finit par décréter son apothéose en ces termes nets et simples, qui contiennent pour lui tout un monde d'abominables jouissances: *»Je suis le plus vertueux de tous les hommes!«* (OC I,436).

16 Das hat Andrew McKenna in seiner sehr interessanten Arbeit dazu geführt, umgekehrt aus Sartres Bestimmung der Existenz rückwirkend wiederum die Ästhetik Baudelaires zu erklären. Im Motiv des Schauspielers, das McKenna zu recht in den Mittelpunkt beider Konzeptionen rückt, fallen dann die existentielle Unaufrichtigkeit und das poetische Verfahren Baudelaires zusammen, kann die erstere die Kategorien zur Darstellung des letzteren geben: »Baudelaire has thoroughly comprehended the mechanism of bad faith as Sartre describes it. However he may have practiced it in his own life, in his art he successfully transformed it into a method of creation. As another example of bad faith, Sartre points to the »garçon de café« who plays at being *the* garçon by perfecting and imitating the gestures typical of his profession. Baudelaire does no less than this in his poetry when he imitates his own feelings as before a mirror. Sartre's dialectics of bad faith and Baudelaire's dialectics of creation converge in the problematic of the actor.« (*Baudelaire and Sartre*, a.a.O., S.191)

Der Vorwurf, alles im Leben Baudelaires sei nur gespielt - Sartres Fassung der existenzphilosophischen Kritik an der Ästhetischen Existenz - kommt aber schon dadurch in Schwierigkeiten, daß sich das Maß, an dem sich die Unwahrhaftigkeit als solche zeigen könnte, auch Sartre immanent kaum begründen läßt. Sartre hat - als eines seiner wichtigsten Themen - großartige Analysen der mauvaise foi gegeben, aber es ist ihm nicht gelungen, die Authentizität als Maß genauer zu bestimmen. In *L'être et le néant* hat er die mauvaise foi als »la menace immédiate et permanente de tout projet de l'être humain«[17] so tief im Bewußtsein selber, in dessen prinzipieller Nichtübereinstimmung mit sich, gesehen, daß schon die theoretische Möglichkeit der Authentizität zum Problem wird. Sartre betont zwar in der bekannten Anmerkung: »cela ne veut pas dire qu'on ne puisse échapper radicalement à la mauvaise foi.« Aber er hat die »reprise de l'être pourri par lui-même«[18], die das voraussetzt, nicht ausführen können. Er könnte sich darauf berufen, daß es real in einem Leben Tendenzen zur Unauthentizität und vielleicht auch authentischere Momente ja wirklich gebe, aber das würde nicht ausreichen. Denn Sartre sieht die Authentizität in einem radikalen Abschütteln jeder Unauthentizität der Existenz, als absolut also: man ist entweder ganz authentisch oder gar nicht.[19] Ebenso muß an diesem Maß auch die unauthentische Existenz vollkommen unauthentisch sein, bis in die kleinsten Verhaltensweisen hinein, denn die Unauthentizität liegt, wie Sartre sie denkt, ja am Ursprung der jeweiligen Wahl selbst; kein Bereich seines Inneren kann dann übrig bleiben, der davon unberührt wäre.

So ließe sich das authentisch Werden nur als ein Sprung denken, und nicht zufällig spricht Sartre von einer »Konversion«[20], die das Bewußtsein mit sich selbst vornehmen müsse. Die Konzeption des Authentischen setzt die Formen der mauvaise foi voraus, indem sie, sofern sie sich bestimmen will, das *gegen* diese versucht: aus einem verfälschten Bewußtsein heraus muß die Umkehrung kommen. So setzte bei Kierkegaard die ethische Existenz die ästhetische voraus, die sie, durch die Entscheidung des Selbst für sich selber, in sich aufhob: beides waren wechselweise Gegenbilder vonein-

---

Schon Maurice Blanchot hatte geschrieben, »que précisément la création poétique n'est que dans l'équivoque. Tout poète a dans son jeu la mauvaise foi: contre elle il ne peut rien, mais avec elle il peut tout et même sauver sa bonne foi.«(*L'échec de Baudelaire*, a.a.O., S.142)
Beide schieben, wie Sartre, Existenz und Kunst ineinander, aber anders als Sartre mit dem Ziel, so gerade die Kunst zu rechtfertigen. Aber daß Sartre die Existenz Baudelaires als mauvaise foi kritisiert, zeigt doch eher, daß die Kunst sich Sartres Kategorien entzieht. Und daß die Kunst als mauvaise foi erscheint, belegt nicht das Existentielle der Kunst, sondern wiederum das Ästhetische der existentiellen Kategorien.

17 Sartre, *L'être et le néant*, a.a.O., S.107.

18 ebd.

19 Zu diesem zentralen Motiv aller Überlegungen Sartres zum Problem einer Ethik seien als Beispiel nur die folgenden Sätze der Kriegstagebücher zitiert: »L'authenticité s'obtient d'un bloc, on est ou on n'est pas authentique.« (*Les carnets de la drôle de guerre*, a.a.O., S.267) Und: »Toutefois il faut bien entendre que l'authenticité ne se partage pas.«(ebd., S.270)

20 Siehe dazu vor allem Sartre, *Cahiers pour une morale*, a.a.O:, S.488ff. Vgl. dazu auch Mohamed Turki, *Freiheit und Befreiung*, a.a.O., S.62ff., wo diese Konzeption unter dem Aspekt einer Philosophie der Praxis diskutiert wird.

ander, und so wurde umgekehrt die Möglichkeit der ethischen Existenz in der ästhetischen schon angelegt gesehen. Aber noch viel weniger als bei Kierkegaard ist bei Sartre ein Übergang oder sind Mischformen von partieller Unauthentizität und Authentizität denkbar. Bei Sartre kann man eigentlich die Authentizität nur negativ, auf dem Weg über die Kritik aller unauthentischen Verhaltensweisen, in der sie sich gleichsam indirekt abzeichnen würde, zu umschreiben versuchen. Ohne behaupten zu können, sie zu »haben« - das wäre schon ein Zeichen dafür, daß man sie nicht hat - muß diese Kritik sie als ihr Maß doch immer schon in Anspruch nehmen. Da aber dieses Maß so absolut gedacht ist, daß es dann eigentlich kaum ein Verhalten im Leben mehr gibt, dem daran nicht nachgewiesen werden könnte, daß es nicht authentisch war, wird der Versuch, die Unauthentizität an sich selber zu überwinden, permanent.

Das kann auch, da es ja nur vom Bewußtsein selbst aus versucht werden kann, letztlich nur durch eine reflexive Haltung gegenüber sich selbst geschehen. Die Reflexion ist aber die Haltung, die selber, durch ihre Form, die Möglichkeit zur Inauthentizität immer in sich hat: kann man nur durch sie der Authentizität nahe zu kommen versuchen, so ist sie zugleich das Medium ihrer Verhinderung.[21] Die konsequente Kritik an sich selber muß schließlich noch in dieser Kritik ein Mittel durchschauen, sich etwas vorzumachen. Darum Sartres Anstrengungen, die Bewußtheit als solche auch wieder abzuwerten, als ließe sich gleichsam wie durch einen weiteren Sprung aus der Reflexivität ganz herausgelangen. »La base unique de la vie morale doit être la spontaneité, c'est-à-dire l'immédiat, l'irréfléchi«[22], schrieb er in den *Cahiers pour une morale*. Man kann sich ja auch wirkliche, authentische Güte zum Beispiel kaum anders vorstellen, als daß jemand spontan ganz einfach tut, was eine Situation verlangt, und nicht lange an sein eigenes Gütigsein denkt. Authentisches Verhalten könnte sich dann eigentlich nie selbst zum Vorsatz werden: »Si tu cherches l'authenticité pour l'authenticité, tu n'es plus authentique.«[23] Und zwar eben deshalb, weil es sich dann schon wieder reflektiert und so verfehlt. Authentizität ließe sich dann eigentlich nur so denken, daß sie alles nach außen, auf die Welt gewandte Tun gleichsam unthematisch begleitet. Aber das spontane Handeln ist nicht darum schon per se authentisch; es kann real auch aus Dummheit, aus Konvention kommen, kann auch selbst unwahrhaftig sein.[24] So wäre eine wirkliche Spontaneität, die vielleicht authentisch genannt werden könnte, wiederum kaum ohne die Voraussetzung einer gewissen Reflektiertheit denkbar. Aber schließt sich für Sartre nicht beides aus? Versucht er aber, die unauthentische

---

[21] Vgl. wiederum die Kriegstagebücher. Sartre weist auf »cette extrême difficulté d'atteindre l'authentique. Dans sa recherche même se glissent la duperie et la ruse.« (*Les carnets*, a.a.O., S.71. Vgl auch die hierfür zentrale Stelle S.267f.

[22] Sartre *Cahiers pour une morale*, a.a.O., S.12.

[23] ebd.

[24] ebd., S.11.

Reflexivität von einer zur Authentizität führenden zu trennen, so fragt sich, nach welchen Kriterien das geschehen soll. Tatsächlich hat Sartre in den *Cahiers pour une morale* nach einem Bewußtsein gefragt, das reflektiert wäre, ohne daß ihm seine Spontaneität verloren ginge[25].

So wäre die Authentizität eigentlich nichts, worin man immer schon sein könnte. Aber wenn das im Grunde heißt, daß wir eigentlich nie in diesem Sinne wirklich authentisch sind, wird es dann nicht unmöglich, einem Autor wie Baudelaire das Unauthentische seiner Existenz vorzuwerfen, es sei denn, man begriffe alle in diese Kritik ein? In der Tat ist es das, was Sartre konsequenterweise tut. Die Analyse Baudelaires zeigt exemplarisch zugleich, daß wir immer nur zu sein spielen, daß jedes Gefühl immer nur die Aufführung dieses Gefühls ist: »rappelons-nous, si nous voulons entrevoir les paysages lunaires de cette âme désolée, qu'un homme n'est jamais qu'une imposture.«[26] Die Frage ist aber wieder: sagt dann dieses Maß als das einer *moralischen* Kritik überhaupt noch etwas? Hat es dann Sinn zu fordern, daß man nicht »schauspielern« solle? Das Problem ist also wieder jenes totale Sein, auf das als abwesendes zugleich alles bezogen ist, und das in Sartres Philosophie immer sowohl positiv wie negativ gedacht werden muß: positiv als ideale Norm alles Tuns, alles Gefühls usw., negativ, weil das Bewußtsein gerade nicht versuchen darf, in ihm zur Ruhe zu kommen. Muß es immer sich spielen, ist das ebenfalls immer sowohl positiv - es ist Ausdruck dafür, daß das Bewußtsein darin sich selbst schafft - wie negativ - es hat nicht sein Sein, bleibt von einer Insuffizienz, einer Leere heimgesucht. Einerseits schreibt Sartre also: »Chaque plainte, chaque physiognomie de celui qui souffre vise à sculpter une statue en soi de la souffrance«[27], die dieses Leiden ganz *wäre*; andererseits schreibt er: »[...] je ne trouve que *moi*, moi qui me plains, moi qui gémis, moi qui dors, pour réaliser cette souffrance que je suis, jouer sans répit la comédie de souffrir.«[28]

Daß Baudelaires Gefühle nicht authentisch gewesen seien, zeigt sich für Sartre an den theatralischen Übertreibungen, durch die er sie gleichsam künstlich gesteigert habe. Der Anteil, den die Kunst an ihnen hat, wird erklärt aus der Bemühung, sich über das existentiell Ungenügende an ihnen hinwegzutäuschen, das er gespürt habe und das sein eigentliches Leiden gewesen sei. Weil sie real niemals »genug« erlebt werden konnten, sollten sie so ihrem vollen Sein näher gebracht werden; aber gerade der Aufwand an Kunst entfernte sie von jeder realen Erfahrung. Konsequent kritisiert Sartre Baudelaires »vocabulaire outré«[29]: »affreux«, »cauchemar«, »horreur« usw. und schreibt:

---

25 ebd.
26 Sartre, *Baudelaire*, a.a.O., S.102.
27 Sartre, *L'être et le néant*, a.a.O., S.131.
28 ebd., S.131.
29 Sartre, Baudelaire, a.a.O., S.101.

Il faut plutôt concevoir que les sentiments de Baudelaire ont une sorte de vide intérieur. Il tente par une frénésie perpétuelle, par une extraodinaire nervosité, de compenser leur insuffisance. Mais en vain: ils sonnent creux. Il rappelle ce psychasténique qui, s'étant convaincu d'avoir un ulcère de l'estomac, se roulait par terre, ruisselait de sueur, hurlait et tremblait: mais la douleur n'y était pas.[30]

Man könnte natürlich fragen, woher Sartre das weiß. Aber darin, daß er das behauptet, drückt sich das Problem aus, wie weit man überhaupt eine bestimmte Vorstellung real gelebter Gefühle, ein bestimmtes Muster ihrer Darstellung als Maß in der Kunst voraussetzen kann. Wenn bei Baudelaire die Gefühle in Kunst gesteigert erscheinen, so kommt es ihm nicht auf ihr vollständiges *Sein* an; Kunst ist nicht das Medium, das sie ihrer Kontingenz entkleiden könnte oder auch nur sollte. Wenn Baudelaire aber gerade keine Seinstotalität mehr kennt, erscheint die Umformung, der die Kunst alles »Unmittelbare« unterwirft, nicht mehr als Ausdruck eines existentiellen Mangels; es gibt dann kein Maß mehr, an dem die »Übertreibungen« der Kunst sich als solche und damit als Defizienz darstellen können.

Was Sartre, wenn er von Baudelaires Gefühlen spricht, nicht berücksichtigt, ist wieder das Eigengewicht des Mediums, in dem in Kunst Gefühle allein erscheinen. Nur indirekt drückt sich in der Existenz, die Sartre ja selber als Spiel umschreibt, die Kunst aus; aber eben nur immer in existenzphilosophischen Kategorien. Aber was in die Kunst eingeht, ist nicht nur durch die ästhetischen Eigenschaften des Mediums selber immer schon manipuliert, sondern ist unabhängig von dieser Manipulation gar nicht zu fassen, und Baudelaire, dem das als Autor so bewußt ist wie keinem andern, zeigt das, ja läßt es in der Kunst positiv werden. Die Baudelaire vorgeworfene allzu große Reflektiertheit, die alles, was er erlebe, immer schon distanziere und forme, ist die des Mediums selbst, das sich von seiner Beschaffenheit her immer schon reflexiv zu dem verhält, was ihm zum Gegenstand wird. Das heißt nicht, daß einem Kunstwerk nicht Erfahrungen zugrundeliegen; aber diese werden der Kunst zum Material, aus dem sie erst etwas macht, das nicht seine Grenze daran hat, ob und wie sie im Leben des Autors konkret erlebt wurden, wenn man das überhaupt sagen kann.

Die Argumentation Baudelaires, soweit er in seinen Essays auf diese Frage theoretisch eingeht, erscheint auch hier widersprüchlich.[31] Im Essay über Gautier, in dem Baudelaire ja versucht, nicht nur die Moral, sondern auch die Wahrheit als Kriterium des Schönen zurückzuweisen, kritisiert er eine Dichtung, die den Gefühlen als wirklich erlebten eine Art »infaillibilité«(OC II,115) zuspricht, die dann ihr wieder ihre eigene Verbindlichkeit sichern soll; so, als liege die wahre Poesie und damit die Wahrheit der Poesie schon in dem unmittelbar Erlebten selber, über das die Gedichte nicht hinausgehen dürfen. Baudelaire akzentuiert dagegen den

30 ebd.

31 Zu der Widersprüchlichkeit von Briefäußerungen Baudelaires vgl. Andrew McKenna, *Baudelaire and Sartre*, a.a.O., S.147.

puren Materialcharakter, den noch die exzessivsten Gefühle für die Kunst bekommen, für die noch sie, als bloß natürliche, unzulänglich sind:

> N'avons-nous pas vus un écrivain [...] placer [...] toute poésie, non pas dans la Beauté, mais dans l'amour! dans l'amour vulgaire, domestique et garde-malade! [...] Le coeur contient la passion, le coeur contient le dévoument, le crime; L'imagination seule contient la poésie.(ebd.)

Die Kunst setzt sich den natürlichen Regungen, die einerseits da sein müssen, andererseits auch entgegen, indem sie darüber verfügt. Das verlangt, daß der Autor auch gegenüber den eigenen Gefühlen eine Distanz einnehmen kann, die sie ihm überhaupt erst als Material zu sehen und zu benutzen erlaubt. Für ihn haben die Gefühle nur deshalb, weil es seine sind, keine größere Authentizität für sich; er kann seine eigenen so von außen sehen wie die anderer. Diese Fähigkeit aber läßt für denjenigen, der in den Werken dann noch nach der Person des Autors sucht, diese so erscheinen, als sei das gar nicht sie selber, und darum die Gedichte, als seien sie nicht authentisch. Je vollkommener ein Gedicht den Anforderungen der Kunst genügt, desto weniger erscheinen für den Leser die Gefühle des im Gedicht sprechenden Ich als seine, desto mehr erscheint dieses Ich selber künstlich[32]. Aber auch wenn der Leser das Ich des Gedichts für die Person selber halten kann, so wäre das für Baudelaire ein Anschein, den erst das Gedicht durch die Mittel der Kunst schafft. Baudelaires Lyrik, die das Künstliche gerade sichtbar macht, will aber einen solchen Anschein bewußt nicht geben. So scheint die Person erst dann wieder greifbarer, wenn das Gedicht als Kunst nicht ganz gelungen ist oder Unvollkommenheiten verrät; als könnte das, was es als Kunst verliert, es als Ausdruck der Person glaubwürdiger machen. Baudelaire hat im zweiten Essay über Pierre Dupont konstatiert:

> J'ai entendu dire à beaucoup de personnes, fort compétentes d'ailleurs, que le fini, le précieux, la perfection enfin, les rebutaient et les empêchaient d'avoir, pour ainsi dire, *confiance* dans le poète. Cette opinion (singulière pour moi) est fort propre à incliner l'esprit à la résignation relativement aux incompatibilités correspondantes dans l'esprit des poètes et dans le tempérament des lecteurs.(OC II,175)

Jenes Vertrauen, das die Leser haben möchten, ist das in den *Menschen*, der ihnen als solcher ähnlich wäre; die Vollkommenheit der Kunst enttäuscht, weil sie dessen scheinbare Nähe in der Form verschwinden läßt.

[32] So erscheint Baudelaire noch in seinen Briefen - in denen sich für Sartre doch die Person unmittelbarer enthüllen sollte - als nicht aufrichtig. Baudelaire kann fast gleichzeitig zwei verschiedenen Adressaten gegenüber sein Leben in völlig verzweifeltem und relativ gelassenem Ton schildern. Wenn Sartre dann fragt: »Ou est la vérité?«(*Baudelaire*, a.a.O., S.113), ist die Schwierigkeit, daß man aus dem scheinbar positiven Brief keineswegs schließen kann, Baudelaire sei nicht verzweifelt gewesen; so wie man auch aus dem Ton der Briefe, die seinen geplanten Selbstmord andeuten, nicht schließen kann, sie seien nicht ernst gewesen. Allerdings auch nicht das Umgekehrte. Vielmehr läßt Baudelaire solche Fragen, wie Sartre sie hier stellt, von ihrer Form her sich selbst zum Problem werden. Für solche Fragen könnte Baudelaire vollkommen offen sein und würde doch so erscheinen, als entzöge er sich. So wird er von Sartre kritisiert, was er auch macht.

Für Baudelaire aber würde ein Autor, der sich von der Unmittelbarkeit tragen lassen wollte, nicht deshalb schon authentisch, sondern würde Gefühle als Klischees reproduzieren, die dann für die Person gehalten werden, von denen wegzukommen eben der Widerstand der Form erforderlich ist. Wenn aber Baudelaire selber diese Klischees abweisen will, kommt es ihm dann nicht doch darauf an, daß die Darstellung authentischer wird? Steht dann Form nicht doch unter dem Maß von Wahrheit, auch wenn Baudelaire das zugleich immer wieder abstritt, indem er betonte, es ginge in der Kunst allein um die Schönheit? Aber wie wäre Authentizität in der Kunst zu begründen, wenn sie keine Stütze mehr an der Gewißheit haben kann, daß die Erfahrungen wirklich so gemacht wurden, weil die Kunstform, je vollkommener sie wird, desto mehr diese Rückbeziehung unmöglich macht, indem sie sich völlig ablöst? Löst sie sich aber derart ab, wie soll sie dann überhaupt noch einer Interpretation zugänglich sein?[33] Sartres Interpretation, die so konsequent die Argumentation auf die existentielle Ebene verlegt, weil sie glaubt, daß auf ihr dieses Problem nicht mehr bestehe, läßt es vielmehr gerade in einer besonders deutlichen Weise als solches hervortreten; in ihrer Suche nach dem Authentischen der Person zeigt sie indirekt das sich der Interpretation Entziehende der Kunst, das sich nur so, negativ durch das Scheitern der Auflösungsversuche hindurch, zeigt; das macht die Analyse gerade von Sartres existentieller Interpretation so produktiv. Denn auch in Baudelaires eigener Kunsttheorie ist das Problem nicht gelöst. Baudelaire, der einerseits das sich Abschließende der Kunst so sehr betont, greift z.B. in seinen Kritiken an anderen Autoren bezeichnenderweise auch selber wieder auf die Authentizität als Maß zurück. So z.B. gegenüber Hégésippe Moreau: »Il se fit de lui-même un certain personnage idéal, damné, mais innocent, voué dès sa naissance à des souffrances imméritées.«(OC II,158) Baudelaire kritisiert hier das Unglück als »un poncif romantique« (OC II,159): »Moreau n'aimait pas la douleur; il ne la reconnaissait pas comme un bienfait et il n'en devinait pas l'aristocratique beauté! D'ailleurs il n'a pas connus ces enfers-là.«(OC II160) Aber für Baudelaire ist das Entscheidende weniger, daß Moreau als Person nicht authentisch gewesen sei, weil er das Unglück nicht wirklich erfuhr, als vielmehr, daß er, weil er »la règle, la lois du travail«(OC II,161) nicht akzeptieren wollte, es als Künstler, in seinen Gedichten nicht bewältigte. Baudelaire kann auch gelegentlich, wie im Fall von Marceline Desbordes-Valmore, in einer »violente contradiction«(OC II,146) sogar die Unmittelbarkeit der Gefühle, die »sincérité«(OC II,147), die Natürlichkeit - »la formule unique du sentiment, le sublime qui s'ignore«(OC II,147) - bewundern: wenn die Gedichte als Gedichte überzeugen. Was in Kunst als authentisch erscheinen kann, ist Produkt der Kunst; wenn sie es aber ist, die ihre Authentizität erst schafft, kann man fragen, wieweit die Kunst

[33] Zu diesem Problem s. Hartmut Engelhardt, *Indifferenz der Schönheit*, a.a.O., S.63.

Authentizität nötig hat; mit anderen Worten, wieweit es für die Kunst überhaupt wesentlich ist, daß sie authentisch erscheinen oder sich daran beurteilen lassen kann.

IX. Der Dandy

An wenigen Motiven Baudelaires werden die Schwierigkeiten, die die existentielle Interpretation mit ihm hat, so deutlich wie an denen des Dandy und der Mode. Sartre hat gerade auch den Dandy aus der ursprünglichen Bemühung heraus interpretiert, sich in seiner Besonderheit wiederzuerlangen. In der Tat scheint Baudelaires Definition des Dandysmus: »C'est avant tout le besoin ardent de se faire une originalité, contenu dans les limites des convenances«(OC II,710) Sartres Konzeption verwandt. Es läge nahe, diese Anstrengung des Dandy, sich eine Originalität zu schaffen, als das Bemühen zu verstehen, singulär zu sein, und dieses wieder, sich auf sein unverwechselbares Selbst hin zu entwerfen; wobei dann der Zusatz, daß das in den Grenzen der Convenancen geschieht, auch schon die Kritik Sartres auslöste.

Die Verwandtschaft geht aber noch tiefer. Denn Sartre sieht den Dandy zu recht im Zusammenhang mit der Luzidität des Selbstbewußtseins, die für seine Interpretation so zentral ist. Er hat in *L'être et le néant* die Reflexion ontologisch als einen der dem Bewußtsein möglichen Versuche interpretiert, sich in seinem Sein *selbst* zu begründen; sie damit also als einen Entwurf verstanden. Das Selbstbewußtsein wäre danach ein Wiederzurückkommen des Bewußtseins auf sich, um das, was es sonst als sich unthematisch ist, für sich, in seinen eigenen Augen zu sein; ein Versuch, die spontanen Handlungen des unreflektierten Bewußtseins zusammenzuraffen »en une totalité pour un témoin qui serait elle-même«.[1] Taucht für Sartre erst mit dem reflexiven Bewußtsein die Frage nach dem Ich auf, während das spontane Bewußtsein von etwas sich nicht als auf ein Ich bezogen erfasse, so kommt durch seine reflexive Luzidität dem Bewußtsein bei allem seinem Tun immer die Frage nach sich selber dazwischen. Der so Reflektierte hätte bei allem, was er tut, immer sich als den, der das gerade tut, im Blick - er stünde, wie Baudelaire über den Dandy schrieb, der das zur Forderung erhebt[2], tatsächlich Tag und Nacht wie vor einem Spiegel.

Sartre schreibt über Baudelaire:

> Et cette conscience observée, épiée, qui se sent observée pendant qu'elle réalise ses opérations coutumières, perd du même coup son naturel, comme un enfant qui joue sous l'oeil des adultes. Ce naturel que Baudelaire a tant haï et tant regretté, il n'existe pas du tout chez lui: tout est truqué parce que tout est inspecté, la moindre humeur, le plus faible désir naissent *regardés, déchiffrés*. Et, pour peu qu'on se rappelle le sens que Hegel donnait au mot d'immédiat, on comprend que la singularité profonde de Baudelaire c'est qu'il est l'homme sans immédiateté.[3]

---

1 Sartre, *L'être et le néant*, a.a.O., S.193.

2 OC I,678: »Le Dandy doit aspirer à être sublime sans interruption; il doit vivre et dormir devant un miroir.«

3 Sartre, *Baudelaire*a.a.O., S.27.

Man kann also im Rahmen Sartres die Anstrengung, jede Regung des spontanen Bewußtseins reflexiv zu durchdringen, als Versuch interpetieren, jenes, das als ein permanentes Entfliehen, eine Zerstreuung in die Welt erscheint, für das Bewußtsein und durch es wieder in den Griff zu bekommen. In *L'être et le néant* beschreibt Sartre die Reflexion als Bemühung des Bewußtseins »pour reprendre et dominer sa propre fuite en intériorité [...] au lieu de la temporaliser comme fuite qui se fuit.«[4] Dem entspricht Sartres Charakterisierung des Dandysmus als Besitzergreifung seiner selbst durch sich selbst:

> Il faut se brider, se tenir bien en main, se concentrer. Il note, après Emerson, que »le héros est celui-là qui est immuable et concentré«. Il a admiré Delacroix: »la concision est une espèce d'intensité sans ostentation, résultat habituel de la concentration de toutes les forces spirituelles vers un point donné.« Nous connaissons assez Baudelaire à présent pour comprendre le sens de ces maximes: il a eu de naissance, en une époque déterministe, l'intuition que la vie spirituelle n'est pas donné mais qu'elle se fait; et sa lucidité réflexive lui a permis de formuler l'idéal de la possession de soi: l'homme est vraiement lui-même, dans le bien comme dans le mal, à l'extrême pointe de la tension.[5]

Die Konzentration des Dandy, seine in jedem Augenblick angespannte Aufmerksamkeit, will in der Tat alles an ihm selbst und seinem Leben »wiedererlangen«, wenn man darunter versteht, daß er es seiner Kontrolle erreichbar machen möchte. Der Spiegel, vor dem er leben soll, ist Bild dafür. So erscheint er, als stünde er gleichsam neben seinem Leben, um noch seine flüchtigsten Regungen abzupassen und dadurch auszuschließen, daß sie sich aus ihrer Eigenkraft heraus in Richtungen entwickeln, die er nicht voraussehen und beeinflussen kann; denn das würde für ihn die Drohung bedeuten, daß er sich darin selbst entgehen könnte. Sartre hat das großartig beschrieben mit dem Satz, es komme für die Arbeit des Dandy an sich selbst darauf an »pour être toujours au plus haut degré de la disponibilité: car la disponibilité n'est pas, chez lui, l'abandon gidien à l'instant, mais une position de combat.«[6] Er sucht sich von sich selbst unabhängig zu machen; in jedem Moment immer »da« zu sein, um so alle spontanen Regungen abfangen zu können. Daher der Horror des Dandy vor den Momenten, in denen sich seine Aufmerksamkeit nicht wachhalten ließe, oder mit Sartre, in denen er sich selbst entzogen wäre: daher auch die - real eigentlich uneinlösbare - Forderung, er müsse auch im Schlaf noch wie vor einem Spiegel leben. Je totaler die Kontrolle, desto weniger könnte man dann überhaupt noch von Regungen sprechen, die unabhängig von ihr, die nicht schon von ihr bestimmt wären. Das läßt ihn dann künstlich erscheinen. Was seine Kälte genannt worden ist, ist der Ausdruck dafür. Denn »Kälte« heißt ja für ihn nicht, keine Leidenschaften zu haben. Baudelaire beschreibt die Dandys

---

4 Sartre *L'être et le néant*, a.a.O., S.193.
5 Sartre *Baudelaire*, a.a.O., S.169f.
6 ebd., S.171.

ausdrücklich als diejenigen, »qui font un culte de leurs passions.«(OC II,710) Das impliziert aber schon, daß diese nicht nur »unmittelbar« gelebt werden; sie haben ihr Ziel nicht nur in sich selber, sondern werden zugleich zum Mittel dieses Kults, den der Dandy aus ihnen macht, und der, so wie er sich ihm selbst verdankt, mindestens ebensosehr ihm selber gilt. Es kommt darauf an, in ihnen nicht einfach mehr wie von seiner Natur überfallen zu werden; sie auszuleben, ohne sich in ihnen aufzulösen. Auch das hat Sartre genau gesehen: »il s'agit de se retrouver maître de lui-même au sein des plaisirs.«[7]

Man könnte sagen, alles, was geschieht, solle von vornherein schon so gelebt werden, als stünde es wie unter der eigenen Regie. Der Dandy sucht sein ganzes Leben so zu bestimmen, es im wörtlichen Sinn so zu »führen«, daß schließlich noch die äußeren, scheinbar zufälligen Umstände sich schon von sich aus gerade so zu ergeben scheinen, daß sie dem entsprechen; das zufällig Geschehende und das durch die Bewußtheit Beeinflußte wären dann kaum mehr zu unterscheiden; das Bewußtsein hätte sich die Lebensumstände schon immer verfügbar gemacht und könnte darum dann nach außen so völlig gleichgültig erscheinen. Ist der Dandy für Baudelaire derjenige, der sich von nichts in Erstaunen versetzen läßt und eben darum alle andern in Erstaunen versetzen kann (OC II,769), so ist das ein Aspekt dieser Bewußtheit, oder mit Sartre, der Durchsichtigkeit, die alles für ihn dann erhält, wenn er tatsächlich in allem, was geschieht, immer wieder auf sein eigenes Bewußtsein stößt.

So hat gerade das, was der Dandy am konsequentesten versucht, die größte Ähnlichkeit mit der Konzeption einer Wahl. Sartre hat in *L'être et le néant* zwar betont, daß wir im allgemeinen nur präreflexives Bewußtsein von unserer Wahl haben, das heißt, sie leben, ohne sie uns thematisch zu machen oder sie in der Weise eines Vorsatzes zu fassen[8]; aber darin, daß es auch bei der Urwahl ja darum geht, daß nichts bleibt, was nicht von ihr erfaßt wäre, ist beides verwandt. Ist aber alles Unmittelbare immer schon von der Wahl geformt, kann man weitergehen und sagen, es werde durch sie beherrscht. Damit ist man schon beim Dandy, der die implizite Reflektiertheit zur Forderung erhebt und sie als Arbeit an sich selber, ja als Gewalt sich selbst gegenüber zeigt. Aber für den Dandy heißt sich gewählt haben, sich perfektionieren. Er ist derjenige, der sich tatsächlich an seiner Person, in seinem Leben, wie ein Kunstwerk zu behandeln sucht. Seine Bewußtheit, die alles in den Griff bekommen möchte, mündet in die Annäherung seiner selbst und seines Lebens an die Situation des Autors, der, wie Sartre in *Qu'est-ce que la littérature?* schreibt[9], von seinem Stoff, seinen Gestalten und deren Gefühlen nicht überrascht werden kann, weil er sie selbst konzipiert hat. Im Kunstwerk ist für den Autor tatsächlich alles so kalkulierbar, so

---

7 Sartre, *Baudelaire*, a.a.O., S.238.
8 Sartre, *L'être et le néant*, a.a.O., S.517.
9 Sartre, *Qu'est-ce que la littérature?*, a.a.O., S.53.

vorhersehbar, wie der Dandy es in seinem Leben möchte; und um dem nahezukommen, konzipiert er sich selbst, als wäre er sein Werk.

Dann würden am Ende, wie Sartre schreibt, Schöpfer und Geschaffenes zusammenfallen; der Schöpfer würde sich in seinem Geschöpf, das er hier, weil er es selbst ist, wirklich so konzipieren kann, wie es ihm entspricht, als er selber »gegenständlich« wiederfinden: »Ainsi est-il sûr d'être son maître; la création vient de lui; en même temps il est l'objet crée.«[10] Aber gerade hier bleibt das höchstens eine Annäherung, weil gerade dieser Versuch zeigt, daß die lebendige Person, die der Dandy doch immer noch ist, sich nicht völlig selbst zum Objekt werden kann. Wenn der Dandy in Sartres Interpretation alles an sich seiner eigenen Schöpfung verdanken will, wird ihm seine eigene Person, sein Leben, nicht nur zu etwas zunächst bloß zufällig Gegebenem, das gleichgültig ist, solange es nicht bestimmt wurde, sondern zu einem Widerstand, der sich gerade in der Anstrengung, ihn zu überwinden, steigert. Die eigene Person läßt sich nicht als Material behandeln; nirgendwo drängt sich die organische Natur unabweisbarer auf als hier. Sie wird ihm in ihren faktischen Gegebenheiten, bis in seine physischen Eigenschaften hinein, umso mehr zum Problem, je mehr er in jedem Augenblick gegen sie anzuleben bemüht ist. Weil der Wille, von ihr unabhängig zu werden, das Bewußtsein ihrer Eigenkraft gerade ganz besonders präsent hält, versucht er nicht, sie durch pure Unterdrückung in den Griff zu bekommen, sondern im Gegenteil dadurch ihr zuvorzukommen, daß er sie so weit es geht in *allen* ihren Zügen ins Bewußtsein zieht. Er will nicht vor ihr zurückweichen, sondern derjenige sein, der sie am meisten kennt, der ihr gegenüber am meisten frei ist von Illusionen, und zwar schließlich noch der Illusion, daß sie sich letztlich überhaupt beherrschen lasse. Sehr tief hat Benjamin das gesehen, als er, was zunächst überraschen könnte, die Verse aus »Un Voyage à Cythère«:

> - Ah! Seigneur! donnez-moi la force et le courage
> De contempler mon coeur et mon corps sans dégout!(OC I,119)

zu dem Motiv des Dandy gestellt hat, daß er vor einem Spiegel leben und schlafen müsse.[11]

Daran läßt sich aber nun besonders gut die Grenze von Sartres Interpretation dieses Motivs verdeutlichen: denn diese akzentuiert am Verhältnis des Dandy zur Natur charakteristischerweise nur die Abwehr, den Horror, der letztlich wieder nur der vor dem Gewöhnlichen ist und so zu der panischen Fluchtbewegung dessen führt, der seine Einzigkeit bewahren will: ein Abscheu, der dann leicht psychologisch kritisierbar wird:

> Une jeune Russe prenait des excitants lorsqu'elle avait envie de dormir: elle ne pouvait consentir à se laisser envahir par cette sollicitation sournoise et irrésistible,

---

10 Sartre, *Baudelaire*, a.a.O., S.198.

11 Walter Benjamin, *Das Passagen-Werk*, a.a.O., S.402 (J 50,4).

> à se noyer tout à coup dans le sommeil, à n'être plus qu'une bête qui dort. Tel est Baudelaire: quand il sent monter en lui la nature, la nature de tout le monde, comme une inondation, il se crispe et se raidit, il tient la tête hors de l'eau. Ce grand flot bourbeux c'est la vulgarité même: Baudelaire s'irrite de sentir en lui ces ondes pâteuses qui ressemblent si peu aux subtils agencements dont il rêve; il s'irrite surtout de sentir que cette force irrésistible et doucâtre peut le plier à »faire comme tout le monde«.[12]

Man erkennt in diesem Bild einer teigigen Masse zugleich die Metaphorik wieder, die Sartre in *La Nausée* einsetzte, um das »de trop« alles Existierenden zu umschreiben, in dem die Ich-Figur sich aufzulösen fürchtete. Aber das ist eine Verharmlosung der Gewalt, die bei Baudelaire die Natur ausübt. Mit ihr will Sartre dadurch fertig werden, daß er sie aus Baudelaires persönlicher Wahl erklärt:

> Chacun de nous choisit en soi-même, parmi ses composantes, celles dont il dira: »c'est moi.« Les autres, il les ignore. Baudelaire a choisi de n'être pas nature, d'être ce refus perpétuel et crispé de son »naturel«, cette tête qui se dresse hors de l'eau et qui regarde monter le flot avec un mélange de dédain et d'effroi.[13]

Aber das setzte voraus, daß er sich in seinem Verhältnis zur Natur auch ebensogut anders hätte wählen können, daß es nur eine Besonderheit seiner existentiell-psychoanalytischen Konstitution war, wenn er sich nicht einfach von seiner Natur tragen ließ. Ist für Sartre die Bedeutung, die für einen einzelnen die Natur hat, wie alles durch seine Wahl subjektiv konstituiert, so ist das Grauen, das für Baudelaire von der Natur ausgeht, in der Tat nur seine letztlich willkürliche Interpretation, die sie so sehen wollte:

> Si vous consentez à votre corps et si vous vous y laissez aller, si vous aimez baigner dans la fatigue heureuse, les besoins, la sueur et tout ce qui vous apparente aux autres hommes, si vous avez un humanisme de la nature, vos gestes auront une sorte de rondeur et de générosité, une aisance abandonné. Baudelaire déteste l'abandon.[14]

Viel eher sucht Baudelaire paradox der Natur gerade da noch voraus zu sein, wo sie am bedrohlichsten ist. Das ist vielleicht auch eine mögliche Erklärung für ein Motiv, das für Sartre besonders wichtig wird und das bei Baudelaire mit der paradoxen Formel vom »culte du suicide«(OC I,664) umschrieben ist. Der Dandy demonstriert, daß wenn das Kunstwerk durch seine konsequente Durchbildung als Mortifikation des Lebendigen erscheint, die reale Person, die zum Kunstwerk werden soll, erst recht unter einem Aspekt gesehen werden muß, unter dem sie als lebendige erstarrt ist: »la passion de créer se fige en insensibilité«[15]. Nur dann kann der Dandy sein Leben so total wie möglich in den Griff bekommen, wenn er fähig ist,

---

12 Sartre, *Baudelaire*, a.a.O., S.137f.
13 ebd, S.138.
14 ebd, S.138f.
15 ebd., S.184

es schon unter dem Gesichtspunkt des Todes zu betrachten. Indem er sich selbst zu einem Ideal wird, sieht er seine lebendige Person als etwas, das an sich nichts ist, das in letzter Konsequenz abzuschaffen wäre. Daß das aber nicht im Sartreschen Sinne Masochismus ist, wird gerade hier besonders deutlich. Die gesteigerte Bewußtheit sich selbst gegenüber, die das ganze Leben in die eigene Gewalt nehmen will, wird selbst ambivalent, die vollkommene Verfügung schlägt aus sich heraus um in die Unterwerfung seiner selbst durch sich selbst. Bezogen auf den Dandy hat Sartre recht, wenn er schreibt, Baudelaire ziele auf die »possession finale du Moi par le Moi.«[16] »Car la torture fait naître un couple étroitement uni dans lequel le bourreau *s'approprie* la victime.«[17] Und: »Faire souffrir c'est posséder et créer tout autant que détruire.«[18] Zu recht sieht Sartre das für Baudelaire grundlegende Verhältnis von Henker und Opfer auch im Verhältnis des Dandy zu sich selbst bestimmend[19]; das wird ja durch Baudelaires Essay bestätigt, in dem der Dandysmus als eine Religion definiert wird, von der der Dandy Priester und Opfer zugleich sei.(OC II,711). Das liegt noch in der täglichen Gymnastik, die Baudelaire am Dandy beschreibt, die Beherrschungstechniken, durch die er sich bis in die sonst unwillkürlichen Regungen seines Körpers zu einem Instrument machen will, das ihm vollkommen gehorcht. Das Sportive, Athletische, das die geistige Souveränität auf den ganzen Körper ausdehnen will, führt zu einem mönchischen Exerzitium. Damit zeigt Baudelaire aber, wie der Versuch, sich wirklich ganz selbst durchzugestalten und autonom zu werden, der damit am meisten der Sartreschen Wahl zu entsprechen scheint, durch seine Konsequenz nicht in die behauptete Freiheit, sondern in ein reines Ritual führt, in dem der Naturzwang, dem er entgehen wollte, als Zwang der selbstauferlegten Regeln wiederkehrt.

Da der Dandy das Kunstwerk an seiner realen Person sein will, bleibt also die permanente Störung der lebendigen Natur bestehen, kann er sich dem vollkommen Toten, das das Kunstwerk ist, nur annähern. Ist dieses aber sein geheimes Ideal, so bleibt für ihn der Gedanke an die reale Mortifikation, die er als ein Mensch nicht vollenden kann, an den Selbstmord, den er dann doch nicht verübt, zugleich immer beherrschend. Baudelaire hat im Abschnitt über den Dandy aus dem Essay über Guys den Dandysmus durch den »spiritualisme« und »stoïcisme« zugleich bestimmt(OC II,710) und damit den Kult des Selbstmords auch für den Dandy vorausgesetzt. Für ihn trifft zu, was Sartre Baudelaires Existenz zuschreibt:

---

16 Sartre, *Baudelaire*, a.a.O., S.30.
17 ebd., S.30f.
18 ebd., S.31.
19 ebd., S.170.

> C'est pourquoi Baudelaire a choisi de se constituer en *survivant*. Et s'il ne se tue pas d'un coup, au moins a-t-il fait en sorte que chacun de ses actes soi l'équivalent symbolique d'une mort qu'il ne peut pas se donner.[20]

Aber nicht, weil er durch den Tod, den er sich selbst geben würde, selbst seinem Leben die Form seines endgültigen Seins gegeben hätte. Die ständige Nähe des Selbstmords ist eher der Ausdruck der so weit wie möglich gesteigerten Fähigkeit, über sich selbst auch insofern er Natur ist verfügen zu können. Diese Möglichkeit zeigt die Superiorität auch sich selbst gegenüber; so weit noch hat er sich in der Hand, kann er mit sich machen, was er will, kann er sich noch von seinem Leben als dem letzten bloß Gegebenen, das er im Leben nicht überwinden kann, lösen. Das Motiv wird aber für Sartres Interpretation nicht zuletzt deshalb wichtig, weil es für seinen eigenen Existentialismus zentral ist. Denn es impliziert durchaus auch ein Moment der gratuité in Sartres Sinn, auf das hin es von Sartre auch interpretiert wird. An der Freiheit, jederzeit ein Leben beenden zu können, das anzufangen man nicht frei war, hielt der Existentialismus gerade in seiner radikalen Phase fest, weil sie als letztes die Gewißheit garantierte, daß es immer eine Wahl gab.[21] Aber wenn irgendwo, dann zeigt sich hier das insgeheim Ästhetische dieser gratuité.

Ihr entspricht an anderer Stelle auch Sartres Zitat der Notiz Baudelaires:

> La vie n'a qu'un charme vrai: c'est le charme du Jeu. Mais s'il nous est indifférent de gagner ou de perdre?(OC I,654)[22]

Sein Leben als Spiel betrachten kann der, der wie der Dandy darüber so weitgehend verfügen kann, daß es sich fast ganz von ihm ablöst. Wenn das Leben selber wie ein Spiel ist, besteht der Reiz dieses Spiels darin, daß es bei aller Verfügbarkeit, die es weitgehend vorhersehbar macht, doch immer wieder anders ausgehen könnte. Es könnte so das Bewußtsein der Leere, den ennui, momentan überspielen. Insofern ist für den Dandy richtig, was Sartre von Baudelaire schreibt, daß er paradox gleichsam durch bewußte Veranstaltung immer wieder Situationen zu schaffen suchte, in denen er von seinem eigenen Leben auch überrascht würde, so unwahrscheinlich seiner Bewußtheit das dann auch geworden sein mochte. So werden in »Le Jeu« diejenigen, die ganz vom Spiel eingenommen sind, beneidet(OC I,95f.). Baudelaire hat den Dandy durch Langeweile und Neugier gleichzeitig charakterisiert. Je vollkommener aber das Leben beherrscht wird, je mehr es dem Durchgestalteten der Kunst entspricht, desto gleichgültiger wird es als Leben, desto weniger kommt es noch auf den Ausgang an, und dann schwindet selbst der Reiz, den es wenigstens als Spiel noch hatte.

Das Motiv des Spiels beleuchtet noch einmal die Probleme, die sich ergeben, wenn versucht wird, diese Ästhetik unmittelbar als eine Moral zu

---

20 ebd., S.241.

21 Vgl. z.B. Simone de Beauvoir, *Entretiens avec Jean-Paul Sartre*, a.a.O., S.453f.

22 Sartre, *Baudelaire*, a.a.O., S.36.

verstehen und daraufhin die Distanz des Dandy, als eine insgeheim sozialkritische, politisch zu interpretieren. Seine Politik könnte - Benjamin hat das gesehen - immer nur die konspiratorische sein.[23] Geht es aber auch hier primär darum, zu sehen, wie weit er die Situation in der Hand haben kann, so sabotiert das jede Solidarität, auch noch die mit der Konspiration oder der Revolte selbst, ja auch noch die mit sich selber. Nicht auf die Durchsetzung einer bestimmten Politik kommt es an, sondern darauf, die jeweils bestehende aus ihrer etablierten Bahn zu bringen, auf der sie absehbar geworden ist. Konsequent führt seine Politik zum Kult des Verrats. Dieses Motiv ist Sartres eigener Literatur, aber auch seiner Philosophie, nicht fremd; bei ihm wird ja fast eine Forderung daraus, sich mit sich selbst, mit seinen früheren Festlegungen und also auch mit seiner früheren Politik nicht solidarisch zu machen. Während Sartre aber immer mehr versucht hat, dieses Brechen mit dem Gegebenen, bis hin zum Motiv des Verrats, wiederum politisch, d.h. für eine bestimmte, schließlich sogar marxistische Politik nutzbar zu machen[24], läßt Baudelaire die Uneingrenzbarkeit dieses Motivs gerade hervortreten. Der Dandy würde jederzeit dazu neigen, eine Partei gegen die andere auszuspielen. In einem Entwurf zu einem Roman, in dem Baudelaire diese Politik skizziert hat, zeigt sich das unmißverständlich:

> Avoir découvert une conspiration.
> C'est presque une création.
> C'est un roman dont je tiens le dénoument.
> Je dispose de l'Empire.
> Alternative, hésitation.
> Pourquoi sauver l'Empire?
> Pourquoi le détruire?
> *Donc* Pile ou face.
>
> *Peut être une comédie*(OC I,595)

Diese Politik könnte als Komödie - die dann eine Farce wäre - dargestellt werden, weil das eine Gattung ist, bei der das Amusement daran hängt, daß man so deutlich die Fäden sieht, an denen alles willkürlich gezogen wird. Gerade weil so beliebig verfügt werden kann, wird die Verfügung gleichgültig, wird das, was doch eigentlich die große Entscheidung wäre, von der alles abhängt, am Schluß irgendeinem albernen Zufall überlassen. Darin, daß es gerade die für die Menschen wichtigsten Belange sind, die derart zur Sache bloßen Zufalls werden, d.h. letztlich das Leben selbst, liegt die Komik, in der sich der Stoizismus ausdrückt, die Bewußtheit, die, wie immer es ausgeht, den Unterschied doch nicht so groß sehen kann. Diese

---

23 Walter Benjamin, *Das Passagen-Werk*, S.475 (85,1); S.478 (J 87,2).

24 Vgl. auch hierzu wieder Bernard Sichère, *L'Athéologie de Jean Genet*, a.a.O., S.102: »La trahison, Sartre en un sens ne cessa lui-même de la pratiquer explicitement. Il se voulait, écrit-il, traître à sa classe. Fort bien: cette trahison-là dans un premier temps n'était pas si terrible, à la fois parce que la moitié de la classe intellectuelle d'alors la pratiquait avec délices; et parce qu'elle s'adossait à l'affirmation positive d'un Bien inscrit dans le mouvement de l'histoire pensé comme mouvement de la lutte des classes.«

Komik hat bei Baudelaire schließlich eine ganze Form, die »raillerie« der poèmes en prose hervorgerufen; und so ist der Text Baudelaires, der hierin der Figur des Dandy am nächsten steht, das Prosagedicht »Une mort héroique«. Zu recht hat schon Andrew McKenna es, wenn auch in anderm Zusammenhang, herangezogen.[25] Seine Bewußtheit, die ihn von den andern trennt, läßt den Dandy an ihnen schließlich zum Experimentator werden, der sie, seine Opfer, in Situationen bringt, in denen sich an ihnen möglicherweise Reaktionen studieren lassen, die so vielleicht doch nicht völlig vorhersehbar waren - und das geht nur, wenn diese andern lebende Menschen sind. Der Dandy kann aber mit den anderen so umgehen, weil er es auch schon mit sich selbst macht und das ihn immer überlegen sein läßt. Daß das Spiel eines auf Leben und Tod ist, macht es erst komisch. So gibt es einen unmittelbaren Übergang von der Bewußtheit zur Grausamkeit, zum Gelächter, zur Betrachtung des Lebens, das letztlich doch immer absehbar erscheint, als Komödie, und so zur Vorliebe für die Komödie als Kunstform und zum komischen Schauspieler, der das zeigt.

Die Überlegenheit des Dandy ist also eigentlich nicht einfach nur, wie es Sartre interpretiert und wie in der Gegenwart noch Hiltrud Gnüg gemeint hat,[26] in einem »Selbstentwurf« zu sehen, durch den er sich gegen die Uniformierungstendenzen der bürgerlichen Gesellschaft abzugrenzen suchte. Der Anspruch, »sein Ich gegen alle äußeren Widrigkeiten entwerfen zu können«[27], wäre seinem gesellschaftlichen Bewußtsein wohl eher lächerlich vorgekommen. Darin, daß Sartre immer versuchen muß, den Dandysmus als Bemühung Baudelaires zu verstehen, sich in seinem eigenen Sein wiederzuerlangen, liegt das Problem seiner Interpretation. Sartre schreibt, in seinem Rahmen ganz konsequent: »Notons que le dandysme, par sa gratuité, par la libre position de valeurs et d'obligations, s'apparente au choix d'une Morale.«[28] Der Dandy wäre dann ja geradezu *der* Fall, in dem ein einzelner wirklich seine eigene Moral wählt. Aber daß Sartre ausgerechnet im Dandysmus eine Analogie zur Ethik in seinem Sinne sehen kann, zeigt nur wieder, wie wenig diese als Ethik zu halten ist. Aber tiefer noch liegt das eigentliche Problem schon in Sartres Begründung dieser Wahl als solcher. Der Existenzphilosophie war es schon bei Kierkegaard darauf angekommen, daß alles Gegebene so weit »verinnert« werden sollte,

---

[25] Andrew McKenna, *Baudelaire and Sartre*, a.a.O., S.181ff. Er weist darauf hin, daß darin alle Figuren - der konspirierende Schauspieler, der Fürst, gegen den sich die Verschwörung richtet, der Page des Fürsten, der die Magie des Schauspiels durch sein Lachen zerstört - die »doubles« einer einzigen seien, die, wie das Ich von »L'Héautontimorouménos«, sich selbst Henker und Opfer ist.

[26] Hiltrud Gnüg, *Kult der Kälte. Der klassische Dandy im Spiegel der Weltliteratur*, a.a.O., S.56, 318 und passim. Deutlicher noch in der früheren Darstellung in: *Entstehung und Krise lyrischer Subjektivität*, a.a.O., S.136ff., wo sie gerade hierin ganz zustimmend Sartre referiert. Man kann daran auch sehen, wie bestimmend der Sartresche Rahmen für die Literaturwissenschaft immer noch ist, wie wenig eine Auseinandersetzung mit ihm sich erübrigt: sie ist zugleich eine Auseinandersetzung mit der späteren Baudelaire-Interpretation.

[27] ebd., S.318.

[28] Sartre, *Baudelaire*, a.a.O., S.168.

daß schließlich nichts mehr uneinbezogen, als bloße »Äußerlichkeit«, stehen blieb. Bis zu Sartres *Critique de la raison dialectique* erscheint der einzelne unter der doppelten Perspektive des Aspekts der Exteriorität, insofern auch er ein Objekt in der Welt ist wie alles andere, und der Interiorisierung, insofern alles zur Bestimmung des Subjekts wird. Aber selbst wenn man diesen Rahmen für Baudelaire zunächst einmal akzeptiert, würde nicht schon immanent die Anstrengung, alles Äußere zum Moment der Wahl zu machen, am Ende gerade in die völlige »Veräußerlichung« des Subjekts selbst umschlagen, dem dann seine eigenen Bestimmungen in Sartres Sprache so »objekthaft« gegenübertreten wir nur ganz heteronome Rollen, die gleichsam technisch beherrscht werden? Und zwar so sehr, daß zum Problem würde, wie es jenseits dieser Rollen überhaupt noch als »es selber« gefaßt werden sollte. Und das wird ja eben an der Figur des Dandy deutlich, der, indem er sich bis in die Kleinigkeiten ganz konsequent als sein Werk auffaßt, sich damit viel weiter unter dem Aspekt seiner »Exteriorität« sieht, als Sartres Rahmen das darstellen kann. Die für die existentiellen Konzepte von »Person« so zentrale Unterscheidung zwischen dem, was ihr äußerlich ist und dem, was ihr als unantastbar eigen zugehört, kommt selbst ins Rutschen. Die Bewußtheit des Dandy läßt ihm virtuell alles an sich, also noch seine intimsten Regungen, »äußerlich« werden; und der Glaube an die Unveräußerlichkeit bestimmter Gefühle, in denen die Person sich ganz selbst zu haben meint - und die sie darum schon davor zu schützen sucht, daß sie überhaupt mit anderen verglichen werden können, weil das sie ihr bereits zu entziehen droht -, wird ihm zur puren Konvention. Insofern sind alle Interpretationen unzureichend, die den Dandy immer wieder durch sein Streben nach seiner Besonderheit charakterisieren wollen. Sartre, der in der *Baudelaire*-Studie alles auf den allerdings scheiternden Versuch abstellt, singulär zu sein, kommt dem Problem viel näher in der frühen, phänomenologischen Phase der *Transcendance de l'Ego*, einem Text, auf den auch schon Andrew McKenna hingewiesen hat.[29] Denn indem Sartre hier so scharf zwischen Bewußtsein und Ich trennt und alle intimen Regungen dem Ich zuschreibt, das ihre relativ feste Einheit ist, kann er mit diesem Ich zugleich sie selber distanzieren: sie erscheinen nicht mehr als das, was dem einzelnen ganz besonders nahe ist, sondern werden zu einem »Objekt«, das dem Bewußtsein nicht weniger transzendent ist als das Ich, als die inneren Regungen irgendeines andern. Und mit seiner privilegierten Stellung zu seinen eigenen Regungen verliert der einzelne auch die Möglichkeit, sich in ihnen seiner selbst zu versichern:

> Les doutes, les remords, les prétendues »cries de conscience«, etc., bref toute la matière des journaux intimes deviennent de simples *représentations*.[30]

---

[29] Andrew McKenna, *Baudelaire and Sartre*, a.a.O., S.114f.
[30] Jean-Paul Sartre, *La transcendance de l'Ego. Esquisse d'une description phénoménologique*, Paris 1981, S.75.

Oder in der phänomenologischen Sprache, sie erscheinen nicht mehr als Teil des transzendentalen Feldes selbst, dessen reine Interiorität, im Unterschied zu der »intériorité dégradée et irrationnelle«[31] des Ich, niemals Objekt werden kann. Daraus folgt »que, de ce point de vue, mes sentiments et mes états, mon Ego lui-même, cessent d'être ma propriété exclusive.«[32] Baudelaire aber stemmte sich nicht der Einsicht darein entgegen, indem er in der Beobachtung seiner »vie intérieure« sein Sein zu fassen suchte, sondern zog selber schon aus ihr die Konsequenz. Der Dandy holt das Innenleben so weit aus dem Schutz jeder Intimität heraus, daß es für ihn schließlich nichts mehr gibt, das nur Inneres wäre. Darum kann er erschreckend wirken, »nicht menschlich«, besonders wenn es sich um so empfindliche Regungen handelt wie die sexuellen. Er kennt keine Vertraulichkeit, auch nicht mit sich selbst. Gerade daß er darin so emanzipiert ist wie es sich niemand traut, weil jeder irgendwo doch immer noch die eigenen Gefühle unangetastet lassen möchte, trennt ihn von den andern, für die er dadurch in jedem Moment unvorhersehbar wird.

Wird er sich aber schon selber äußerlich, so wird ihm auch das - wie es im Existentialismus heißt - von »außen« Gegebene nicht zu etwas, das er um jeden Preis zu beseitigen versuchen muß, weil es als bloße Heteronomie der Integrität seines Selbst entgegensteht. Das zeigt sich z.B. in der Mode, an der er deshalb ja erst ein so großes Interesse haben kann. Mit ihr läßt er sich ganz auf die Heteronomie ein. Führt der Rahmen der Existenzphilosophie konsequent nicht nur zur Abwertung der Mode, sondern zur kritischen Stellung gegenüber der ganzen Gesellschaft, in der sie eine so große Rolle spielt, so ist sie für den Dandy gerade das Medium, das seiner Tendenz zur möglichst rückhaltlosen Veräußerlichung ganz besonders entgegenkommt. Wenn der Mode gerade das wichtig wird, was für die Existenzphilosophie nicht wesentlich zur Person gehört, so will der Dandy nicht nur seine äußere Gestalt den Geboten der Mode unterwerfen, sondern, entscheidender, alles an sich als ein Äußeres auffassen, weil es so in diese Formung einbezogen werden kann. Wenn aber schließlich nichts mehr uneinbezogen zurückbleibt, kann man letztlich gar nicht mehr von »innen« und »außen« sprechen. Bei Baudelaire kommen diese Kategorien denn auch nicht vor. Nennt er auch den Dandysmus einen »culte de soi-même«, so läßt dieser sich doch nicht, wie Sartre es tut, ohne weiteres als narzistisch kritisieren; es wäre zumindest zu fragen, was dann hier Narzismus heißen soll. Die »Auto-Idolatrie«, von der Baudelaire spricht(OC I,658), ist, wie er es mit einem Emerson-Zitat umschreibt, »selfpurification«(OC I,659). Man kann übersetzen: Purifikation seiner selbst durch sich selbst, aber auch: von sich selbst. Gewiß ist der Dandy dabei primär auf sich selbst bezogen. Aber die Bedeutung, die für ihn z.B. die in jedem Augenblick überprüfte Toilette bekommt, drückt doch gerade das Gegenteil einer Selbstverliebtheit aus, die

---

31 ebd, S.67.

sich ihr Ich so wie es ist nicht nehmen lassen will; es also gerade nicht zur Entzweiung mit sich selbst kommen läßt, die für den Dandy konstitutiv ist. Sartre kommt dem näher mit dem Satz: »Rien n'est plus éloigné du vague à l'âme que son spleen: il faut y voir au contraire une insatisfaction virile, un dépassement ardu et volontaire.«[33] Zu recht betont er immer wieder das Moment des »effort« Das entspricht genau Baudelaires Definition der Mode, die eine jede sieht als »un effort nouveau, plus ou moins heureux, vers le beau, une approximation quelconque d'un idéal dont le désir titille sans cesse l'esprit humain non satisfait.«(OC II,716) Auch im Medium der Mode will der Geist immer über das hinaus, wovon er sich immer begrenzt findet, also auch über das, was die »Person« zufällig ist. Sucht auch der Dandy in jedem Augenblick die Annäherung an ein Ideal, ist also das Ziel nicht, so erst ganz er selbst zu werden. Er schafft sich eine Form und zeigt sie als solche; versucht also gerade nicht, sie der Person irgendwie ähnlich zu machen. Baudelaire betont in allen Darstellungen das Maskenhafte seiner Züge. Je durchgängiger die Beherrschung wird, desto vollständiger setzt sie sich in das reine Erscheinen eines Typs um, aus dem die Merkmale der empirischen Person verschwunden sind, in ein Bild, das, so sehr es auch auf Unterscheidung angelegt sein mag, als Bild doch die Allgemeinheit eines Musters erhält, das so wenig unübertragbar ist wie das jeweilige Ideal in der Mode, das die Besonderheiten aller Individuen verschwinden läßt, die dieser Mode folgen. Im Guys-Essay charakterisiert Baudelaire den Dandy ja auch von vornherein als eines der sujets des peintre de la vie moderne; und der Maler faßt von vornherein alles an dieser Gestalt, noch ihre Spiritualität, als Moment eines reinen - und als solches unauslöschlichen - Bildes auf. Er verlegt alles in das Äußerlichste, das dann alles - die »domination« sowohl wie die Kraft, die sie zurückhält - suggeriert; den für die Dandys so charakteristischen Anschein vollkommener Sicherheit:

> cette légèreté d'allures, cette certitude de manières, cette simplicité dans l'aire de domination, cette façon de porter un habit et de diriger un cheval, ces attitudes toujours calmes mais révélant la force[...](OC II,712)

Analog macht aber auch die Mode alle zum Bild. Baudelaire charakterisiert diese Vorherrschaft eines reinen Formideals bei der Betrachtung von Modezeichnungen der Revolutionszeit und des Konsulats so:

> l'idée que l'homme se fait du beau s'imprime dans tout son ajustement, chiffonne ou raidit son habit, arrondit ou aligne son geste, et même pénètre subtilement à la longue, les traits de son visage. L'homme finit par ressembler à ce qu'il voudrait être.(OC II,684)

Das scheint sogar Sartres Theorie verwandt: die Mode erscheint als ein Medium, in dem der Mensch sich selbst erfindet, eine »Idee«, d.h. mit Sartre, eine Konzeption von sich, die nicht mit seiner Natur schon gegeben war;

[33] Sartre, *Baudelaire*, a.a.O., S.170f.

und an ihr gibt er sich selbst Gestalt, bis in die doch eigentlich an sich gestaltlosen, gar nicht formbaren Züge des Körpers, dem so gleichsam erst eine Form erfunden wird. Gibt man aber diese Verwandtschaft zu, so kann die Mode viel wirksamer das übernehmen, was Sartre als ein existentielles Sich-selber-Schaffen dachte. Nichts aber muß ihn mehr provozieren, als daß das ausgerechnet die Mode leisten können soll, die doch gerade das für ihn Entscheidende, das individuelle Selbst, in einer heteronomen Form verschwinden läßt. Diese Provokation verwischt man nur, wenn man versucht, den Dandysmus einfach als einen »ästhetischen Selbstentwurf« zu interpretieren, ohne zu fragen, was mit der existentiellen Kategorie des Entwurfs geschieht, wenn sie als eine ästhetische verwendet wird? Sartre hat denn auch viel konsequenter Baudelaire als Person damit kritisiert, er habe versucht - anders als der echte Dandy, der zu werden ihm nicht gelungen sei - sich vor dem Spiegel bis zum Outrierten »zurechtzumachen«; er habe sich damit eine Gestalt schaffen wollen, eine »appparence trompeuse d'altérité«[34] , um in ihr sich selbst in seinem Sein gegenständlich zu werden:

> Ainsi Baudelaire se pare pour se travestir et ainsi se surprendre; il avoue, dans *La Fanfarlo*, qu'il se regarde dans tous les miroirs; c'est qu'il veut s'y découvrir tel qu'il *est*.[35]

Wie früher schon wendet Sartre auch hier ein, das könne immer nur eine Komödie der Verkleidung bleiben, in der Baudelaire sich notwendig in seinem Selbstsein verfehle.

Sartres Vorwurf setzt voraus, daß man zwischen dem, was die Person »selber« ist und dem, was sich an ihrem Erscheinen der Kunst verdankt, immer unterscheiden kann; als könne man immer das, was Kunst ist, abziehen und so die eigentliche Person als authentische wiederfinden. Sartre muß also das Selbst der Person schon als gegeben voraussetzen, damit das Maß an Kunst als unauthentische Maskerade abziehbar bleibt. Aber ist nicht in seiner eigenen Theorie das Selbst der Person selber etwas, das sich erst dem Machen verdankt? Wenn es immer durch die Person selbst erst konzipiert wird, läßt es sich doch nicht zugleich als Maß dieses Konzipierens schon voraussetzen. Ist es aber jeweils frei konzipiert, so würde Baudelaire sagen, es sei schon in Sartres eigener Theorie künstlich und damit seine Ästhetik rechtfertigen, die das, was Sartre als das authentische Selbst interpretieren möchte, *als* künstlich zeigt und das Ästhetische als Selbstinszenierung nach außen treten läßt. Wenn das »Selbst« nicht gegeben ist, sondern sich machen muß, wie weit läßt sich das sich Machen von einem sich Inszenieren abgrenzen? Doch eigentlich gar nicht, wenn doch auch bei Sartre hinter dieses sich Machen nicht zurückgefragt werden kann, eine Person nie mehr ist als das, wozu sie sich macht. Sie selbst ist dann auch nicht trennbar von dem, was sie durch Kunst an sich hervorbringt, als was sie durch die Kunst

---

34 Sartre, *Baudelaire*, a.a.O., S.197.
35 ebd.

sich erfindet. Weil Baudelaire das, was in Sartres Theorie impliziert ist, sichtbar macht, wird er von Sartre kritisiert, der das als unaufrichtige Komödie fassen will, dazu aber Voraussetzungen machen muß, die seine eigene Theorie eigentlich gar nicht trägt.

X. Der Dichter in der Menge

Sartre sieht zu recht die Inszenierung des Dandy als »aussi une défense contre les autres.«[1] Sich gegen sie verteidigen heißt, ihre Eigenreaktionen abfangen. In Sartres Rahmen: die anderen sollen ihm wenn möglich so bekannt werden, daß sie für ihn gleichsam wieder wie seine Spiegel fungieren können, weil sie dann für ihn nichts »Opakes« mehr haben. So würde der real Andere für ihn nur der sein, den er sich noch nicht ganz assimiliert hat. Dieser, ihm nicht durchsichtige andere tritt ihm in Sartres Interpretation in der Menge entgegen: sie ist Inbegriff dessen, was noch nicht schon von seiner Verfügung erreicht, ja was für ihn unbeherrschbar bleibt:

> Mais les *autres*, la foule anonyme des autres, qui sont-ils? Il n'a aucune familiarité avec eux. Ce sont des juges en puissance, mais il ignore les règles auxquelles leurs jugements se réfèrent. La »tyrannie de la face humaine« serait moins redoutable si, en chacune de ces faces, deux yeux guetteurs n'étaient plantés. Il y a des yeux partout et, derrière ces yeux, des consciences. Toutes ces consciences le voient, s'emparent de lui en silence et le digèrent: c'est-à-dire qu'il demeure au fond des coeurs classé, enqueté, avec une étiquette qu'il ignore. Cet homme qui passe et qui laisse traîner sur lui un regard indifférent, peut-être méconnait-il sa fameuse »différence«, peut-être ne voit-il en lui qu'un bourgeois pareil aux autres. Et puisque cette différence doit être reconnue par autrui pour exister objectivement, le flâneur indifférent contribue par son simple regard à le détruire. Cet autre, au contraire, le tient pour un monstre, mais comment se prémunir contre ce jugement, comment affirmer qu'on y échappe, si l'on n'en connaît pas les motifs? Voilà la véritable prostitution: on appartient à tous.[2]

Mit Recht betont Sartre den Graben, der das einsame Selbst von der Menge trennt; es kennt in der Tat bei Baudelaire keine Vertrautheit mit ihr. Das wird nun in die Begriffe seines existentiellen Für-andere-Seins übersetzt. Hat demnach der andere, der ihm aus der Menge entgegenblickt, eben wegen seiner uneinnehmbaren Unabhängigkeit die Macht, es zu objektivieren, so ist er für es bedrohlich, weil dieser Blick zugleich auch seine Singularität verschwinden lassen kann: schon durch ihre pure Gegenwart verwandelt die Menge es in eines unter vielen. Das ist die Form, die hier bei Sartre das Motiv des Abgrunds angenommen hat: zum Abgrund wird das - zwangsläufig ins Leere fallende - Verlangen nach der Selbstvergewisserung durch eben die, deren Bewußtsein, das allein sie geben könnte, doch gerade prinzipiell unzugänglich bleibt. Die demonstrierte Behauptung der eigenen Einzigkeit weist dann nur auf diese zugrundeliegende Unsicherheit. Der Dandy aber, der weiß, daß er jener konzipierenden Macht des andern nicht nur nicht entgehen kann, sondern sie sogar braucht, weil nur durch sie auch seine eigenen Konzeptionen von

---

1 Sartre, *Baudelaire*, a.a.O., S.187.
2 ebd S.187f.

sich objektiv werden können, sucht sie für sich zu benutzen. Noch den Blick desjenigen anderen, den er eigentlich nicht mehr beherrschen kann, will er so selbst lenken, daß gerade diese Konzeptionen der andern eigentlich seine sind. In seiner Selbstinszenierung, ja noch in dem Erschreckenden, das von seiner Erscheinung ausgehen soll, sucht er die Blicke der andern sich selber fixieren zu lassen, gleichsam sie zu entwaffnen, indem er sie absorbiert: was immer jene sehen, ist schon Produkt seines eigenen Bewußtseins, das alle möglichen Reaktionen der andern - die er, weil er sie so gut kennt, nur noch als »bêtise« zu betrachten neigt - schon einkalkuliert hat:

> Il veut étonner pour déconcerter l'observateur. L'agressivité de sa tenue est presque un acte; ce défi est presque un regard de bavarde[...] cette conscience imprévisible et libre qui pouvait fouiller Baudelaire jusqu'au coeur, découvrir ses secrets et former sur lui les pensées les plus captieuses, voilà qu'elle est guidée comme par la main et qu'on l'amuse avec la couleur d'un vêtement, avec la coupe d'un pantalon. Pendant ce temps, la chair désarmé de *vrai* Baudelaire est à l'abri. La mythomanie de notre auteur procède exactement de la même attitude: elle trace les traits d'un Baudelaire étrange et scandaleux sur qui vont s'acharner tous ces témoins bavards.[3]

Der Skandal, den Baudelaire darstellte, war aber nicht bloß einer, den er in seiner Person zu provozieren suchte, er war es viel mehr als Autor der *Fleurs du Mal* in der Gesellschaft des Second Empire, die dann in der Tat, in Sartres Terminologie, nach diesem Skandal sich die Person des Autors, sein skandalöses Leben »konzipierte«. Den Mythos, zu dem Baudelaire in dieser Gesellschaft wurde, kann man durchaus so auffassen, daß jene ihm damit eine Definition aufzwang, auf die Baudelaire seinerseits dann, in einer höchst reflektierten Weise, wieder reagierte. Einerseits kritisiert er zwar, daß die Gesellschaft immer wieder alles, was er in den Gedichten darstelle, ihm als Person zuschreibe und ihn selbst in ein Monster verwandele; andererseits fördert er es selbst, wenn sie ihn so klassifiziert:

> Chaste comme le papier, sobre comme l'eau, porté à la dévotion comme une communiante, inoffensif comme une victime, il ne me déplairait pas de passer pour un débauché, un ivrogne, un impie et un assassin.(OC I,185)

Das heißt aber, daß es Baudelaire gerade nicht darauf ankommt, hinter diesen Mythen sein eigentliches Selbst zu behaupten, indem er jene als falsche Bilder, als Lügen von sich abzuweisen suchte. Er spricht zwar auch selber von Verleumdungen, die ihn verzerren; gleichzeitig aber will er diese Verzerrungen gerade nicht korrigieren, und zwar nicht nur, weil, wie er weiß, solche Anstrengungen ohnmächtig blieben, sondern vor allem, weil der Mythos, den die Bilder stützen, wichtiger wird als das, was Sartre die eigentliche Person nennen würde, die jenem gegenüber vielmehr als das viel Unsubstantiellere erscheint. Was Baudelaire wahrhaft selbst ist, soll nicht

---

3 ebd, S.191f.

hinter diesem Mythos geschützt werden, sondern wird irrelevant, und dieses Irrelevantwerden wird, aus Interese an dem, was aus ihm gemacht wird, gerade akzeptiert: »Mon goût diaboliquement passionné de la bêtise me fait trouver des plaisirs particuliers dans les travestissements de la calomnie.«(ebd.) Diese »Definitionen« der andern sollen ihm nicht Sein geben, sondern seinen Mythos mit erschaffen. Noch wenn Baudelaire im Gegenzug von sich behauptet, er sei »keusch wie Papier«, wäre das, selbst wenn es stimmte, ein Bild, das den Mythos umkehrt und ihn so stützt, nicht korrigiert. Wenn Sartre schreibt, Baudelaire durchschaue das alles als seine Lüge, gleichzeitig aber mache er sich mit der Lüge solidarisch, versucht er in seinem Rahmen auszudrücken, was sich in ihm nicht mehr darstellen läßt. Baudelaire liefert gleichsam so weit sich selbst, sein Leben diesem Mythos aus, daß von ihm nichts bleibt, was als von ihm unabhängig noch gesehen werden könnte. So gehört er, wie Sartre schreibt, tatsächlich jedem; aber davor flieht er nicht, sondern das ist es gerade, was er will. Er fördert das sogar noch in seinem eigenen Leben, indem er zum Beispiel - was Sartre ihm als Selbsterniedrigung vorhält - üble Gerüchte über sich selbst - wie beispielsweise in Brüssel, er sei ein Spitzel der französischen Polizei - in Umlauf bringt. Er macht damit das, was Benjamin anläßlich von Baudelaires Bewerbung um einen Platz in der Akademie ein »soziologisches Experiment«[4] genannt hat: er läßt eine Hypothese, nämlich daß die bürgerliche Gesellschaft vom Autor der *Fleurs du Mal* alles zu glauben bereit ist (nur nicht, daß er ein Mensch ist wie sie)[5] sich am realen Verhalten der Gesellschaft bestätigen. Dieses Wissen gibt seinem Erscheinen von vornherein den Charakter eines Auftritts. Er zeigt, daß sich die Mythen schließlich so verselbständigt haben, daß sie selbst von der Anwesenheit der realen Person nicht widerlegt werden können[6].

Weil es Baudelaire aber gar nicht darauf ankommt, daß der Blick der anderen die Besonderheit seiner Person bestätigen soll, ist es für ihn auch keine Bedrohung, wenn jene ihn nicht in seiner existentiellen Besonderheit sehen. Es trifft ihn nicht, wenn Sartre schreibt:

> La maxime populaire qui concède au chien le droit de regarder un évèque a des conséquences terribles, car justement, pour le chien, il n'y a pas d'évèques.[7]

Das läßt sich aber nicht nur auf die Singularität der Person beziehen, sondern auch als die Umschreibung einer Situation des Autors auffassen, die, gelegentlich auch bei Baudelaire, im Gegenzug nicht zufällig zu einem behaupteten Aristokratismus des Künstlers geführt hatte. Diese Situation ent-

---

4 Walter Benjamin, *Zentralpark, Gesammelte Schriften* I,2, a.a.O., S.680.

5 Vgl. z.B. OC II, S.854 (*Pauvre Belgique*). Diese Experimente stehen natürlich selbst auch wieder im Zusammenhang der Literatur, des projektierten Buchs über die bürgerliche Gesellschaft in Belgien.

6 Vgl. dazu z.B. den Brief Baudelaires an Madame Paul Meurice vom 3.2.1865, *Correspondance* II, a.a.O., S.437.

7 Sartre, *Baudelaire*, a.a.O., S.188.

spräche vielleicht am meisten der des Dichters in Baudelaires Gedicht »L'Albatros«:

Souvent, pour s'amuser, les hommes d'équipage
Prennent des albatros, vastes oiseaux des mers,
Qui suivent, indolents compagnons de voyage,
Le navire glissant sur les gouffres amers.

A peine les ont-ils déposés sur les planches,
Que ces rois de l'azur, maladroits et honteux,
Laissent piteusement leurs grandes ailes blanches
Comme des avirons traîner à coté d'eux.

Ce voyageur ailé, comme il est gauche et veule!
Lui, naguère si beau, qu'il est comique et laid!
L'un agace son bec avec un brûle-gueule,
L'autre mime, en boitant, l'infirme qui volait!

Le Poète est semblable au prince des nuées
Qui hante la tempête et se rit de l'archer;
Exilé sur le sol au milieu des huées,
Ses ailes de géant l'empêchent de marcher.(OC I,9f.)

In Sartres Sprache: Der Dichter erscheint einer Menge ausgeliefert, die ihn als ihr Objekt behandelt, das heißt ihn in dem Aspekt erfaßt - und entsprechend mit ihm umgeht - der ihr zugänglich ist, nämlich in dem, worin er nichts weiter ist als ein physisches Wesen in einer gewöhnlichen Welt, wie sie auch. Wird er also in dieser Welt gar nicht mehr als das wahrgenommen, was für ihn das ist, was ihn eigentlich ausmacht, so macht ihm das zugleich unmöglich, sich auch selbst in ihr noch *als* Dichter zu bewegen; und so wird, wenn er sich in ihr nach den Regeln bewegen soll, die sie ihm vorschreibt, gerade das, was in seinem Bereich der Dichtung seine Stärke ist, zu seiner Unterlegenheit. Man ist versucht zu sagen, wenn er nur so gesehen werde, wie die Welt das tue, sei das nicht der ihm angemessene Maßstab; aber eben diesem Maß gerade setzt Baudelaires Gedicht ihn aus. Der Dichter, dessen Lage hier im Bild des Albatros gefaßt wird, ist nicht Baudelaire, weder als Person noch als Autor, denn das Gedicht nimmt ja selber schon beide Perspektiven ein; es sieht die Lage des Dichters sowohl von dessen unbezweifelter Dignität aus wie im Gegenteil auch von außen, von der Welt her, in der seine Superiorität als Dichter ihm nicht mehr helfen kann. Baudelaire - anders als seine romantischen Modelle - beklagt das aber gerade nicht.[8] Weil es ihm darauf ankommt, das Problem zu zeigen, versucht er weder, den Dichter vor der Welt in Schutz zu nehmen noch die Menge ihm gegenüber von vornherein ins Unrecht zu setzen. Dazu neigt charakteristischerweise die Übersetzung durch George, indem sie, von der sakrosankten

---

8 Vgl. hierzu noch einmal Georges Blins Buch von 1939: »Il goûte trop le malentendu pour ne pas ›braver‹ le lecteur [...] si l'albatros s'exile sur les planches, sachez que c'est bien malgré lui. Baudelaire ne se montre pas.«(a.a.O., S.24).

Autorität der Kunst her, die Menge als das »freche volk«[9] abwertet. Es ist konsequent, daß George Baudelaires »Bénédiction«, mit dem er seine Übersetzung der *Fleurs du Mal* beginnen ließ, näher lag. Bei George sah in der Tat der Dichter in eben der Situation, die Baudelaire schon explizit zum Thema gemacht hatte, sich genötigt, die eigene Haltung zu forcieren, um sich der Anerkennung seiner Autorität, die ihm insgeheim wie kaum einem Autor zum Problem geworden war, wieder zu versichern; so weit, daß er die Menge durch den diktatorischen Gestus in einen Kreis von Verehrenden verwandeln wollte, und sie, sofern sie das nicht werden konnte, als den ungebildeten Pöbel ausschloß. Baudelaire dagegen suchte weder die wahre Singularität des Dichters zu betonen, noch sie durch Geheimnis zu schützen, indem er sie dem profanen Blick der Menge entzog: er fürchtet den Blick, der den Dichter von außen sieht, deshalb nicht, weil er ihn auch selber schon hat und darum den Dichter, ganz im Unterschied zu dem Dichter-Bild dieses Gedichts, so konzipiert, daß er die Gleichgültigkeit der Welt ihm gegenüber aushalten kann. Der Dichter im »Albatros«-Gedicht, der in seinem Bereich durch die, wie Jean Starobinski schrieb, »souverainité dominatrice dans le coup d'aile solitaire«[10] ausgezeichnet ist, erscheint im Kontext der Welt komisch; er ist für Baudelaire bereits auf dem Weg, als solcher in ihr zum Clown zu werden, und Baudelaire stellt das auch dar[11], wie Starobinski zeigte.

Aber so wenig wie mit der des Dichters ist die Perspektive Baudelaires in diesem Gedicht mit der der Schiffsmannschaft gleichzusetzen. Er gibt auch nicht einfach der Welt recht, konzipiert den Dichter nicht - als einen Menschen wie jeden anderen - nach deren Maß, denn dann würde dieser, der hier doch gerade von keiner Allgemeinheit mehr getragen wird, als Mensch insgeheim wieder repräsentativ, wie es ja bei Sartre der Fall ist; es gäbe

---

9 Stefan George, *Werke in 2 Bänden*, Band 2, a.a.O., S.238. Die Zeile lautet charakteristischerweise bei George: »Doch hindern drunten zwischen frechem volke/ Die riesenhaften flügel ihn am gang.« Vgl. auch Zeile 10: »Der lüfte könig duldet spott und schmach.« Wie George das Motiv in einem eigenen Gedicht umgebildet hat, dazu vgl. »Der Herr der Insel«, in:*Das Buch der Hirten- und Preisgesänge, Werke*, Band 1, a.a.O., S.69f. Bei George kann der Vogel nur so lange überleben, wie er ungesehen, also in seiner Kunstwelt unangetastet blieb.

10 Jean Starobinski, *Portrait de l'artiste en saltimbanque*, Genève 1970, S.82. »Baudelaire, poète des »deux postulations simultanées«, a conféré à l'artiste, sous la figure du bouffon et du saltimbanque, la vocation contradictoire de l'envol et de la chute, de l'altitude et de l'abîme, de la Beauté et du Guignon.«(S.81f.)
In den *Petits poèmes en prose* hat das Motiv vor allem in dem Gedicht »Le vieux saltimbanque« Ausdruck gefunden. Der Dichter, der (als einziger) den alten Gaukler wahrnimmt, »à l'extrême bout de la rangée de baraques, comme si, honteux, il s'était exilé lui-même de toutes ces splendeurs«(OC I,296), sieht sich plötzlich genötigt, sich selbst mit dessen Situation zu identifizieren: »Je viens de voir l'image du vieil homme de lettre[...]; du vieux poète sans amis, sans famille, sans enfants[...] dans la baraque de qui le monde oublieux ne veut plus entrer«(ebd.,297). Gerade so aber nimmt diese Gestalt zugleich ein Pathos an, wie es die von allen Bewunderten nicht haben.

11 Vgl. unter anderen das Gedicht »La Béatrice« (OC I,116f), in dem der Blick von außen, verkörpert in dem sardonischen Gelächter, in das sogar die eigene Geliebte einstimmt, sich bis zur Grausamkeit steigert. In der Menge der Dämonen, die hier den Dichter zum Objekt ihrer interessierten Betrachtung machen - »A me considérer froidement ils se mirent« - macht nicht bloß die Gesellschaft, sondern die Natur selber sich über ihn lustig.

dann ja gleichsam wieder eine positive Position für ihn. Das Bild des Dichters wird in Baudelaires Gedicht nicht so sehr entzaubert, als daß es unter seiner Perspektive, die das vollkommen unselbstverständlich, ja fremd Gewordene schon voraussetzt, sich erst als Bild darstellt. »Bild« auch im Sinne eines poncifs, und zwar eines wenn auch großartigen, so doch auch schon veraltenden. Baudelaire kann aber zugleich den Mythos, gerade weil er ihn reflektiert, als Mythos in der Kunst erst recht unauflösbar werden lassen. Die vollkommene Bewußtheit ihm gegenüber, die ihn als einsetzbar, als manipulierbar behandeln kann, verbindet sich mit seiner sich gerade so erhaltenden Macht. Noch dort, wo der Mythos nicht mehr geglaubt, ja als solcher gezeigt wird, setzt er sich durch. Diese doppelte Perspektive, deren Widersprüchlichkeit man nicht beseitigen darf, indem man sie in eine vermeintliche Entwicklung der kunsttheoretischen Positionen Baudelaires auflöst, bestimmt alle Behandlungen dieses Motivs bei Baudelaire. So kann er einerseits, in »Bénédiction«, die fraglose Dignität der reinen Gestalt des Dichters bis zu seiner Apotheose steigern, und andererseits, wie am weitesten in dem Prosagedicht »Perte d'auréole« - das das Bewußtsein eines Dichters von seinem eigenen Mythos als Dichter so zeigt, daß er zu ihm eine Distanz gewinnt, aus der dieser ihm selber komisch wird, und das für Benjamins Interpretation so wichtig wurde[12] - den Dichter den hier als Farce behandelten »Verlust der Aureole« gerade begrüßen lassen: »D'ailleurs la dignité m'ennuie.«(OC I,352). Dieser Autor genießt den komischen Anblick der schlechten, weniger reflektierten Dichter, die sich begierig an die Autorität dessen klammern, was er als veraltetes Bild weiß. Aber wenn er hier das Georgesche: »nie wie ihr«[13] umkehrt und sagt: »et me voici, tout semblable à vous«(OC I,352), löst sich der Mythos nicht auf, sondern er wird gerade dann undurchdringlich, wenn er sich nicht mehr behauptet. Das ist ein incognito, und das ist nur solange möglich, wie die Macht des Bildes eben nicht völlig verschwunden ist. Die Dignität des Dichters wird nicht völlig entmythologisiert, sondern wird sich zum Problem. Benjamin hat das gesehen und es in die Formel gefaßt:

> Baudelaire war genötigt, die Würde des Dichters in einer Gesellschaft zu beanspruchen, die keinerlei Würde mehr zu vergeben hatte. Daher die bouffonnerie seines Auftretens.[14]

Die Prosagedichte wiederholen auch hierin nicht, wie Sartre meinte, die Motive der *Fleurs du Mal*, sondern mit dem poème en prose, von dem Baudelaire in einem Brief schrieb: »c'est encore les *Fleurs du Mal*, mais avec

---

12 Benjamin schrieb (in *Zentralpark*, *Gesammelte Schriften* I,2, a.a.O., S.661): »Das Motiv der perte d'auréole ist als entschiedenster Kontrast zu den Jugenstilmotiven herauszuarbeiten«, denn: »Die Aureole lag dem Jugendstil besonders am Herzen.« (ebd.) Zugleich zeigte Benjamin aber auch, daß Baudelaire selber schon den Jugendstil vorbereitet. Beide Motive sind bei ihm ineinander.

13 Stefan George, *Werke* 1, a.a.O., S.351.

14 Walter Benjamin, *Das Passagen-Werk*, a.a.O., S.428 (J 62,1).

beaucoup plus de liberté, et de détail, et de raillerie«[15] entspricht diese Lyrik in ihrer Form selber bereits einer Situation der Kunst, in der diese weiß, daß sie nicht mehr überleben kann, indem sie an einer gegebenen Autorität festhält, sondern nur dadurch, daß sie von sich aus, bis in ihre Sprache hinein, sie nicht mehr in Anspruch nimmt. Die poèmes en prose geben sich schon selbst als Feuilletons; das Feuilleton ist aber nicht zufällig die Form eines Massenmediums. Sartres Interpretation, die Baudelaire selber die Angst vor dem Blick von außen zuschreibt, greift zu kurz, weil Baudelaire selbst es ja ist, der diese Situation zeigt und aus ihr die Konsequenzen zieht.

Der Dichter, der sich nicht mehr *als* Dichter darstellen will, sondern sein incognito vorzieht, um sich so in die Menge begeben zu können, bleibt aber doch zugleich immer von ihr geschieden; er verschmilzt nicht mit ihr, sondern bleibt gerade in ihr allein. Man könnte versuchen, diesem Motiv Baudelaires mit Kategorien Sartres näher zu kommen; näher vielleicht, als Sartre selbst es in seinem Buch getan hat. Die Menge läßt sich verstehen als Bild für die der Luzidität des Bewußtseins, das sich in sich selbst konzentrieren will, gegenläufige Tendenz, aus seinem In-sich-Bleiben wieder herauszugehen; man könnte mit Sartre sagen, aus der Durchsichtigkeit herauszukommen, in der alles von vornherein immer schon als déjà vu erfaßt wird. Déjà vu auch insofern, als für den Autor alles dazu wird, der sich von vornherein nur *als* Dichter in der Welt bewegen will und so auch seine Gegenstände schon als durch Kunst vorgeprägte aufnimmt. Diesen Raum zu verlassen, ist dann weniger das Verlangen des Dandy als das des Künstlers, wenn auch bei beiden beide Tendenzen immer vorhanden sind. In *Le peintre de la vie moderne* zumindest hebt Baudelaire den Künstler dadurch ausdrücklich vom Dandy ab: »Le dandy aspire à l'insensibilité, et c'est par là que M.G., qui est dominé, lui, par une passion insatiable, celle de voir et de sentir, se détache violemment du dandysme.«(OC II,691) Ist der Beobachter hier von vornherein der Künstler, so besteht ein Problem der Interpretation Sartres wieder darin, daß er den Beobachter mit Baudelaire als Person identifiziert. Der Künstler aber - das ist sein Privileg - ist bei Baudelaire derjenige, der die Menge zu seiner Domäne macht; es ist seine Passion und sein Beruf, sich mit ihr zu vermählen. (ebd.)

Das ist von vornherein doppeldeutig. Denn einerseits heißt es doch, daß er sich in ihr verlieren will; sein Ziel wäre dann jene Entäußerung seiner selbst, die Baudelaire, korrelativ zu seiner Selbstkontrolle, als »prostitution«(OC I,650ff.) gefaßt hat. Andererseits aber will er gerade dabei seiner mächtig, und das heißt bei sich, bleiben. Im Prosagedicht »Les foules« spricht Baudelaire von »cette sainte prostitution de l'âme qui se donne tout entière, poésie et charité, à l'imprévu qui se montre, à l'inconnu qui passe.«(OC I,291) Das ließe sich in Sartres Begriffen so beschreiben, daß das reflektierte Bewußtsein, das doch in allem immer wieder auf sich

---

[15] Brief vom 19.2 1866, *Corresponcance*, a.a.O., S.615.

selber stößt, gerade das erreichen möchte, was nicht durch seine von ihm selbst schon immer gesetzten Absichten bestimmt, was von ihm selbst noch nicht vorgeformt wäre. Baudelaire nennt den Künstler »un *moi* insatiable du *non-moi.*«(OC II,692) Das Ich will sich so weit aufgeben, daß ihm gerade das wirklich Neue begegnen könnte, eben das Unerwartete, das um jeden Preis abzufangen seine gesteigerte Reflektiertheit doch immer bemüht ist. Das darzustellen ginge deshalb über Sartres Rahmen hinaus, weil es hieße, daß das Bewußtsein das, was von außen kommt, gerade nicht schon von einer Wahl aus, also von ihr schon mit Sinn versehen, ergreifen dürfte, sondern es in seiner Zufälligkeit belassen müßte; aber bei Sartre kann das Bewußtsein die Grenzen seiner Wahl nicht anders verlassen als in denen einer andern Wahl.

Bei Baudelaire erscheint der Dichter als der, der aus dem Gefängnis des eigenen Selbst, das sich in sich verschließt - »l'égoiste, fermé comme un coffre, et le paresseux, interné comme un mollusque«(OC I,291) - nach Belieben herausgehen kann. Für den passionierten Beobachter, schreibt Baudelaire, sei es »une immense jouissance que d'élire domicile dans le nombre, dans l'ondoyant, dans le mouvement, dans le fugitif et l'infini.«(OC II,691) Die Menge wäre dann das Medium, in dem ihm das zustoßen kann, was er noch nicht schon kannte, das Bild eines in sich bewegten Unendlichen, in das er sich auch deshalb entäußert, weil es für ihn nur so möglich wird, an seine Stoffe heranzukommen. Eine Kunst, deren Schöpfer das nicht wenigstens versucht, wäre für Baudelaire wirklich nur eine Wiederholung des schon Bekannten, wäre leer; das ließe sich gegen Sartres Charakterisierung sagen, Baudelaires Reflektiertheit werde alles Wahrgenommene immer blasser, ja als solches gleichgültig: »En sorte qu'il pourrait fort bien tenir un *Discours sur le peu de réalité* de ce monde extérieur«[16], wie es nicht zufällig mit einer Anspielung auf Breton heißt.

Baudelaire sieht also die Menge vom Künstler her; dieser aber kann in ihr deshalb wie kein anderer Beobachtungen machen, weil er noch in ihr allein bleibt; das aber kann er, weil er die Fähigkeit hat, auch dort, wo er allein ist, ein anderer als er selbst zu sein. Sartre dagegen sieht umgekehrt den Beobachter, als das vereinzelte Bewußtsein, von der Menge her, die ebenfalls nach dem Modell des anderen Einzelbewußtseins gedacht ist. Damit zeigt er zwar in seinem Rahmen, wie das Bewußtsein auch in der Menge in sich allein bleibt: so isoliert, wie bei ihm die Bewußtseinsindividuen ihrer Form nach immer voneinander sind. Ist die Menge aber immer die Vielzahl der anderen Subjekt-Bewußtseine, wird sie schließlich sogar *der Andere* als ein einziges Bewußtsein, dem der einsame Beobachter sich gegenüber sieht, so kann Sartre diese Menge in seinen Kategorien nicht in der noch viel tieferen Fremdheit zeigen, auf die es bei Baudelaire ankommt, bei dem sich in der Menge die Menschen gar nicht mehr als

---

[16] Sartre, *Baudelaire*, a.a.O., S.27

individuelle Personen wahrnehmen bzw. sich wahrgenommen wissen; oder nur so, daß das vollkommen momentan bleibt. Sartre kehrt die Situation um: der Beobachter selbst wird der Gesehene, und seine »prostitution« liegt in dem ihn seiner selbst entfremdenden Blick der anderen, dem er ausgesetzt ist. Nutzt bei Baudelaire der Beobachter gerade die Tatsache aus, daß er in der Menge incognito bleibt, also als solcher nicht gesehen wird, so interpretiert Sartre seine Distanz in der Menge in seine Flucht vor ihr um. Dafür findet sich ein Modell in Sartres früher Literatur, in jener Erzählung aus *Le mur*, deren Held den Schutz vor der Menge der anderen, deren Zudringlichkeit er bis zur physischen Gewalt erfährt, schließlich bei dem Revolver sucht, mit dem er sich seine Superiorität über die Menge symbolisch noch einmal bestätigen möchte. Die Distanz als die Bemühung, Positionen fern von der Menge einzunehmen, zu der er selber nicht gehören möchte, ist der Versuch, sie gleichsam wieder von außen zu sehen, sie zu objektivieren, damit sie, so erfaßt, ihre Bedrohlichkeit verliert. Das überträgt Sartre auf Baudelaire: die Menge soll zu einem einzigen bewegten Objekt werden, das nicht mehr zurückblicken kann und so seiner kontemplativen Freiheit verfügbar wird.

Aber bei Baudelaire sucht der Beobachter nicht eine Position außerhalb der Menge einzunehmen, die ihm Sicherheit geben könnte. Das Verhältnis ist nicht ein Fall »dieser Konfrontation: er - alle«[17]; der Beobachter stellt sich der Menge nicht gegenüber, sondern ist in ihr, als ihr Teil, zugleich von ihr entfernt. Sie ist für ihn Bild eines in sich Unendlichen, das er nicht auf sich hin begrenzen kann und das auch gar nicht will. Wenn er, wie Baudelaire schreibt, in ihr sein Domizil wählt, so heißt das einerseits, daß er, indem er es wählen kann, souverän ist, andererseits bleibt das paradox, denn wie kann er die Menge überhaupt zu seinem Domizil machen, wenn sie doch unendlich ist? Bei Baudelaire kommt es darauf an, daß er, wo immer er sein Domizil sucht, das jedenfalls nicht bei sich selber, also auch nicht in einer sicheren Position der Menge gegenüber, als die er sein eigenes Selbst auffaßte, finden will. Eine solche Position gibt es für ihn nicht; daß er sein Domizil in der Menge sucht, heißt vielmehr letztlich, daß es für ihn kein Domizil geben kann. Weil bei Baudelaire schon das Selbst in sich - was Sartres Rahmen nicht zulassen kann - sich selber fremd wird, wird ihm auch die Menge weder zu einem Bereich, in dem es dann doch zu Hause sein könnte, noch umgekehrt zu dem Anderen, vor dem es sich in sein Alleinsein abschließt. Baudelaire will vielmehr das Selbst selber schon als so vielfältig wie die Menge denken, damit es seinerseits so weit wie möglich schon in sich die Vielfältigkeit wiedergeben kann, die die Menge darstellt. Die Bilder, die er dann gibt, drücken an sich diese Unendlichkeit aus. Schreibt Baudelaire:

17 Witold Gombrowicz, *Die Tagebücher, Dritter Band 1962 - 1969*, a.a.O., S.39. Vgl. die ganze Diskussion über die Genese dieses Motivs des Sartreschen Existentialismus S.36ff.

> L'amateur de la vie fait du monde sa famille, comme l'amateur du beau sexe compose sa famille de toutes les beautés trouvées, trouvables et introuvables, comme l'amateur de tableaux vit dans une société enchantée de rêves peints sur toile.(OC II,692)

so wird gerade das zur Familie, was, als ihm entzogen, das gerade nicht werden kann, und was also auch unter seinem Zugriff diesen Unendlichkeitscharakter, der ja auch das ist, was daran so anzieht, immer behält. Der Anstrengung, zu vergegenwärtigen, was doch unerreichbar bleibt, wird es phantasmagorisch, und Baudelaire zeigt das mit.[18]

---

[18] Zu diesem zentralen Motiv Baudelaires, dessen Darstellung einen ganz anderen Rahmen erfordern würde als den Sartres, soll nur auf eine Stelle aus dem Prosagedicht »Les Fenêtres« hingewiesen werden. Hier wird ganz explizit vorgeführt, wie der Beobachter sich aus dem wenigen, was er sieht, das Leben imaginiert, zu dem er keinen Zugang hat; eine Stelle, die man auf Sartres Breton-Zitat beziehen kann:
»Par-delà des vagues de toits, j'aperçois une femme mûre, ridée déjà, pauvre, toujours penchée sur quelque chose, et qui ne sort jamais. Avec son visage, avec son vêtement, avec son geste, avec presque rien, j'ai refait l'histoire de cette femme, ou plutôt sa légende, et quelquefois je me la raconte à moi-même en pleurant.[...] Et je me couche, fier d'avoir vécu et souffert dans d'autres que moi-même.[...] Peut-être me direz-vous: ›Es-tu sûr que cette légende soit la vraie?‹ Qu'importe ce que peut être la réalité placée hors de moi, si elle m'a aidé à vivre, à sentir que je suis et ce que je suis?«(OC I,339).

XI. Die Idole

1. »une distance contemplative«

Sartres Kritik an der Reflektiertheit, mit der bei Baudelaire das Bewußtsein sich in jedem Augenblick alles spontan Gelebte gegenwärtig halte, hat besondere Bedeutung für seine Darstellung der Sexualität bei Baudelaire. Man kann fragen, wie er gerade hier »Unmittelbarkeit« denkt, und dazu wieder auf den für ihn grundlegenden Begriff der Intentionalität als Bewußtsein von etwas zurückgehen. Für die Phänomenologie heißt jemanden lieben - wie Sartre, nicht zufällig in einer Kritik an den Psychologen der amour propre, es schon in der *Transcendance de l'Ego*[1] ausführte - Bewußtsein von dessen Person zu haben, insofern sie liebenswert *ist;* die Phänomenologie möchte gerade ausschließen, daß auch die Liebe zu einem anderen wieder auf einen Zustand des Subjekts zurückgeführt wird, der nur auf den anderen übertragen wurde; für sie liegt die Liebe vielmehr darin, daß der Liebende das, was für ihn die geliebte Person so einzig macht, als eine objektive Eigenschaft liebt, die die Geliebte an sich selber besitzt. Hat für Sartre wie jeder Bewußtseinsakt auch die Liebe, die er als solchen interpretiert, die Struktur eines Projekts, wird die geliebte Person nie isoliert gesehen, sondern immer schon im Zusammenhang einer »Welt«, die sich durch die Liebe konstituiert, eines strukturierten Ganzen, in dem die geliebte Person der Mittelpunkt wird, auf den dann für den Liebenden alles, was er tut, bezogen bleibt und von dem her alles seine Bedeutung erhält. Insofern kann Sartre sagen, man sei, wenn man liebt, »draußen«, in dieser Welt; das Bewußtsein erfasse dabei nicht sich, sondern diese »Welt«, und zwar nicht dadurch, daß es sie bloß kontemplativ betrachtet, sondern daß es sich in einer bestimmten Weise in ihr verhält, und insofern vergesse es in dem, was es tue, sich selbst.

Als genaues Gegenbild dazu wird nun das Selbstbewußtsein gedacht, die Anstrengung nämlich, auch in der Liebe sich nicht an die Spontaneität zu verlieren. Mit der Liebe wird dann zugleich das Ich als ihr Subjekt sich seiner bewußt.[2] Wenn die Liebe sich selbst reflektiert, löst sie sich aus dem Ganzen der »Welt« heraus und setzt sich für sich selbst; die Reflexivität schiebt sich zwischen die geliebte Person und das unmittelbare Bewußtsein von ihr, wird selber das Ziel, während jene zurücktritt: »Prétextes, reflets, écrans, les objets ne valent jamais pour eux-mêmes et n'ont autre mission que de lui donner l'occasion de se contempler pendant qu'il les voit.«[3] So stößt, wenn die Objekte Personen sind, das Bewußtsein gerade in der Liebe,

---

1 Sartre, *La Transcendance de l'Ego*, a.a.O., S.41ff.
2 ebd., S.42.
3 Sartre, *Baudelaire*, a.a.O., S.27.

in dem also, worin es, wie man erwarten möchte, am meisten »draußen« sein sollte, indem es sich an die geliebte Person entäußerte, wieder auf sich. Es findet dann auch im andern nur seinen eigenen Reflex. So behält es auch hier seine ihm als Bewußtsein immanente Distanz, aus der heraus es alle unerwarteten Regungen abfängt:

> Et cette jouissance de lui-même réalise comme une distance contemplative entre lui et son plaisir. La volupté baudelairienne est comme retenue, regardée plus encore que ressentie, on ne s'y plonge point, on l'effleure, elle est un prétexte autant qu'une fin.[4]

Diese »distance contemplative«, die Baudelaires Bewußtheit auch hier noch wahre, wo sich alle Distanz eigentlich aufheben sollte, ist schon in Sartres Interpretation ambivalent. Das Bewußtsein will durch sie sich selbst gegenwärtig bleiben und rückt darum alles von sich weg, was es von sich ablenken könnte, die eigenen Leidenschaften wie den andern, der sie auslöst; rückt damit aber auch die Möglichkeit von sich weg, daß jene sich in der Nähe zur konkreten Person des andern erfüllen könnten. Denn Erfüllung wäre für Sartre nur in dieser Nähe möglich, und diese, die physische Realisierung, wird seiner Darstellung zum Maß, an dem sich die Sexualität Baudelaires als Gegenbild abhebt. Indem Sartre aber die physische Realisierung ganz selbstverständlich als Nähe versteht, setzt er eben das als positiven Maßstab voraus, dessen Möglichkeit Baudelaires Gedichten gerade problematisch geworden war. Die Sicherheit, die Sartres Darstellung daraus bezieht, wird selbst das Problem. Weil das, was Baudelaire in den Gedichten zeigt, bei Sartre von vornherein als Gegenbild einer an sich richtigeren Sexualität erscheint, wird seine Analyse schon aus sich heraus zur Beurteilung. Das begrenzt sie aber noch da, wo sie Baudelaire durchaus auch erreicht, z.B. in der Charakterisierung der Distanz.

Bei Baudelaire bleibt der Betrachter, wie Sartre es bildhaft umschreibt, eisig. Aber diese Distanz steht, wie Sartre zeigt, nicht einfach als eine unbeteiligte Haltung reiner Reflexivität dem unmittelbaren Begehren gegenüber. Vielmehr erweist sich vor dem sexuellen Objekt diese gläserne Luzidität in sich selbst als sexuelle Haltung, als Versuch einer geistigen Bemächtigung des Objekts, das gerade als fernes umso mehr in Besitz genommen werden soll. Der Blick aus der Distanz formt sowohl das eigene Verlangen um wie den anderen, den sein Verlangen als sein Objekt fixieren will. Damit versucht Sartre eben das zu einer spezifischen Charakterisierung zu verwenden, was, wie er in *L'être et le néant* immer wieder zeigte, ontologisch zu den Eigenschaften des Blicks gehört, der, indem er als solcher schon immer den anderen modelliert - Sartre benutzt sogar einmal den Ausdruck »façonner«[5] - vom anderen immer als Besitzergreifung erfahren wird. Jener Bemächtigung aus der Ferne aber soll der andere noch viel weniger entgehen können

---

4 ebd., S.93.
5 Sartre, *L'être et le néant*, a.a.O., S.413.

als jeder Bemächtigung aus der Nähe, in der er mit seinen eigenen Regungen sich gegen diese Fixierung doch wieder behaupten würde.

Damit könnte Sartre sich durchaus auf Aussagen Baudelaires berufen, der beispielsweise anläßlich einer Romanszene Gautiers schrieb: »Contemplation, c'est possession.«(OC II,122) Aber wenn Baudelaire das selbst schreibt, ja, die Frauen in Gedichten als Objekte eines sie gewaltsam isolierenden Blickes *zeigt*, wieweit erreicht Sartres existentielle Psychoanalyse, die das als individuelle Besonderheit der Person Baudelaires darstellt, ihn dann? In Sartres Interpretation soll bei Baudelaire mit der Sexualität gerade das dem Willen, der Bearbeitung durch das Bewußtsein unterworfen werden, was sich dem am weitesten entzieht, weil sich hier die Menschen am meisten als dem Zwang eines Bedürfnisses unterstehende Naturwesen verhalten. Das Bewußtsein will dann gerade die Sexualität nur insofern zulassen, als sie ihm selbst schon entsprechend, von ihm schon bestimmt, ja schließlich als sein eigenes Produkt erscheinen kann. Sie soll zu einem »Analogon einer Schöpfung«[6] werden, weil, wenn sie ein Geschaffenes ist, das Bewußtsein auch in ihr noch sich selber in seiner eigenen gratuité wiederfinden kann. Dann behauptete sich der einzelne auch in ihr noch als sich durchsichtig. Auf kaum einem anderen Gebiet ist der rationalistische Zug der Philosophie Sartres so folgenreich wie hier, wo es Baudelaire zwar einerseits - darin hat Sartre recht - darauf ankommt, die Souveränität des Bewußtseins zu behaupten, wo sich für ihn aber andererseits - und das macht seine Lyrik so widersprüchlich - wie nirgendwo sonst die Natur als blinde Gewalt durchsetzt, in der der einzelne sich gerade nicht selbst durchsichtig wird. Indem Sartres existentielle Psychoanalyse wie überall so vor allem hier diese Gewalt wegzuinterpretieren sucht, hebt sie an der Sexualität, wie Baudelaire sie sieht, jene Aspekte hervor, in denen diese als beherrscht, ja als durch das Bewußtsein konzipiert erscheint, und spielt die gegenläufigen Aspekte herunter. Das Problem seiner oft großartigen Interpretation, die ja eigentlich, wenn man von Benjamin absieht, als erste sich diesem Thema so offen gestellt hat, ist dann nur, daß so nicht mehr recht einsichtig wird, warum Baudelaire auf der Beherrschung der Natur überhaupt so insistierte. Denn in Sartres Darstellung gibt es letztlich gar nicht mehr etwas zu beherrschen, das nicht von vornherein immer schon im Bereich der Konstitutionsfähigkeit des Subjekts stünde. Die Sexualität löst sich in ein künstliches Spiel auf[7] und wird als solches dann von Sartre kritisiert.

So heißt Distanzierung für Sartre, ganz konsequent, Entstofflichung, Spiritualisierung der Sexualität. Der andere, die Frau, wird so umgeformt, daß an ihr alles verschwindet, was an die Wärme eines realen menschlichen Körpers erinnert, den man unmittelbar begehren und dem man sich selbst hingeben kann; sei es, daß der Körper in ein Kunstobjekt verwandelt wird,

6 Sartre, *Baudelaire*, a.a.O., S.92.

7 Vgl. (u.a.) S.97: »Mais justement parce que c'est un jeu à vide, Baudelaire s'y plaît.«

dessen Sterilität jede Nähe ausschließt, sei es, daß er, wie im Extremfall des von Sartre großartig analysierten Dramenentwurfs *L'Ivrogne*, zum toten Objekt, zur Leiche wird oder sei es, daß er, ganz von den Kleidern, vom Schmuck und vom Duft verhüllt, als solcher aus dem Blick verschwindet. Der Duft ist das Ungreifbarste und doch, »c'est le corps lui-même que nous aspirons[...] que nous possédons d'un seul coup.«[8] Im Duft scheint sich, für Sartre, der Körper der Frau selbst vergeistigt, in eine Essenz verwandelt zu haben, die sich, ohne direkte Berührung, durch die Sinne erfassen läßt und zugleich am meisten der reflexiven Luzidität des Bewußtseins ähnelt, die Sartre ihrerseits nach diesem Bild sieht.

Das Gedicht, an das Sartre dabei denkt, ist »La Chevelure«. Aber schon an ihm, das dem doch zu entsprechen scheint, zeigt sich, wie sehr Sartre - auch von seiner Interpretation der Kunst, der Imagination überhaupt, als déréalisation bestimmt - sich insgeheim von einem Bild des späteren Symbolismus, einer poésie pure, leiten läßt, das vielleicht manchen Schülern Mallarmés, nicht aber Baudelaire angemessen ist.[9] Es ist kein Zufall, daß Sartres Interpretation, wo sie Gedichte heranzieht, jene bevorzugt, die am meisten den Symbolismus vorwegzunehmen scheinen. Aber nicht nur stehen bei Baudelaire neben diesen solche, die die Sexualität gerade gänzlich unspiritualisiert darstellen, sondern selbst in den scheinbar spirituellsten erscheint sie bei ihm nicht völlig in Bewußtsein aufgelöst. Das sieht bei Baudelaire jeweils ganz verschieden aus. Denn das Ich, das in verschiedenen Gedichten spricht, läßt sich keineswegs immer als dasselbe ansehen, nur weil der eine Autor Baudelaire sie geschrieben hat. Vielmehr bestimmt sich das Ich jedes Gedichts erst mit der jeweiligen Situation, die jedes Gedicht jeweils spezifisch - und zu denen anderer Gedichte gerade gegensätzlich - aufbaut. Das heißt aber, daß eine Interpretation, die für ein bestimmtes Gedicht vielleicht gelten mag, damit nicht auch schon für andere richtig sein muß. So stellt sich die Frage, wieweit Sartres Interpretation Baudelaire erreicht, für verschiedene Gedichte jeweils anders, und darum liegt das zentrale Problem dieser Interpretation schon in der - mit dem Rahmen der existentiellen Psychoanalyse selber gegebenen - Nötigung, alles, was Baudelaire in Gedichten wie im Leben machte, zu vereinheitlichen, indem es auf *eine* typische Situation zurückgeführt wird, die es - allerdings wieder in jeweils verschiedener Weise - in Gedichten der *Fleurs du Mal* zwar auch gibt, die aber keineswegs für ein allgemeines Muster genommen werden kann, das allem zugrundeliegt.

In »La Chevelure« könnte man tatsächlich fast von einer »distance contemplative« sprechen. Dem Ich, das hier in den Anblick des Haars der Geliebten versunken ist, rückt ihr Körper fern, so weit, daß er fast ganz aus

---

8 ebd., S.221.

9 Die Nähe Sartres zu Mallarmé selbst zeigt sich u.a. explizit S.220/221, etwa in der Formulierung: »[...] ce goût de Baudelaire pour ces étranges objets qui sont comme des affleurements à l'être et dont la spiritualité est faite d'absence.«(221).

dem Blick verschwindet. Bleibt von der Geliebten nur das, was an ihr das Unkörperlichste ist - der an sich schon gestaltlose Duft und das Haar, das, wie von ihr isoliert, zugleich ganz in die herabstürzende Bewegung aufgelöst ist - so erscheinen beide von vornherein in eine sich immer mehr erweiternde Kette von Bildern übersetzt, die die Ferne umschreiben. Führen diese Bilder so vom begrenzten Körper weg, so erscheinen sie aber gerade nicht entsexualisiert.[10] Wird das Haar gerade durch den Abstand, aus dem die Geliebte gesehen wird, und durch seine Heraushebung aus allem andern zum Bild, so wird es eben dadurch erst zu dem, was der reale Körper als bloße physis an sich nicht ist, zum Gegenstand des Verlangens. Gerade als abgelöstes, aber unfixierbares assoziiert es das ganze Geschlecht der Frau, ja in seiner Überfülle und Bewegtheit die wilde, unbeherrschbare Natur selber. Entsprechend bleibt das Ich hier gerade nicht völlig beherrscht, nicht gefaßt; der Anblick des Haars versetzt es vielmehr in eine Extase, in der es nicht so über sich verfügt, daß es sie willkürlich beenden könnte, von der es vielmehr so überwältigt wird, daß es selber nur wollen kann, daß sie nie aufhören solle. Das Verlangen ist süchtig: »Longtemps! Toujours! ma main dans ta crinière lourde[...]«(OC I,27) Anders als Sartre es darstellt, schließt bei Baudelaire die gesteigerte Bewußtheit nicht nur den Rausch nicht aus, sondern sie ist es selber, die hier in ihn umschlägt. Der Rausch ist gleichsam die Form, die das Bewußtsein der Isolation, des Abstands zum andern, seiner Unerreichbarkeit hier annimmt, das sich in anderen Gedichten z.B. auch als ennui ausdrücken kann. Dieses Bewußtsein ist es, durch das die erotische Hingerissenheit hier erst so überwältigend wird; mit dem Bewußtsein des Alleinseins des Ich verschwände auch der Rausch und mit ihm das Pathos, das nur so hier die Sexualität noch einmal gewinnt. Entsprechend ist das Ich gerade von dem an der Geliebten hingerissen, was es prinzipiell nicht besitzen kann; seine Leidenschaft selbst ist in sich unendlich und sieht darum auch außen, an der Geliebten, die Bilder des Unendlichen; anders gesagt, sie hat gar kein Objekt, das als solches immer begrenzt wäre, denn auch das Haar ist letztlich weniger ihr Objekt als ihr Medium; es ist von seiner Form her derjenige Teil des Körpers, der dem sich Entziehenden eines Mediums am weitesten entgegenkommt. Es bleibt so gerade in dem, was der Liebende darin sucht, ungreifbar, auch wenn es physisch berührt wird, ja scheint als Teil des Körpers selbst am weitesten schon Bild.

---

10 Das Haar, das, so verselbständigt, später zu einem zentralen Motiv des Jugendstils wurde, erscheint in diesem Gedicht Baudelaires - auch wenn es das in den »mèches tordues«(OC I,27) schon vorwegnimmt - noch nicht als reine, und schon gar nicht als starre, Lineatur. Es hat hier auch nicht die »froideur stérile du métal«, nach der in Mallarmés »Hérodiade« verlangt wird (Stéphane Mallarmé, *Oeuvres complètes*, éd. établie et annotée par Henri Mondor et G. Jean-Aubry, Paris 1945, S.45.), für die vielmehr ein anderes, ebenfalls in der Nähe von »La Chevelure« stehendes Gedicht Baudelaires, »Avec ses vêtements[...]« (OC I,29), das Modell abgibt; ein Modell, das Sartres mallarméisierender Interpretation eher - wenn auch wieder nicht ganz - entgegenkommt.

Sieht aber der Liebende in der Geliebten Bilder, so sind diese seine; indem er in ihnen aus sich heraus gehen möchte, bleibt er in sich. So gewendet, hat Sartres Interpretation auch recht. Mehr noch als dieses Gedicht der *Fleurs du Mal*, das die Sehnsucht des Liebenden, daß seine Wünsche nicht an der Taubheit des anderen abprallen sollen(V.33), als erotische Utopie gibt, läßt das Gedicht, das ihm in den *Petits poèmes en prose* entspricht - »Une hémisphère dans une chevelure« - das deutlich werden. Mit den Bildern, die der Liebende hier im Haar der Geliebten sieht und die sie für ihn so hinreißend machen, hat die Geliebte selber gar nichts zu tun; sie erkennt sich darin nicht wieder, sie bleiben ihr nicht nur gleichgültig, sondern prinzipiell unnachvollziehbar.[11] So kann der Liebende sich gerade in seiner Liebe zur Geliebten ihr nicht mitteilen, seine Liebe selbst ist es ja gerade, die das verhindert: »Si tu pouvais savoir tout ce que je vois! tout ce que je sens! tout ce que j'entends dans tes cheveux!«(OC I,300) Auch in »La Chevelure» hatte die Liebe die Züge der Nostalgie; die Nostalgie liebt weniger das Objekt selbst als die Erinnerungen, die für sie - als eine in Raum und Zeit entsunkene Welt(V.7) - in ihm liegen und die wiederfinden zu können das Objekt ihm verspricht. Expliziter noch zeigt das Prosagedicht, daß das, was der Liebende in dem Haar sucht, die Reproduktion dessen ist, was ihm so erscheint, als hätte er es schon einmal erlebt, was entzogen ist und doch vertraut scheint. Sucht er aber darin seine eigenen verlorenen Empfindungen, so bleibt er, wenn er so aus sich herausgehen will, doch in sich. »Dans les caresses de ta chevelure, je retrouve les langueurs des longues heures passées sur un divan, dans la chambre d'un beau navire.«(OC I,301). Daß es wiedergeholte Gefühle sind, ist aber der Sehnsucht gleich, ja selbst ob das nicht vielleicht sogar eine Täuschung ist. So wird in »Le Balcon« die Fähigkeit, die Liebe, die in sich selber schon nur als Erinnerung an die Liebe erscheint, durch die Erinnerung immer neu zu reproduzieren, zu einer Kunst (OC I,37,V.21), das heißt einer Technik, die als solche auch beherrscht werden kann; und das Gedicht selbst wird zu dem Medium, das, mit den Mitteln der Sprache, diese Technik ausübt und ihre Wirkung erweist.

Wenn Sartre kritisieren will, Baudelaire verlege, um ihren »natürlichen« Formen aus dem Weg zu gehen, die Sexualität zu sehr in das Medium des Geistes, so steht Baudelaire als Künstler vielmehr vor dem Problem, wie sich eine sexuelle Extase in Sprache, einem zwangsläufig abstrakten Medium, überhaupt so wiedergeben läßt, daß die Sprache nicht bloß unbeteiligt über sie spricht, sondern sie als solche wirklich mitteilt.

---

11 Diese Unüberbrückbarkeit ist ja der verwandt, die Sartre in den konkreten Beziehungen zum andern als mit der Existenz selber gegebene philosophisch zu entfalten versucht hat. Er kommt Baudelaire sehr nahe an einer Stelle von *L'être et le néant*, an der er, charakteristischerweise von der Perspektive der geliebten Person aus, die in Baudelaires Gedichten nicht zufällig nie vorkommt, schreibt: »[...] le regard d'autrui façonne mon corps dans sa nudité, le fait naître, le produit comme il *est*, le voit comme je ne le verrai jamais.«(S.413) Bei Baudelaire freilich geht die Unüberbrückbarkeit noch tiefer, weil er das, was der Blick schafft, nicht einmal mehr als das *Sein* des anderen interpretieren würde.

Baudelaire hat gesehen, daß das nicht einfach dadurch möglich ist, daß man sich an das scheinbar »Konkrete« der Objekte hält, sondern nur durch eine Arbeit, die sich auf die spezifischen Eigenschaften des Mediums, der Sprache, richtet, die gerade hier, in der Darstellung sexueller Gefühle, eine Rolle spielt, die Baudelaire, wenn er theoretisch darüber spricht, nicht zufälllig einer »sorcellerie«(OC II,21) angenähert hat. Was früher schon gegen Sartre eingewendet wurde, daß er nämlich nicht sieht, daß bei Baudelaire die technische Behandlung der Sprache zugleich ihre magischen Tendenzen steigert, in denen sie die subjektive Verfügung unterläuft, ist gerade hier, wo diese Tendenzen ja durch das Verlangen noch unterstützt werden, besonders relevant. Die Rationalität, mit der der artistische Autor die Sprache betrachtet, ist zugleich die Bedingung dafür, daß sie so rauschhaft werden kann. Das gilt in »La Chevelure« auch inhaltlich. Anders als Sartre es sieht, wird hier weniger das Sensuelle durch das Bewußtsein vergeistigt, als daß umgekehrt der Geist selber sensuell reagiert:

> Comme d'autres esprits voguent sur la musique,
> Le mien, ô mon amour! nage sur ton parfum.(OC I,26)

Die Vorstellung, daß die Sinnlichkeit umso stärker sei, je unmitttelbarer, d.h. je weniger durch das Bewußtsein gebrochen sie sei, ist falsch. Vielmehr ist es die Konzentriertheit des Bewußtseins, die die »transports«[12] der Sinne steigert, für die durch dieses Bewußtsein, das ihm seine eigene Unendlichkeit mitgibt, erst jeder Eindruck - des Geruchs, der Farbe oder des Klangs - sich so in sich erweitert, daß er in eine Unendlichkeit zu führen scheint. Der Wunsch, sich auf dem Duft wie auf einem Meer wiegen zu lassen, möchte vereinigen, was sich eigentlich ausschließt, das Herausgehen des Ich aus sich mit seiner vollkommenen Präsenz, in einer Passivität, die für es Glück wäre, weil es sich in ihr selbst entgehen und doch zugleich nicht auflösen, sondern auch darin noch seiner mächtig bleiben würde. Das drückt sich auch inhaltlich in den Bildern aus, die in dem Haar einen duftenden Wald, ein Meer von Ebenholz, ein bewegtes Durcheinander von Segeln und von Masten und schließlich das Klanggewirr des Hafens auftauchen lassen, und so diese Welt als ein Chaos, das lockt, und einen Zusammenhang, in dem alles allem entspricht, als fremd und vertraut gleichzeitig erscheinen lassen.

Die Natur, die hier als organische ausgeblendet wurde - denn das Haar ist das am Körper, das, worauf Benjamin hinwies[13], am weitesten von dieser abliegt, was an ihm selber am leichtesten schon als künstlich gesehen werden kann - kehrt in der erotischen Phantasmagorie des Südens wieder, in der sie alles Grauen verloren hat. Aber damit setzen gerade diese Bilder jene Aspekte der Natur voraus, in denen sie unverdeckt als Grauen erscheint. Die

---

12 OC I,11, »Correspondances«, V.14.

13 Walter Benjamin, *Das Passagen-Werk*, a.a.O., S.118 (B 3,8).

rauschhaften Bilder von »La Chevelure« verdanken sich der bewußten Ausblendung dessen, was Baudelaire, als ihre andere Seite, schon in Gedichten zeigt, die im Zusammenhang der *Fleurs du Mal* auf »La Chevelure« folgen und die Sartre nicht zufällig kaum einbezieht. Baudelaire schreckte nicht, wie Sartre meint, vor der Darstellung der physischen Sexualität zurück. Zeigt er aber, zum Beispiel in dem auf »La Chevelure« wenig später folgenden Gedicht »Tu mettrais l'univers entier dans ta ruelle/ Femme impure![...]« (OC I,27f.), die Frau als pures Naturwesen, so nimmt sie etwas Erschreckendes an. Denn die Natur ist für Baudelaire gerade nicht »natürlich« in dem Sinn, in dem die Bemühungen von Autoren der Zeit, die die Sexualität liberalisieren wollten - was Baudelaire an George Sand so erbittert kritisierte[14] - sie als »natürlich«, das heißt als etwas im Leben Selbstverständliches ansahen. Sehr distanziert spricht Baudelaire von deren Ziel als »le bonheur naturel«, »la félicité tel que la conçoivent les mortels.«(OC I,399) Jenen Liberalisierungsversuchen, die die Sexualität nach außen, gegen eine repressive Moral verteidigten, wurde sie selber nicht zum Problem, ihnen schien sie, wenn es nur erst eine liberale Moral gäbe, mit dieser grundätzlich im Einklang. Das wurde, von George Sand beispielsweise, auch theologisch begründet: was Gott geschaffen hat, kann nicht nicht gut sein.[15] Die Sexualität konnte »natürlich« scheinen, weil sie selber insgeheim immer schon moralisch interpretiert worden war. Das hieß aber für Baudelaire, die Natur willkürlich zu beschränken und diese Beschränkung dann für die Natur selbst auszugeben.

Diese begrenzende Interpretation wirkt auch in Sartres Reduktion der Naturauffassung Baudelaires nach. Sah Sartre zufolge Baudelaire in der Natur nur den »Konformismus des Guten«, so war auch das, was er mit der »natürlichen« Sexualität abwehrte, nur die Nötigung, sich gerade hier verhalten zu müssen wie jedermann:

> Les plaisirs grossiers, simples satisfactions des appétits, nous enchaînent à la nature en même temps qu'ils nous banalisent.[16]

In Sartres Interpretation sucht Baudelaire sie zu distanzieren, um selbst hier noch, und gerade hier, seine Einzigartigkeit zu behaupten. Er suchte danach die Lust als »Analogon einer Schöpfung« aufzufassen, weil er sie, als Kunst, der Konformität des Natürlichen entgegensetzen konnte. Baudelaires Rückgriff auf die Theologie, der die Lust mit der Gewißheit verband, das Böse zu tun, interpretiert Sartre so, daß die Sexualität deshalb mit der Sünde assoziiert wird, weil sie nur so, als Verbotene, etwas Singuläres werden,

---

14 und was Sartre, wie man hinzufügen muß, sehr genau gesehen hat, vgl. *Baudelaire*, a.a.O., S.92: »Lorsque Lemaître ajoute en effet que Baudelaire est ›le suprême effort de l'épicurisme intellectuelle et sentimental‹ il se trompe complètement[...] l'idée même de la recherche épicurienne du plaisir est la plus éloignée de lui qui soit.«

15 Vgl. dazu Klaus Heitmann, *Der Immoralismus-Prozeß gegen die französische Literatur im 19.Jahrhundert*, Bad Homburg, Berlin, Zürich 1970, S.78f.

16 Sartre, *Baudelaire*, a.a.O., S.92f.

ihre Banalität verlieren konnte. Diese Interpretation ist nicht einfach falsch; tatsächlich haben ja Autoren wie Baudelaire und Flaubert zum ersten Mal die Banalisierung der Sexualität überhaupt als Thema der Literatur entdeckt und daraus für ihre jeweilige Darstellungsweise Konsequenzen gezogen, die dann in genau entgegengesetzte Richtungen gingen. Beide wußten, daß die Sexualität, die der bürgerlichen Realität sich nicht mehr, und sei es nur in Bildern, auch entgegensetzen kann, sondern die als in ihr zweckmäßig, als »natürlich« akzeptiert wird, sich so zu vergleichgültigen droht wie der bürgerliche Alltag insgesamt. So ist sie nicht mehr interessant, auch ästhetisch nicht mehr. Darauf antwortete Baudelaire, indem er in vielen Gedichten gerade die Züge betonte, in denen die Sexualität in Wirklichkeit nach wie vor nicht akzeptierbar geblieben war und die darum in der Kunst nun ein so ungeheures Pathos erhielten, und Flaubert, indem er die Romansprache derart aller pathoserfüllten, dramatischen Züge entkleidete, daß sie die Liebe, und selbst noch die Ehebrüche, so sachlich zeigen konnte wie sie in der bürgerlichen Gesellschaft aussah. Das heißt also gerade nicht, daß Baudelaire nun im Gegenzug gegen ihre bürgerliche Gestalt die Sexualität willkürlich dämonisiert hätte. Sartres Interpretation ist darin verkürzend, daß sie Baudelaires Assoziation der Liebe mit dem Bösen von seiner subjektiven Entscheidung völlig abhängig macht. Als Sünde erscheint in manchen Gedichten Baudelaires die Sexualität aber nicht bloß deshalb, weil sich das Bewußtsein, durch den remords, selbst als Sündenbewußtsein konstituiert. Wäre das Wissen, das Böse zu tun, das Ergebnis einer willkürlichen Wahl des Bewußtseins selbst, das dann ja völlig frei wäre, die Sexualität jederzeit auch als etwas ganz Natürliches anzusehen, könnte kaum die Lust darin liegen, die doch gerade davon abhängt, daß das Bewußtsein hier nicht immer alles selbst bestimmt, daß überhaupt die Sexualität nicht der Bereich der Freiheit ist.[17] In Sartres Begriffen: Kann es keine Lust geben ohne Bewußtsein, so findet dieses sie aber nicht darin, daß immer nur das eintritt, was es doch schon voraussieht oder was es sogar selbst schon so arrangiert hat. Gerade hier kann man einwenden, daß Sakrilege nur solange ihr Pathos behalten, wie das, was sie verletzen, noch eine Macht hat, die sie der subjektiven Willkürlichkeit entzieht und ihre Auswirkungen auch unvorhersehbar macht. Das aber, was jenseits seiner eigenen Willkürlichkeit liegt, wird dem Bewußtsein ambivalent, und zwar umso mehr, je mehr es überall seine Luzidität behaupten will. Gerade das drückt Baudelaires paradoxer Satz von der Lust als der Gewißheit, das Böse zu tun, aus: nämlich darin von dem überwältigt zu werden, was, anders als Sartre interpretiert, gerade nicht seine Schöpfung ist, in der es nur wieder sich selber begegnet. Hier liegt vielleicht auch ein tieferer Grund für das, wofür Sartre dann seinen Begriff einer Passivität einsetzt, die doch zugleich auch

---

17 Dies läßt sich auch einwenden, wenn H.Gnüg, Sartre nahe, schreibt: »Das Subjekt genießt die erotische Wollust gerade als Verstoß gegen die Moral, und in diesem bewußten Auskosten des sexuellen Genusses als ›mal‹ demonstriert es seine Freiheit.« (*Kult der Kälte*, a.a.O., S.81f.)

Aktivität sei, und was Baudelaire gerade als Moment der menschlichen Sexualität überhaupt zeigen will.

Betrachtet man ein Gedicht wie »Tu mettrais[...]«, so zeigt sich, wie untrennbar die Lust und die Undurchsichtigkeit der Natur ineinander sind. Erscheint auch bei Sartre noch insgeheim eine »natürliche« Sexualität als moralisches Maß, so kommt es Baudelaire hier darauf an, die Sexualität gerade möglichst wenig moralisiert, ja als im Grunde überhaupt nicht moralisierbar darzustellen[18]. Weil sie sich als solche aber letztlich der Darstellung überhaupt entzieht - denn jeder Versuch, sie darzustellen, führt, indem er von dieser Natur spricht, schon mit der Sprache, der notwendig begrenzenden Form der Darstellung selber wieder auf Moral zurück - sucht Baudelaire diese Züge an ihr dadurch darzustellen, daß er in diesem Gedicht die Frau durch ein Ich anreden läßt, das gerade nicht von moralischen Erwägungen gänzlich frei ist - wenn es z.B. an die Frau noch die Frage richten kann: »pourquoi n'as tu pas honte«(OC I,28) - und so das der Moral Inkommensurable an der Natur indirekt durch das Grauen ausdrückt, das sie ihm notwendig erregt. Baudelaire gibt also die Haltung des Sprechers ihr gegenüber mit, und zwar so, daß sie einerseits distanziert ist, andererseits aber gerade eingesteht, daß es in der Sexualität gar keine Distanz, keinen Blick von außen geben kann. Das betrachtende Ich wird selbst hineingezogen, weil auch es Teil dieser Natur ist, die es nicht überschreiten kann. Seine Perspektive bleibt ambivalent, und so wird ihm die Sexualität als ganze befremdlich: »Ce jeu singulier«.(OC I,27) Die Sexualität, die wirklich von allen moralischen Einschränkungen frei, als pure Natur gedacht wird, wird so vieldeutig wie diese. Sie erscheint einerseits, in dem de Sade verwandten Bild der Maschine, das auch das rein Instrumentelle akzentuiert, gänzlich entmythologisiert; sie erscheint andererseits aber nicht, wie bei de Sade, einer völlig rationalen Prozedur entsprechend, sondern in der vollkommenen Blindheit, die sie so annimmt, erst recht unfaßbar, mythisch. Gerade indem Baudelaire sie aufklären will, zeigt er, wie sich in aller Aufklärung ihre blinde Gewalt erhält. Stellt sie sich gerade dem aufgeklärten Bewußtsein als etwas Ungeheuerliches dar, das sich für es nicht wiederum in Bewußtsein auflösen läßt, so greift diese Aufklärung, um das zu zeigen, paradoxerweise auf die christliche Theologie zurück, in der diese Unauflösbarkeit im Begriff des Bösen, der Sünde erschien. So stellt das Gedicht die Frau als sexuelles Monster dar, in dem sich die Züge des Bösen, des Unheils, mit dem der Lust, des Heils so unauflösbar verschränken, daß es das eine nicht mehr ohne das andere geben kann. Das für das Bewußtsein Erschreckende ermöglicht zugleich, daß sie in der Kunst erhöht, gefeiert werden kann; als »reine des péchés«(OC I,28) gewinnt sie Pathos, ganz im Unterschied zu den Figuren de Sades. Wie widersprüchlich das bleibt, zeigt sich daran, daß sie Werkzeug einer Natur genannt wird, die,

18 Vgl. hierzu, wie zu diesem Thema insgesamt, Hartmut Engelhardt, in: *Baudelaires »Blumen des Bösen»*, a.a.O., S.106ff., und *Indifferenz der Schönheit*, a.a.O., S.63.

insofern sie mit ihr große Absichten verfolgt - nämlich ein Genie zu bilden, das sich dann selber auch dieser Natur erst verdanken, also auch selber monströs erscheinen würde, so daß sogar diese Frau vor ihm eigentlich hätte erschrecken sollen, was sie aber gerade nicht kann - dann auch wieder nicht bloß blind erscheinen würde.

Der von dem Ich vergeblich - denn seine Worte erreichen sie nicht - angeredeten Frau sind Scham oder überhaupt moralische Rücksichten fern, weil sie hier als pure Natur, das heißt das dem Bewußtsein vollkommen Fremde erscheint. Die Sexualität ist hier nicht, wie Sartre sie im phänomenologischen Rahmen versteht, intentional, sondern eine nur sich selbst verfolgende, sich selbst undurchsichtige Ausübung, die, da sie sich so nie erfüllen kann, als solche auch wieder in Langeweile, in Gleichgültigkeit umschlagen kann. Das macht die Frau grausam für die Männer, die darin gerade das lieben wollen, was man prinzipiell nicht lieben kann, denn alles Bemühen des Liebenden, die Frau zu individualisieren, also sie zu moralisieren, damit sie ihrerseits sich auf ihn beziehen kann, glitte an der vollkommenen Bewußtlosigkeit, die sie auch selber das Gesetz ihrer Schönheit nicht kennen läßt, notwendig ab. Sie kann nicht - wie das Bewußtsein als solches schon - mit sich selbst entzweit, sich selbst problematisch werden: daß sie vor allen Spiegeln ihre Reize nie hat verblassen sehen, heißt gerade nicht, daß sie versucht hätte, vor den Spiegeln sich ihrer zu versichern; dann hätte sie ja an sich unsicher werden können müssen. Das ist ihre unüberwindbare Stärke, aus der heraus sich ihre Anziehungskraft in jedem Spiegel erhält. In dieser Undurchdringlichkeit selber liegt die Macht, die sie für das Bewußtsein behält, das sich in sie als in das versenken will, was ihm prinzipiell nicht entspricht und was es *als Bewußtsein* nicht bewältigen kann.

2. Zu zwei Idol-Gedichten Baudelaires

Baudelaire bezeichnete in der Widmung der *Paradis artificiels* die Frau als »source la plus ordinaire des voluptés les plus naturelles.«(OC I,399) Das scheint Sartres Interpretation zu bestätigen. Aber Baudelaire fährt fort:

> Toutefois il est évident que, comme le monde naturel pénètre dans le spirituel, lui sert de pâture, et concourt ainsi, à opérer cet amalgame indéfinissable que nous nommons notre individualité, la femme est l'être qui projette la plus grande ombre ou la plus grande lumière dans nos rêves. La femme est fatalement suggestive; elle vit d'une autre vie que la sienne propre; elle vit spirituellement dans les imaginations qu'elle hante et qu'elle féconde.(ebd.)

Auch damit, daß Baudelaire das »naturel« und das »spirituel« als zwei Welten einander gegenüberstellt, die prinzipiell getrennt bleiben, scheint er in demselben cartesianischen Rahmen zu argumentieren, in dem sich, bei aller Modifikation, auch Sartre bewegt. Aber eben weil bei Baudelaire die »monde naturel« ein so viel größeres Gewicht hat, wirkt sich bei ihm das

Entscheidende, das unüberbrückbar Getrennte beider Welten, anders aus. Dringt bei ihm die »monde naturel« so in die geistige ein, daß beide zu einem - undefinierbaren - Amalgam zusammentreten, so ist das gerade keine Versöhnung beider. Daß die Frau als das Wesen erscheint, das das größte Licht oder den größten Schatten in unsere Träume wirft, setzt die Unaufhebbarkeit des Abstands voraus. Das Medium selber, das, um im Bild zu bleiben, dieses Licht oder diesen Schatten auffängt, ist dieser Abstand. Das fatal Suggestive der Frau, von dem Baudelaire spricht, drückt eben ihre Undurchdringlichkeit für das Bewußtsein in diesem selber aus. So wird dessen Beschäftigung mit ihr notwendig unendlich, es kann weder willentlich davon ablassen noch damit zu Ende kommen. Ihre darum »fatal« genannte Suggestivität kommt seiner Intentionalität zuvor, die die Bilder nicht mehr abfangen kann. Wäre aber größere Nähe nur dadurch zu erreichen, daß dazu das Bewußtsein - also das Medium, das als solches diese Ferne bedingt - erst abnehmen müßte, so ließe sich fragen, ob man das dann noch Nähe nennen könnte. Nähe ist nicht ohne Bewußtsein möglich, aber das Bewußtsein verhindert sie auch. Wenn Baudelaire schreibt, die Frau lebe in unseren Träumen von ihr »une autre vie que la sienne propre«, kann man das so interpretieren, daß dann ihr »eigenes« Leben gegenüber diesem »anderen«, magischen der Bilder, hinter das nicht mehr zurückgegangen kann, verschwindet; und das wird gleichbedeutend damit, daß es dieses eigene gar nicht gibt. Denn die Frau wird ja nicht erst nachträglich, willkürlich idolisiert; Idol ist sie vielmehr immer schon für das Bewußtsein, das sie unabhängig von seinen eigenen Bedingungen, die es nicht verlassen kann, nicht erreicht, und dem sie deshalb zum Gegenstand seiner Kontemplation wird.

Um das deutlicher werden zu lassen, wird im folgenden versucht, zwei ganz gegensätzliche Gedichte aufeinander zu beziehen, die Sartre zitiert hat, weil sie seine existentielle Psychoanalyse Baudelaires bestätigen sollten. Das erste ist das auf »Tu mettrais[...]« folgende SED NON SATIATA:

> Bizarre déité, brune comme les nuits,
> Au parfum mélangé de musc et de havane,
> Oeuvre de quelque obi, le Faust de la savane,
> Sorcière au flanc d'ébène, enfant des noirs minuits
>
> Je préfère au constance, à l'opium, au nuits,
> L'élixir de ta bouche où l'amour se pavane;
> Quand vers toi mes désirs partent en caravane,
> Tes yeux sont la citerne où boivent mes ennuis.
>
> Par ces deux grands yeux noirs, soupiraux de ton âme,
> O démon sans pitié! verse-moi moins de flamme;
> Je ne suis pas le Styx pour t'embrasser neuf fois,
>
> Hélas! et je ne puis, Mégère libertine,
> Pour briser ton courage et te mettre aux abois,
> Dans l'enfer de ton lit devenir Proserpine!(OC I,28)

Baudelaire will gerade das, was dem Bewußtsein das Fremdeste ist, in die Kunst als dem Medium des Bewußtseins hineinziehen, um in ihm dessen mächtig zu bleiben. Indem aber die Kunst es in sich darstellt, läßt sie es nicht völlig durchsichtig werden; vielmehr wird in dieser Spiegelung die Fremdheit, die es für das Bewußtsein behält, gerade sichtbar, und im Medium der Kunst gesteigert. Die variierenden Benennungen, die die Erscheinung der Frau umschreiben wollen, zeigen in der Form selber diese Unfaßbarkeit; die Bilder, mit denen sie sie ausfüllen wollen, werden virtuell unendlich. Die Frau erscheint als mythisches Wesen. Dazu wird sie - das drückt sich in dem abstrakten Begriff »déité« aus - gerade dem aufgeklärten Bewußtsein mitten im Paris des 19.Jahrhunderts. Gewiß dürfte schon im Leben von dieser Geliebten Baudelaires, die sich durch ihre Herkunft und Hautfarbe von den europäischen Frauen so sehr unterschied, eine Fremdheit ausgegangen sein, die sie für ihn schon als Person unendlich suggestiv gemacht haben mußte; vom Gedicht aber wird das ausgenutzt, um sie, herausgelöst aus allen realen Lebensumständen, als reines Idol zu zeigen. Die Faszination, die von ihrer Erscheinung ausgeht, ist also nicht bloß die einer Phantasmagorie des Exotischen; vielmehr sind umgekehrt die fremdländischen Merkmale nur das sichtbare Bild für die ursprüngliche Fremdheit selbst, die die Natur für das Bewußtsein hat, und die erst die Voraussetzung dafür ist, daß hier die Hautfarbe und die Herkunft dieser Frau jene bizarre, jeder Vorstellung vom Natürlichen unvergleichbare Schönheit annehmen können. Die biographischen Merkmale werden der Sprache nur zum Mittel, sie völlig in ihre imago zu übersetzen. Das Gedicht siedelt sie mit der Szenerie der Savanne in die vorzivilisatorische Wildheit zurück. Als vorweltliche Gottheit erscheint das Idol animistisch mit einem Eigenleben ausgestattet, von dem nicht zu sagen ist, wo es herkommt; das weder ihr eigenes, noch aber als ein ihr nur geliehenes durchsichtig ist: erscheint sie einerseits nicht wie ein Mensch geboren, sondern künstlich, wie ein Werk, das sich dann nur rational nicht durchschaubaren, in ihrem Ursprung entzogenen magischen Praktiken verdanken kann, so scheint sie andererseits die Wirkungen, die sie ausübt, selber hervorzubringen, von Absichten geleitet, die dann aber ebensowenig durchschaubar sind.

Je gesteigerter das Bewußtsein, desto undurchdringlicher das Magische der Erscheinung. Die erotische Faszination erscheint als atavistischer Zauber, der ebensowenig zu distanzieren ist wie das Gedicht, als Kunst, für den Leser. Ist hier aber das, worauf sich die sexuellen Wünsche richten, von der Fremdheit ihrer Erscheinung nicht zu trennen, so bleibt die Entfernung zwischen ihr und dem Liebenden unüberbrückbar. Das Bild der Karawane, in der die Wünsche zu ihr aufbrechen, drückt, indem es zwischen beiden eine Wüste liegen läßt, die Unendlichkeit ebenso aus wie korrespondierend dazu das Schweifen der Wünsche selber, die, da sie ihr Objekt nicht erreichen, sich an ihm nicht erfüllen können. Und wenn der ennui in den Augen - die als Zisternen nur den unüberschreitbaren Raum fühlbar machen, in dem sie Stationen sind -, zugleich getränkt werden soll, so vergrößert auch das noch den Abstand. So steigert sich auch die magische Macht, indem das Idol als Dämon erscheint, der eine Qual bewirkt, die nicht zu empfinden das Ich keine Wahl hat. Diese Mitleidlosigkeit ist nicht nur eine individuelle Charaktereigenschaft dieser Frau; eher läßt Baudelaire bestimmte Verhaltensweisen der Frauen, die biographisch seine Gedichte inspirierten, in den Gedichten so erscheinen, daß an ihnen die Undurchdringlichkeit sichtbar wird, die in ihrer Erscheinungsweise als Idole liegt. So hier das libertine Verhalten, die sexuelle Unersättlichkeit der Frau in diesem Gedicht, die der Sprecher nicht an sich binden kann und die ihm mythisch zur Megäre wird, so daß er sie sich nur anverwandeln könnte, wenn er selber zu einem mythischen Wesen würde. Darum werden die Züge an ihr, die dem Idol entsprechen, über die reale Person hinaus gesteigert.

In Gedichten, die sich an eine andere Frau, Madame Sabatier, richteten, dient die Steigerung ganz gegensätzlicher Züge dazu, sie ebenfalls zu einem Idol werden zu lassen, das sich trotz ihrer clarté nicht weniger entzieht:

> Que diras-tu ce soir, pauvre âme solitaire,
> Que diras-tu, mon coeur, coeur autrefois flétri
> A la très-belle, à la très-bonne, à la très-chère,
> Dont le regard divin t'a soudain refleuri?
>
> - Nous mettrons notre orgueil à chanter ses louanges:
> Rien ne vaut la douceur de son autorité;
> Sa chair spirituelle a le parfum des Anges,
> Et son oeil nous revêt d'un habit de clarté.
>
> Que ce soit dans la nuit et dans la solitude,
> Que ce soit dans la rue et dans la multitude,
> Son fantôme dans l'air danse comme un flambeau.
>
> Parfois il parle et dit: »Je suis belle, et j'ordonne
> Que pour l'Amour de moi vous n'aimiez que le Beau;
> Je suis L'Ange gardien, la Muse et la Madone.«(OC I,43)

Die Ungleichheit, die auch in diesem Gedicht zwischen dem Liebenden und der geliebten Frau von vornherein besteht, ist hier in ihrer Vollkommenheit begründet. Ihre Schönheit, Güte und Liebenswürdigkeit erscheinen so absolut, also der Ebene von Eigenschaften eines fehlbaren Menschen so weit entrückt, daß das sie seiner Liebe unerreichbar macht. Die ideale Ferne, in die sie so für ihn entzogen ist, entspricht der Einsamkeit, in der das isolierte Bewußtsein verbleibt. Die Macht, die die Frau in diesem Bild über den Liebenden hat, drückt sich für ihn in der Nötigung aus, mit seiner eigenen Haltung ihrem idealen Anspruch genügen zu müssen. Das Gedicht scheint damit ein altes, neuplatonisches Modell zu zitieren, das die körperliche Schönheit der Geliebten als Erscheinung der Idee verstanden hatte und so die Liebe als Versuch des Liebenden, von ihr geleitet auch in seinem Leben sich zu dieser Vollkommenheit zu erheben. Aber wenn dieses Modell hier in

Baudelaires Gedicht aufgenommen wird, dann nur als Schema, für das der Platonismus gerade keine Rolle spielt. Hier ist ihre Vollkommenheit vielmehr das, was der Frau jene totale Undurchdringlichkeit verleiht, die sie für das mit sich allein bleibende Bewußtsein »incommunicable comme Dieu«(OC II,713) werden läßt.

Die Frage, die das Ich des Gedichts sich stellt, ist paradox die, wie es der Schönheit und der Güte der Geliebten entsprechen könnte, und das heißt, mit welchem Verhalten es dem entsprechen könnte, dem es, weil es hier gar kein gemeinsames Maß gibt, prinzipiell nicht entsprechen kann. Es ist also nicht die Frage, wie der Liebende sich vor der Geliebten, vor deren Vollkommenheit er sich so viel niedriger fühlen muß, in seinem Leben rechtfertigen könnte, das wäre eine moralische Interpretation ihrer Schönheit, wie sie im platonischen Schema impliziert war. Hier ist die Frage vielmehr, welches Verhalten ihr gegenüber überhaupt der Form ihres Erscheinens als vollkommener Schönheit entsprechen könnte. Das kann nur, wie die jede Diskussion abschneidende Liebe - denn hier kann es keine Diskussion geben - antwortet, die Verehrung sein, die die Vollkommenheit in ihrer Absolutheit bestätigt, indem sie sie mit umschreibenden Worten preist. Die adoration ist die Haltung gegenüber dem, demgegenüber man gar keine Stellung einnehmen kann, die zu urteilen erlaubte. Spricht das Gedicht von der »douceur de son autorité«, so ist auch das nicht eine Eigenschaft dieser Frau, nicht, wie Sartre intepretiert[19], die - moralische - Strenge, die der Liebende in ihr sieht, sondern drückt die Unbefragbarkeit der vollkommenen Schönheit selber aus, zu der man gar keine Beziehung haben kann. In der Idolatrie, mit der er sie vielleicht auch in Griff nehmen will, entfernt sie sich nur noch mehr. Das schließt nicht aus, daß in anderen Gedichten andere Reaktionen des Liebenden gegenüber dieser Vollkommenheit, die ihm in ihrer Unangreifbarkeit unerträglich werden kann, möglich sind; beispielsweise die, sie selber als Mangel zu zeigen[20], oder die, sie zu zerstören[21]. Das sind aber Reaktionen, die voraussetzen, daß die Geliebte zuvor Kultobjekt war; und es sind Reaktionen, die jeweils den ganzen Kontext eines anderen Gedichts voraussetzen. Im Kult, der die Geliebte hier, wenn er sie spiritualisiert, gerade nicht desexualisiert erscheinen läßt, herrscht ihr Bild als unbesitzbar. Die nicht abzuschüttelnde Präsenz, die das Bild als seine Eigenmacht annimmt, während zugleich in ihm, weil es ein Bild ist, die Geliebte immer unzugänglich bleibt, könnte ebensogut als ein Terror erscheinen; so wie die Macht Gottes, der gerade in seiner Allgegenwart unfaßbar bleibt. Der Ausdruck »fantôme« trifft genau diese Verschränkung von Ungreibarkeit und Präsenz. Und wenn das Bild manchmal selber zu sprechen scheint, so ist das gerade nicht Ausdruck einer

---

19 Sartre, *Baudelaire*, a.a.O., S.154.

20 z.B. OC I,S.44f. (»Réversibilité«).

21 z.B. OC I, S.156f. (»A celle qui est trop gaie«); OC I,S.347 (»Portraits des maîtresses«).

Intention; vielmehr läßt es nur Appelle ergehen, denn der Appell ist die Form selber, unter der allein ihre Schönheit dem Geliebten erscheint.

3. Der Auflösungsversuch durch existentielle Psychoanalyse und Phänomenologie der Imagination

Was die Erscheinungen der Frauen in beiden Gedichten gemeinsam haben, ist das, was Sartre zu recht als ihre Kälte bezeichnet. Sie sind aber nicht individuell kalt, sondern erscheinen für den Liebenden so, weil sie als Idole auf seine Liebe nicht reagieren. Einerseits scheinen sie, im Verhältnis zu den realen Frauen, erst zu Idolen gemacht worden zu sein, andererseits eine absolute Eigengewalt zu besitzen. Das Problem für die Interpretation wird nun, daß sie diese Doppeldeutigkeit, die sie theoretisch erklären möchte, nicht auflösen kann; daß vielmehr beim Versuch, sie aufzulösen, die Interpretation in ihren eigenen Kategorien widersprüchlich wird, was sich im philosophischen Rahmen Sartres, eben weil er in sich so konsequent ist, nur besonders deutlich zeigt. Wieder hilft sich Sartre dadurch, daß er, dem Verfahren der existentiellen Psychoanalyse entsprechend, das Ich auch dieser Gedichte mit Baudelaire und die Frauen biographisch unmittelbar mit den Frauen identifiziert, die Baudelaire geliebt hat. So kann Sartre darauf verweisen, daß diese Frauen real jene Kälte ja gar nicht hatten, Baudelaire sie vielmehr erst künstlich in diese Rolle bringe. Der Selbständigkeit wiederum, die die Frau als Idol dem Liebenden gegenüber behauptet, sucht Sartre dadurch zu entsprechen, daß die Geliebte für den Liebenden ja immer der Andere sei, das heißt das fremde Bewußtsein, das als eine eigene Freiheit nicht völlig zum Gegenstand der Projektion durch den Liebenden gemacht werden kann. Im Gegenteil, sie erscheint bei Sartre gerade als der Subjekt-Andere, von dem der Liebende sich beobachtet, beurteilt, in seinem Sein festgelegt weiß: »C'est un regard de Méduse qui fige et pétrifie.«[22] Gerade weil sie das fremde Bewußtsein ist, dessen Blick ihn konstituieren kann, ist sie, Sartres Konstruktion der Wahl Baudelaires zufolge, für ihn geeignet, Richter über ihn zu sein. Im Rahmen der existentiellen Psychoanalyse, die alles symbolisch interpretiert, wird so auch die Kälte der Idole als Symbol aufgefaßt, das auf die persönliche Wahl hin entschlüsselbar sei: »elle s'identifie à sa conscience étrangère et signifie incorruptibilité, impartialité, objectivité.«[23] Der Liebende sucht an den Frauen, denen er begegnet, jene Züge, die ihm gleichsam ganz gegenständlich eine Festigkeit, eine Konturiertheit vorstellen, welche er an seiner eigenen, von ihm immer nur als unbestimmt erfahrenen Bewußtheit immer vermißt; und weil die realen Frauen dem nie genügen, steigert er an ihnen die Züge vollkommener Strenge oder legt sie ihnen sogar erst unter. Er liebt die Zeichen des Autoritären, für die

[22] Sartre, *Baudelaire*, a.a.O., S.150.
[23] ebd., S,154.

die Geliebten dann nur die Träger sind; so wird die »impartialité«, die den Idolen bei Baudelaire ihrer Form nach zukommt, inhaltlich interpretiert als ein solches Zeichen, das so, durch die psychologische Funktion, die es für die ganze Wahl dieses Liebenden erfüllt, erklärbar und auflösbar wird.

Aber dieser Versuch, durch rationale Psychologie die Idolisierung der Frau rückgängig zu machen, bleibt in sich widersprüchlich. Nur der als Subjekt erfaßte Andere kann eigentlich die Autorität haben, vor der der Liebende, indem er sich von jenem gesehen weiß, zu einem passiven Objekt wird. Indem jener aber der Subjekt-Andere ist, kann er seinerseits nicht selber in dieser Rolle definiert werden, weil er sich als Subjekt jeder Festlegung entzieht. Der Andere ist bei Sartre zwar immer derjenige, der einen in einer Weise beurteilen kann, die einem selbst nicht assimilierbar ist. Aber das heißt noch nicht, daß er per se schon der Richter über einen ist, denn dann wäre ja das, was für Baudelaires Wahl charakteristisch sein soll, nicht mehr spezifisch. Zum Richter über ein Bewußtsein wird der Andere erst, wenn es ihn Richter über sich sein läßt. Aber ihn in dieser Rolle festlegen hieße schon, ihn als Objekt zu behandeln, über das man verfügen kann, indem man ihn mit dieser Autorität versieht. Wenn aber diese Autorität eine dem Anderen durch die Freiheit des Bewußtseins selber aufgenötigte ist, bleibt diese Autorität für das Bewußtsein als sein Entwurf durchsichtig und damit von ihm zurückrufbar. Der Andere müßte also als der Subjekt-Andere und als Objekt gleichzeitig gesehen werden, sowohl völlig unabhängig von jedem Zugriff wie auch völlig verfügbar. Das schließt sich in Sartres Rahmen aber aus.[24] Daß er hier jedoch zu einer solchen Konstruktion kommt, weist auf die Schwierigkeiten, die Doppeldeutigkeit des Idols bei Baudelaire zu erfassen.

Diese Widersprüchlichkeit der Interpretation kehrt in der Charakterisierung der Liebesobjekte wieder. Danach stellten die Frauen für Baudelaire das geeignetste sujet dar, weil sie beides erfüllten: weil sie sowohl Personen waren, die den Anderen vertreten konnten, der richtet, wie sie auch selber so wenig Selbständigkeit hatten, daß sie als pure Projektionsfläche geeignet blieben:

> Baudelaire peut sans danger en faire l'objet d'un culte; en aucun cas elle ne deviendra son égale. Il n'est aucunement dupe des pouvoirs dont il la pare. Sans doute est-elle pour lui, comme le dit Royère, du »surnaturel vivant«; mais il sait bien qu'elle ne représente qu'un prétexte à ses rêves, précisément parce qu'elle est absolument *autre* et impénétrable.[25]

---

24 Sartre, *L'être et le néant*, a.a.O., S.315 u.a.: »L'objectivation d'autrui serait l'effondrement de son être-regard.«(S.315) Dieses gegenseitige Sichausschließen ist ein zentrales Moment der Sartreschen Theorie des pour-autrui. Vgl. für eine Kritik daran William Ralph Schroeder, *Sartre and his Predecessors. The Self and the Other*, London, Boston etc. 1984, bes. S.197. Auch: Reinhard Dahlhaus, *Subjektivität und Literatur. Sartres Literaturästhetik*, Köln 1986, S.49f.

25 Sartre,*Baudelaire*, a.a.O., S.150f.

Die Schwierigkeiten, die Sartre hier mit Baudelaire hat, haben ihren Grund eben darin, daß für Sartre das Bewußtsein sich in seinen Produkten, indem es sich als deren Urheber weiß, selbst transparent bleibt und sich so ihnen gegenüber grundsätzlich frei verhalten kann. Die Macht, die die Idole bei Baudelaire annehmen, kann so für Sartre nur ein Schein sein, den es immer als solchen durchschaut und der so als seine eigene mauvaise foi immer kritisierbar bleibt. So wiederholt sich, diesesmal gegenüber dem real anderen, die Situation vor dem Spiegel, vor dem das Bewußtsein vergeblich sich als anderen zu erfassen sucht, weil es doch nur mit seinem Bild, das heißt mit sich selber allein bleibt.[26]

Das ist nun zwar eben das, was Baudelaire zeigt, aber gerade nicht so, daß das Bewußtsein in jedem Augenblick frei ist, sich von dem Bild zu lösen, indem es es als seine eigene Konzeption erkennt. Denn in Baudelaires Gedichten erscheint die Geliebte weder völlig als Subjekt-Anderer noch als Objekt-Anderer in Sartres Sinn. Als Subjekt nicht, weil das bedeuten würde, daß sich zwei Freiheiten gegenüberstünden, die sich wechselseitig auf sich selber hin begrenzen wollen. Aber daß die Frau als Idol erscheint, heißt ja gerade, daß es hier keine Gegenseitigkeit gibt. Der Liebende weiß sich, wenn er in die Augen der Frau sieht, in ihnen gerade nicht als von dem Subjekt-Bewußtsein des Andern getroffen. Sie bedrohen ihn nicht durch eine eigene Kraft, ihn zu konzipieren, sondern eher im Gegenteil durch ihre völlige Unfähigkeit, für ihn bestimmend zu sein: er gleitet an ihrer Unbestimmtheit ab. Die Macht, die die Augen der Frau in dem Gedicht »Tu mettrais[...]« über den Betrachter haben, ist nicht ihre eigene; sie »Usent insolemment d'un pouvoir emprunté«(OC I,28). Wüßte sich der Betrachter von der Frau angesehen, wäre sie nicht Idol, sondern Person, er würde, gerade weil er sie dann als einen realen Anderen wahrnähme, bei aller Getrenntheit doch etwas ihm Verwandtes sehen können, weil beide die Struktur des Einzelbewußtseins selber doch gemeinsam hätten. Daß bei ihm diese Voraussetzung immer gegeben bleibt, ist die Grenze des Rahmens von Sartre. Die Undurchdringlichkeit des Idols bei Baudelaire ist aber eine, die für das Bewußtsein dasjenige hat, worin es nicht die Form von Bewußtsein, also die eigene wiederfindet. Und das ist es auch, was auf der andern Seite zugleich verhindert, daß die Frau völlig zum Objekt in Sartres Sinn werden kann. Denn dann könnte das Bewußtsein, indem es sie so vollständig zum Vorwand seiner eigenen Konzeptionen macht, daß sie sonst nichts mehr ist,

---

26 Auch hierin ist Sartres *Baudelaire*-Studie für die späteren Werke exemplarisch geblieben. Noch dort, wo er sich dann viel tiefer als gegenüber Baudelaire darauf einläßt, das Wesen des Phantasmas phänomenologisch zu fassen, in dem Buch über Genet, bleibt die immer vorausgesetzte Durchsichtigkeit, die er dem Bewußtsein zuspricht, das Problem. Mit fast wörtlichem Anklang an diese Stelle aus *Baudelaire* heißt es in *Saint Genet*: »Genet s'irréalise, il joue le rôle d'un faux Genet qui serait dupe de ses phantasmes [...]« (a.a.O., S.407). Und über das Phantasma selbst: »[...] par un violent effort contre soi, par une recréation continuée, Genet lui maintient un semblant d'objectivité.« (ebd.) Es ist also konsequent, wenn er dort das Bild definiert: »[...]l'image est l'inconsistante médiation qui rejoint Narcisse à lui-même.«(ebd.)

sie in diesen ganz »haben«; aber das kann es in Baudelaires Gedichten gerade auch nicht.

Sartres Kritik an Baudelaire: »il n'est aucunement dupe des pouvoirs dont il la pare«, läßt wieder stillschweigend den Liebenden, der in den Gedichten spricht, mit Baudelaire als dem Autor der Gedichte zusammenfallen: so muß die Durchsichtigkeit, die das Werk für den es konzipierenden Autor habe, auch für die Liebe und ihre Beziehungen zu ihren Objekten gelten. Baudelaire aber suchte als Autor in den Gedichten eine möglichst weitgehende Verfügung zu erreichen, um so in ihnen die Sexualität als eine zu zeigen, über die die Person im Leben gerade nicht verfügen kann. Weil Sartre aber diese Unterscheidung nicht macht, erscheint bei ihm die Liebe als das, was gerade sie nicht sein soll, als willkürliches, präarrangiertes Spiel. Denn gerade hier scheint nun der Liebende völlig selber die Regie zu führen, indem er sich den andern zu dem macht, als den er ihn haben will, und zu dem er ihn für Sartre auch beliebig machen kann: indem er die realen Personen schon eigens danach aussucht, daß sie dem möglichst entsprechen; dadurch also z.B., daß er gerade Frauen liebt, die einen anderen lieben oder die verheiratet sind. Weil alle möglichen Beziehungen der Form der einen Wahl unterworfen sind, erscheinen sie alle bis ins einzelne so bewußt geführt, als hätte der Liebende sie in jedem Augenblick in der Hand.

Für die existentielle Psychoanalyse kann sich so auch im Verhältnis zu allen verschiedenen Frauen nur immer wieder dasselbe grundlegende Muster der Wahl - die Unterwerfung unter die Autorität bei gleichzeitiger Behauptung seiner Freiheit - reproduzieren. Diesem Muster entsprechen dann die Objekte, die, indem sie sich völlig schematisieren, in zwei entgegengesetzte und so gerade korrespondierende Typen von Frauen zerfallen: Danach habe Baudelaire an dem einen, dem engelhaften Typ, die Reinheit, Kälte und Unberührbarkeit gesteigert, weil diese Frau die Rolle des Strafenden erfüllen sollte; an dem anderen - einer Prostituierten z.B. - aber die Unreinheit gesteigert, die der Liebe das Stigma der Sünde und ihm das des Verworfenen geben konnte. So sollten sich beide, die Reinheit die Unreinheit und umgekehrt, wechselseitig steigern. Das habe Baudelaire erlaubt, in der Beziehung zu der einen die andere zu zitieren - z.B. wenn er mit einer Prostituierten zusammen war, das Bild des reinen Engels heraufzubeschwören -, um die Reinheit zugleich wieder zu entweihen und sich so in seine Freiheit zu entziehen. So sieht Sartre in der Verschiedenheit der Geliebten das Schema einer weiblichen Dualität, in dem Baudelaire die eine wechselweise mit der andern betrüge und so immer Herr des ganzen Spiels bleibe; und da es auf die festliegende Rolle der Frauen im Schema ankommt, nicht auf die konkreten Personen, kann die Erfüllung des Schemas im Leben durch reale Frauen variieren, oder kann ein und dieselbe Frau auch für beide Rollen eingesetzt werden. Für Sartre liegt das Muster schon mit den frühen Gedichten fest; so beispielsweise dem folgenden, das hier ganz zitiert werden soll:

Une nuit que j'étais près d'une affreuse Juive,
Comme au long d'un cadavre un cadavre étendu,
Je me pris à songer près de ce corps vendu
A la triste beauté dont mon désir se prive.

Je me représentai sa majesté native,
Son regard de vigueur et de grâces armé,
Ses cheveux qui lui font un casque parfumé,
Et dont le souvenir pour l'amour me ravive.

Car j'eusse avec ferveur baisé ton noble corps,
Et depuis tes pieds frais jusqu'à tes noires tresses
Déroulé le trésor des profondes caresses,

Si, quelque soir, d'un pleur obtenu sans effort
Tu pouvais seulement, ô reine des cruelles!
Obscurcir la splendeur de tes froides prunelles.(OC I,34)

Das Gedicht stellt schon in sich zwei verschiedene Beziehungen zu zwei Frauen dar. Worin sie einander entgegengesetzt scheinen, liegt aber weniger in einem Gegensatz zweier Frauentypen - dem »démon ardent« und dem »ange frigide«[27] - als in der Differenz der Form der sexuellen Beziehungen selber. Scheint die eine Frau körperliche Nähe zu geben, so ändert doch ihre - in der Tatsache, daß sie ihren Körper verkauft, nur verdeutlichte - sexuelle Erreichbarkeit nichts an der prinzipiellen Ferne, die bei der andern Frau an ihrer Abwesenheit explizit ist. Was beide so unterschiedliche Beziehungen gemeinsam haben, ist, daß es in ihnen keine Erfüllung gibt, daß in beiden die Frauen als konkrete Personen gar nicht vorkommen. Gerade diese Unerfüllbarkeit aber könnte man mit Sartres Philosophie darzustellen versuchen, wenn man über die psychologische Analyse in *Baudelaire* hinaus auf *L'être et le néant* und *L'Imaginaire* zurückgriffe, Sartres Interpretation also mit seinen eigenen Mitteln zu ergänzen versuchte.

Wenn in Baudelaires Gedicht die Körper des Mannes und der Frau wie zwei Leichen nebeneinander liegen, die sexuelle Faszination erloschen scheint, könnte man an die Interpretation der Sexualität erinnern, wie Sartre sie in *L'être et le néant* gegeben hat. Denn der, den man begehrt, ist ein anderer als man selbst; und darum zielt man, wenn man seinen Körper begehrt, in diesem letztlich doch auf sein Bewußtsein. Durch die körperliche Nähe, die Berührung, möchte man das Bewußtsein des anderen dazu bringen, sich in seinem Körper zu »inkarnieren«. Nur dann erscheint der Körper, wie es unübersetzbar im Französischen heißt, als »chair«, als Objekt der Begierde; die Lust schwindet, wenn der andere nur noch als purer Körper da, mit seinem Bewußtsein aber dabei vollkommen abwesend ist. Das Begehren will die Subjektivität des anderen gleichsam sich an seinem Körper fixieren lassen, damit sie so für den Liebenden faßbar wird. Das ist der Sinn der körperlichen Zärtlichkeit:

---

[27] Sartre, *Baudelaire*, a.a.O., S.153

> Dans la caresse, en effet, lorsque je glisse lentement ma main inerte contre le flanc de l'Autre, je lui fais tâter ma chair et c'est ce qu'il ne peut faire, lui-même, qu'en se rendant inerte; le frisson de plaisir qui le parcourt alors est précisément l'éveil de sa conscience de chair.[28]

Das Ziel wäre also gleichsam eine wechselseitige Berührung des Bewußtseins des einen und des andern in der Berührung der Körper:

> Par chaque caresse, je sens ma propre chair et la chair de l'autre à travers ma propre chair et j'ai conscience que cette chair que je sens et m'approprie par ma chair est chair-sentie-par l'autre.[29]

Das wäre, hätte es sich erfüllt, eine Realisierung der wechselseitigen Anerkennung in der Sexualität, die es für Baudelaire natürlich nicht geben kann. Aber auch Sartre selbst leitet hieraus das Scheitern der Begierde ab, und zwar so, daß es in der Form des isolierten Bewußtseins selber, also nicht in einer individuellen Wahl, begründet ist. Denn schon daß der erste sich bemühen muß, das Bewußtsein des andern sich in seinem Fleisch inkarnieren zu lassen, stellt das Bewußtsein des eigenen Körpers als eines Mittels wieder her, das so auch den Körper des andern auf diese Ebene zurückfallen läßt: »il ne demeure plus qu'un *objet.*«[30] Dann ist der andere zwar besitzbar, aber nur insoweit er ein Körper ist, der sich nicht mehr mit seinem Bewußtsein auf den ersten bezieht, und die Liebe wird zu einer Art sich ihres instrumentellen Charakters bewußter Manipulation, die den anderen zu bearbeiten sucht, um die Beziehung zu erzwingen. In diesem Aspekt würde sich Sartres Philosophie mit Baudelaire berühren, wo dieser die Tatsache der prinzipiellen Ungleichheit in der Liebe mit der Situation einer chirurgischen Operation verglichen hat, bei der immer der eine völlig sachlich bleibe.[31] Das zitierte Gedicht Baudelaires führt die Sexualität, bei der es gerade keine wechselseitige Berührung des Bewußtseins des einen und des andern gibt, bei der vielmehr das Bewußtsein vollkommen mit sich allein bleibt, nur wörtlich vor, wenn es beide Körper wie zwei Leichen nebeneinander liegen läßt.

In der anderen Beziehung ist das Alleinsein des Bewußtseins in sich selbst durch die Abwesenheit der Frau offenkundig. Führt das Gedicht ihre Vergegenwärtigung im Bild vor, so könnte man mit Sartre sagen, es lasse das Verhalten eines imaginierenden Bewußtseins thematisch werden. Das Bild dieser Frau, derer das Verlangen des Sprechers sich beraubt, übt die erotische Faszination aus, hat jene Suggestivität, die von dem neben ihm

---

[28] Sartre, *L'être et le néant*, a.a.O., S.446.

[29] ebd.

[30] ebd., S.448.

[31] OC I, S.651. Vgl. die Interpretation dieser Stelle durch Georges Blin, *Le sadisme de Baudelaire*, a.a.O., S.15ff., die wiederum Sartre einiges verdankt, dessen Theorie ihrerseits gerade hier deutlich Baudelaire voraussetzt. In *L'être et le néant* heißt es: »Mais l'accent est mis, dans le sadisme, sur l'appropriation instrumentale de l'autre incarné[...] il n'a d'autre ressource que de traiter l'Autre en objet-ustensil«.(a.a.O., S.449)

liegenden Körper nicht mehr ausgehen kann. Und zwar nicht bloß deshalb, weil die anwesende häßlich und die abwesende schön ist. Vielmehr hängt es mit der Weise selber zusammen, in der das imaginierte Objekt im Unterschied zum realen gegeben ist. Die Modifikation, die die Beziehung erleidet, wenn die Geliebte weg ist, liegt dann darin, daß dieses Bild nie mehr sein kann als das Bewußtsein, das man davon hat. Das bedeutet zwar, daß das Bild der Geliebten, anders als ihre reale Person, jetzt »n'est plus que le strict corrélatif de mes sentiments pour elle«[32], denn diese sind es ja selbst, die das Bild nach dem, was sie brauchen, einrichten. Aber der Preis dafür ist, was Sartre die kategoriale »Armut« des imaginären Objekts nennt, das nicht, wie das Objekt der realen Wahrnehmung, durch immer neue, noch nicht wahrgenommene Züge überschritten und erweitert werden kann. Oder anders gesagt, das Bewußtsein kann am imaginären Objekt nicht so etwas wie »Erfahrung« machen, denn es kann von ihm nie enttäuscht, nie zur Korrektur genötigt werden. Dann kann die Liebe nie das gewinnen, was Sartre später im Buch über Genet ihr »geschichtliches« Leben genannt hat[33]: kann das Objekt, da imaginär, nicht an der wirklichen Frau verändert werden, so kann sich auch das Subjekt nicht durch diese Liebe verändern. So hätte Sartre durch seine Theorie des Imaginären schon die Ähnlichkeit zu begründen versuchen können, die ihm an den verschiedenen Liebesbeziehungen Baudelaires so auffiel. Als Idole sind die Geliebten in diesem Sinne in der Tat nicht »geschichtlich«; sie werden nicht erfahren, sondern - wie Baudelaire das in »Les Ténèbres« auch selber schon schrieb - immer nur »wiedererkannt«(OC I,38). Das ist der tiefere Sinn von Sartres abfälliger Bemerkung in *Baudelaire:* »la répétition de ces adorations platoniques offre un aspect maniaque.«[34] Das heißt, die Frauen waren in gewisser Weise als Bilder, fast wie Ideen, da, bevor sie im Leben wirklich getroffen wurden. Das imaginäre Objekt fungiert als solches gleichsam wie ein Schema, das sich hält, eben weil sich seine wenigen Züge immer nur immanent verschieben können. Es entwickelt sich, wie Sartre schreibt, »lentement vers le vide absolu«[35]. In Baudelaires Gedicht aber hängt die erotische Faszination gerade mit seinem Bildcharakter und so auch mit der Reduktion auf bestimmte Züge zusammen; diese heißt gerade nicht, daß das Bild sich, wie Sartre meint, unbedingt »banalisieren« müsse. Indem die Imagination sich die geliebten Züge der Abwesenden vergegenwärtigt, erscheinen diese phantasmagorisch gesteigert. Es mag fast leer sein, aber das erscheint nicht als Mangel. Reduktion und Faszination entsprechen sich. Mit der Ebene der Wahrnehmung fällt auch die Nötigung fort, jene unendlich vielen Züge sich aufdrängen lassen zu müssen, die an der Geliebten stören, oder die die Faszination durch sie schon deshalb

---

32 Jean-Paul Sartre, *L'Imaginaire. Psychologie phénoménologique de l'imagination*, Paris 1940, S.278f.

33 Sartre, *Saint Genet*, a.a.O., S.346ff. Siehe das ganze Kapitel »Le refus de l'histoire«.

34 Sartre, *Baudelaire*, a.a.O., S.153.

35 Sartre, *L'Imaginaire*, A.a.O., S.279.

verhindern, weil sie sie in einem Rahmen des Alltäglichen als alltägliche Person zeigen würden. Die Imagination entzieht sie dem Alltag nicht nur dadurch, daß sie das Bild durch inhaltliche Züge steigert, sondern schon durch die Form ihres Erscheinens selber, indem sie, mit Sartre, ihre Gegebenheitsweise ändert, den »caractère *de présence*«[36] des Realen verschwinden läßt.

Das Bild, das in Baudelaires Gedicht der Liebende heraufruft, erscheint so weit wie möglich von einer individuellen Person entfernt. Nur ganz wenige Züge bleiben: ein Gesamteindruck, der Blick, die Haare; der Körper bleibt zwischen Füßen und Kopf fast gänzlich ausgespart. Aber die Wünsche, die durch das erinnerte Bild wiederbelebt werden, können, weil sie ja an den Zügen des Bildes hängen, ebenfalls keine Befriedigung finden, und das Bewußtsein bleibt wieder mit sich allein. Das Gedicht geht aber noch weiter, weil es nicht nur den Vorgang der Imagination zeigt, sondern den Sprecher sich eine, wenn auch in den Irrealis entfernte, Erfüllung der Beziehung vorstellen und zugleich den Grund angeben läßt, warum sie nicht möglich war. Diese gedachte erotische Erfüllung hinge aber, mit Sartres Begriffen zu sprechen, eben daran, daß die Frau als Subjekt hätte reagieren müssen: sie hätte von sich aus eine Gefühlsregung dem Lebenden gegenüber zeigen müssen, durch die sie »menschlich«, annäherbar geworden wäre. Sie hätte sich, jenseits aller durch den Liebenden selbst imaginierten Bilder, als Person spüren lassen müssen. Das Gedicht zeigt sie, aus der Erinnerung des Sprechers, aber so, daß sie das gerade verweigerte: ihre Augen haben ihren Glanz nicht verdunkelt. Daß sie das nicht tat, ist kein Ausdruck einer Laune, die ja wieder eine individuelle Reaktion wäre, sondern zeigt, daß sie damals schon für den Liebenden diesen Bildcharakter besaß. Das heißt, er hatte sie von Anfang an, schon in ihrer Anwesenheit, auf einer Ebene gesehen, die der nahekam, auf der sie in ihrer Abwesenheit imaginiert wird. Sie war schon als anwesende Idol. Selbst wenn sie also plötzlich da wäre, würde der Liebende sich mit ihr nicht treffen. Man müßte in Sartres Rahmen, der ja Imagination und Wahrnehmung als miteinander unverträglich denkt - beide löschen sich gegenseitig aus - die Möglichkeit eines Ineinanders beider Ebenen einführen, um dem zu entsprechen. Das imaginäre Objekt würde schon die Wahrnehmung bestimmen.

Man könnte sagen, Baudelaires Gedicht zeige hier das vollkommen Abgelöste, Verselbständigte des imaginären Objekts; und zwar schon indem es ausschließlich das Ich sprechen läßt, das die Frau imaginiert, die so in der Tat nur in seinen Bildern gegeben ist, unabhängig davon aber nicht faßbar werden kann. So entspricht das Gedicht mit seiner eigenen Form selber der Tatsache, daß das Idol als Idol nicht antwortet, nicht reagiert. In Baudelaires Gedichten antworten die Frauen nicht, schon weil sie *als* Bilder in Gedichten nicht antworten können. D.h. Baudelaire nutzt die Tatsache aus, daß

---

[36] ebd., S.283.

man, wenn man ein Gedicht über eine Person liest, im Gedicht diese auch nicht im Sartreschen Sinne »wahrnimmt«, weil in ihm ihr Bild als solches prinzipiell nie »überschritten« werden kann. Für sie trifft zu, was Sartre in *Saint Genet* über das Bild schreibt: »A elle seul s'applique la définition célèbre: *esse est percipi*.«[37] Eine andere Formulierung dafür wäre, daß in Baudelaires Gedichten ausschließlich einer, nämlich der Mann spricht, die Frau aber, an die er sich wendet, nie selbst sprechen kann, oder höchstens so, daß sie von ihm zitiert wird.

Darum sind die Idole von ihrer Form her schon nicht unmittelbar auf die realen Geliebten Baudelaires zurückzubeziehen; denn diese letzteren entsprechen gar nicht mehr den ersteren als deren reale Korrelate auf der Ebene der Wahrnehmung. Als Idole in der Kunst brauchen sie den realen Personen nicht zu entsprechen. Baudelaire kann, um sie im Medium der Kunst, der sie sich verdanken, als Idole erscheinen zu lassen, die Züge der realen Personen umformen, ihnen Züge hinzufügen, die sie real gar nicht hatten. Das schließt nicht nur nicht aus, sondern setzt sogar voraus, daß Baudelaire im Leben die realen Frauen, die er liebte, durchaus so sehen konnte, wie sie waren, daß er also wußte, daß sie erst in der Kunst so gesteigert werden. Aber das widerlegt die Kunst nicht, weil diese nicht die Aufgabe hat, Modelle dafür zu geben, wie die Personen im Leben sein sollen. Baudelaire denkt nicht so sehr die Bilder der Kunst von den realen Frauen her, obwohl konkrete Züge von ihnen in die Gedichte eingehen, als daß er - z.B. in den von Sartre zitierten Briefen - die realen Personen schon unter dem Aspekt der Form des Idols, unter dem einer Kunstkonzeption also, sieht, sie im Leben schon Kunstgestalten annähert, die in die Gedichte eingehen können.

Aber man könnte gegen Sartre fragen, ob denn auch in der Realität die Liebe überhaupt so vollkommen frei von aller Idolatrie, allem Magischen vorgestellt werden kann, ob Baudelaire nicht gerade hier im Medium der Kunst etwas sichtbar macht, was für die Sexualität überhaupt gilt. Selbst wenn man wie Sartre die imaginären Objekte als »néantisation« der realen interpretiert, heißt das nicht, daß die ersteren nicht gerade als imaginäre im realen Leben sehr bestimmend wären. Sartre schreibt, die Liebe, die sich auf das imaginäre Objekt richte, bleibe vom wahren Objekt abgeschnitten, suspendiert[38]. Die reale Liebe dagegen nähre sich gerade von den Zügen der Geliebten, die seinen Bildern von ihr zuwiderlaufen und so ihn zwingen, seine Erwartungen von ihr zu korrigieren. Die Liebe erstarre, wenn sie nicht dauernd erweitert werde durch Wahrnehmungen, in denen der Liebende die Geliebte anders sehen muß als er sie konzipierte. Sartre schreibt in *L'Imaginaire*:

> il y avait toujours plus à aimer dans l'objet que je n'aimais en fait et je le savais, en sorte que l'amour tel qu'il se présentait en face du réel était sous l'unité thématique

[37] Sartre, *Saint Genet*, a.,a.O., S.407.
[38] ebd., S.281.

> d'une idée au sens kantien: l'idée qu'Annie comme réalité individuelle est inépuisable et que, corrélativement, mon amour pour elle est inépuisable.[39]

Man könnte diese Unerschöpflichkeit auch so übersetzen, daß ich das reale Objekt nie ganz besitze, und daß diese Uneinnehmbarkeit, die es für mich behält, eben das ist, was meine Liebe am Leben erhalte; während ich, nach Sartre, das imaginierte Objekt ganz habe, aber eben nur als mein Bild, mit dem ich allein bin. Baudelaire aber hatte die Uneinnehmbarkeit des anderen gerade zum Merkmal des Idols gemacht, an dem sie sich extrem gesteigert findet. Bei ihm wären demnach Eigenschaften der Objekte beider Ebenen miteinander verschmolzen. Als Idol hätte man den andern paradox ganz, aber als absolut unerreichbar. Baudelaire würde vielleicht sagen, daß solange die Liebe wirklich andauert, die Erweiterung des Bildes durch die Wahrnehmung eben nicht zugelassen werde. Wenn bei Baudelaire z.B. der Held der Erzählung *La Fanfarlo*, die Sartre so ausführlich heranzieht, die Geliebte nicht nackt, sondern als Colombine will, also in der Rolle, in der er sie zum ersten Mal auf der Bühne sah,(OC I,577), bestätigt das einerseits Sartres Analyse. Aber Baudelaire zeigt, daß das gerade kein Spiel ist, das nur aufgegeben zu werden brauchte, damit die Liebe zwischen »wirklichen« Personen möglich würde. Wenn die Fanfarlo den Wünschen des Liebenden entgegenkommt und sich für ihn genau so kleidet und schminkt, ist das keine Maskierung, in der die Geliebte verschwindet, denn nur so ist sie die Geliebte. Es geht also nicht nur darum, daß er sie nicht nackt sehen will, weil sie dann allzu »natürlich« erscheint, sondern um die Bedingungen, unter denen überhaupt nur eine Beziehung zwischen der Liebe und ihrem Objekt möglich wird. Was Sartre möchte, ist real höchstens eine Seite von Beziehungen, und vielleicht gerade nicht die faktisch entscheidende. Eine Seite, in deren phänomenologischer Beschreibung durch Sartre sich eine Moral verbirgt, denn er verlangt auch hier Authentizität. Authentisch wäre es, wenn die Geliebte fort ist, die Tatsache ihrer Abwesenheit als reale zu übernehmen, das Gefühl der Leere, die sie hinterließ, nicht durch die Imagination, das heißt für Sartre ein »erkünsteltes Leben«, durch »Phantome« auszufüllen[40]. Authentisch wäre es, die Geliebte auch in ihrer Anwesenheit so sehen zu können, daß die Züge nicht verschwinden, die an ihr stören, also sie überhaupt wirklich wahrzunehmen. Vielleicht wäre es zu wünschen, daß die Beziehungen das könnten. Aber leben wir nicht in Wirklichkeit viel mehr von dem, was wir in Sartres Sinn gar nicht »erfahren«, als Sartre das zugibt? Entsprechend werden von Sartre alle imaginären Veränderungen der geliebten Person durch den Liebenden, aber auch alle, die die Frau an sich vornimmt, um den Wünschen des Liebenden schon von sich aus entgegenzukommen, als unauthentisch kritisiert. Aber welchen Sinn hat es für die Kunst, für alle Beziehungen, die sie darstellt, Authenti-

[39] ebd., S.278.
[40] Sartre, *L'Imaginaire*, a.a.O., S.281.

zität zum Maß zu machen, wenn dem im Leben kaum jemand folgt? Für Baudelaire würde das heißen, daß dann die Kunst, von einer impliziten Moral beschränkt, die Natur verfehlt. Die Kunst muß aber gerade hier, wo sich die Natur am sichtbarsten darstellt, alles zeigen.

Literaturverzeichnis

1. Werkausgaben Baudelaires und Sartres

BAUDELAIRE, CHARLES, *Oeuvres complètes*, texte établi, prés. et annoté par Claude Pichois, Vol. I, Paris 1975, Vol. II, Paris 1976 (Bibl. de la Pléiade).

Correspondance, texte établi, prés. et annoté par Claude Pichois avec la collaboration de Jean Ziegler, Vol. I et II, Paris 1973 (Bibl. de la pléiade).

SARTRE, JEAN-PAUL, *La nausée*, *Oeuvres romanesques*, Paris 1981 (Bibl. de la Pléiade).

Le Mur, Paris 1939.

Théâtre, Paris 1947.

Les carnets de la drôle de guerre, novembre 1939 - mars 1940, Paris 1983.

Les Mots, Paris 1983.

La transcendance de l'Ego. Esquisse d'une description phénoménologique, Paris 1981.

Esquisse d'une théorie des émotions, Paris 1965.

L'Imaginaire. Psychologie phénoménologique de l'imagination, Paris 1940.

»Une idée fondamentale de la phénoménologie de Husserl: l'intentionnalité«, In: *Situations* I, Paris 1947, S.29 - 32.

L'être et le néant. Essai d'ontologie phénoménologique, Paris 1943.

Baudelaire. Précédé d'une note de Michel Leiris, Paris 1963.

»Présentation des Temps Modernes«, in: *Situations* II, Paris 1948, S.7 - 30.

Cahiers pour une morale, Paris 1983.

Qu'est-ce que la littérature?, Paris 1948.

Saint Genet, comédien et martyr, Paris 1952.

Matérialisme et révolution, in: *Les Temps Modernes*, 1946.

Questions de méthode, Paris 1960.

L'Idiot de la famille. Gustave Flaubert 1821 - 1857, Vol. I, II, III., Paris 1971/72.

Mallarmé. La lucidité et sa face d'ombre, Paris 1986.

Portraits und Perspektiven, Reinbek bei Hamburg 1968.

2. Verzeichnis anderer zitierter Literatur

ADORNO, THEODOR W., *Kierkegaard. Konstruktion des Ästhetischen, Gesammelte Schriften* 2, hrsg. von Rolf Tiedemann, Frankfurt 1979.

ADORNO, THEODOR W., *Negative Dialektik, Gesammelte Schriften* 6, hrsg. von Rolf Tiedemann, Fankfurt 1973.

ADORNO, THEODOR W., »Engagement«, in: Ders., *Noten zur Literatur* III, *Gesammelte Schriften* 11, hrsg. von Rolf Tiedemann, Frankfurt 1974.

ADORNO, THEODOR W., »George und Hofmannsthal. Zum Briefwechsel«, in: Ders., *Prismen, Gesammelte Schriften* 10,1, hrsg. von Rolf Tiedemann, Frankfurt 1977.

BATAILLE, GEORGES, »Baudelaire«, in: Ders., *La littérature et le mal, Oeuvres complètes* IX, Paris 1979, S.189 - 209.

BARTHES, ROLAND, *Critique et vérité*, Paris 1966.

Baudelaires »Blumen des Bösen«, hrsg. von Hartmut Engelhardt und Dieter Mettler, Frankfurt 1988.

BEAUVOIR, SIMONE DE, *La cérémonie des adieux, suivi de Entretiens avec Jean-Paul Sartre, Aaoût - Septembre 1974*, Paris 1981.

BENJAMIN, WALTER, *Der Begriff der Kunstkritik in der deutschen Romantik, Gesammelte Schriften* I,1,*Abhandlungen*, hrsg. von Rolf Tiedemann und Hermann Schweppenhäuser, Frankfurt 1974.

BENJAMIN, WALTER, *Das Paris des second empire bei Baudelaire, Gesammelte Schriften* I,2,*Abhandlungen*, hrsg. von Rolf Tiedemann und Hermann Schweppenhäuser, Frankfurt 1974.

BENJAMIN, WALTER, »Über einige Motive bei Baudelaire«, in: Ders., *Gesammelte Schriften* I,2, *Abhandlungen*, hrsg. von Rolf Tiedemann und Hermann Schweppenhäuser, Frankfurt 1974.

BENJAMIN, WALTER, »Zentralpark«, in: Ders., *Gesammelte Schriften* I,2, *Abhandlungen*, hrsg. von Rolf Tiedemann und Hermann Schweppenhäuser,Frankfurt 1974.

BENJAMIN, WALTER, *Das Passagen-Werk, Gesammelte Schriften* V,1, 2, hrsg. von Rolf Tiedemann, Frankfurt 1982.

BLANCHOT, MAURICE, »L'echec de Baudelaire«, in: Ders., *La Part du Feu*, Paris 1949, S.133 - 151.

BLIN, GEORGES, *Baudelaire*, Paris 1939.

BLIN, GEORGES, *Le sadisme de Baudelaire*, Paris 1949.

BOGUMIL, SIEGHILD, »Sartre und die Verweigerung der Poesie«, in: *Literarische Diskurse des Existentialismus*, hrsg. von Helene Harth und Volker Roloff, Tübingen 1986, S.23 - 44.

BRETON, ANDRE, *Les pas perdus*, Paris 1969.

BÜRGER, PETER, »Klassizismus und Moderne. Zur Allegorie bei Baudelaire«, in: *Romanistische Zeitschrift für Literaturgeschichte* 9 (1985), S.124 - 134. Auszüge daraus in: *Baudelaires »Blumen des Bösen«*, hrsg. von Hartmut Engelhardt und Dieter Mettler, Frankfurt 1988, S.292 - 305.

CAWS, PETER, *Sartre*, London 1979.

COLLINS, DOUGLAS, *Sartre as biographer*, Cambridge 1980.

DAHLHAUS, REINHARD, *Subjektivität und Literatur. Sartres Literaturästhetik*, Köln 1986.

DANTO, ARTHUR C., *Jean-Paul Sartre*, München 1977.

DANTO, ARTHUR C., *Die Verklärung des Gewöhnlichen*, übers. von Max Looser, Frankfurt 1984.

EIGELDINGER, MARC, »Baudelaire juge de Jean-Jacques«, in: Ders., *Mythologie et intertextualité*, Genève 1987, S.121 - 140.

ENGELHARDT, HARTMUT, *Der Versuch wirklich zu sein. Zu Rilkes sachlichem Sagen*, Frankfurt 1973.

ENGELHARDT, HARTMUT, »Reproduktion der Reproduktion. Wenn Warhol sich den Benjamin anzieht«, in: *Walter Benjamin im Kontext*, hrsg. von Burkhard Lindner, 2. erw. Aufl. Königstein 1985, S.258 - 277

ENGELHARDT, HARTMUT, »Indifferenz der Schönheit«, in: *Spuren in Kunst und Gesellschaft* 17, (1986), S.61 - 63.

ENGELHARDT, HARTMUT, *Baudelaires »Blumen des Bösen«*, hrsg. von Hartmut Engelhardt und Dieter Mettler, Frankfurt 1988, S.105 - 110.

FLAUBERT, GUSTAVE, *Oeuvres complètes de Gustave Flaubert*, Paris (Conard) 1923ff.

FILLESDAL, DAGFINN, »Sartre on freedom«, in: *The philosophy of Jean-Paul Sartre*, ed. by P.A.Schilpp, La Salle, Illinois, 1981, S.392 - 407.

GENET, JEAN, »Fragments...«, in: *Les Temps Modernes* 10 (1954), S.193 - 217.

GEORGE, STEFAN, *Baudelaire, Die Blumen des Bösen, Übertragungen, Sämtliche Werke in 18 Bänden*, Bd. 13/14, Stuttgart 1983.

GEORGE, STEFAN, *Werke*, Ausgabe in zwei Bänden, Düsseldorf und München 1976.

GNÜG, HILTRUD, *Kult der Kälte. Der klassische Dandy im Spiegel der Weltliteratur*, Stuttgart 1988.

GNÜG, HILTRUD, *Entstehung und Krise lyrischer Subjektivität. Vom klassischen lyrischen Ich zur modernen Erfahrungswirklichkeit*, Stuttgart 1983. Kap 6: »Charles Baudelaire: Subjektivität als spiritueller ästhetischer Selbstentwurf des Ich - Die Aufhebung der Entfremdung durch die Setzung der Künstlichkeit«, S.130 - 164.

GOMBROWICZ, WITOLD, *Die Tagebücher, Dritter Band 1962 - 1969*, Pfullingen 1970.

HALPERN, JOSEPH, *Critical fictions. The literary criticism of Jean-Paul Sartre*, New Haven and London 1976.

HEGEL, GEORG FRIEDRICH WILHELM, *Phänomenologie des Geistes*, hrsg. von Johannes Hoffmeister, Hamburg 1952.

HEIDEGGER, MARTIN, *Sein und Zeit*, Tübingen, 10.Aufl. 1963.

HEIDEGGER, MARTIN, *Über den Humanismus*, Frankfurt 1947.

HEITMANN, KLAUS, *Der Immoralismus-Prozeß gegen die französische Literatur im 19 Jahrhundert*, Bad Homburg v.d.H. 1970.

HOWELLS, CHRISTINA, *Sartre's Theory of Literature*, London 1979.

HUSSERL, EDMUND, *Ideen zu einer reinen Phänomenologie und phänomenologischen Philosophie. 1.Buch. Allgemeine Einführung in die reine Phänomenologie*, neu hrsg. von Karl Schumann, Den Haag 1976.

JOURDAIN, LOUIS, »Sartre devant Baudelaire«, in: *Tel Quel* 19 (1964), S.70 - 85; 21 (1965), S.79 - 95.

KIERKEGAARD, SÖREN, *Gesammelte Werke, 2. und 3. Abteilung, Entweder/Oder, Zweiter Teil, Zwei erbauliche Reden*, übers. von E.Hirsch, Düsseldorf 1957.

KÖNIG,TRAUGOTT, »Zu Sartres Phänomenologie des neuzeitlichen Diskurses«, in: *Literarische Diskurse des Existentialismus*, hrsg. von Helene Harth und Volker Roloff, Tübingen 1986, S.9 - 22.

KÖNIG, TRAUGOTT, »La poétique de Mallarmé dans l'oeuvre de Sartre«, in: *lendemains* 40, 10.Jahrgang (1985), S.60 - 65.

MCKENNA, ANDREW, *Baudelaire and Sartre. A Study in Comparative Analysis*, Diss. Johns Hopkins University, Baltimore 1970.

MALLARME, STEPHANE, *Oeuvres complètes*, texte établi et annoté par M.Mondor et G.Jean-Aubry, Paris 1945. (Bibl. de la Pléade).

MARCUSE, HERBERT, »Existentialismus: Bemerkungen zu Jean-Paul Sartres l'être et le néant«, in: Ders., *Kultur und Gesellschaft*, Band 2, Frankfurt 1970, S.49 - 84.

MERKS-LEINEN, GABRIELE, *Literaturbegriff und Bewußtseinstheorie. Zur Bestimmung der Literatur bei Jean-Paul Sartre*, Bonn 1976.

METTLER, DIETER, »Sartres Schwierigkeiten mit Baudelaire«, in: *Spuren in Kunst und Gesellschaft* 17, (1986), S.55 - 57.

METTLER, DIETER, *Form und Haltung bei Stefan George*, Diss. Hannover 1973.

MORALY, JEAN-BERNARD, *Jean Genet. La vie écrite*, Paris 1988.

NÖDING, HEINZ, *Verlorene Illusionen - Verlorene Erfahrungen. Verdinglichung als literarisches Thema im Jahrhundert Baudelaires*, Stuttgart 1980.

NOVALIS, *Werke, Tagebücher und Briefe Friedrich von Hardenbergs, Band 2, Das philosophische Werk*, hrsg. von Hans-Joachim Mähl, München 1978.

RAETHER, MARTIN, *Der acte gratuit. Revolte und Literatur*, Heidelberg 1980.

RIMBAUD, ARTHUR, *Oeuvres complètes*, Paris 1972 (BIbl. de la Pléiade).

SCHROEDER, W. R., *Sartre and his predecessors. The self and the other*, London, Boston u.a. 1984.

SCRIVEN, MICHAEL, *Sartre's existential biographies*, London 1984.

SICHERE, BERNARD, »L'athéologie de Jean Genet«, in: *L'Infini* 16 (Automne 1986), S.27 - 37; 17 (1987), S.102 - 128.

STAROBINSKI, JEAN, *Portrait de l'artiste en saltimbanque*, Genève 1970.

JEAN STAROBINSIKI, *La mélancolie au miroir. Trois lectures de Baudelaire*, Paris 1989.

SUHL, BENJAMIN, *Jean-Paul Sartre: The philosopher as a literary critic*, New York and London 1970.

TIEDEMANN-BARTELS, HELLA, *Versuch über das artistische Gedicht. Baudelaire, Mallarmé, George*, München 1971.

TURKI, MOHAMED, *Freiheit und Befreiung. Zur Dialektik philosophischer Praxis bei Jean-Paul Sartre*, Bochum 1986.

VALERY, PAUL, »Situation de Baudelaire«, in: Ders., *Oeuvres complètes* II, Paris 1975, S. 598 - 612.

WOHLFARTH, IRVING NORMAN, *Aspects of Baudelaire's literary dandyism*, Diss. Yale University 1970.

WOLLHEIM, RICHARD, *Objekte der Kunst*, übers. von Max Looser, Frankfurt 1982.

3. Weitere herangezogene Literatur im Umkreis des Themas

ANGLES, A., »Sartre versus Baudelaire«, in: *Yale French Studies* I (1948), S.119 - 124.

ANTOINE, G., »Pour une nouvelle exploration »stylistique« du gouffre baudelairien«, in: *Le Français Moderne* XXX (1962), S.81 - 98.

ARNOLD, A. JAMES; PIRION, JEAN PIERRE, *Génèse et critique d'une autobiographie: »Les Mots « de Sartre*, Paris 1973.

AUSTIN, LLOYD JAMES, *L'Univers poétique de Baudelaire. Symbolisme et symbolique,* Paris 1956.

BARBEY D'AUREVILLY, JULES, *Du dandysme et de Georges Brummel(1846)*, In: *Sur le dandysme*, éd. Roger Kempf, Paris 1971.

BEAUVOIR, SIMONE DE, *Pour une morale de l'ambiguité*, Paris 1947.

BEAUVOIR, SIMONE DE, »Faut-il brûler Sade?«, in: *Les Temps Modernes* 74/75, Dez. 1951/Jan.1952., S.1003 - 1033; 1197 - 1230.

BENSE, MAX, »Genets Tagebuch«, Vorwort zu: Jean Genet, *Tagebuch eines Diebes*, deutsch von G. Hock und H. Voßkämper, Hamburg 1966, S.7 - 23.

BERSANI, LEO, *Baudelaire and Freud,* Berkeley u.a. 1977.

BLEM, JEANNE, »Psychanalyse et poétique baudelairienne«, in: *Poétique* 7 (1976), S.31 - 35.

BOPP, LEON, *Psychologie des Fleurs du Mal,* Vols. I et II, Genève 1964.

BUCK, AUGUST, »Baudelaire und das Problem des Dandytums«, in: *Archiv für Begriffsgeschichte* 36 (1954), S.231 -

CARASSUS, EMILIEN, *Le mythe du dandy*, Paris 1971.

CATALANO, JOSEPH S., *A Commentary on Jean-Paul Sartre's »Being and Nothingness«*, Chicago 1980.

CELLIER, LEON, »Baudelaire et George Sand«, in: *Revue d'histoire littéraire de la France* LXVII (1967), S.239 - 259.

CHAMPIGNY, ROBERT, »Langage et littérature selon Sartre«, In: *Revue d'Esthétique* 19 (1966), S.131 - 148.

CHARME, STUART L., *Meaning and Myth in the Study of Lives. A Sartrean Perspective,* Philadelphia 1984.

CLARK, T. J., *The absolute bourgeois. Arts and politics in France 1848 - 1851*, London 1973.

CONTAT, MICHEL; RYBALKA, MICHEL, *Les écrits de Sartre*, Paris 1970.

COOPER, DAVID G.; LAING, RONALD D., *Vernunft und Gewalt. Drei Kommentare zu Sartres Philosophie 1950 - 1960*, Frankfurt 1973.

CREPET, EUGENE, *Charles Baudelaire. Etude biographique*, rev. et mise à jour par Jacques Crépet, suivi des Baudelariana d'Asselineau, Paris 1906, Repr. Genève 1980.

DEGUY, MICHEL, »L'infini et sa diction«, in: *Poétique* 40 (1979), S.432 - 444.

DRESSLER, W., *Existenz und Arbeit. Das Problem der Konkretion des abstrakten Existenzbegriffs in der Philosophie Sartres*, München 1969.

DRIEU LA ROCHELLE, PIERRE, »Note sur la doctrine religieuse de Baudelaire«, in: P.Drieu La Rochelle, *Sur les écrivains. Essais critiques*, Paris 1964, S.325 - 347. Übersetzt in: *Baudelaires »Blumen des Bösen«*, hrsg. von Hartmut Engelhardt und Dieter Mettler, Frankfurt 1988, S.174 - 195.

EIGELDINGER, MARC, *Le platonisme de Baudelaire*, Neuchâtel 1951.

EIGELDINGER, MARC, »Baudelaire et l'alchimie verbale«, in: *Etudes baudelairiennes* II, Neuchâtel 1971, S.81 - 98.

ENGELHARDT, HARTMUT, »L'interprétation de l'apparence chez Benjamin et Baudelaire«, in: *Walter Benjamin et Paris*, colloque internat. 27-29 juin 1983, Paris 1986.

EMMANUEL, PIERRE, *Baudelaire*, Paris 1967.

FAHRENBACH, HELMUT, *Existenzphilosophie und Ethik*, Frankfurt 1970.

FAHRENBACH, HELMUT, *Kierkegaards existenzdialektische Ethik*, Frankfurt 1968.

FAIRLIE, ALISON, »>Mène-t-on la foule dans les ateliers?< Some remarks on Baudelaire's variants«, in: *rder and adventure in post-romantic French poetry. Essays presented to C.A.Hackett*, ed. by E.M. Beaumont et al., Oxford 1973, S.17 - 37.

FELL, J.P., *Emotion in the thought of Sartre*, New York 1965.

FEUILLERAT, ALBERT, *Baudelaire et sa mère*, Montréal 1944.

FONDANE, BENJAMIN, *Baudelaire et l'expérience du gouffre*, Paris 1947.

FORSTER, K., »The image of freedom. An inquiry into the aesthetics of Schiller and Sartre«, in: *British Journal of Aesthetics* V (1965), S.46 - 51.

FRANK, MANFRED, *Das individuelle allgemeine. Textstrukturierung und - interpretation nach Schleiermacher*, Frankfurt 1977.

FRANK, MANFRED, *Das Sagbare und das Unsagbare. Studien zur Einführung in die neueste französiche Hermeneutik und Texttheorie*, Frankfurt 1980.

FRANKEL, ELLEN H., *Romantic duplicity: Allegory and irony in Poe and Baudelaire*, Diss. Princeton University 1978.

FREDRICKSON, HELENE, *Baudelaire: Héros et fils. Dualité et problèmes du travail dans les lettres à sa mère*, Saratoga, Calif. 1977.

FRETZ, L., »Le concept de l'individualité dans la philosophie de Sartre«, in: *Obliques*, Paris 1978, S.221 - 234.

GALAND, RENE, *Baudelaire. Poétique et poésie*, Paris 1969.

GISI, MARTIN, *Der Begriff Spiel im Denken Jean-Paul Sartres. Entfremdete und authentische Existenz dargestellt anhand des Begriffs Spiel*, Königstein/Ts. 1979.

GOLDTHORPE, RHIANON, *Sartre: Literature and theory*, Cambridge 1984.

GRENE, MARJORIE, *Introduction to Existentialism*, Chicago 1959.

GUTWIRTH, RUDOLF, *La phénoménologie de J.-P. Sartre. De »L'être et le néant« à la »Critique de la raison dialectique«*, Antwerpen 1973.

HAHN, O., »L'oeuvre critique de Sartre«, in: *Modern Language Notes* LXXX (1965), S.347 - 365.

HAMBURGER, M., »Sartre and Baudelaire«, in: *World Review* 15 (1950), S.52 - 75.

HANA, GHANEM-GEORGES, *Freiheit und Person. Eine Auseinandersetzung mit der Darstellung J.-P. Sartres,* München 1965.

HARRINGTON, KAREN ANN, *Women in »Les Fleurs du Mal«: Imagery and Imagination*, Diss. University of California, Los Angeles 1986.

HARTMANN, KLAUS, *Grundzüge der Ontologie Sartres in ihrem Verhältnis zu Hegels Logik*, Berlin 1963.

HAUG, WOLFGANG FRITZ, *Jean-Pual Sartre und die Konstruktion des Absurden*, Frankfurt 1966.

HINTERHÄUSER, HANS, »Der Dandy in der europäischen Literatur des neunzehnten Jahrhunderts«, in: Ders., *Weltliteratur und Volksliteratur. Probleme und Gestalten,* München 1972, S.168 - 193.

HOLLIER, DENIS, *Politique de la prose. Jean-Paul Sartre et l'an quarante*, Paris 1982.

INOUE, TERUO, *Une poétique de l'ivresse chez Charles Baudelaire*, Tokyo 1977, bes. Kap. 2: »L'amour de Baudelaire«, S.133 - 183.

JACKSON, R.F., »Baudelaire, >Le Gouffre< and the critics«, in: *Australian Journal of French Studies* XI (1974), S.41 - 53.

JAMESON, FREDERIC, *Sartre: The Origins of a Style*, New Haven 1961.

JANKE, WOLFGANG, *Fichte. Sein und Reflexion. Grundlagen der kritischen Vernunft*, Berlin 1970.

JANKE, WOLFGANG, *Existenzphilosophie*, Berlin, New York 1982, bes. S.93 - 137.

Jean-Paul Sartre. Contemporary approaches to his philosophy, ed. by Hugh Silverman and F.A. Elliston, Pittsburgh 1980.

JEANSON, FRANCIS, *Le problème morale de la pensée de Sartre*, Paris 1947.

KAELIN, EUGENE, *An existentialist aesthetics: The theories of Sartre and Merleau-Ponty*, Madison 1962.

KAMPITS, PETER, *Sartre und die Frage nach dem Anderen. Eine sozialontologische Untersuchung*, Wien/München 1975.

KEMPF, ROGER, *Dandies. Baudelaire et Cie.*, Paris 1977.

Kierkegaard vivant, Colloque organisée par l'Unesco à Paris du 21 au 23 avril 1964. Textes de Jean Paul Sartre et al., Paris 1966.

KOHUT, KARL, *Was ist Literatur? Die Theorie der »littérature engagée« bei Jean-Paul Sartre*, Marburg 1965.

KOHUT, KARL, »Sartre«, in: *Französche Literaturkritik der Gegenwart in Einzeldarstellungen*, hrsg. von Wolf-Dieter Lange, Stuttgart 1975, S.103 - 137.

KÖNIG, CHRISTOPH, *Dialektik und ästhetische Kommunikation*, Frankfurt/Bern 1982.

KRAUSS, HENNING, *Die Praxis der »littérature engagée« im Werk Jean-Paul Sartres 1938 - 1948*, Heidelberg 1970.

LAFORGUE, RENE, *L'échec de Baudelaire. Essai psychanalytique sur la névrose de Charles Baudelaire*, Paris 1931.

LAMONT, ROSETTE C., »Baudelaire's >Rêve parisien<: A Space/Time/Dream Poem«, in: *Counterpoint* II (1977), S.41 - 49.

LEAKEY, F. W., *Baudelaire and Nature*, Manchester 1969.

Lectures de Sartre, textes réunis et prés. par Claude Burgelin, Lyon 1989.

LEMAIRE, MICHEL, *Le dandysme de Baudelaire à Mallarmé*, Montréal 1978.

LESCH, WALTER, *Imagination und Moral. Interferenzen von Ästhetik, Ethik und Religionskritik in Sartres Literaturverständnis*, Würzburg 1989.

Literarische Diskurse des Ecxistentialismus, hrsg. von Helene Harth und Volker Roloff, Tübingen 1986.

LUTZ-MÜLLER, MARCOS, *Sartres Theorie der Negation*, Frankfurt/Bern 1976.

MALER, EDUARD, *Sartres Individualhermeneutik*, München 1986.

MANN, OTTO, *Der Dandy. Ein Kulturproblem der Moderne*, Heidelberg 1962.

MARCHAL, BERTRAN, »Baudelaire, la nature et le péché«, in: *Etudes baudelairiennes* XII, Neuchâtel 1987, S.7 - 22.

MAURON, CHARLES, *Le dernier Baudelaire*, Paris 1966.

MAYER, HANS, *Anmerkungen zu Sartre*, Pfullingen 1972.

McINNES, JOHN W., *The Comical as Textual Practice in >Les Fleurs du Mal<*, Gainesville, Florida 1988.

McLEAN, MARIE, *Narrative as Performance. The Baudelairian Experiment*, London, New York 1988.

MEHNERT, HENNING, *Melancholie und Inspiration. Begriffs- und wissenschaftsgeschichtliche Untersuchungen zur poetischen »Psychologie« Baudelaires, Flauberts und Mallarmés. Mit einer Studie über Rabelais*, Heidelberg 1978.

MICHAUD, STEPHANE, »Erotisme et cruauté: le culte baudelairien de la femme-idole«, in: *Etudes baudelairiennes* XII, Neuchâtel 1987, S.23 - 53.

MIETHING, CHRISTOPH, *Saint-Sartre oder der autobiographische Gott*, Heidelberg 1983.

MORRIS, PHYLLIS S., *Sartres Concept of a Person: An Analytical Approach*, Amhurst 1976.

MOSS, ARMAND, »Le rire baudelairienne«, in: *Europe* 456-457 (1967), S.54 - 61.

NEUDECK, RUPERT, *Die politische Ethik bei Jean-Paul Sartre und Albert Camus*, Bonn 1975.

NEUMEISTER, SEBASTIAN, *Der Dichter als Dandy. Kafka, Baudelaire, Thomas Bernhard*, München 1973.

NEUMEISTER, SEBASTIAN, »Baudelaires Spleen (>J'ai plus de souvenirs...<). Ein Beitrag zur Theorie und Praxis der Interpretation«, in: *Poetica* 3 (1970), S.439 - 454.

NUITEN, HENK; BANDY, W.T.; FREEMAN, G.H. *Les Fleurs expliquées. Bibliographie des exégèses des »Fleurs du Mal« et des »Epaves« de Charles Baudelaire*, Amsterdam 1983.

NIJGAARD, MORTEN, *Elévation et expansion. Les deux dimensions de Baudelaire. Trois essais sur la technique poétique des Fleurs du Mal*, Odense 1973.

OLAFSON, FREDERICK A. *Principles and Persons. An ethical interpretation of existentialism*, Baltimore 1976.

OEHLER, DOLF, *Die antibourgeoise Ästhetik des jungen Baudelaire. Untersuchungen zum »Salon de 1846«*, Diss. Frankfurt 1975.

PICHOIS, CLAUDE, »Biographie oder Legende?«, in: *Baudelaire im Urteil seiner Zeitgenossen*, Auswahl und Anordnung der Texte von W.T. Bandy und Claude Pichois, übers. von E.P. Ingold und R.Kopp, Frankfurt 1969.

POLLMANN, LEO, *Sartre und Camus. Literatur und Existenz*, Stuttgart 1967.

POMMIER, JEAN, »Baudelaire devant la critique théologique«, in: *Revue d'histoire littéraire de la France* LVIII (1958), S.35 - 46.

PREVOST, JEAN, *Baudelaire: Essai sur la création et l'inspiration poétique*, Paris 1964.

PONTALIS, J.-B., *Après Freud*, Paris 1965.

POULET, GEORGES, *La poésie éclatée. Baudelaire/Rimbaud*, Paris 1980.

POULET, GEORGES, *Qui était Baudelaire?*, Genève 1969.

POE, EDGAR ALLAN, *Oeuvres en prose*, trad. par Charles Baudelaire, Paris 1951 (Bibl. de la Pléiade).

RAYMOND, MARCEL, *De Baudelaire au surréalisme*, Paris 1933.

RICHARD, JEAN-PIERRE, *Poésie et profondeur*, Paris 1955.

RIES, WIEBRECHT, *Transzendenz als Terror: eine religionsphilosophische Studie über Franz Kafka*, Heidelberg 1977.

ROHMANN, GERD, »Der Dichter als Dandy: vergleichende Betrachtungen zur ästhetischen Theorie und zum Künstlerideal bei Edgar Allan Poe und Charles Baudelaire«, in: *Germanisch-Romanische Monatsschrift*, N.F. XXV (1975), S.199 - 213.

ROYERE, JEAN, *Poèmes d'amour de Baudelaire*, Paris 1927.

RUFF, MARCEL A., *L'esprit du mal et l'esthétique baudelairienne*, Paris 1555. Répr. Genève 1972.

SAGNES, GUY, *L'ennui dans la littérature française: de Flaubert à Laforgue (1848 - 1884)*, Paris 1969.

SAHLBERG, OSKAR, *Baudelaire und seine Muse auf dem Weg zur Revolution*, Frankfurt 1980.

Sartre: A collection of critical essays, ed. by Edith Kern, Englewood Cliffs, N.J., 1962.

Sartre. Ein Kongreß, hrsg. von Traugott König, Reinbek bei Hamburg 1988.

SEEL, GERHARD, *Sartres Dialektik. Zur Methode und Begründung seiner Philosophie unter besonderer Berücksichtigung der Subjekts-, Zeit und Werttheorie*, Bonn 1971.

SICARD, MICHEL, *La critique littéraire de Jean-Paul Sartre* 1: *objets et thèmes*, Paris 1976.

STACK, GEORGE J., *Kierkegaard's existential ethics*, Alabama 1977.

STARKIE, ENID, *Baudelaire*, London 1957.

STENZEL, HARTMUT, *Der historische Ort Baudelaires. Untersuchungen zur Entwicklung der französischen Literatur um die Mitte des 19.Jahrhunderts*, München 1980.

STENZEL, HARTMUT, »Baudelaires >Le Cygne< - Eine Studie zur Dialektik der historisch-gesellschaftlichen Negativität im Werk Baudelaires«, in: *Romanistische Zeitschrift für Literaturgeschichte* 4 (1978), S.465 - 489. Auch in:

Baudelaires »Blumen des Bösen«, hrsg. von Hartmut Engelhardt und Dieter Mettler, Frankfurt 1988, S.245 - 273.

THEUNISSEN, MICHAEL, *Der Andere. Studien zur Sozialontologie der Gegenwart*, Berlin 1965, bes. S.187 - 240.

THODY, PHILIP, *Jean-Paul Sartre. A literary and political study*, London 1960.

VERSTRAETEN, PIERRE, *Violence et éthique. Esquisse d'une critique de la morale dialectique à partir du théâtre politique de Sartre*, Paris 1972.

VIGEE, CLAUDE, »La conception de l'imagination créatrice chez Baudelaire«, in: Ders., *L'Art et le démonique. xx Essais critiques*, Paris 1978, S.119 - 149.

VIGEE, CLAUDE, »Les rapports de l'homme et de la femme chez Baudelaire«, in: Ders., *L'Art et le démonique*, a.a.O., S.150 - 163. Übers. in: *Baudelaires »Blumen des Bösen«*, a.a.O., S.80 - 92.

VOUGA, DANIEL, *Baudelaire et Joseph de Maistre*, Paris 1957.

WHITING, C.G., »The case for >engaged literature<«, in: *Yale French Studies* I (1948), S.84 -89.

WIEGAND, ANKE, *Die Schönheit und das Böse*, München, Salzburg 1967.

WILCOCKS, ROBERT, »Towards a re-examination of >L'Héautontimorouménos<«, in: *The French Review*, XLVIII (1975), S.566 - 579.

ZIMMERMANN, MELVIN, »Trois études sur Baudelaire et Rousseau«, in: *Etudes baudelairiennes* IX, Neuchâtel 1981, S.31 - 71.

Weitere Bände der Reihe

Romanica et Comparatistica

Band 7
Mechthild Albert
Unausgesprochene Botschaften. Zur nonverbalen Kommunikation in den Romanen Stendhals

Band 8
Helene Harth / Titus Heydenreich (Hrsg.)
Sizilien. Geschichte – Kultur – Aktualität

Band 9
Uwe Dethloff
Die literarische Demontage des bürgerlichen Patriarchalismus. Zur Entwicklung des Weiblichkeitsbildes im französischen Roman des 19. Jahrhunderts

Band 10
Hans Helmut Christmann / Frank-Rutger Hausmann (Hrsg.)
Deutsche und österreichische Romanisten als Verfolgte des Nationalsozialismus. Mit einer bio-bibliographischen Dokumentation der verfolgten Romanisten

Band 11
Birgit Tappert
Balzac und die Lyrik. Untersuchungen zur Verseinlage in der *Comédie humaine*

Band 12
Barbara Villiger Heilig
Leidenschaft des Spiels. Untersuchung zum Werk Tommaso Landolfis

Band 13
Rolf Klein
Kostüme und Karrieren. Zur Kleidersprache in Balzacs 'Comédie humaine'

Band 14
Klaus J. Mattheier / Paul Valentin (Hrsg.)
Pathos, Klatsch und Ehrlichkeit. Liselotte von der Pfalz am Hofe des Sonnenkönigs

Band 15
Monika Keller
Ein Jahrhundert Reformen der französischen Orthographie. Geschichte eines Scheiterns (1886-1990)